Tristan et Iseut

Jamais l'un sans l'autre

DU MÊME AUTEUR
Le Livre de Poche Jeunesse

Sindbad le marin

Sept contes de trolls

Le premier roi du monde (l'épopée de Gilgamesh)

Les trois rois mages

La création du monde

Douze contes de princesses

43, quai de Grenelle, 75015 Paris.

JACQUES CASSABOIS

TRISTAN et ISEUT

Jamais l'un sans l'autre

Couverture illustrée par Stéphanie Hans

HACHETTE
Jeunesse

« On ne conçoit pas que Tristan puisse jamais épouser Iseut. Elle est le type de femme qu'on n'épouse point, car alors on cesserait de l'aimer, puisqu'elle cesserait d'être ce qu'elle est. Imaginez cela : Madame Tristan ! C'est la négation de la passion. L'ardeur amoureuse spontanée et non combattue est par essence peu durable. C'est une flambée qui ne peut survivre à l'éclat de sa consommation. Mais sa brûlure demeure inoubliable, et c'est elle que les amants veulent prolonger et renouveler à l'infini. D'où les périls nouveaux qu'ils vont défier. Mais la valeur du chevalier est telle qu'il les aura bientôt tous surmontés. C'est alors qu'il s'éloigne, en quête d'aventures plus secrètes et plus profondes, l'on dirait même : plus intérieures. »
Denis de Rougemont, *L'Amour et l'Occident.*

À Françoise, mon épouse.

PROLOGUE

— Écoutez, mon amie... cette rumeur... c'est le vent ! Il se lève...

Tristan, avec peine, a rassemblé ses forces et s'est accoudé sur son lit. De tout son corps aux aguets, il écoute, il déchiffre les voix de l'air qui gémit. Le choc du ressac sur le rivage lui parvient, ainsi que le parfum du varech remué, portés par les sarcasmes des goélands. L'écume du ciel s'est ouverte. Elle répand sa lumière salée sur la côte et gagne l'arrière-pays.

— Le vent me parle, reprend Tristan. Il a traversé la mer. Il vient de Cornouailles...

Du large, à peine audible, filtre un appel.

— Je suis en chemin... Attends-moi... Je viens, mon bien-aimé...

Plainte désespérée, encouragement à résister...

Tristan connaît ce souffle qui murmure. Il n'a jamais quitté son cœur depuis qu'il a pris la route de l'exil.

Yseut écoute, elle aussi, et entend. Yseut aux Blanches Mains, son épouse légitime. Elle est sombre et son visage s'est durci.

— Dépêchez quelqu'un vers la côte, la supplie Tristan. Qu'il scrute les flots... La nef de Kaherdin, votre frère, est-elle en vue ? Et sa voile ? Sa voile... bien gonflée ?...

Il n'ose en dire davantage. Il craint de se trahir. « De quelle couleur est la voile ? hurle son silence. Blanche ? Noire ? » Il brûle de savoir, mais redoute en même temps la réponse.

— Qu'on revienne m'avertir... le temps presse. Ma vigueur me quitte et mon corps est rompu. Le poison, dans mes veines, a remplacé le sang.

Épuisé, il se laisse tomber à la renverse sur le lit. Son fol espoir, attisé par les voix du vent, a consumé ses dernières forces.

Yseut n'a pas bougé. Pas un geste d'apaisement, pas une parole de compassion. Elle regarde son mari, effondré. Son beau visage, creusé par la souffrance, a perdu son éclat. Son corps blanc, à demi recouvert par la couverture en peau de loup, grelotte de fièvre. Tristan, le chevalier preux et hardi, gît comme un grand fauve de la forêt, aux abois, épuisé par les veneurs et les limiers.

Yseut le tient à sa merci et un rictus dépose un demi-sourire sur ses lèvres. Elle a attendu en vain son amour, elle a patienté, elle s'est tue, s'est effacée en acceptant mensonges et folies. Elle a tenu sa place de mal-aimée, avec vaillance. Aujourd'hui, son heure est venue. Sa décision, arrêtée le jour du départ de son frère et son plan, ruminé pendant ces quarante jours d'absence, ont affermi sa détermination.

Elle quitte la chambre, descend les escaliers de la tour haute du château de pierre. Elle n'envoie pas de serviteur sur la côte, comme l'a souhaité Tristan. Elle s'y rend elle-même, en coupant par la lande, à travers la bruyère. Elle va. Ferme est sa marche contre le vent qui voudrait la tenir à distance. Elle sait déjà, car tout lui parle, tout la renseigne. Mais elle veut voir, de ses propres yeux, acquérir la certitude, en souffrir pour transformer cette douleur en force invincible. À chaque pas, sa haine mousse doucement et la réchauffe.

Bientôt, elle atteint la falaise et reçoit l'immensité du large en plein cœur. Seule, devant les flots, elle voit. La nef de Kaherdin s'approche. Elle tire des bords, remonte au près en louvoyant, et sa voile, de loin, annonce son arrivée en lançant une clameur de triomphe. Blanche de bonne toile écrue ! Franche de lumière éclatante ! Soleil de vie, pareil à la passagère qui a franchi la mer à son bord. Iseut s'approche. Iseut la Blonde, sa rivale. Iseut la guérisseuse qui vient à bout de tous les maux. Iseut l'amante qui règne sur Tristan, en dépit des lois du royaume de Cornouailles, en dépit des lois de Dieu, malgré la haine des jaloux.

Sur la terre, Yseut la mal-aimée est aveuglée par l'éclat de cette voile. Elle chancelle et ferme les yeux en murmurant ce nom de femme semblable au sien : Iseut ! Et elle découvre en une vision son chemin, clair et droit, qui traverse une contrée dévastée par la folie de la passion. Mettre un terme aux illusions, voilà sa tâche ! Empêcher qu'un amour impossible ne tourne à l'infini sur lui-même, en s'étourdissant de ses vertiges.

Le Destin lui a donné, à elle, Yseut aux Blanches Mains, un rôle de raison à tenir. Elle le tiendra sans faiblir.

Pendant ce temps, sur son lit de douleur, Tristan, percé de plaies et d'ulcères, s'abandonne à son mal. Le poison qui pourrit ses viscères lui tire des gémissements et des plaintes. Il ruisselle de transpiration, se débat, se redresse soudain, de rage, maudit en claquant des dents cet adversaire sournois qui l'attaque en rusant, prend en défaut sa bravoure de chevalier et le tourmente à sa guise.

Iseut, sa blonde amante, a-t-elle quitté la Cornouailles ? Arrivera-t-elle à temps pour le sauver ? Ou l'a-t-elle à tout jamais évincé de son cœur ?

Aux tortures de la chair s'ajoutent celles de l'incertitude.
Dans les répits de sa souffrance, il songe à ses batailles, remonte à sa naissance, lorsqu'il arriva nu sur la Terre. Conçu dans l'amour, né dans le chagrin de la mort et de l'exil... Marqué de cette double empreinte, il en a, sa vie durant, exploré tous les contours.

Il pense à Gouvernal, son maître d'armes qui lui a enseigné tout ce qu'un chevalier doit savoir : prouesse, largesse et loyauté. Loyauté... Ce mot est amer. Il réveille sa peine.

De Gouvernal aussi, il a appris la bravoure de Rivalin, son père, la douceur de Blanchefleur, sa mère. Le souvenir de ses parents allume leurs présences. Ils entrent dans la chambre, à leur tour.

— Père, je ne vous ai jamais vu. Ni vous non plus, mère, murmure Tristan. Mais vous habitez dans mon cœur et je vous reconnais. Êtes-vous venus, envoyés par notre Père céleste, me seconder dans cette joute amère ?

Rivalin s'approche. Son heaume[1] est bosselé et son haubert[2] déchiré par une entaille qui fait béer les mailles. Du sang brun y est figé. Il sent l'odeur lourde de la bataille. Il ne lui répond pas. Blanchefleur non plus. Tous deux sourient et de leur sourire monte une rumeur familière, celle du vacarme fracassant des tournois.

Du tumulte, une voix se dégage. Franche, mais lointaine. Si lointaine... Par-delà les flots de la mer, elle provient d'une prairie verte de Cornouailles...

1. Casque.
2. Cotte de mailles.

1

RIVALIN

— Formons la première ligne et élançons-nous en bon ordre ! Que la seconde vague se tienne prête. Ne cédez pas à l'impatience ! Culbutons-les d'abord, désorganisons leurs rangs, poursuivons et isolons les fuyards !

Rivalin et ses chevaliers avaient plus d'une fois éprouvé cette tactique dans les tournois. Elle leur avait réussi. C'est pourquoi les vingt compagnons qui l'avaient suivi, de petite Bretagne[1] à Tintagel, où le roi de Cornouailles tenait sa cour, lui étaient obéissants et dévoués. Sûrs, sous sa conduite, de révéler leur bravoure, d'accomplir des prouesses et de se faire admirer des dames. Sans compter les prises ! Chevaux, harnachements de cuir et surtout chevaliers libérables contre

1. Bretagne continentale, par opposition à la « grande » Bretagne, insulaire.

rançon… Ils quittaient les tournois toujours plus riches qu'ils y arrivaient.

Ils se regroupèrent donc, aux ordres de leur capitaine, observant le champ où l'affrontement se déroulerait, calculant comment tirer parti des accidents du terrain, des fourrés et des bosquets pour organiser des embuscades quand le désordre commencerait à disperser les combattants.

Les tournoyeurs cornouaillais se préparaient aussi. Lorsque Rivalin les sentit prêts, il les avertit loyalement qu'il allait les bousculer et provoquer leur déroute. Ils n'eurent pas le temps de lui répondre qu'il engageait déjà sa troupe.

Les Bretons piquèrent des éperons. Un tonnerre de sabots et de cris ébranla le sol de la prairie. Les Cornouaillais, à leur tour, se ruèrent, fermes sur leurs étriers, lances baissées, pointant les boucliers adverses. Leur charge arrachait des mottes de gazon.

La rencontre fut terrible. Les deux grondements qui roulaient l'un vers l'autre s'entrechoquèrent dans un effroyable fracas d'épieux brisés et de clameurs. Plusieurs cavaliers, désarçonnés, roulèrent entre les pieds des bêtes. Des fragments de bois explosèrent au milieu des hommes. Un Cornouaillais perdit un œil, crevé par un éclat, et Rivalin, qui sentit fléchir les compagnons de l'éborgné, se hâta d'envoyer la deuxième vague.

— À la mêlée ! hurla-t-il.

La chevauchée se rua à grande allure et à grand bruit. Chacun s'était choisi une cible et veillait à bien assurer son coup. Des lances se brisèrent encore, comme brindilles, d'autres percèrent des écus[1], trouèrent des hauberts, déboîtèrent des épaules. Les sabots dérapaient et les destriers[2], énervés par le vacarme, bronchaient.

Rivalin, au cœur de la mêlée, frappait durement, encourageait ses compagnons, prêtait assistance à ceux qui faiblissaient. Il saisit le cheval d'un adversaire, le tira avec tant de force qu'il lui arracha la têtière avec le frein. Mais aussitôt, il le reprit par l'encolure et entraîna monture et cavalier derrière les lices[3], où ils resteraient captifs jusqu'à la fin du tournoi, surveillés par les écuyers et les soigneurs. Puis, revenant dans la presse, il dirigea une manœuvre d'encerclement de trois Cornouaillais isolés.

Plus tard, coupé des siens à son tour, il se trouva malmené par six adversaires. Ceux-là le regardaient déjà comme un butin, mettre pied à terre et se constituer prisonnier. Mais lui se déchaîna avec la fougue du lion et leur montra sa manière. Il fendait tout ce qu'il atteignait, cabossait les heaumes, découpait les écus et l'acier de son épée chantait en tirant des étincelles du fer des cottes de mailles. Il assomma deux hommes qu'il laissa, hébétés, sur la prairie, et les quatre autres, contusionnés, s'enfuirent.

Le parti des Cornouaillais se débandait, proche de la déroute, mais le roi Marc et sa cour qui assistaient à la bataille, loin d'en vouloir aux Bretons, prenaient plaisir à admirer leurs coups, leur science de guerriers, et appréciaient leurs prouesses.

---

1. Boucliers.
2. Chevaux de guerre, par opposition aux *palefrois*, chevaux de parade et aux *roncins*, chevaux de trait.
3. Désigne à la fois les barrières qui délimitent l'espace du tournoi et cet espace lui-même.

La foule houspillait les vaincus, criait, huait, lançait des quolibets aux captifs, battait des mains. Les hérauts commentaient les passes d'armes, vantaient les exploits des plus hardis, faisaient monter leur cote.

Les dames n'étaient pas en reste. Elles s'exclamaient et perdaient contenance en trépignant comme des filles.

Parmi elles, discrète, se tenait Blanchefleur, la sœur du roi. Elle avait l'élégance d'un bouton de rose effleuré par le trouble du matin. Son teint de neige la nimbait de grâce et l'or éblouissant de sa chevelure laissait percer l'éclat d'une force rare. Elle observait Rivalin, sans perdre un seul de ses gestes. Elle avait remarqué sa noblesse lorsqu'il avait commandé sa première charge et elle ne l'avait plus quitté des yeux.

Il respirait la vaillance et la loyauté. Tout en témoignait : sa manière de chevaucher, souple et fière, de s'engager dans les duels avec allant, de prêter son assistance sans s'épargner.

Généreux dans ses coups, prodigue de sa force, il stimulait ses adversaires aussi bien que ses partenaires, comme si leurs joutes étaient un jeu d'une folle gaieté et que leur jouissance à tous, combattants et spectateurs, se trouvait rehaussée par de belles passes d'armes, de beaux stratagèmes, de belles empoignades. Il régnait sur la rencontre, la survolait par son aisance et son enthousiasme.

À force de dévisager Rivalin, de détailler ses moindres mouvements, Blanchefleur finit par ressentir son allégresse comme un appel secret. Elle l'écouta et se laissa transporter dans l'intimité de la lutte, portant les coups lorsqu'il frappait, les accusant lorsqu'il les subissait et, elle avait beau dissimuler son parti pris, ses joues s'empourpraient malgré elle, ses mains étaient moites et son souffle s'entrecoupait d'exclamations étouffées et de soupirs.

Quand les hérauts sonnèrent la fin du tournoi, l'après-midi tirait vers le soir. Les combattants de chaque camp se regroupèrent dans leurs quartiers pour mettre leurs prises en commun, les partager, évaluer le prix des captifs, négocier avec eux leur libération, fixer le montant des cautions...

Dans la ville de Tintagel et hors les murs, après la fête militaire, la fête civile du troc et du commerce battait son plein : cabarets ambulants, marchands de draps et de fourrures, forgerons déjà à l'ouvrage, occupés à raffûter les tranchants ébréchés, redresser les heaumes faussés, tanneurs aussi, selliers, savetiers, usuriers attirés par les rançons des chevaliers désargentés, changeurs... Les trouvères et les poètes déclamaient leurs chansons, puisaient dans cette journée l'inspiration de leurs œuvres futures ; les jongleurs amusaient la foule, pendant que les détrousseurs profitaient de la bousculade pour commettre leurs larcins.

Les chevaliers se rendaient visite, de tente à tente, buvaient des vins épicés, commentaient avec de riches mots leurs prouesses de la journée, se congratulaient, se promettaient revanche au prochain tournoi ou prenaient date pour de futures alliances.

Le roi Marc avec sa suite s'avança parmi les chevaliers, pour leur dire son plaisir, les inviter à son banquet où ils pourraient refaire leurs forces et se repaître à foison de belles viandes et de boissons.

Blanchefleur accompagnait son frère, avec sa propre

suite de dames. Elle s'approcha de Rivalin pour lui parler et resta devant lui, hésitante et troublée.

Il avait dégrafé ceinture et baudrier, et sa cotte flottait sur son haubert. Libérés du heaume, ses cheveux encore mouillés de sueur, se collaient en mèches sur son front et ses joues, sans qu'il se préoccupât de les remettre en ordre. Une saine vigueur se dégageait de lui, une buée qui portait son odeur franche, de fatigue et d'effort.

— Tous vos coups ont porté, se décida-t-elle enfin. Et vous m'avez blessée plus que je ne saurais dire.

Rivalin, qui s'apprêtait à porter sa coupe de vin à ses lèvres, suspendit son geste.

— Noble dame, répondit-il, dites-moi quel baume pourrait guérir votre blessure et je vous l'apporterai, dussé-je l'aller quérir[1] au bout du monde.

— Nul besoin de quérir, beau chevalier. Pour me guérir, en effet, le bout du monde n'est pas si loin, fit-elle en se jouant. Vous pourriez l'atteindre en allongeant la main ...

Elle rit, puis virevolta et s'échappa vers le roi qui s'en allait, frôlant l'herbe, comme un nuage de lumière descendu sur la terre.

Rivalin fut incapable de la retenir par un beau mot. Il voulut capturer le son de sa voix, sa transparence, la tiédeur de son haleine, mais tout se défit comme un rêve au réveil.

Le soir, au banquet, il se tint à table sans appétit, négligeant nourriture et boisson. Il n'avait plus goût de boire,

---

1. Chercher.

ni de manger. Il perdit aussi le goût de dormir, car il ne put fermer l'œil de toute la nuit, tant la présence de Blanchefleur et ses paroles avant de le quitter étaient pleines de mystère et remuaient en lui jusqu'à l'étourdir...

2

BLANCHEFLEUR

Le roi Marc avait été impressionné par la pugnacité des Bretons et par leur art du combat. Dans tous les compartiments du tournoi, ils s'étaient montrés supérieurs à ses chevaliers. Leurs charges étaient compactes, leurs mouvements concertés et ils déployaient une maîtrise de l'engagement collectif, alors que les Cornouaillais s'éparpillaient, trop personnels, se laissaient isoler par leur fougue, enfermer dans des traquenards, capturer avec facilité.

La cause de cette infériorité était simple : ils manquaient d'entraînement, car la Cornouailles n'était pas comme la France une terre de tournoi, où les chevaliers, regroupés en maisonnées, s'affrontaient chaque quinzaine, au plus fort de la saison.

Le grand-père du roi Marc se méfiait de ces rassemblements de guerriers en armes.

— Occasions de désordre et de complots ! Inutile de fournir à mes barons des moyens de s'unir contre moi.

Il les avait interdits.

La fine fleur de la chevalerie cornouaillaise était donc parti tournoyer[1] sur le continent, pendant que les autres, le plus grand nombre, étaient restés chez leurs suzerains. Ils chassaient, s'entraînaient à la quintaine[2] et employaient leur désœuvrement en palabres qui dégénéraient souvent en querelles. Le remède, finalement, était pire que le mal !

Au contraire de son aïeul, le jeune roi voyait dans ces combats réglementés la meilleure préparation à la vraie guerre.

Il décida donc d'organiser chaque année une saison de tournoyage dans son royaume.

Seulement, le gros de ses chevaliers partait de loin. Ils étaient régulièrement battus sur leur sol par les Flamands, les Normands, les Angevins, les Français, les Bourguignons qui venaient se mesurer à eux. C'est pourquoi, le lendemain de la démonstration des Bretons, Marc fit venir Rivalin.

— Reste à ma cour ! Sois mon capitaine et prends mes hommes en main, lui proposa-t-il. Grâce à toi, mon camp sera plus hardi et portera haut mes couleurs.

Pris au dépourvu, Rivalin resta sans mot dire, tant il était heureux de cette proposition.

---

1. Faire tournoyer leurs épées, autrement dit combattre, se livrer à des tournois.
2. Mannequin monté sur pivot, muni d'un bouclier et d'une massue. L'exercice consistait à frapper l'écu, en évitant, au retour, le coup de masse.

— Demeurer... songeait-il. Et tout en demeurant, la voir à ma guise, l'approcher, lui parler... Blanchefleur...

Le roi crut qu'il hésitait. Il insista.

— Par le glaive Dieu, chevalier ! Manier les armes est si forte chose à apprendre, qu'un mauvais ne pourrait l'entreprendre ! Accepte d'enseigner mes gens à ton école ! Je paierai bien. Toi ni tes compagnons n'aurez motif de vous plaindre !

— Seigneur, répondit enfin Rivalin, c'est un honneur que vous me faites et je l'accepte avec joie. Puissé-je m'en montrer digne et ne pas vous décevoir.

Ils évoquèrent les termes du contrat, les conditions du séjour des Bretons, leur logement, et Rivalin prit congé.

Quand il sortit de la chambre du roi, Blanchefleur était là. Elle passait, légère, et Rivalin étouffa une exclamation de surprise.

« Signe ! pensa-t-il. Non pas hasard fortuit, mais signe... »

Et elle, de son côté, s'arrêta et le dévisagea sans ciller.

« Mon cœur a tant murmuré ton nom, disait son regard clair. Je t'ai, depuis hier, tant espéré, appelé, que c'est ma volonté et mon désir qui t'ont placé sur mon chemin. »

Sans chercher à se dégager de son emprise, Rivalin lui dit, en appuyant ses mots :

— Belle amie, nous évoquions hier le bout du monde. Des vents favorables en ont justement, ce matin, rapproché les rivages.

— Alors, nous serions mieux à même d'en parler

devant la mer, répondit-elle avec la même assurance. Venez !

Ils sortirent.

Dehors, la violence de la lumière crue contrastait avec la pénombre du château fort de pierres grises. Elle les éblouit. Blanchefleur en fut étourdie et chercha l'appui de Rivalin. Ils traversèrent la cour ainsi. Elle, une main sur son bras, se protégeant les yeux de l'autre. Lui, appliqué à la soutenir, attentif à la voix si frêle de son corps qui l'attouchait, redoutant qu'elle se taise.

Au-delà, la mer s'offrait à eux de toutes parts et les parfums de la lande se mêlaient à ceux des embruns. Ils en burent de longues rasades, à même la coupe que le vent leur tendait. Puis ils descendirent dans un vallon abrité de l'air fou qui saisit les mots et les emporte, et se tinrent devant l'océan. Rivalin parla le premier.

— Votre frère, le roi, m'a demandé de prolonger mon séjour pour que ses chevaliers apprennent à mon école.

Il la regardait. Une mouette traversa le ciel de ses yeux.

— J'ai accepté, poursuivit-il. Non pour lui, mais pour vous. Car vous m'avez causé grande peine, hier, à m'entretenir de vos blessures, et je ne voudrais pas, en partant, vous abandonner seule à vos tourments.

Elle écoutait chaque mot, en observant le mouvement qu'il dessinait sur ses lèvres et, quand il eut terminé, elle attendit une suite qui ne vint pas. Elle répondit alors.

— Vos paroles les apaisent et j'en ressens déjà le bienfait.

Puis elle se tut, retenant son souffle, avant de lancer, comme un appel :

— Mais le mal est profond. Il exige patience et constance. Revenez souvent converser avec moi, bel ami, faute de quoi, je ne pourrai guérir.

Rivalin se rapprocha d'un pas. Il la frôlait sans la toucher. Il respirait son frais parfum de chèvrefeuille. C'est elle qui fit le premier geste. Du bout des doigts, elle effleura sa main qui tenait la boucle de son ceinturon et toucha son bras. Elle sentit les muscles, durs sous la cotte de draps, habitués à manier l'épée. Cette épée qui l'avait amené jusqu'à elle et qui prolongeait son séjour à Tintagel.

— Belle amie, confia-t-il à son tour, depuis que vous m'avez parlé, j'ai ressenti même blessure et de vouloir en guérir je ne suis pas si sûr...

Elle répondit par une douce pression sur son bras.

Le vent tourna soudain. Il s'engouffra avec violence dans le vallon abrité et dispersa cet instant. Blanchefleur retint sa coiffe en riant. Rivalin rit à son tour, à l'unisson de sa joie, puis il l'aida à remonter en direction du château.

Le capitaine se mit au travail sans attendre et la cour de la forteresse fut transformée en un camp d'entraînement qui résonnait de galopades, de fracas de fer, de cris d'encouragement...

Les Cornouaillais, par groupes, sous la conduite des Bretons, se perfectionnaient aux techniques du combat. Joutes à cheval[1], duels, pas d'arme[2]... Rivalin passait de l'un à l'autre, observait, corrigeait une position, tirait

1. Deux chevaliers, face à face, cherchaient à se désarçonner d'un coup de lance.
2. Il s'agissait de défendre un passage, réel ou symbolique, en relevant le défi de ceux qui, à tour de rôle, se présentaient pour le franchir.

son épée, enseignait parade, riposte, et lorsqu'un geste était compris, il le faisait répéter à l'infini.

Blanchefleur, parfois, apparaissait, escortée de ses suivantes, pour admirer le spectacle. Les hommes s'interrompaient, s'approchaient, s'inclinaient devant les dames et reprenaient leurs exercices, éperonnés par ces présences délicates.

Rivalin se gardait de trop lever les yeux sur Blanchefleur, pour ne pas trahir le secret de leur sentiment. Blanchefleur agissait de même et ils accueillaient, l'un et l'autre, cette discrétion échangée, comme un signe mutuel de courtoisie et de douceur.

La lande, à l'entour de la ville, offrait aussi de vastes espaces. Rivalin y organisa des tournois simulés où ils élaborèrent leurs futurs stratagèmes.

Après des semaines de cette discipline intensive, les Cornouaillais cessèrent d'être la risée des équipes étrangères. On commença à les craindre et à les respecter. Habitués à la dernière place des classements, leur cote grimpa. Ils étaient en passe de détrôner les Français.

Un tournoi s'annonça bientôt, décisif, dans la campagne de Cornouailles. Les chevaliers de Marc qui jouaient à domicile étaient grands favoris et le roi, pour souligner l'enjeu de cette rencontre, s'y engagea personnellement.

D'emblée, la bataille s'annonçait âpre et rude. Elle tint ses promesses.

Sans vergogne, Cornouaillais et Bretons utilisèrent toutes les ressources du terrain pour ne laisser aucune chance au camp d'en face où Champenois et Bourguignons étaient alliés aux Français.

La mêlée fut violente. Ceux qui tombaient des chevaux étaient chassés, défigurés par les coups de masses sur les heaumes. Marc, surtout, suscitait les convoitises. Capturer un roi ! Juteuse aubaine qui promettait une pluie de sterlings[1], sans parler de la blessure d'honneur !

Il était assiégé comme un donjon et la hargne des continentaux faillit avoir raison de la résistance de ses défenseurs.

Rivalin, par son courage, fit basculer l'engagement. Au mépris de sa sécurité, il jeta son écu et desserra l'étau où ils étaient enfermés, en frappant à tour de bras de la masse et de l'épée. Il assomma ainsi, coup sur coup, le comte de Champagne et le sénéchal de Bourgogne, lesquels, hébétés, furent emmenés à l'abri par leurs gens. La mêlée s'éclaircit brutalement. Le parti cornouaillais reprit l'initiative et bouscula les Français qui demandèrent bientôt merci[2], reconnaissant leur défaite.

Las ! Peu avant la fin du tournoi, alors que les jeux étaient faits, Rivalin, relâchant sa vigilance, reçut un méchant coup de lance qui lui perça le flanc. Un Français, dépité, au mépris des règles de la chevalerie, l'avait frappé par derrière, lâchement. Malgré la victoire, le mal était fait.

Blanchefleur s'évanouit en apprenant la nouvelle et quand elle reprit conscience, voulut courir au chevet de Rivalin.

— Patiente jusqu'à ce soir, lui conseilla sa nourrice. Les chirurgiens sont après lui et ses jours ne sont pas en danger. Attends qu'il soit seul, quand chacun sera

1. Monnaie anglaise.
2. Grâce.

rentré dans ses quartiers. Je t'accompagnerai et je veillerai sur votre intimité.

Cette journée prit tout son temps pour s'achever et Blanchefleur, en se glissant vers la chambre de son chevalier, frémissait d'anxiété.

Elle s'approcha de sa couche, à pas feutrés et le vit. Il s'était assoupi. Son souffle était calme et profond. Il ne semblait pas souffrir. Elle s'agenouilla à côté du lit et resta, immobile, à contempler son visage encore marqué par la violence de la bataille. Elle tendit la main vers lui, hésita, puis la posa sur sa poitrine, légère comme un pétale. En bougeant, le tissu de sa robe défroissa le silence. La peau était tiède. Blanchefleur frissonna. Le cœur de Rivalin parlait, là, dans sa paume, et murmurait au sien.

Troublée par cette voix qu'elle voulait mieux entendre, sa main se fit pressante. Elle caressa et Rivalin ouvrit les yeux.

— Je rêvais qu'une colombe s'était posée sur moi, dit-il en souriant. Ce n'était pas un rêve...

— S'il n'en tenait qu'à moi, répondit Blanchefleur, la colombe se changerait en aigle et elle t'emporterait à travers les nuées, de l'autre côté du ciel.

— Nul besoin, ma bien-aimée, d'être un oiseau pour voler.

Il l'attira à elle. Elle s'offrit à son geste. Il la prit dans ses bras. Elle se laissa accueillir. Leurs lèvres se trouvèrent et tremblèrent de cette première rencontre. Ils attendirent qu'elles s'apaisent et prennent le temps de la retenue, de l'écoute. Puis, ils les encouragèrent à se parler, à s'échanger bouche à bouche de pleines émotions que leurs mots les plus subtils n'auraient pas pu traduire.

— Mon Rivalin, mon aimé, murmura Blanchefleur.

Elle se releva, tira les rideaux de la courtine[1] et le rejoignit dans son lit.

1. Tenture qui entourait le lit et l'isolait.

3

LE CHOIX

L'amour fut plus puissant que les emplâtres des chirurgiens. La blessure cicatrisa vite.

Rivalin, à peine rétabli, reprit son poste d'entraîneur car, après leur victoire dans le tournoi de Tintagel, les Cornouaillais avaient une réputation à honorer et un titre à défendre.

Blanchefleur, elle, au mépris de toute prudence, multipliait les occasions de rencontrer son chevalier. Tous les prétextes étaient bons pour se rendre où il se trouvait. À tel point que leur sentiment ne passait plus inaperçu. Même le roi en avait connaissance.

— S'il veut ma sœur pour femme, s'écria-t-il devant

Dinas, son sénéchal[1], je la lui octroie volontiers. Mais, par le cœur Dieu, qu'il commence par me la réclamer !

Il n'en eut pas le temps.

En effet, dans les jours qui suivirent, une nef approcha de la côte de Cornouailles.

— Des Bretons ! s'exclama Rivalin qui reconnut leur manière de naviguer.

Son visage se rembrunit. Ils venaient pour lui.

— On ne traverse pas la mer ainsi, sans une mauvaise raison ! lâcha-t-il en descendant au port les accueillir.

Ils arrivaient de Lohonois, le pays où Rivalin possédait terres et châteaux. Morgan, le duc de Bretagne, profitant de son absence, avait entrepris une guerre de conquête et faisait main basse sur tous ses biens.

— Ses troupes pillent, incendient, mutilent. La campagne brûle et saigne. Vos fidèles sont désemparés. Venez vous placer à leur tête et expulsez les félons de votre royaume.

Rivalin n'hésita pas un instant. Il décida de rentrer sur-le-champ. Mais son cœur était lourd. Lourd de ceux qu'il allait retrouver. Lourd de celle qu'il allait quitter.

En premier lieu, il devait voir le roi pour lui demander la permission de partir. Marc le reçut et la lui accorda en lui souhaitant bonne chance.

Il se rendit ensuite auprès de Blanchefleur. Elle était pâle lorsqu'il entra. Elle avait vu la barque arriver et redoutait le pire.

— On tue mes gens, lui annonça-t-il. Ils espèrent mon secours. Je leur dois protection et je m'en vais.

— Allez où votre honneur commande, lui répondit

1. Homme de confiance d'un roi, sorte d'intendant.

Blanchefleur, défaite. Et précipitez mon malheur... Vous ne pourrez sauver ceux qui sont déjà perdus, mais vous ferez plus sûrement mourir une innocente qui n'a plus cœur à vivre...

Elle était faible. Elle chancela et Rivalin se précipita pour la recueillir dans ses bras.

— Je reviendrai, ma bien-aimée, lui promit-il en la serrant doucement. Sitôt que j'aurai ramené la paix dans mon royaume. Je demanderai alors ta main au roi et tu viendras, à mes côtés, régner en Lohonois.

— Trop tard... La honte aura déjà eu raison de moi...

— La honte ?

— D'être mère et de ne pouvoir donner de père à mon enfant...

Cet aveu brûla ses dernières forces. Elle s'évanouit.

Tout farouche et brave qu'il était au combat, Rivalin était sans parade contre les coups de l'émotion. Il transporta Blanchefleur sur son lit, prit ses mains, les couvrit de baisers et les mouilla de ses larmes.

— Mon aimée... Ma fontaine de vie... Ton enfant est aussi le mien. Perle de nos deux cœurs. Si j'avais su... Pourquoi n'as-tu rien dit ?

Blanchefleur l'entendit. Elle ouvrit les yeux et le vit, triste et chagrin.

— Je craignais que tu ne te détournes de moi, murmura-t-elle. Que tu m'abandonnes... Mère sans époux, je préférais perdre mon honneur, plutôt que d'être responsable de la perte du tien.

Ses paroles le bouleversèrent. Il l'entoura de ses bras et la regarda comme s'il la voyait pour la première fois.

— De deux tourments, ne cherche pas quel est le moindre, lui dit-il avec tendresse. Considère seulement notre amour. Que désires-tu ? Demeurer ? M'accompagner ? Désigne-moi ta préférence et je t'obéirai.

Sa réponse jaillit.

— T'accompagner, mon ami ! s'écria-t-elle en saisissant son visage à pleines mains.

Ils s'embrassèrent longuement. Malgré l'incertitude et le danger qui les attendaient, ce baiser scellait un pacte entre eux.

La journée se passa en préparatifs, bagages et adieux. Le roi offrit des présents à Rivalin, riches étoffes, soieries, fourrures, et l'assurance de son amitié.

Le soir, les bateaux étaient chargés et tous les hommes dormirent à bord pour appareiller dès l'aube, au changement de marée.

Vers la mi-nuit, deux silhouettes furtives quittèrent la forteresse, franchirent le rempart en déjouant les rondes des sentinelles et descendirent la lande, en direction du port. Rivalin, Blanchefleur...

L'océan les reconnut. Il avait recueilli leurs premiers mots d'amour. Il les aida. Le ressac claqua sur la côte pour couvrir le bruit de leurs pas et le vent agita les flots qui les emporteraient bientôt.

Lorsqu'ils atteignirent la nef, ils se glissèrent vers la poupe, enjambant les corps des hommes déjà endormis. À l'abri, sous le gaillard d'avant, Blanchefleur, dans la chaleur de Rivalin, blottie, passa ainsi sa première nuit d'exil.

Lorsqu'elle se réveilla, le navire filait bon vent et les côtes de Cornouailles avaient disparu de l'horizon.

Sur la côte bretonne, l'arrivée des navires avait été signalée. Le sénéchal Roald, à qui Rivalin avait confié la gérance de ses domaines, se préparait à recevoir son maître, accompagné d'un fort parti de ses fidèles.

Il l'informa dès qu'il fut à terre. La mine soucieuse, ses mots étaient sombres.

— Seigneur, vos châteaux tombent les uns après les autres. Rien ne peut arrêter les mercenaires du duc. Nous succombons sous leur nombre. Le pays est mis en coupe réglée, dépeuplé. Il nourrit ceux qui le torturent et partout, dans les campagnes, la fumée des incendies élève des appels à l'aide vers le ciel. Puisse Dieu les entendre ! Puisse-t-il fermer les portes de son paradis à Morgan ! Celui-là, la poix fondue n'est pas plus noire que lui. Que le diable, son patron, l'emporte !

— Sénéchal, nous avons encore des armes et des chevaliers, lui répondit Rivalin, farouche. Du cœur, de la vaillance aussi ! Le monde tout entier n'appartient pas au duc et nous saurons nous sortir de son emprise, car Dieu viendra nous escorter .

Ces paroles étaient fortes. Chacun fut revigoré. Rivalin et Roald arrêtèrent alors leur plan pour rassembler des partisans et organiser la résistance, afin de faire rendre gorge au duc.

Mais, avant de s'engager dans la lutte, Rivalin fit venir un prêtre et, devant tous ses preux réunis, prit Blanchefleur pour épouse légitime. Après quoi, il la confia à Gouvernal, l'écuyer qui lui avait appris le métier des armes, pour qu'il la conduise à l'abri et veille sur sa vie.

— Jusqu'à ce que Dieu me ramène, je te prie de la

garder, lui ordonna-t-il. Elle est votre dame à tous, dorénavant, et elle porte mon enfant.

Puis, il s'adressa une dernière fois à sa bien-aimée avant de la quitter.

— Tu es mon joyau. Je vais reconquérir mon royaume, qui sera ton écrin.

Le jeune roi et ses partisans harcelèrent l'ennemi qui se croyait invincible. Multipliant embuscades et escarmouches, ils reprirent des châteaux, soit par ruse, soit par force. Les soudards de Morgan, habitués à massacrer du paysan, pris au dépourvu, mirent du temps à se réorganiser. Lorsqu'ils furent à nouveau prêts pour la guerre, le camp de Rivalin avait acquis de l'assurance et représentait un danger.

Alors, le duc, sans barguigner, rassembla tout ce qu'il comptait de chevaliers, de sergents, de piétons[1], et provoqua son adversaire dans une grande rencontre.

Le choc fut rude et sans pitié. On porta de beaux coups, bien frappés. Des hommes moururent, en grand nombre, des deux côtés. Rivalin, l'âme de ses troupes, le plus exposé de tous, ne fut pas épargné. Un coup d'épieu le coucha sans vie sur l'herbe verte que son sang clair rougit.

Sa mort jeta le désarroi parmi les siens. Ses chevaliers furent vaincus et son royaume, pour longtemps, tomba entre les mains avides du duc Morgan.

Le sénéchal Roald porta lui-même la triste nouvelle à la femme de son seigneur défunt. En apprenant la nouvelle, Blanchefleur s'évanouit. On l'entoura pour la

1. Fantassins.

plaindre. Quand elle reprit connaissance, elle était transfigurée. On aurait dit que, pendant son absence, elle avait rencontré la Mort avec qui elle avait conversé.

Dès lors, elle n'adressa plus la parole à personne. Elle s'enferma dans sa peine, livide, hallucinée, déjà coupée du monde. Parfois, elle fredonnait des airs tendres à son enfant, entourant son ventre gros de ses deux bras, comme elle aurait aimé que Rivalin le fît. Parfois, elle parlait à une ombre.

— Ne t'éloigne pas trop du rivage des vivants, mon bien-aimé, disait-elle avec une familiarité qui glaçait le cœur de ceux qui l'entendaient. Je veux pouvoir te retrouver aisément, ne pas te perdre à nouveau, ni errer à ta recherche dans les brumes de l'après-vie. Je me suis mise en chemin. Patiente. Je viens. Je cueillerai bientôt des brassées d'asphodèles. J'en tresserai des couronnes dont je ceindrai ta tête adorée. Tu en seras embaumé à jamais.

Et, dans son visage ravagé, les larmes creusaient des sillons gris au goût de l'océan qui battait les falaises de Cornouailles.

Les semaines passèrent ainsi, et les mois, jusqu'à l'heure de l'enfant. Si sa mère demandait à mourir, lui réclamait de vivre.

Lorsque Blanchefleur fut saisie des douleurs de la maternité, elle reconnut, au remue-ménage dans son corps, les pas du guide qui venait la chercher. Elle se confia à lui et se laissa conduire. La matrone qui l'aidait dans son travail d'enfantement frémit jusqu'à la moelle de ses os de la voir ainsi s'abandonner. Elle fit appeler son maître le sénéchal qui arriva avec sa femme. Quand il approcha de la couche, Blanchefleur chercha sa main où elle glissa un objet, en murmurant ces mots à peine audibles :

— ... annel... mon père...

Dernier geste, dernières paroles.

C'était un anneau d'or, au chaton serti d'un soleil de topaze. Roald n'eut pas le temps d'en admirer l'éclat, car deux cris s'élevèrent bientôt dans la chambre : celui, triomphant, de la mère qui franchissait enfin le voile de la mort et celui, effrayé, de l'enfant qui grelottait dans la solitude de sa vie.

C'était un garçon.

4

TRISTAN

L'enfant était deux fois nu. Nu de corps, nu de cœur.

Quelle leçon le Destin enseignait-il déjà à ce nouveau vivant ? Quelles voies s'ouvraient devant lui ? Quelles tâches redoutables l'attendaient, pour qu'à son premier souffle la solitude s'impose à lui avec une telle violence ? Fallait-il qu'il se prépare à affronter l'âpreté du monde sans perdre un seul instant ?

Dans la chambre de l'accouchée, on apprêtait deux corps. L'un pour l'obscurité. Lequel ? L'autre pour la clarté. Lequel ? Ténèbres, lumière, qui peut tracer avec certitude la frontière véritable de ces deux royaumes ?

Les femmes commises aux toilettes s'affairaient en pleurant ; sur l'orphelin, sur la défunte, sur elles-mêmes, sur la légèreté de l'homme devant la face du Créateur.

Lorsque la mère fut enveloppée dans son linceul et l'enfant emmailloté dans son lange, Roald entra, suivi d'un prêtre pour administrer les sacrements.

Blanchefleur fut ainsi remise à Dieu, et l'enfant, placé sous sa protection. Il reçut l'eau du baptême dans la chambre où il était né et, en mémoire des tristes événements qui avaient précédé sa naissance, il fut nommé Tristan, au nom du Père, du Fils et de l'Esprit.

On procéda enfin aux funérailles de la délicate reine de Lohonois et, aussitôt après, le sénéchal emmena l'enfant.

Malgré le pacte établi avec le duc Morgan après sa victoire, malgré l'hommage que lui avaient juré les anciens vassaux de Rivalin, Roald voulait protéger Tristan. Il craignait la colère de Morgan, s'il apprenait que Rivalin avait un descendant. Il redoutait une folie meurtrière pareille à celle qui avait saisi Hérode, à la naissance du Sauveur[1].

Arrivé en secret dans son château, il demanda à son épouse de s'aliter comme si elle devait accoucher. Il lui imposa de garder la chambre plusieurs semaines, au terme desquelles il put annoncer à tous qu'elle venait de lui donner un nouveau fils.

---

1. Meurtre des enfants de moins de deux ans, ordonné, selon saint Matthieu, par Hérode le grand, à la naissance de Jésus, par crainte de la rivalité d'un futur Messie.

5

LES NORVÉGIENS

Dans la maison du sénéchal dont les enfants sont ses frères et sœurs, Tristan, en parfaite sécurité, vit au grand jour et reçoit l'éducation de tous les jeunes garçons de son rang.

La carrière des armes l'attend. Passé huit ans, il quitte donc le milieu des femmes – sa mère adoptive et les servantes qui l'ont nourri, choyé, amusé – pour commencer sa formation de chevalier. Il est doué. Pour les armes, mais pour l'étude aussi. Et Roald, par respect pour la mémoire de Rivalin, son ancien suzerain, le sert du mieux qu'il peut, comme un vassal son seigneur.

Il le confie à un clerc qui lui enseigne les sept sciences. La grammaire d'abord, ainsi que l'art du discours et celui de la dispute[1]. L'arithmétique ensuite, complétée par la géométrie, la musique et l'astronomie.

Dans cet enseignement, la maîtrise du langage est fondamentale. Que devient la connaissance, en effet, si elle n'est pas transmise ? Elle reste inerte, comme un champ en jachère. La parole, au contraire, fait mûrir ses fruits et disperse ses semences.

Tristan, très vite, excelle à débattre et souvent, comme pour mieux convaincre son interlocuteur, il s'accompagne d'un instrument et lui chante au lieu de lui parler.

— Les mots, prétend-il, lorsqu'ils sont portés par la musique, impriment l'âme plus profond.

Il apprend ainsi, conduit par un maître, la harpe et la vièle à archet, et, par lui-même, le rebec, la gigue, la rote, le dulcimer et le psaltérion. Sept instruments, tous à cordes sensibles.

Roald suit son apprentissage. Il n'oublie jamais sa véritable identité. Il lui fait connaître les langues : celle des Romains et des Grecs, mais aussi celle des peuples du Nord, celle des Arabes qui vivent en Espagne[2].

Sans en connaître les raisons, Tristan voit bien, à toutes ces faveurs, qu'il est le préféré de son père. Mais pour ne pas encourir la jalousie de ses frères, il improvise des chansons qu'il leur chante à la moindre occasion, les réjouit par des exploits de jongleurs et des pitreries.

Il n'est pas sot. Il sait se faire aimer.

---

1. La discussion, le débat.
2. Les musulmans sont entrés en Espagne au début du VIIIe siècle. Après avoir occupé le pays dans sa presque totalité, leur influence a régressé jusqu'au XVe siècle

Gouvernal prend en charge son initiation au métier de la guerre. Il a formé son père et il retrouve chez le fils les mêmes aptitudes, à un plus haut degré. Tristan, en effet, possède puissance et témérité, mais aussi une science innée du combat, soit en duel, soit en mêlée, mais surtout une vigueur de jeune sève brûlante. On dirait qu'en lui un perpétuel printemps bouillonne et le nourrit de toute sa force crue.

Les années passent ainsi. Morgan règne en maître incontesté sur la Bretagne. Rivalin est maintenant bien oublié et Blanchefleur aussi. Sauf du fidèle Roald et de son épouse dévouée. Sauf du bon Gouvernal, prudent et taciturne, qui poursuit dans le fils l'œuvre commencée dans le père.

Les années passent ainsi et Tristan s'épanouit. Il atteint bientôt quatorze ans, l'âge de la majorité.

Des Norvégiens abordent un jour à proximité du château du sénéchal. Ils sont marchands. On ne les craint plus comme leurs ancêtres Vikings qui inspiraient horreur et désarroi. Ils suscitent la curiosité maintenant. Leur knorr[1] est chargé de denrées des pays du Nord, de Russie et même du califat de Bagdad : ambre, défenses de morse, andouillers de cerf et d'élan, pierre de talc, miel, poisson séché, huile de baleine. Sans parler des fourrures : peaux d'ours et de castor, soies de Chine, draps d'Allemagne, argenterie arabe, verreries lapones... Des trésors !

On se précipite au port, on fait la fête aux nouveaux

1. Bateau plat, à faible tirant d'eau, utilisé par les Vikings.

venus. L'affluence de chevaliers, de dames, de bourgeois est bientôt telle qu'un marché s'organise. On discute, on se bouscule, on s'exclame, on s'émerveille, on achète.

Tristan est descendu, bien sûr, avec ses aînés. Ils admirent des faucons. Les oiseaux sont robustes. Les jeunes gens les observent en connaisseurs. Épaules grosses, ailes couchées sur la queue, pieds longs et bien fendus, becs courbés et solides. Leurs narines sont ouvertes et leurs yeux plantés dans le crâne forment boule avec leur tête arrondie. Ils respirent la force et la vigueur.

— Ils sont capables d'enlever des grues et des hérons, assure l'un des jeunes. Et même des cygnes...

— Va voir les marchands, Tristan ! suggère l'aîné des garçons. Tu parles leur langue. Discute avec eux et convaincs notre père d'acheter ces oiseaux. Il ne sait rien te refuser.

Tristan se laisse fléchir. Il monte à bord du knorr, parlemente, puis revient à terre.

— Père, dit-il à Roald, il serait bon que l'on s'initie à la chasse à l'oiseau. Ceux-ci sont des pèlerins, les plus réputés, capturés dans les falaises de Norvège. Ils n'ont pas encore effectué leur première mue et sont faciles à dresser. Gouvernal saura s'y employer.

Comme ses frères l'avaient prévu, le sénéchal accepte et Tristan l'emmène sur le knorr négocier quatre rapaces qu'il paie sans discuter.

Les jeunes hommes se réjouissent. Chacun reçoit un animal et s'apprête à rentrer, alors que Tristan préfère s'attarder encore, parmi les monceaux de marchandises déballées. Chacune apporte son pays, s'exprime avec ses formes et ses couleurs. Au-delà du brouhaha du marché, Tristan perçoit une rumeur profonde et colorée. Une infinie variété de voix s'y entremêlent. Le rivage est une tour de Babel où tous les hommes de la Terre échangent, partagent leurs arts et se comprennent.

Tristan, depuis le pont du knorr, songe. Il aime ce tumulte. Il pense à ces pays lointains, tous rassemblés ici, comme dans le creux d'une main. Il voyage. Il n'a pas envie de redescendre à terre. Parmi les marchandises, il aperçoit un jeu d'échecs et propose une partie aux Norvégiens, prétexte pour rester.

Le chef des marchands, Olaf-le-Timon, gaillard à la tignasse écarlate, accepte la proposition. Il appelle l'un des siens, Gunnar-l'Affranchi, un champion. Il a observé Tristan à son insu, pendant sa rêverie. Il est intrigué par ce garçon bien fait qui leur a parlé dans un norrois[1] si juste. Derrière ses airs débonnaires, Gunnar rêve lui aussi, en négociant habile, à évaluer la qualité d'une marchandise et à tricher sur son prix. Il calcule et se tait.

Une tente est montée à l'arrière de la barque. Tristan s'y installe, face à son adversaire. Roald l'a quitté, le laissant à la garde de Baudoin, l'un de ses écuyers. La partie commence, prudente. Tristan, avance comme en un tournoi, sacrifie une partie de ses pions pour gagner du terrain. Le Norvégien est habile, lui aussi. Il sait donner le change et intimider. Il prépare ses coups de loin et frappe par surprise. L'affrontement se déroule, intense, et les heures passent.

---

1. Ancienne langue scandinave.

Pendant ce temps, le rivage s'est vidé et les badauds sont repartis. Étoffes, bijoux, denrées, tout a été replié, remballé, chargé à bord et arrimé. La partie continue, suspendue, hors de l'univers, et Olaf-le-Timon fait larguer les amarres. Il dirige son knorr dans le sens de la mer et le laisse doucement reprendre par les vagues.

— Échec et mat ! triomphe Tristan.

Gunnar-l'Affranchi reconnaît sa défaite.

— Tu es valeureux et savant. Tu te bats comme un loup !

Mais il sourit et ce sourire alerte le garçon qui, soudain, comprend. Le bateau roule sur ses bords. Ils naviguent.

Tristan se précipite hors de la tente, voit la côte au loin et hurle sa colère au milieu des marins qui s'esclaffent.

— Pourquoi ?

Colère contre eux. Colère contre lui-même, sa naïveté, sa confiance. L'écuyer qui devait le protéger est atterré. Pris par le jeu, il a failli à sa mission. Il pleure et provoque les larmes de Tristan qui se lamente.

— Pourquoi ? demande-t-il encore dans son chagrin.

— Parce que tu es savant ! répond Olaf. Parce que tu es beau, parce que nous sommes forts et que tu es faible, parce que nous sommes marchands et que nous te monnaierons un bon prix.

— Je vous apprendrai ce que je sais, leur propose Tristan qui s'est repris. Mais en échange, libérez l'écuyer. C'est moi que vous vouliez, non lui. Mettez une barque à la mer. Il peut encore regagner la côte.

Les Norvégiens acceptent en se moquant. Un gardien

si peu vigilant, c'est un gâte-viande qui ne vaut pas le prix de sa nourriture. Ils n'en tireraient rien.

Tristan, soulagé, regarde l'annexe s'éloigner. Son père sera bientôt informé. Mais sa colère reste sourde.

— Dieu ne laissera pas votre crime impuni !

— Dieu ? ricane Olaf, goguenard. Quel dieu ? Celui des chrétiens ou Odin le fourbe ?

Les anciennes croyances du Nord sont encore vives, et Tristan, qui se voit prisonnier des païens, ressent sa solitude avec plus d'amertume.

Pourtant, Dieu est là. Il veille. Abandonner ce gamin de quatorze ans n'entre pas dans ses plans. Il nourrit pour lui un projet plus ambitieux.

Le knorr navigue et sa voile triomphe sur la mer. Le vent est bien portant. Il les conduit vers le froid, en leur pays.

Dans les eaux irlandaises, le ciel change soudain et l'océan durcit. De l'horizon monte un front lourd. La nuit descend en plein midi et, dans les nuées noires, des chevaux fous hennissent. Les voix du vent se font sévères, se chargent de reproches et, brutalement, libèrent leur colère.

Tout à l'heure orgueilleuse, la voile se fend par le milieu. Les marins, pris au dépourvu, n'en amènent plus que des lambeaux. Le knorr est chahuté comme un grelot. Les cordages se rompent. La mer balaie le pont, emporte la cargaison, dépossède les marchands de leurs biens. Garderont-ils le dernier trésor qui bat dans leurs poitrines ? Les plus endurcis tremblent. Ils connaissent tous les chemins d'écume pourtant. Certains, d'Islande au Groenland, ont louvoyé entre les montagnes de glace dérivantes. D'autres ont même poussé jusqu'aux colonies établies par Leif Ericson[1], sur l'autre continent. Pourtant, ces aguerris sont tous blêmes de terreur. Ils n'ont jamais subi pareil ravage. Alors, dans le vacarme, une voix s'élève et parlemente en hurlant devant la gueule des monstres qui rugissent. C'est Olaf-le-Timon, désemparé. Il sait quelle fureur anime les éléments. Il veut la fléchir. Il a compris sa faute. Il se repent avec humilité.

— Seigneur... Pardon... Garde-nous vivants pour te prier... Nous te rendons notre otage...

Sa prière a été entendue. La tempête s'apaise avec lenteur. Des ouvertures se creusent dans la nuée, la clarté revient, le knorr se vide de toute l'eau embarquée.

Où se trouvent-ils ? Étourdis, exténués, les survivants demeurent affalés les uns sur les autres et incrédules. Où diriger la barque ? Ils ont perdu tous leurs repères.

— Si le dieu de ce damoiseau nous a épargnés, murmure Gunnar-l'Affranchi, il saura nous guider.

En effet, le knorr est dans sa main. Bientôt, le vent tiédit. Il souffle des parfums de terre et une côte, au loin, posée sur l'eau, apaise le vertige de leurs cœurs. C'est là qu'ils accostent et rendent Tristan à son destin.

— Je ne sais pas qui tu es, gamin, lui dit Olaf-le-Timon de sa voix encore ensanglantée. Mais pardonne-nous... Oublie les Norvégiens.

Ils s'éloignent de ce pays, à force de rames, comme s'il leur était dorénavant interdit, sacré, depuis que Tristan y a posé le pied.

---

1. Fils d'Erik le Rouge, colonisateur du Groenland qui a exploré la côte est du Canada et Terre-Neuve, aux alentours de l'an mille.

6

LES VENEURS

L'écuyer Baudoin a regagné la côte. Mais les courants l'ont déporté. Lorsqu'il parvient au château de son maître le sénéchal, les ravisseurs naviguent déjà en haute mer. À son arrivée, il trouve inquiétude et désarroi. Le départ des marchands a été constaté et la disparition de Tristan inquiète. Roald craint le pire et Baudoin confirme son pressentiment.

— C'est ma faute, seigneur. J'ai agi avec inconséquence et j'ai trahi votre confiance. Punissez-moi.

Il s'est agenouillé et il pleure.

Roald aussi pleure. Sa face est toute mouillée de larmes, mais il n'a pas le cœur à blâmer son serviteur.

— Relève-toi, lui dit-il. C'est moi le seul coupable. J'avais fait serment, à la mort de mon seigneur Rivalin, de protéger son épouse et son fils. Je n'ai pu empêcher la dame de mourir et je viens de me laisser ravir l'enfant.

Cet aveu jette le trouble dans l'assistance. Les chevaliers présents, les conseillers, les intendants, les dames et les serviteurs, tous ceux qui l'entendent sont stupéfaits par cette révélation. Ainsi, Tristan, le jeune et bouillant damoiseau, est le fils de leur roi courageux et de leur douce reine, meurtrie d'amour. Il serait donc leur seigneur et c'est à lui qu'ils devraient obéissance et dévouement, s'il n'y avait l'infâme Morgan !

Chacun, dans sa consternation, comprend alors les soins de Roald à son égard, son amitié, la force de sa fidélité. Et chacun mesure l'horreur de cet enlèvement.

Mais leur chagrin n'atteint pas leur ardeur. Le sénéchal est homme d'action. Il a déjà pris sa décision.

— Préparons-nous ! Montrons à cette engeance de Vikings, comment des chevaliers chrétiens réparent de tels affronts ! Nous partirons demain, au jour, et nous ne reviendrons au pays qu'avec Tristan ! Vous êtes témoins de mon engagement.

La nuit se passe alors en préparatifs où tous sont mis à contribution. Armes, vêtements, vin et nourriture, prennent place dans la cale d'une nef, avec cordages et voile de rechange.

L'aube les trouve, équipage et soldats, apprêtés et impatients. Tous les hommes d'armes veulent participer à l'expédition. Roald repousse les plus jeunes et ne prend avec lui que dix des plus expérimentés guerriers. Gouvernal ne viendra pas. Le sénéchal le laisse à terre. Il veillera pendant son absence.

L'océan les voit, décidés, le visage dur. Il comprend

leur détermination et, dès que le navire quitte l'abri du port, il leur offre bon vent et ciel clair.

Ils s'éloignent rapidement, cap au nord-est, vers la Norvège. La côte sombre bientôt dans la brume des flots. Ils sont seuls sur l'eau. Ils oublient la terre, ils oublient ceux qu'ils y ont laissés. Ils ont effacé leurs souvenirs pour s'alléger. Rien ne peut plus les distraire de leur mission : retrouver Tristan. Pour l'accomplir, ils battront mers et océans jusqu'au pays des glaces et des phoques.

Tristan sent la terre ferme sous ses pieds. Il a quitté le rivage où ses ravisseurs l'ont débarqué et s'est élevé au sommet de la falaise. De la côte, il surplombe l'océan et voit le knorr s'éloigner. Ses rames grattent les vagues, comme un insecte la poussière du chemin. Sa coque est frêle, mais elle a résisté à la furie.

Et lui saura-t-il résister ? En quelle contrée se trouve-t-il ? Amie ou hostile ? Il ne sait. Il songe à ses parents. À son père qui l'aime tant, à ses frères, au chagrin que sa disparition doit leur causer. Il songe à son Père du ciel. Pourquoi l'a-t-il épargné ? Il aurait pu l'effacer des vivants, le reprendre... Il ne l'a pas fait. Pourquoi ? Que signifie sa protection ? Un répit ? Comment savoir ? C'est lui qui mène le charroi des vies. Nul ne peut l'arrêter, ni faire fi de sa volonté.

Les réponses à de telles questions ne sont jamais révélées, mais déchiffrées, fragment après fragment, et comprises lorsque toutes les pièces ont été rassemblées, après d'infinies tentatives. Tristan ne le sait pas encore. Mais peut-être le pressent-il aujourd'hui, car il cesse de songer, tourne le dos à la mer de son passé et s'éloigne de cette côte.

Le pays s'étend, vaste, vallonné, couvert de prés et de bois. Nulle tour à l'horizon, nulle grange, nul clocher d'église. La campagne, figée, semble attendre. Qu'importe ! Tristan est la vie. Il va. Elle l'accompagne et se répand avec lui.

La lande débouche sur un chemin. Il l'emprunte et marche sans s'attarder. Le temps est doux, la lumière franche. Il couvre ainsi une lieue ou deux, d'un bon pas, avant de parvenir à l'orée d'une forêt. Il doit la traverser. C'est une belle futaie et Tristan s'y engage comme en un lieu familier. La forêt l'accueille et ne tarde pas à se confier. Une clameur s'élève, en effet, au loin, puis se tait, détournée par le vent. Tristan écoute avec attention, puis sourit. La clameur revient, plus parlante. Il la reconnaît. C'est une voix amie. Elle se découpe en cris, en abois nerveux qui enflent. Une chasse ! On poursuit un fauve, là-bas ! Un limier l'a levé. Tristan le comprend au raffut de la meute que l'on n'a pas encore lâchée.

Le vacarme se rapproche. La forêt est secouée par la brutalité. Le sol tremble. La mort conduit sa traque : galops des chevaux montés par les veneurs, galops des piqueurs, des valets essoufflés qui suivent les chiens tenus en laisse, huées des rabatteurs, cris des cornes. La bête poursuivie lutte contre le piège qui se referme, ruse, calcule, s'épuise inexorablement...

Tristan frémit de joie. Il n'est plus en terre étrangère et le pays qu'il porte dans son cœur s'est installé ici.

Les chiens sont lâchés maintenant. Immobile, Tristan déchiffre leurs menées, en déduit le mouvement du gibier. Là, il a tourné au vent. Là, il a donné le change. Des chiens s'égarent, d'autres suivent.

— C'est un cerf ! affirme Tristan. Un grand ! Dix cors[1] au moins !

Et, comme pour lui donner raison, l'animal, soudain, troue les fourrés et se bloque devant lui. Surpris, il hésite, puis fait un écart et reprend sa fuite éperdue.

— Il sera bientôt tué, estime Tristan. Il le sait.

En effet, peu après, la fanfare des cornes se déchaîne. Le maître veneur annonce la mort du grand cerf. Puis, ceux qui ont participé à la chevauchée lui répondent, de toutes leurs trompes à l'unisson : un mot long, chanté, suivi de dix mots brefs, bien parlés. Et la forêt se tasse, assourdie par le triomphe de l'hallali.

Tristan, alors, court vers l'assemblée des chasseurs en se laissant guider. Les cuivres se sont tus. La voix des chiens domine maintenant. Excités par leur quête, par l'odeur chaude de la bête d'où s'exhalent des vapeurs.

Puis, à mesure qu'il approche, Tristan entend les hommes qui se congratulent. Leur langue ressemble à la sienne, mais à leur accent, il comprend qu'il est en Cornouailles.

Lorsqu'il parvient à la clairière où ils forment cercle autour de leur prise, le maître veneur s'apprête à débiter le cerf, en commençant par lui trancher la tête.

— Non, pas ainsi ! s'exclame-t-il. C'est contraire aux usages.

Il est bouleversé et s'excuse de les avoir interrompus.

— Seigneurs, si vous me permettez, je connais une

1. Un cerf dix-cors possède cinq andouillers sur chaque ramification de ses bois. Il est âgé d'environ sept ans.

façon plus élégante de préparer la viande ! Je puis vous l'enseigner.

Son arrivée, inattendue, surprend. Son empressement, sa brusquerie aussi. Mais sa présence intrigue, sa jeunesse, ses vêtements riches et de bonne coupe, sa franchise. Sans compter sa délicieuse manière de parler du continent.

Le maître veneur, qui est un chevalier courtois, ne s'en offusque pas et le prend au mot, amusé par sa spontanéité.

— Nous pratiquons selon nos traditions, damoiseau. Mais nous sommes ouverts à celles des étrangers. Explique-nous.

— Voici comment nous procédons... explique alors Tristan.

Et il leur montre, avec précision, comment ouvrir l'animal et l'écorcher, comment dénuder les cuissots, les épaules, la poitrine, le ventre, en prenant garde que le corps repose toujours sur la peau.

Un chasseur, armé d'un couteau à fine lame, suit ses conseils à la lettre et Tristan s'accroupit à ses côtés pour l'aider à retirer la panse et les entrailles, sans souiller la viande.

Tous, veneurs et piqueurs, observent médusés, le maître et son élève. Comment ce damoiseau possède-t-il une telle science de la vénerie ? Leur manière de débiter leur paraît en comparaison, grossière et barbare.

Tristan sent leur admiration et pousse son avantage. Il prépare la curée[1] et la sert aux chiens qui attendent leur récompense, à même la peau du cerf. Puis, lorsque

---

1. Récompense de la meute après la chasse, constituée du foie, du cœur et des poumons.

les molosses sont repus de chair et de sang, il termine d'une voix modeste, comme pour remercier l'assemblée de sa patience.

— Je ne vous enseignerai pas l'offrande au roi. Sans doute la pratiquez-vous !

— Nous ne connaissons rien de tel, répondent d'une seule voix plusieurs gentilshommes. Poursuis ta démonstration, au contraire. Nous t'observons.

Tristan prélève alors sur les quartiers nobles, les parties les plus goûteuses, les perce et les enfile sur une solide broche de bois qu'il fait porter par deux valets. Enfin, pour parachever sa présentation, il abat un arbuste, l'ébranche, le ramène à une toise[1] de longueur et fait planter à une extrémité la tête du cerf, en guise de trophée.

— Voilà ! dit-il, une fois son poteau orné. C'est l'animal lui-même qui fera don de sa personne au roi.

Sur son mât, le cerf les domine de toute sa ramure. Ses yeux sont grands ouverts. Il les fixe d'un regard voilé, comme un esprit, détaché du monde des vivants.

— Par le corps Dieu ! s'enthousiasme le maître veneur. C'est toi qui conduiras le cortège ! Accompagne-nous. Le roi sera sûrement intéressé de t'accueillir et de t'entendre.

Il met un cheval à la disposition du jeune maître et Tristan monte en selle.

— Où allons-nous ? demande-t-il, bien calé entre ses deux arçons.

— En la résidence préférée de notre seigneur. À Tintagel de Cornouailles !

---

1. Ancienne mesure de longueur, d'environ deux mètres.

7

L'OFFRANDE AU ROI

Au débouché de la forêt, les cavaliers retrouvent la plaine et, à distance, la mer, revêtue de son haubert d'acier.

— Voici Tintagel ! annonce avec fierté le chevalier qui chevauche aux côtés de Tristan.

La côte est découpée. Elle porte la marque des assauts lancés contre elle par les tempêtes et les marées. Terre et eau se livrent ici une joute sans pitié.

À main droite, nichée dans un vallon, une ville apparaît, serrée à l'intérieur de son enceinte. À main gauche, à l'écart de la cité, une forteresse se dresse au sommet d'un promontoire qui s'avance dans l'océan, comme une nef prête à appareiller. Elle prend le large chaque année, murmure-t-on, aux deux Saint-Jean, d'hiver et d'été. Mais cette rumeur n'a jamais pu être authentifiée, car les nuits supposées de sa disparition, une brume s'élève des flots et recouvre le pays. Cet écran, qui revient avec régularité, est l'indice sur lequel on s'appuie pour étayer le bruit et le changer en certitude.

On prétend qu'alors le domaine de Tintagel quitte la terre, emporté par son roi métamorphosé en cheval. Tous deux s'en vont boire dans les grands lacs lunaires où les songes prennent vie. Puis, toujours inséparables, ils partent moissonner le feu ardent, dans les steppes arides du soleil. Ils s'en reviennent à l'aube, rénovés. C'est ainsi que le roi Marc de Cornouailles tire le pouvoir de maintenir la paix et la justice parmi ses barons et ses sujets. À la Saint-Jean suivante, les étoiles du solstice convient le monarque et son château à un nouveau festin, car les équilibres sont précaires et tout doit toujours recommencer, faute de quoi le royaume sombrerait dans le chaos...

Lorsque la troupe arrive au poste de garde qui commande l'accès à la forteresse, Tristan rassemble autour de lui tous les porteurs de cornes et de trompes, et les invite à sonner. Une fanfare magnifique résonne, franchit les murailles hautes du rempart, envahit les cours et les bâtiments.

À l'intérieur, on s'étonne. Des pages, bientôt, arrivent à la porte, aux nouvelles. C'est un cerf immense qui les accueille, planté sur un poteau décoré de fougères et de lierre.

— Laissez passer l'offrande au roi ! hurle Tristan, dissimulé par la ramure du fauve.

Les serviteurs croient que la bête est vivante et qu'une

magie la fait parler. Ils s'écartent, effarés, et regardent passer le géant de la forêt, escorté par sa musique et ses servants.

Tristan s'avance ainsi jusqu'à la grande salle du donjon, suivi par les sonneurs et les chevaliers, puis, une fois en présence du monarque, il fait taire les trompes et s'écrie d'une voix lente qu'il s'efforce de rendre grave et noble :

— Seigneur ! Quand j'ai appris que ma chair allait nourrir un roi tel que vous, si distingué et courtois, j'ai accepté d'être servi[1]. Voilà pourquoi j'ai décidé de venir moi-même m'offrir à vous.

Une jonchée de rameaux verts est déposée sur le sol et les serviteurs qui portent la broche chargée des bons morceaux la couchent sur le feuillage.

— Hourra ! s'écrie le roi, flatté.

Il bat des mains et toute sa cour après lui, crie, s'émerveille et répète par trois fois :

— Hourra ! Hourra ! Hourra !

Le maître veneur s'approche alors et présente Tristan, ému lui-même par son entrée fracassante et son succès.

— C'est un damoiseau plein de science et fort habile de son couteau. Il nous a beaucoup appris que nous ignorions. Et il peut encore nous apprendre, je crois.

— Quel est ton nom ? lui demande le roi.

— Tristan, seigneur. Je suis né en petite Bretagne et j'ai été enlevé par des marchands.

— Bénis soient donc ces marchands ! Demeure avec nous. Tu es le bienvenu.

Un brouhaha de conversations suit l'arrivée des chas-

---

1. Tué.

seurs et bientôt plus personne n'ignore rien des péripéties de la mise à mort du cerf et de son dépeçage par Tristan.

Ces événements ont donné soif et faim. On installe des planches sur des tréteaux, on les nappe d'étoffes de lin et, quand les tables sont dressées, on mange de bon appétit.

Entre les mets, un musicien divertit les convives. Il chante en s'accompagnant d'une harpe. La musique s'élève, douce, fluide. Elle glisse sur les pierres des murs sévères et s'infiltre dans les cœurs. Tristan l'écoute et son corps frémit aux vents de l'harmonie. Une voix murmure en lui. Elle a traversé la mer pour le bercer. Il s'approche alors du musicien, regarde ses doigts courir sur les cordes et rythmer le rondeau. À la fin d'une pièce, il lui demande :

— Vous plairait-il, ami, de me confier cet instrument dont vous tirez si bel enchantement. J'ai appris à en jouer lorsque j'étais enfant et votre air m'a rappelé certaine chanson que j'avais oubliée.

Le musicien accepte volontiers et cède sa harpe. Tristan la prend, admire son bois clair et bien sonnant, écoute frissonner la caisse, puis s'installe, plaque un accord et commence à chanter.

L'autre jour que j'allais chevauchant
Dans un pré, au milieu d'un coteau
Rencontrai pastourelle chantant
Un doux air qu'écoutaient les oiseaux.

Les conversations cessent peu à peu. On s'interrompt de manger et chacun écoute cette voix. Elle paraît frêle, mais une vigueur l'habite. Elle passe dans l'air, comme un saltimbanque en équilibre sur un fil. On retient son souffle. On craint qu'elle ne chute et ne se brise.

Chiberala chibele
Mes doux amis.
Chiberala chibele
Soyez gentils.

Les couplets s'égrènent et les refrains se hâtent. Lorsque Tristan termine sa chanson, le silence saisit les dernières paroles, le dernier accord, et les retient captifs. Personne n'ose troubler cet instant. Le silence est maître. Un seul mot le souillerait.

C'est le roi, à la fin, qui prend l'initiative. Il parle et libère la tension.

— Liberté et droiture ! s'exclame-t-il. De ma vie, je n'ai jamais ouï pareil mélange. Tu m'as rempli le cœur de ravissement. Tu parles et on t'écoute. Qui t'a donné ce talent ?

Le bon Tristan sourit, étonné de son effet. Son visage est vermeil. Le compliment, la joie, l'émotion de se voir si bien accueilli...

— Je veux dorénavant m'endormir chaque soir en t'écoutant, poursuit le roi. Tu berceras mon repos.

Tristan, ainsi, fait son entrée à Tintagel et s'installe à la cour du roi Marc. Non seulement il chante et divertit, mais il ne tarde pas non plus à étonner par son adresse dans le métier des armes. Le roi le confie à Dinas, son propre sénéchal dont il devient l'écuyer. Il le sert en qualité de valet de table et d'écurie, porte sa lance et son écu, l'accompagne à la chasse, tournoie à ses côtés et poursuit son apprentissage de guerrier.

« Moi aussi, je serai chevalier, se promet-il, et parfait gentilhomme. J'ai trouvé mon protecteur. J'appartiendrai à sa maisonnée et je porterai ses couleurs. »

Sa voie est tracée.

Son passé est derrière lui, bien loin. Son pays ne fait plus battre son cœur. Le destin qu'il avait cru funeste lui a donné une autre vie.

Et les mois courent après les mois, puis tendent la main aux années...

Sur la mer, Roald est à la peine. Trois ans ont passé depuis qu'il a quitté son fief de Lohonois en Bretagne. Trois ans qu'il erre. Ses fidèles – marins et chevaliers – l'accompagnent toujours dans sa quête. Ceux qui ont renoncé l'ont fait par force et à regret, car la mort les appelait.

Trois ans. Le feu de colère qui incendiait son cœur s'est éteint. Il a laissé sa place aux tortures du doute et du chagrin.

La terre est immense, l'océan infini, Tristan demeure introuvable et Roald, ivre de son serment, navigue de mer en mer, saute d'escale en escale.

Souvent, la face vers le ciel, il parle à Dieu qui fut mis en croix.

— Si mon seigneur est mort, supplie-t-il, ayez de lui pitié. S'il est vivant, gardez-le de tout encombre et de tout mal.

La prière apporte le réconfort et la paix. Mais Roald n'est pas homme d'Église et ne peut tout le jour demander. Alors, les quatre-vingts diables de la désespérance reviennent embrouiller ses pensées. Tantôt, il voudrait Tristan mort. Tantôt, il s'emporte contre lui-même et jure à nouveau :

— Je ne renoncerai que lorsque j'aurai vu son corps !

Tel un naufragé en haute mer, il ne trouve plus ni fond ni rive.

Un jour pourtant, au Danemark, dans une taverne où il trempe son chagrin dans le vin, il entend parler à la table d'à côté. Un pèlerin raconte ses pérégrinations et les bonnes fortunes de son chemin. Il évoque notamment une chasse, avec des détails qui éveillent l'attention de Roald. Une offrande de gibier, faite par un jeune veneur, noble et bien éduqué, qui portait la tête d'un cerf et parlait à sa place.

Roald reconnaît là les traditions de son pays. Il s'approche, questionne. Ce jeune veneur ? Son visage, son allure ?

— Une élégance de prince ! s'exclame le pérégrin[1]. Et une voix de paradis, à rendre jaloux tous les anges et les saints !

— Où l'as-tu rencontré ?

— En Cornouailles ! Chez le roi qui l'a gardé en sa cour ! Je rentrais du mont Saint-Michel-de-la-Mer où j'étais allé déposer mes péchés.

Roald se contient. Il hésite. Tant de fois, il a cru reconnaître Tristan et tant de fois il s'est laissé abuser. Espérance et désespoir... Son cœur en est usé. Mais ce nouveau témoignage... tant d'indices rassemblés et si troublants de vérité...

---

1. Pèlerin.

Il se lève soudain, le regard dur, paie sa boisson et dit au pèlerin effrayé.

— Si tu dis vrai, Dieu te bénisse ! Si tu mens, qu'il te honnisse[1] !

Il quitte l'auberge et se dirige vers le port. Malgré lui, il hâte le pas. Ses pensées le pressent d'arriver. Tristan en Cornouailles, à la cour du roi Marc ! Il n'ose y croire. Il pense aux marchands Norvégiens qu'il a tant de fois maudits, voués au diable ! En vérité, ils accomplissaient un destin ! Sans savoir ce qu'ils faisaient, ils ont enlevé le neveu pour le confier à l'oncle.

Le cœur de Roald brûle de fièvre. Dans ce retour de Tristan à ses origines, le sénéchal pense à un autre retour, contrarié par la mort... Celui de Rivalin, son maître, qui vient, à travers son fils, demander au roi sa sœur pour épouse et recevoir la paix.

— *Miserere nobis*[2] ! murmure Roald. Il m'a fallu si longtemps pour comprendre. Vous nous avez donné des yeux, Seigneur, et nous ne voyons rien !

Il arrive à sa nef, tout ardent. Il narre la nouvelle à ses hommes qui tremblent en l'écoutant. Certains versent des larmes et tous, comme lui, voient dans leur longue errance un symbole.

— Trois ans ! s'exclame Roald qui traduit leur pensée. Trois ! L'union du Père, du Fils et de l'Esprit. Le chiffre de la Trinité sainte ! C'est elle qui nous indique le chemin !

Ils s'agenouillent sur le pont pour rendre grâce, puis préparent la nef et appareillent aussitôt.

Cap au sud ! La Cornouailles !

---

1. Couvrir de honte.
2. « Ayez pitié de nous », en latin.

8

ONCLE ET NEVEU

Roald ne doute plus d'avoir retrouvé la trace de Tristan. Le jeune veneur dont parlait le pèlerin, c'est bien lui. Cette certitude l'habite dorénavant. Trop d'indices concordent.

Le sénéchal réfléchit en regardant les flots filer sous l'étrave de la nef.

— La vie n'est pas soumise aux humeurs du hasard, murmure-t-il. Elle est conduite. Elle n'erre pas. Elle suit des chemins tracés où des signes, comme autant de chandelles, attendent les voyageurs qui veulent être éclairés...

Maintenant qu'il en connaît la raison cachée, l'enlèvement de Tristan ne lui apparaît plus comme un crime barbare. Derrière les injustices apparentes, une voix parle qui sait les causes. Après trois ans de traque, Roald en a perçu l'écho.

— Mais si nous en avons tous été acteurs, poursuit-il dans sa méditation, ce mystère n'est pas achevé. Le rôle que nous y jouons non plus. Qu'est devenu Tristan ? Je le connaissais lorsqu'il a disparu. Aujourd'hui, quel homme est-il ?

Les questions appellent les questions et Roald chemine dans sa pensée.

— Dieu de majesté qui nous ouvrez la voie, qui mettez de tels sentiments dans mon cœur, qu'attendez-vous de moi ? Je suis dépositaire d'un secret. Pourquoi me conduire à la cour du roi Marc ? Pour révéler ce que je sais ?

Il frissonne. Frisson d'humilité ou frisson d'orgueil ? Il craint soudain d'être la proie du Malin.

— Guidez-moi, Seigneur ! Et, le moment venu, aidez-moi à discerner le bon du mauvais choix !

Et le moment arrive.

Ils ont longé la côte sud de Cornouailles, contourné sa pointe, qui porte le mont Saint-Michel, et remonté vers le nord-est où se trouve Tintagel. Ils accostent dans une anse du rivage abritant le port. La forteresse le domine. Elle est séparée de la lande par un étranglement rocheux, coupé par un ravin. Un poste de garde en commande l'accès.

Roald est saisi par la majesté du site. La terre, ici, semble un carrefour où les infinis se rencontrent. Elle respire comme un être vivant et l'on sent, sous le fracas de la mer qui bat l'enclume de la côte, la lente cadence d'une voix qui nourrit le pays d'une mémoire ancienne.

Le sénéchal voit son navire à la voile délavée et il se voit pareil, amaigri et chenu. Un noble sire de Bretagne, celui-là ? Un pendard, plutôt ! Un fils de caïman ! Pour quelle raison le laisserait-on entrer dans ce palais de courtoisie et de civilité ?

« Tout se paie, tout s'achète ! » pense-t-il.

Il prend avec lui une pelisse de zibeline et une peau de phoque, puis il débarque seul, laissant ses compagnons à bord. Il se dirige vers le fortin où des sergents montent la garde.

— Holà ! crie-t-il par-dessus le ravin. Je cherche un parent ! On m'a dit qu'il était damoiseau, au service du roi Marc. Il a nom Tristan !

Aucune réponse. Mais, dans le fortin, on s'interroge.

— Qu'est-ce qui te fait croire qu'il est là ? demande bientôt une voix.

— Sa réputation ! Elle m'a trouvé en Danemark où j'étais à sa recherche.

Nouveau silence, puis la même voix qui tergiverse.

— Et qu'est-ce qui nous assure que tu es bien de sa famille ? Il nous faudrait une preuve formelle !

— En voici quelques-unes ! répond Roald en brandissant les peaux. Faites-les parler ! Elles ont la bouche cousue de sterlings !

Aussitôt, les chaînes grincent sur le treuil et le pont-levis s'abaisse lentement. Roald entre. Il paie son passage.

— Phoque d'Islande, zibeline de Russie, explique-t-il en remettant les fourrures.

Les gardes apprécient la qualité du paiement et s'interrogent sur l'identité de ce drôle d'étranger. Puis l'un d'eux se décide.

— Suis-moi !

Ils traversent la cour en direction du donjon. Le roi se trouve dans la grande salle. Il mange avec ses chevaliers et ses barons. Tristan y remplit son office et veille au service de la table.

Le garde entre et laisse le visiteur à la porte. Quelques instants plus tard, il revient accompagné d'un jeune homme élégant, vêtu d'une tunique de soie brodée, de bonnes chausses en drap de Ratisbonne et portant des souliers de chevreau. Roald est ébloui. Il le reconnaît aussitôt, mais reste coi de surprise. L'enfant qui l'a quitté n'est plus, mais son regard demeure, avec la brume qu'il pose sur les choses et son pouvoir d'en tirer des échos. Il a grandi, forci. Le métier des armes a besogné son corps, l'a sculpté, musclé, et quand il marche, on sent une force qui va, ample et décidée.

— Je suis Tristan, messire. C'est moi que vous avez fait quérir.

Sa voix ! Roald incline la tête pour mieux dissimuler son trouble. Cette voix a traversé les ans, s'est échappée du tombeau... Cette voix éclatante... même jeunesse, même gaieté... C'est Rivalin et c'est Tristan ! Le père et l'enfant à la fois. Le vieux sénéchal pâlit de saisissement.

Tristan de son côté, l'observe, scrute son silence, trouve étrange son immobilité, étonné par cette étoffe d'homme qui n'ose lever les yeux.

Un murmure, pourtant, monte en lui. Des rumeurs le secouent, cherchent à l'alerter. Sa mémoire geint, son cœur implore. Que disent-ils ? Leurs voix sont inaudibles. Que savent-elles qu'il ne parvient à saisir ?... Son visiteur relève la tête, lui présente un visage mouillé de larmes que Tristan voit enfin et reconnaît.

— Père... s'écrie-t-il. Mon père bien-aimé... C'est vous ! Oh mon père !...

Il se jette à ses pieds, baise ses genoux, sanglote.

Roald, ému, lui caresse la tête, le relève, le serre dans ses bras en remerciant Dieu de l'avoir exaucé.

Leurs pleurs sont doux et ils restent embrassés un instant. Puis Roald se reprend.

— Je t'ai cru perdu à jamais, confie-t-il. Je t'ai cherché sur la mer jusqu'en Hyperborée[1], j'ai exploré des îles saisies par les glaces et le feu des volcans, fait escale en des pays où ta piste m'égarait, fouillé des villes, des bourgs et des marchés. Le chagrin a flétri le feuillage de ma vie. Le vent m'a déparé, mais la peine ancienne est tôt oubliée, quand la consolation nous est donnée.

Tristan l'écoute et se tait. Il le regarde : visage émacié, vêtements élimés trop grands pour sa carcasse, barbe blanche tombant sur sa poitrine. Et ses yeux où l'angoisse a déposé ses ombres... Tristan, ému, voudrait lui rendre en une seule fois tout ce qu'il a perdu. Dans un élan, il s'écrie :

— Je vais vous présenter au roi !

Aussitôt, il l'entraîne dans la grande salle, se plante devant Marc et lui dit, en désignant Roald :

— Mon bon seigneur, voici l'homme le plus cher de ma vie. Voici mon père !

Le roi pose sur son tranchoir[2], la cuisse de paon qu'il est en train de déguster, s'essuie la bouche avec la nappe et observe longuement le nouveau venu.

1. Pays mythique, situé dans l'extrême nord de l'Europe.
2. Épaisse tranche de pain qui servait d'assiette.

— Ton père ! répond-il, comme s'il octroyait un titre de noblesse. Ton père qui t'a cherché et t'a trouvé.

Enhardi par ces mots, Tristan raconte ce qu'il vient d'apprendre, explique qui est Roald, sénéchal de Bretagne, malgré sa pauvre apparence et ses vêtements de vilain[1].

Roald, embarrassé, écoute le portrait que Tristan fait de ce père qu'il n'est pas et, quand le jeune homme se tait, il prend la parole à son tour.

— Puisque nous en sommes au chapitre des révélations, acceptez, seigneur, que la vérité soit aussi nue que votre épée. Ce damoiseau n'est pas mon fils !

Tristan est frappé de stupeur. Il n'entend pas la suite de la conversation entre Marc et Roald.

— Un bâtard ? demande le roi.

— Non, seigneur, car ses parents avaient reçu le sacrement de mariage.

— Pourquoi devrais-je connaître cette vérité ?

— Parce qu'elle vous touche de près !

— Elle me touche ? répond Marc, sur la défensive.

Le silence tombe. Convives et serviteurs se figent, car la voix de Roald poursuit, franche, sans vibrer, et tous l'écoutent.

— Vous souvenez-vous, seigneur, d'un chevalier breton, preux et vaillant, qui avait nom Rivalin ?

À cette évocation, une sourde colère serre les poings du roi et assombrit son visage.

— Il m'a trahi. Il a profité de ma confiance pour dérober mon trésor le plus précieux.

— Le butin était consentant, majesté ! C'est lui qui

1. Paysan.

a choisi son ravisseur. Mon maître Rivalin a accepté contre son gré, mais non contre son cœur.

— Énonce les faits avec clarté !

— C'est votre sœur si douce, Blanchefleur, qui a choisi l'exil par amour. Elle portait en son sein un enfant de mon seigneur et redoutait votre sévérité. Rivalin n'a pas voulu l'abandonner au déshonneur d'être mère sans époux. À leur arrivée en Bretagne, ils se sont mariés légalement, devant Dieu.

— C'est une histoire bien arrangée que tu me contes, raille le roi. Elle manque encore de preuves dont je ne puisse douter.

— Vous en aurez, en temps voulu. Mais écoutez la suite.

Le dialogue entre les deux hommes s'est changé en duel. Des enjeux sont apparus, encore dissimulés. Le vieux sénéchal n'en a cure. Il parle. Il accomplit son devoir.

— Rivalin, rappelle-t-il, rentrait en son pays, pour reprendre ses terres que le duc Morgan avait conquises. Sa vaillance n'a pas suffi. Il a échoué et il est mort en chevalier. Son épouse, en apprenant la nouvelle, a sombré dans le chagrin jusqu'à en perdre la raison. Elle a mené à son terme la vie qu'elle portait, puis a rendu la sienne. J'ai reçu l'enfant, je l'ai fait baptiser, je l'ai caché pour que l'assassin de son père ne soupçonne jamais qu'il existait. Je l'ai élevé comme mon propre enfant, nourri et enseigné, sans ménager ni ma peine ni mes deniers.

Il est ici dorénavant, arrivé à votre cour de par la volonté de Dieu. C'est Tristan. Votre neveu !

Une clameur s'élève dans la grande salle, puis un

brouhaha d'exclamations qui cherche à dénouer la tension et, par-dessus les conversations, la voix du monarque qui claque avec brutalité, et ramène à la raison.

— J'attends toujours la preuve !

— La voici, seigneur !

Roald tire de son aumônière un anneau d'or au chaton serti d'un soleil de topaze qu'il tend au roi.

— Votre sœur l'a glissé dans ma main, à l'instant de mourir.

Nul besoin de l'examiner en détail. Marc le reconnaît.

— Mon père, le vieux roi, qui la tenait de sa mère, l'avait offerte, en effet, à Blanchefleur. Tout ce que tu m'as conté est donc vrai, admet-il.

Tristan est immobile. Il ne sait s'il doit se réjouir ou s'affliger. L'émotion le raidit. Il voudrait fondre en larmes, mais son cœur est trop lourd et ses yeux restent secs.

— Mon neveu, dit le roi... Le fils de ma sœur bien-aimée.

Il s'avance vers lui et le prend dans ses bras.

Roald les regarde en silence, oncle et neveu réunis. Il a accompli sa tâche de serviteur loyal. Il songe aux années passées à éduquer Tristan, aux années passées à le chercher... Ce long temps si plein de lui.

— Heureux celui qui mène à terme sa mission, murmure-t-il dans le tumulte. Contempler le fruit de son labeur est une douce récompense.

Rivalin et Blanchefleur, eux aussi, assistent aux retrouvailles. Roald sent la légèreté de leurs présences. Ils demeurent un instant, puis se défont comme des vapeurs et repartent apaisés...

Dans l'assemblée, la surprise domine, plus que la joie. Certains s'efforcent même, par des sourires de circonstance, de masquer leur déception et leur colère.

Le roi de Cornouailles était jusqu'à ce jour sans lignée, sans parent. Voici qu'il vient de lui tomber du ciel un descendant ! Sa succession est maintenant relancée et des barons, déjà, commencent à calculer...

9

LE CHEVALIER TRISTAN

— Mon père est mort, ma mère est morte et leur assassin vit !

Tristan enrage. Depuis qu'il connaît sa véritable lignée, cette injustice le hante. Il ne quitte plus Roald. Il l'assaille de questions.

— Père, lui demande-t-il, parlez-moi de mon père de sang, parlez-moi de ma mère. J'ai tant faim d'eux et soif. Nourrissez-moi de leurs exploits, désaltérez-moi de leurs amours.

Et Roald parle, pendant des jours et des jours. Il narre, il relate, il dépeint. Il transforme le moindre souvenir en une leçon de vie, pour enseigner cet élève qu'il a toujours chéri. Tristan l'écoute et, loin de se rassasier, ressent l'immense absence de ces deux êtres qu'il n'a pas pu aimer. Une blessure saigne en lui, qu'il garde ouverte pour acérer sa mémoire.

— Le projet de mon père demeure inachevé, s'exclame-t-il. S'il m'est donné aujourd'hui de le connaître, c'est que je dois le poursuivre et reprendre les biens que Morgan nous a volés.

Le fils recueille la querelle où le père l'a laissée. L'eau de la vie s'écoule de l'un vers l'autre et se mêle, charriant même vigueur, mais aussi même violence et rancœur. Dans quelle mer conduira-t-elle Tristan ?

Il va confier son intention au roi, son oncle. Celui-ci l'approuve, mais formule une réserve.

— Un simple écuyer comme toi ne peut pas prendre la tête d'une expédition armée. Comment pourrait-il commander à des chevaliers ?

Tristan entrevoit bien une solution, mais il n'ose la formuler. D'ailleurs le roi ne lui en laisse pas l'occasion, car il poursuit déjà, en souriant.

— À moins que cet écuyer ne devienne lui-même chevalier ! C'est une question majeure. Il faut la trancher sans tarder !...

— Majesté ! s'écrie Tristan, rempli de gratitude.

Il tombe à ses genoux.

Le voici un homme fait. Son enfance est achevée. Il s'apprête à entrer dans la société des gens d'armes.

La cérémonie d'adoubement se déroule le dimanche suivant. Trente jeunes gens, comme lui de noble souche, deviennent chevaliers au cours de la même célébration.

La veille, tous ont pris un bain, et l'eau, pareille à celle de leur baptême, les a purifiés de leurs péchés. Ils ont l'âme propre et neuve, lisse comme la cire avant l'empreinte du sceau. Après leurs ablutions, ils ont revêtu une tunique de lin, blanche et pourpre, couleur de la lumière des cieux et du sang de la force. Puis ils sont restés seuls à méditer. Ils ont posé leur existence devant eux. Ils ont considéré leur passé qu'ils abandonnent, comme un serpent sa mue. Ils ont prié que Dieu leur accorde un avenir encombré de conflits, pour manifester, sans repos, bravoure et droiture.

Au matin, ils entendent la messe en l'église du château et leurs épées, sur l'autel, sont bénies. Après l'office, ils sortent en procession sur le gazon vert de Tintagel. Toute la cour réunie les attend, au milieu des écuyers et des servants porteurs de bannières et d'oriflammes. À tour de rôle, ils vont être élevés au rang de chevalier.

Dans l'assistance, Roald et tous ses compagnons. Le cœur en joie, ils contemplent leur jeune seigneur qui attend, rayonnant et tranquille. Ils sont les artisans de sa renaissance.

Mais on s'active maintenant autour de lui, car le roi en personne va l'adouber.

On le revêt d'un gamboison[1] matelassé, d'un haubert blanc à doubles mailles qu'aucun javelot ne pourra transpercer et d'une cotte d'armes en soie de Biterne, décorée de deux lions affrontés. On protège ses jambes de chausses de mailles, on lui ajuste des éperons dorés. On le coiffe d'une ventaille[2], puis d'un heaume brillant incrusté de pierreries. On suspend à son cou un écu en amande, frappé du même motif que sa cotte. On lui

1. Gilet rembourré de filasse qui servait à amortir le poids du haubert.
2. Cagoule de mailles, destinée à protéger la nuque et le cou et à amortir le poids du heaume.

remet sa lance de frêne pourvue d'une pointe tranchante et, pour finir, on ceint sa taille d'une courroie portant un baudrier.

Le roi alors s'approche. Il tient l'épée qu'il va remettre à Tristan. Elle est solide. La signature de l'artisan qui l'a forgée y est gravée. Il la présente à l'écuyer.

— Reçois cette épée au nom du Père, du Fils, du Saint-Esprit, amen, clame le roi. Porte-la au côté, vaillant guerrier ! Qu'elle soit ta gloire et ta parure. Chevauche avec elle, marche au succès et que ta main se signale toujours par des actions d'éclat.

La voix du roi, solennelle, fait vibrer Tintagel.

— Ne juge pas injustement, ne répands pas le péché, ne prive jamais un jeune héritier de son fief, ne vole pas la veuve, même pour quatre deniers, ne cherche pas querelle à un pauvre homme qui se plaint. Écoute-le et défends son droit. Quant à l'orgueilleux, sois aussi féroce avec lui qu'un léopard et s'il s'avise de te faire la guerre, combats-le.

Tristan saisit son épée d'acier fourbi. En l'acceptant, il accepte les devoirs du chevalier et fait serment de les respecter. Lorsqu'il l'a glissée dans son fourreau, le roi lui administre un coup violent à la base de la joue.

— Par cette colée, je grave en toi le souvenir de ton engagement. Ce soufflet est le dernier que tu reçois sans broncher. Dorénavant, rends coup pour coup.

Tristan n'a pas vacillé sous le choc. Il sourit. Son oncle s'approche, le saisit aux deux épaules, d'une poigne ferme, et tous deux s'embrassent à pleine bouche, comme s'ils buvaient du vin épicé à la même coupe. Ce baiser scelle leur amitié.

— Il te manque encore de quoi chevaucher, chevalier, plaisante Marc en faisant signe à des valets d'approcher. Voici de quoi parfaire ton équipement.

Arrivent un destrier d'Espagne, avec harnais et courroies, selle à deux arçons nantie d'étriers d'argent, un mulet pour transporter ses effets, un palefroi pour promener les dames... Et pour marquer ce jour exceptionnel, le roi offre à chacun des nouveaux chevaliers des hauberts étincelants, des heaumes verts et des chevaux.

La journée se termine dans les réjouissances où les nouveaux promus font assaut d'habileté dans des joutes et des jeux de quintaine, pour distraire les invités et se faire admirer.

Mais le bouillant Tristan n'a pas le cœur à la fête. Malgré sa fierté d'être chevalier, ce jour tant espéré n'est qu'une étape. Il pense déjà à la suivante : reconquérir l'honneur perdu de son père, le rendre à sa lignée, faire entendre sa voix, crier son nom !

Le roi, qui le voit soucieux, le rassure.

— Tu n'es pas seul. Cent chevaliers vont t'accompagner, avec leurs écuyers et tout leur armement. Ils t'aideront à reprendre tes droits sur tes terres et tes châteaux.

Dinas, le sénéchal de Marc, est présent. Il a déjà donné des ordres pour lever l'expédition et affréter les bateaux. Plusieurs barons ont même offert des gens de leur propre maison pour grossir encore la troupe. Non par générosité, mais par intérêt. Ils préfèrent voir Tristan batailler en Armorique, plutôt que prendre de l'importance en Cornouailles auprès de son oncle, l'influencer peut-être, intriguer pour régner... Il est habile et courageux. Un vrai danger ! Mieux vaut qu'il reste à l'écart de la cour. S'il pouvait même ne jamais revenir...

Une semaine plus tard, les préparatifs sont achevés. Cinq nefs lèvent l'ancre dans le port de Tintagel et hissent leurs voiles colorées. La traversée est rapide et les côtes de Bretagne sont bientôt signalées. Tristan, le premier, pose le pied sur sa terre de Lohonois, à l'endroit même où il l'a quittée, trois ans auparavant. Roald est à ses côtés. Malgré les soucis qui l'ont blanchi, on reconnaît le maître et on comprend qui est le fier chevalier qui l'accompagne.

— C'est le beau Tristan !

On crie aussitôt la nouvelle à tue-tête, on la reprend, on la lance à la face du vent.

— Le maître est de retour ! Il a retrouvé son fils bien-aimé ! Ils arrivent avec cent chevaliers !

Le rivage est envahi. Des gens accourent de la terre pour s'assurer qu'on a dit vrai. Des gens débarquent de la mer : guerriers, matelots. Les chevaux hennissent et se cabrent. Les mulets renâclent. La grève est pétrie par un ressac d'hommes et d'animaux qui vont et viennent. On lance des ordres, on s'interpelle, on dirige des manœuvres, on dresse un camp sur la lande, entre genets et ajoncs. Une vigueur secoue le pays. Un printemps fleurit. C'est l'âme de Rivalin qui renaît dans son fils. Les révélations de Roald sur l'identité de Tristan, la veille de son départ, ont fait le tour du royaume. Depuis, tout le monde sait et un espoir est né. Plus que le retour d'un enfant perdu, c'est sur un libérateur que chacun compte, et l'impatience, au cours de ces trois ans, a maintes fois violenté l'espérance.

Aujourd'hui, Tristan est là et l'usurpateur Morgan n'a qu'à bien se tenir !...

Tristan est impétueux, mais prudent. Pareil à l'aigle dissimulé dans les nuées, il observe longtemps et calcule, avant de fondre sur le gibier. Installé dans le château de son père adoptif, il mûrit sa stratégie.

Le duc Morgan est implanté solidement et règne sans partage sur la province. Tristan est bien léger malgré ses preux Cornouaillais. Roald a dressé une liste des anciens vassaux de Rivalin, comme lui, restés fidèles. Tristan leur envoie des messagers. Tous reviennent accompagnés de barons et de seigneurs. Émus de rencontrer le jeune chevalier, de retrouver en lui la franchise et la volonté de son père, ses bonnes manières, ils l'embrassent et lui jurent leur foi.

La troupe de Lohonois grossit, mais reste de loin inférieure à celle de l'adversaire. Dans les campagnes pourtant, et dans les villes, les bruits circulent et gonflent les effectifs. Ce n'est plus Tristan qui se prépare, c'est l'armée de Cornouailles, commandée par son roi qui marche sur Erménie, la ville de Morgan.

Il est donc temps d'agir et la troupe de Tristan se met en campagne.

Quand la force fait défaut, la ruse doit prévaloir, la tactique, le culot. Lorsqu'il arrive en vue d'Erménie, Tristan positionne dans le bocage, dissimulés par les haies et les bosquets, de petits groupes de chevaliers et de piétons armés de crochets à désarçonner. Puis il se présente sous les murailles de la cité, escorté d'une simple escouade de vingt hommes décidés. Il demande audience au duc. Les portiers sont prévenus. Ils le laissent passer et Morgan le reçoit dans son donjon, entouré de tous ses barons, pour le narguer.

— Rivalin était mon père, commence Tristan. Tu l'as tué. Sa mort a causé celle de ma mère et tu as volé mon héritage. Je viens te le réclamer.

Morgan s'esclaffe. Ses gens aussi.

— Ton père était un truand ! ricane-t-il méchamment. Un infâme cochon ! Je lui ai fait payer le prix de sa débauche avec ta mère... Une traînée cornouaillaise qui a fui son pays pour se cacher ! Tu aurais mieux fait de rester à l'abri dans son ventre, car je vais te renvoyer téter sa mamelle !

Morgan se lève, lourd, menaçant. Il s'approche de Tristan et le frappe d'un violent coup dans les dents. Tristan trébuche et tombe à la renverse.

— Vrai Dieu, secourez-moi ! s'exclame-t-il en se massant le menton. Je suis votre vassal. Avec votre aide, je renverserai cette canaille !

Là-dessus, il se relève, furieux, tire l'épée qui pend à sa ceinture, bondit et assène au duc un coup prodigieux. Morgan, surpris, n'a ni le temps de dégainer, ni celui d'esquiver. Son crâne reçoit la charge et se fend jusqu'au nez, en deux tronçons. L'homme s'écroule, mort, et son sang noir fige sur les dalles froides.

Les barons de Morgan sont émus. Eux aussi s'apprêtent à tirer leurs épées nues, pour venger leur chef qui n'en peut plus. Trop tard ! La garde rapprochée de Tristan, plus rapide, frappe déjà à tour de bras et allonge quinze vassaux aux côtés de leur suzerain.

Les assaillants ont l'avantage de la surprise. Ils s'enfuient, terrorisent les gardes, qui tiennent à la vie, franchissent les murailles et enfourchent leurs destriers.

C'est alors que le plan habile de Tristan fonctionne à merveille. L'alerte est donnée dans la forteresse, et les chevaliers, fous de dépit de s'être laissé piéger par la ruse d'un gamin, houspillent leurs écuyers et leurs valets d'écurie, s'équipent et pourchassent les assaillants en ordre dispersé.

Malheur à eux !

Les fuyards attirent leurs poursuivants dans leur piège. Ils se laissent rattraper par les plus rapides, puis se retournent subitement en leur réservant mauvais accueil. Les attardés sont arrêtés par les chevaliers embusqués et l'armée du duc se retrouve peu à peu scindée en petits groupes où les partisans font un carnage.

Les soldats de Morgan ont beau être cinq cents, la moitié d'entre eux se font massacrer et leurs cadavres s'égrènent comme les perles d'un chapelet sur le moelleux gazon breton. C'est la déconfiture ! Les survivants, piétons, cavaliers démontés, fuient de tous côtés et tentent de se mettre à l'abri. Les chevaliers sont capturés. Libérés contre rançon, ils rendent hommage à Tristan qu'ils reconnaissent comme suzerain.

Mais, sur le champ de bataille, le vainqueur a pris une décision. Il voulait rétablir l'honneur de ses parents. Il l'a fait en tuant Morgan et il s'estime assez récompensé. Toutefois, il est un autre homme qui mérite reconnaissance et amitié : Roald le fidèle, qui depuis dix-sept ans espère cette revanche. Alors, devant tous les combattants, sur les clameurs de guerre à peine retombées, dans la tourmente encore fumante des échauffourées, Tristan, dressé sur ses étriers d'argent, proclame :

— J'ai repris mes terres et mes châteaux. J'ai reconquis ma couronne de Lohonois. Mais je suis héritier du roi de Cornouailles et ne veux rien pour moi. C'est pourquoi, mon rang et mes biens de petite Bretagne, je les remets à Roald pour sa pleine jouissance et celle de sa descendance. À présent, c'est lui votre suzerain. Aimez-le comme vous aimiez mon père Rivalin.

Son destrier sent la solennité de cet instant. Il marche à petits pas, promène son cavalier pour que sa voix porte loin. Et, dans le silence qui enveloppe le discours de Tristan, le claquement de ses sabots ferme le ban[1].

1. Proclamation publique.

10

LA VRAIE RAISON DU CHOIX

Après leur victoire éclatante, les assaillants ont dressé leur campement. On enterre les morts, on soigne les blessés, on récupère les équipements sur les cadavres des hommes et des bêtes, on négocie les rançons...

Roald et Tristan, à l'écart des transactions, se sont retirés sous une tente. Pris au dépourvu par la déclaration publique de son jeune seigneur, Roald, devant tous, n'a rien contesté. Mais il ne comprend pas et, d'homme à homme, il veut entendre les raisons d'une telle décision.

— Pourquoi, Tristan ? demande-t-il. Pourquoi un tel présent ? J'ai toujours rempli mes devoirs envers toi, sans jamais espérer d'autre récompense que ton bien-être. J'ai été payé au centuple par l'affection que tu m'as portée et je ne comprends pas... Ce que tu m'offres, c'est trop ! Beaucoup donner est généreux. Trop donner est suspect. Tu te dépouilles comme un pécheur qui cherche à se racheter. Tu n'as commis aucune faute !

— Non, mais je souffre ! Dites-moi pourquoi... Ce mal est apparu quand j'ai appris qui j'étais. J'ai cru alors que la mémoire de mon père réclamait réparation. Je l'ai laissée parler pour me donner la rage de la vengeance et j'ai tué Morgan. Mais la douleur ne s'est pas apaisée. Pourquoi ? Le sang appelle le sang. La plaie du passé s'est refermée, mais une autre s'est ouverte. Pourquoi ?... Celui qui porte le coup d'épée peut-il connaître le repos ?

— Tu es las, répond Roald avec douceur. Tu as besoin de temps. Installe ton cœur dans la trêve. Laisse passer la paix sur lui et le remplir.

— Je ne trouverai pas la paix ici, père. La terre y est trop lourde. Trop gorgée de haine et de sang. La paix qui me convient m'attend là-bas, en Cornouailles. J'ai entendu sa voix dès mon retour en Bretagne. En posant le pied sur ce sol, je me suis senti un étranger, alors qu'au loin un appel montait de la mer...

— Tu te laisses abuser par des mirages, Tristan ! Établis-toi ici, fermement, gère tes biens et transmets-les à ta lignée ! Ne te laisse pas duper par ton passé !

Cette véhémence soudaine chez Roald d'ordinaire si mesuré ! Un doute traverse l'esprit de Tristan.

— Qu'est-ce que j'ignore encore, père ? La Cornouailles abrite-t-elle un secret que je ne dois pas découvrir ? M'avez-vous tout révélé de ma naissance ? Ma mère...

— Ta mère est morte ! s'emporte Roald. Ton père

aussi ! Laisse les morts enterrer les morts et tourne-toi vers la vie !

— Mais cette plaie qui saigne dans mon cœur ? Suis-je né blessé, père ? Répondez-moi !

— Tu es né vivant, par le sang Dieu ! hurle Roald. Fais usage de ta vie !

Sa colère éveille des souvenirs. Roald pense à Blanchefleur, à son chagrin inconsolable, à ses derniers instants, à cet enfant qu'elle lui confiait comme une relique inestimable.

« Ce malheur épouvantable a-t-il imprimé durablement l'âme qui venait de s'incarner ? » songe-t-il en silence.

— Pardon, père, de vous fâcher, regrette Tristan. Mais ma décision est prise : je dois partir. Pouvais-je vous cacher la vérité, à vous ? Pouvais-je aussi la révéler à tous ? Voilà pourquoi j'ai prétexté des raisons qui me montrent tel que chacun me voit déjà : héritier de la couronne de Cornouailles. Vous seul, qui avez formé mon esprit, connaîtrez la vraie cause de mon départ.

Roald ne cherche plus à argumenter. On indispose toujours celui qu'on veut convaincre. On le perd au lieu de le gagner et la querelle, une fois refroidie, ne laisse qu'amertume et regrets.

« S'il a raison, pense-t-il, il saura s'en réjouir. S'il se trompe, il faudra bien qu'il prenne le temps de réfléchir. »

Puis, à voix haute, il ajoute :

— Emmène au moins Gouvernal avec toi. Il t'a tout appris des armes. Il fera un écuyer dévoué et je serai plus tranquille de le savoir à tes côtés.

— C'est entendu, consent Tristan. J'emmènerai Gouvernal.

— Dieu te garde, mon petit ! Puisse-t-il t'apporter la félicité que tu recherches.

— Dieu vous garde aussi, père. Qu'il vous réserve, dès à présent, une place dans son paradis.

11

MORHOLT

Pendant que Tristan s'apprête, une menace, de l'autre côté de la mer, s'approche de la côte de Cornouailles. La nef qui la porte vient d'Irlande. À son bord, vingt chevaliers autour d'un géant noir : Morholt. Il est le malheur et la désolation, et ceux qui l'ont subi témoignent de ses ravages par les tremblements de leur voix et leurs cheveux blanchis.

Morholt est un fils de la mort. Son nom le dit. Il est né en son royaume, jadis, en un temps que les siècles nouveaux, malgré leurs si riches savoirs, n'ont jamais pu effacer de leurs archives. Un temps où la profondeur de la nuit étouffait la lumière de l'homme et l'empêchait de briller. Ce temps était la proie des monstres qui ont ravagé le monde, lorsqu'il errait dans le vide, sans but ni maître.

Parfois, ce temps surgit de la mémoire et souffle la terreur. On ne sait pourquoi. Est-ce pour rappeler aux hommes la menace du chaos ? Abaisser leur orgueil ? Attiser la flamme de leur intelligence ? Ramener chacun à sa véritable dimension ? Certains répondent en proclamant leurs certitudes et se rassurent. En vérité, nul ne sait rien et, quand le danger survient, chacun reste désemparé et étourdi par sa violence.

Lorsqu'il prend vêture humaine, c'est un géant. Lorsqu'il se change en animal, c'est un dragon.

Le géant Morholt arrive d'Irlande où il est installé avec sa sœur, Iseut la Belle. Comment un tel monstre peut-il être le frère d'une femme si délicate et si savante ? Que le meilleur côtoie le pire, qu'ils s'aiment, voilà bien une autre énigme sans réponse.

Le roi d'Irlande a fait son épouse d'Iseut la Belle. Elle règne à ses côtés, pendant que son frère, bras armé de son mari, assure la puissance du royaume et l'autorité de son chef.

Pour ce beau-frère, Morholt a dévasté des terres et les a dépeuplées. Il a soumis l'Écosse, le pays de Galles, les îles du Nord et tous les archipels. Il s'approche aujourd'hui de Cornouailles, pour soumettre son roi et désoler ses terres.

Il jette l'ancre à distance du rivage afin qu'on le voie des rivages et des bourgs de la côte, de la ville de Tintagel et de la forteresse au bord de la falaise. Il ne se montre pas lui-même et ne débarque pas. Il envoie un messager à sa place, annoncer son arrivée et dicter ses conditions.

L'Irlandais est reçu par le roi.

— La Cornouailles n'a pas encore fait allégeance à mon seigneur, annonce-t-il à Marc, et son envoyé, Morholt, est venu recueillir votre soumission. Comme gage d'obéissance, il réclame un tribut de filles et de garçons. Le tiers des donzelles de votre royaume en âge de se marier. Le tiers des jouvenceaux en âge de se battre. Nobles ou vilains, fortunés ou gueux. Rassemblez-les et faites vous-mêmes le tri. Qui demeure au pays ? Qui est déporté ? À vous d'en discuter. Dans sept jours, nous prendrons livraison.

La cruauté de l'exigence prend Marc au dépourvu. Il ne songe qu'à gagner du temps.

— Le délai est trop court, proteste-t-il. Le royaume est vaste. Visiter toutes les familles, saisir les enfants, les attrouper ici...

— Tout retard sera compris comme une rébellion contre l'Irlande et nous reviendrons avec une armée.

— C'est une mauvaise querelle ! s'indigne le roi. La Cornouailles n'a jamais été la vassale de l'Irlande et cette prétention n'est pas fondée sur le droit.

— Débattons-en alors, les armes à la main, en un duel judiciaire, propose le messager qui attendait cette occasion.

Parmi vos chevaliers, désignez votre représentant. Il affrontera le nôtre, Morholt, qui attend sur sa nef. Le vainqueur du combat désignera dans quel camp est la loi.

Marc reçoit l'Irlandais en compagnie de Dinas et de quelques-uns de ses barons. Tous frémissent à cette proposition. C'est un piège. Qui osera se mesurer au géant ?

— Nous allons en débattre, répond Marc, et vous ferons bientôt savoir qui est notre champion.

— Dans trois jours d'ici !

— Dans trois jours, acquiesce le roi.

Le messager s'en va et regagne son navire.

Dès qu'il est parti, Marc envoie des cavaliers avertir ses comtes et ses barons. Il convoque son conseil. Il le veut autour de lui, au grand complet, car la conduite à tenir doit être débattue par tous et la décision se partager. Marc veut éviter que les grands ne se dérobent et se déchargent sur lui d'un choix qui risque d'apporter larmes et déchirements.

Lorsqu'ils sont tous réunis dans la grande salle du château, Marc expose les termes de la sommation irlandaise et pose la question que personne ne veut entendre.

— Lequel d'entre vous accepte de porter les couleurs du royaume ?

Silence ! Tous se regardent, attendant qu'un autre parle.

— Celui qui m'offrira son gant pour sauver la Cornouailles de la honte, insiste Marc, celui-là sera mon obligé pour la vie !

— Sa vie risque d'être bien courte ! s'exclame Richard de Salisbury. Et la récompense de peu d'effet !

Le premier mot est dit. Il libère la parole.

— Morholt est invincible. Il vaut quatre hommes à lui seul. Notre champion se fera trancher avant même d'avoir pu tirer son épée.

— Mieux vaut composer ! renchérit Ganelon. Livrons filles et garçons ! Nous possédons tous le marteau et l'enclume pour en forger de nouveaux !

— Tu parles avec aisance ! s'indigne Guillaume de

Lancastre. Tu n'as aucun enfant en âge d'être dévoré. J'en ai deux !

— Alors, offre ton bras, noble Guillaume au cœur aguerri ! Relève ce défi, toi, l'expert en escrime. Ta mort n'évitera pas le rapt de tes enfants. Mais au moins, tu n'en seras pas témoin !

Cette remarque perfide emporte tous les arguments. Ganelon a visé juste. Morholt vainqueur, le droit est de son côté, confirmé par Dieu, le garant du duel. Toutes ses prétentions sur la Cornouailles, tous ses pillages deviendront donc licites. Personne ne pense qu'il puisse en être autrement.

— Et le royaume ne sera pas quitte pour autant de ce premier tribut, insiste Denoalain. Une fois son festin consommé, Morholt reviendra rançonner l'or, l'argent, les troupeaux... Les Irlandais ont agi ainsi avec tous les pays qu'ils ont conquis. Le moment est mal choisi de résister. Attendons des jours meilleurs. Ils reviendront. Notre docilité les hâtera !

Pendant qu'ils discutent, la nouvelle se répand que le conseil s'apprête à saigner le royaume. Dans le château, les dames de la cour, bouleversées, se sont rassemblées et protestent. Elles font irruption dans la salle du conseil. Avec force cris et pleurs, elles relancent le débat qui tergiverse et leur colère secoue la patience coupable des guerriers.

Au-dehors, le peuple sait, lui aussi. Il conspue la lâcheté des barons et des chevaliers. Il plaint son roi d'être si mal conseillé. Les langues se délient, narrent des horreurs. Vérités ou mensonges ? La frayeur attise la révolte et la révolte les clameurs.

— Morholt épouse nos filles à tour de rôle, les cueille en fleur, les butine, puis les loue au tout-venant !

— Les garçons sont ses esclaves ! Pages à sa cour, le temps qu'ils plaisent, ou serfs, à gratter la terre de ses domaines ! Ils meurent tous de faim et d'épuisement.

Le peuple marche vers Tintagel, insulte le roi et les barons sous les murailles. Le peuple se rassemble sur la côte, voit la nef de Morholt et hurle sa haine dans le vent.

Le roi a fait partir des messagers. Ordre est donné de saisir les enfants, filles en âge de se marier, garçons en âge de guerroyer, et de les ramener vers Tintagel où leur sort, par tirage, sera scellé.

Des rumeurs courent, atteignent le pays au cœur, suivies de démentis et de contre-rumeurs.

— C'est pour nourrir un ogre ! Un festin de jeunes chairs !

— Mais non, c'est pour former la cour d'un riche et beau seigneur !

Nul n'est sûr, mais la force cependant est requise. Pour quelle raison ? Chacun est même obligé d'apporter son concours, vilain, artisan, bourgeois, en dénonçant ceux qui se cachent, voire en les capturant...

Dès le lendemain, des convois sillonnent routes et chemins. On regarde passer les enfants du tribut. On craint pour eux, on les plaint, on se signe, on prie Dieu qui a créé le jour et fait peser sa nuit.

De toute la Cornouailles, la jeunesse converge vers Tintagel.

Une autre jeunesse vient à sa rencontre. Elle arrive par la mer, sur une nef à la voile fière, gonflée de bon vent et de vaillance. Elle accoste. Elle débarque. C'est Tristan aux yeux clairs !

Il entend les pleurs et les protestations de la foule. Il la voit assiéger les murailles du château à mains nues et sur la lande, de grands troupeaux d'enfants, surveillés par des bergers en armes ! Il sent le souffle fétide du malheur.

Des gardes le reconnaissent.

— C'est Tristan ! Laissez passer le neveu du roi.

Son nom est aussitôt saisi, porté de bouche en bouche, jeté, sali.

— Quel Tristan ? Le fringant chevalier !

— Et qu'avons-nous besoin de chevaliers ? Ils ont tous trahi leur serment !

— Les chevaliers sont invincibles quand ils tournoient contre les pauvres et les manants !

— Ils préfèrent jouter à armes courtoises avec les dames !

— Honte et malheur à tous les chevaliers !

Tristan entend les insultes et fait front. Il s'approche d'un groupe d'hommes véhéments.

— Je viens du continent et je ne sais de quoi vous parlez. Expliquez-vous en toute liberté !

Les réponses fusent.

— Le roi est un couard ! Les barons, tous des pendards et des truands ! Voilà vérité vraie !

— Ils sacrifient nos enfants ! Ils en font pâture d'ogre pour le géant Morholt !

Les hommes parlent, se libèrent et Tristan découvre

la lâcheté des grands. Une froide fureur étreint son cœur.

— Voilà donc la raison de mon retour, murmure-t-il en serrant la poignée de son épée à se briser les phalanges. Cette voix qui parlait dans les flots, bien vivante, c'était la Cornouailles !... Elle sentait le malheur approcher. Elle me confiait sa détresse. Je ne me suis pas trompé...

Puis, avec force, pour que tout le monde entende, il ajoute :

— Les oiseaux de la mer m'ont apporté votre appel. Je l'ai entendu et je suis là.

Il est pâle. Il regarde les lointains où la lande se perd dans l'infini. Il ne voit ni le pays, ni la mer, ni les gens. Des ombres passent dans ses yeux, lambeaux de songes insaisissables, mélopées de voix inconnues... Il y puise la vigueur et la joie dont il fait ses choix.

Sa décision est prise. Il se dirige vers la redoute qui interdit l'entrée du château. Gouvernal marche à ses côtés.

— Laissez passer ! s'écrient les sergents. C'est Tristan.

Les hommes et les femmes s'écartent devant lui. Les conversations se taisent. Chemin dans la foule, il trace une clarté.

La muraille est franchie. Cours, jardins sont traversés.

Le roi, sur son siège, est abattu. Ses conseillers, par petits groupes, murmurent. Certains ne semblent pas affectés par le désastre. Les dames sanglotent...

Personne n'a remarqué l'arrivée de Tristan.

— Messire le roi, mon oncle, lance-t-il depuis la porte, je suis venu vous apporter mon gant.

Sa voix tonne et secoue l'assemblée.

— Je ne laisserai pas croire à l'Irlande que la Cornouailles n'est peuplée que d'esclaves et de larrons ! poursuit-il en fixant durement les barons.

Ses paroles ont claqué. Il marche vers le roi dans le silence, dévêt sa main droite dont il offre le gant.

— Je suis votre champion, majesté. Je relève le défi de Morholt et je le combattrai.

Le roi se lève, regarde Tristan avec émotion et accepte sa parole.

— Mon bon neveu, lui dit-il en le serrant dans ses bras, tu me réjouis et tu m'affliges à la fois.

Je reconnais ta bravoure. C'est ma lignée qui parle à travers toi. Tu te comportes comme mon preux héritier et nul, mieux que toi, ne saura me succéder. Mais je n'en suis que plus désespéré de penser à l'issue du combat.

— Elle nous sera favorable ! Avec l'aide de Dieu qui a vaincu le chaos, je vaincrai le géant !

La voix de Tristan est limpide comme un ruisseau, et sa face, transparente comme la brise où voltigent les oiseaux.

Invincible, Tristan ? Son oncle le regarde avec étonnement et commence à croire en ses chances de victoire.

— Fasse le diable qu'il ne revienne pas ! murmure Ganelon, à l'écart, pour le petit groupe de barons qui l'entourent.

12

LE DUEL

L'envoyé de Morholt se tait. À l'expiration du délai de trois jours, il est allé chercher la réponse et l'a rapportée à son maître. Il a rapporté aussi ce qu'il a vu dans la lande aux abords du château : l'afflux de jeunes gens et de jeunes filles, le tirage au sort qui dicte sa loi, les larmes des malchanceux choisis pour former le tribut, les larmes de joie de ceux qui sont épargnés, les soldats partout en alerte, la foule qui gronde...

Morholt a écouté son message avec attention, sans l'interrompre, et Morholt est contrarié. Certes, le tribut se prépare dans la terreur, mais les Cornouaillais ont trouvé, dans les délais prescrits, un chevalier assez fou pour oser l'affronter. Les Cornouaillais ne plient pas. Ils relèvent la tête. D'un côté ils cèdent, de l'autre ils résistent, et cette résistance, Morholt la reçoit comme une insulte. Leur champion, en effet, non content d'accepter le duel ordalique[1], dicte ses conditions.

— Nous battre dans une île ! grogne le géant. Pourquoi une île ? Craint-il que je m'enfuie devant lui comme un lapin !

L'île du Vent, où Tristan réclame de se battre, est reliée à la terre par une chaussée de pierres recouverte à marée haute. Les deux chevaliers, coupés du monde par les flots, isolés dans leur querelle, combattront à la fois sous le regard de Dieu qui sait où est la juste cause et sous le regard du roi de Cornouailles, de sa cour, du peuple rassemblés sur la falaise.

— Ils devraient trembler ! Ils devraient se terrer ! Au lieu de quoi, ils me servent un guerrier qui charge comme un sanglier. Son nom, m'as-tu dit ?

— Tristan, seigneur ! Il a reçu l'épée depuis peu.

— Un sanglier qui n'est encore qu'un cochon de lait ! s'indigne Morholt. Ils se moquent de moi ! Je le pourfendrai d'un coup, de la tête à la jointure de la hanche. Je le ferai rôtir sur des charbons, jusqu'à ce que son foie tombe dans le brasier. Je le dévorerai sous leurs yeux et je jetterai dans la mer les os de cette sale engeance ennemie, après en avoir sucé la moelle.

La nef de Morholt tangue sous sa colère et le clapotement des vagues roule jusqu'à la rive. Il quitte la tente où il a reçu son envoyé. Il apparaît sur le pont. Il est haut de stature, hideux comme un démon et sa noirceur trouble la lumière du jour.

Tristan le voit. Il a quitté la forteresse et, depuis un

1. Duel sacré, dans lequel Dieu intervient et donne la victoire à celui qui est censé défendre le bon droit.

promontoire rocheux, il a suivi le retour du messager irlandais. Le vent du large fait claquer les pans de son habit.

Morholt, depuis la mer, a senti cette présence de feu qui flambe sur la côte comme un fanal. Il vient se camper à l'avant de sa nef et sa haute silhouette qui en prolonge l'étrave semble monter vers le ciel, pour intimider Dieu, l'arbitre du duel.

Tristan soutient le regard provocateur du monstre, dressé à la proue du grand navire de Cornouailles. Il commence son combat. Seul, enfermé dans ce premier face-à-face, il ne voit pas sur la lande les petits groupes d'hommes, de femmes, d'enfants qui se sont approchés. Ils entendent le murmure du vent chargé des pensées de l'homme qui se prépare. Ils frissonnent, ils pleurent, partagés entre l'espérance et la détresse.

Parmi eux, soudain, un long cri jaillit.

— Tristan !

Il s'élève vers le ciel lui aussi, afin de plaider sa cause devant le Tout-Puissant, bientôt repris par dix, cent, mille autres qui forment procession.

— Tristan ! Tristan ! Tristan !

Le jeune chevalier entend cette clameur. Il est ému. Il la boit à longs traits, comme un vin de vigueur, puis il quitte la falaise et rentre à Tintagel où il s'isole dans le chœur de la chapelle.

Il pense à son combat. Il en déroule toutes les passes, tous les assauts. Il le présente aux grands esprits qui veillent sur lui. Il entend leurs remarques, leurs suggestions. Puis il ressasse à nouveau sa bataille et la mûrit pendant des heures. C'est sa manière de prier. Il ne demande rien. Il cherche en lui ce qu'il a à donner et il apporte son désintéressement et sa foi. Honte à celui qui ose réclamer en se présentant les mains vides !

« Pardonnez-nous nos offenses, comme nous-mêmes nous pouvons pardonner, songe-t-il. Récompensez-moi selon mes seuls mérites et mesurez-moi vos dons en proportion de ce que j'ai été capable de donner. »

Tristan murmure dans la fraîcheur de la chapelle. Il n'est pas seul, non, il n'est pas seul. La buée de Dieu l'entoure. Il est présent, il écoute le chevalier avec, à ses côtés, son fils supplicié, ses anges, ses saints. Tristan parle longtemps et, la face humide, s'endort au paradis.

Pendant ce temps, le roi son oncle fait préparer son équipement et, au matin, dans l'aube mouillée par le souffle du levant, il fait l'écuyer pour ce neveu bien-aimé.

Il lui offre son propre destrier, un coursier de Castille, pourvu d'un harnachement relevé d'or de Vérone et protégé d'une housse de mailles.

— Il se nomme Beau Joueur. Il te ressemble. Les défis ne l'effraient pas.

Il vêt Tristan d'un haubert neuf, aux mailles d'acier spécialement forgées. Il suspend à son cou un écu blanc, renforcé par des lames d'or rouge qui rayonnent vers le centre comme un soleil. Il le coiffe d'un heaume à nasal[1], puis lui remet une épée dont le pommeau reliquaire renferme une phalange de saint Georges. Son père, le vieux roi, la lui avait offerte le jour où il avait fait don à sa fille Blanchefleur de la bague au chaton serti de topaze.

1. Protection métallique qui recouvrait le nez.

— Par cet anneau que tu portes au doigt et cette épée de bonne largeur, c'est ta mère et ton grand-père qui t'escortent dans ce duel.

Tristan ceint cette lame, le roi l'embrasse et le laisse enfourcher son destrier, pendant que Gouvernal lui tient l'étrier. Puis, le champion saisit la lance qu'on lui tend et quitte ses servants en piquant des éperons.

Son cheval marche doucement l'amble, puis ralentit son allure à l'approche du sentier qui descend vers le rivage, s'y engage et s'éloigne au petit pas.

La marée monte. Les flots commencent à recouvrir la chaussée de pierres. L'eau mouille les pieds de l'animal et lui rafraîchit les jarrets. Lorsque Tristan parvient sur l'île, Morholt est déjà là, hideux et de ses armes chargé.

Quand Tristan est passé, le vent se lève, chasse le flux, le bat avec force et isole les adversaires de la terre en refermant la mer.

Sur la côte, Cornouailles voit alors les deux hommes face à face pour la première fois et mesure l'inégalité du combat. L'un est de grande stature, dix pieds de haut, pas moins, fort et membru, l'autre, fier, mais, en comparaison, chétif et menu.

— C'est pour y faire creuser ta tombe que tu as choisi cette île, ironise le géant. Et éviter aux tiens d'y transporter ta dépouille !

Il meugle comme un taureau et, quand il parle, ses lèvres se retroussent et découvrent ses dents acérées de bête noire.

— Plains plutôt tes gens ! répond Tristan. Ils te maudiront quand ils traîneront ta grande carcasse rompue jusqu'en Irlande.

Sa voix, à pleine puissance, semble lutter contre un ouragan. Morholt tressaute de rire devant ce fétu malmené par la bourrasque, et les mailles de son haubert, en s'entrechoquant, crépitent comme une averse de grêle.

— Ta langue me chatouille les oreilles, ricane-t-il entre deux hoquets. Elle crisse. On croirait des élytres de hanneton. Quand je t'aurai massacré, je l'arracherai pour continuer de l'entendre chanter !

— C'est une chanson de fer et d'acier que je vais fredonner tantôt, pour te bercer ! s'époumone Tristan dressé sur ses étriers.

— Je vois que ta Cornouailles a grande pénurie de chevaliers, jeune coq, pour être réduite à adouber des enfançons bretons !

Le géant perd patience et renfrogne son visage. Ses yeux sont rouges comme des braises.

— Tu aurais pu prétendre faire partie du tribut ! Renonce, il est temps ! Évite la mort et tente ta chance en te confiant au tirage au sort...

— De quel tribut parles-tu, maudit païen ? Dieu n'en veut pas ! Il tranchera bientôt cette querelle par l'acier de mon épée, quand elle t'aura toi-même débité en tronçons !

C'est assez patienté pour un géant. Il faut maintenant que le maître administre la leçon à l'apprenti. Morholt abaisse sa lance, éperonne et se jette en avant.

Le cavalier est lourd et puissant. Son destrier creuse des ornières dans le gazon et fait, en galopant, plus de bruit que quatre charrettes aux roues ferrées. Tristan s'engage à son tour et se penche sur l'encolure de son cheval, ferme entre ses arçons.

— Seigneur Dieu qui mit Noé dans l'arche, donnez-moi la force de résister à ce déluge.

Son castillan s'élance vite et se tient droit. Mais la monture de Morholt est rapide elle aussi, autant qu'un lévrier, malgré la masse qu'elle porte. La charge est magnifique et le galop des flots qui heurtent le rivage amplifie le galop des chevaux.

Les hommes se rencontrent. Le choc est rude. Les hampes se fracassent. Les fers hurlent et crachent des étincelles. Les écus résistent, mais leurs garnitures volent dans les airs.

Sur la falaise, une même clameur répond, cornouaillaise et irlandaise.

Tristan, violemment secoué, n'est pas désarçonné. Il a tenu et, déjà, tourne bride en tirant son épée. Beau Joueur, échauffé par cette première passe, réclame la bataille et parle à son cavalier. Ah, comme il gratte la terre en hennissant, regimbe et fait sonner le sol !

Morholt, de son côté, s'est retourné aussi et brandit sa lame nue. Il regarde Tristan, un vrai chevalier qu'il a tenu en mésestime. Il puise un effrayant cri au fond de ses entrailles et pique des éperons pour achever ce duel et tuer vite.

Les épées sonnent clair. Les coups sont ajustés. Chacun déploie sa plus belle escrime. Morholt le glouton est tout en force, en ruse et en traîtrise. Tristan, souple et vigoureux, frappe, joue de l'esquive, pousse le géant à se découvrir pour l'atteindre.

La bataille dure et le temps qui s'écoule grossit l'affront. Morholt l'invincible qui a défait tous ses adversaires dès le premier assaut s'éprouve sans parvenir à conclure. Il est rouge de fureur et de dépit. Il écume comme une bête poursuivie par les chiens.

Tristan, pareil, est à la peine. Ses coups sont merveilleux, mais ses forces s'épuisent.

Cornouailles retient son souffle, s'agenouille et prie.

— Dieu qui tenez dans votre main la balance de justice, affermissez le bras valeureux de notre guerrier. N'offrez pas la victoire à ce païen mangeur d'enfants qui vous honnit !

Tristan entend bruire ces prières dans son cœur. Elles aiguisent son esprit et l'aident à comprendre la technique de Morholt. Tel un forgeron devant une enclume, il enchaîne quatre coups, puis marque un temps d'arrêt avant la prochaine volée. Voilà la faille où Tristan doit s'engouffrer ! Alors, quand il voit Morholt se reprendre, il frappe de toute la force de Cornouailles qui habite son bras.

Merveille ! Morholt est atteint. La lame emporte le bord du heaume, coupe la courroie de l'écu, tranche l'épaule et détache de la chair. Le sang noir s'écoule. Si l'épée avait été plus longue, le bras sautait.

Morholt éructe et son rugissement couvre les cris de joie. Égratigné seulement ! Mais la blessure d'orgueil est plus cuisante. La folie gagne le fauve.

Tristan, hélas, s'est désuni. L'ivresse d'avoir touché, les clameurs du public... Mais Morholt est aidé, comme Tristan. Il n'est pas seul. Les sombres puissances de la terre l'assistent, l'eau obscure qui enfanta les premiers germes du monde fourbit ses forces comme un acier. Il arme un coup ultime et abat sa lame qui porte toute sa haine de l'humanité.

— Malheur ! Tristan, garde-toi !

Trop tard ! Il tient son écu écarté. Il voit l'épée, l'esquive en détournant la tête. Hourra ! Mais le tranchant siffle et le déchire en biais, de l'épaule gauche au flanc droit... Une pleine écuelle de sang jaillit. Sa poitrine est vermeille et la crinière castillane aussi. Haubert et cotte sont béantes. Trois cents mailles sont tombées sur le sablon.

Morholt revient déjà à la charge. Tristan est perdu. Il le sait par le silence de la lande, là-haut, la retenue des choses autour de lui et la mer, soudain étale comme un lac. Il le sait par le sourire du géant qui s'approche et lui dit :

— Tu n'as pas choisi le bon parti, chevalier, et je pourrais m'arrêter là, car le combat est terminé. Les deux tranchants de ma lame sont enduits de poison. Tu vas mourir, car celle qui peut te soigner vit en Irlande. C'est ma sœur, la reine. Iseut la Belle. Elle seule connaît les secrets de la drogue. Rends-toi et je t'emmènerai auprès d'elle. Fais alliance avec moi. Tu es brave et tu m'as fait douter. Jamais personne ne m'a autant résisté. Viens, je t'enrichirai. Ensemble, avec nos forces sans limites, nous asservirons d'autres pays.

Hébété par les coups, le fracas des armes, la déception de la défaite, Tristan, affalé, entend cette voix qui traverse sa brume. Il en entend bientôt une autre, en écho. Elle lui est étrangère et parle avec une vaillance inconnue.

— Jamais ! gronde-t-elle. Jamais je ne serai ton esclave ! Tu n'as pas assez de toutes tes richesses pour acheter ma liberté.

Cette voix, il la reconnaît. C'est la sienne ! Elle

réchauffe ses muscles épuisés, elle ranime le feu de son courage.

Il redresse la tête, se débarrasse de son écu avec témérité et, saisissant à deux mains la poignée de son épée, il la dresse en invocation sous la nuée.

Morholt est pris au dépourvu. Il ne comprend pas que Tristan va frapper et n'a pas le temps de parer que, déjà, le coup s'abat, avec une force surnaturelle. L'acier tranche le heaume, fracasse l'or et les gemmes, s'enfonce dans le capuchon du haubert, fait craquer l'os du crâne et se plante d'une demi-paume dans la cervelle.

Dieu a parlé !

Morholt vacille sur sa selle. Ses yeux regardent Tristan. Sa surprise emporte ce qui lui reste de vie. Son regard se brouille, il glisse de sa monture en arrachant des mains de son vainqueur l'épée toujours fichée dans son crâne, puis il s'écroule avec un choc sourd qui se perd en échos dans le sol.

— Tu m'as blessé à mort ! s'écrie Tristan. Mon chemin sera long jusqu'en paradis. Mais je te pardonne en chrétien et j'ai pitié de toi. C'est pourquoi je t'ai offert ce raccourci vers l'enfer !

La mer l'entend et doucement l'approuve, pendant qu'au loin, sur la falaise, le roi Marc pleure de joie, les enfants libres du tribut s'embrassent d'allégresse et Cornouailles, d'un même souffle, clame le nom de son champion.

Malgré sa victoire, Tristan, sur son île toujours protégée par les flots, ressent une solitude amère. Il met pied à terre, flatte Beau Joueur et se rafraîchit le front contre ses naseaux. Une autre bataille, déjà, a commencé. Son sang, à chaque battement de son cœur, diffuse le poison. Tristan chancelle. Vertige de fatigue ou salut de la mort qui s'avance ?... Il s'approche du corps inerte du géant et saisit son épée dressée. Il tire, mais le mort conserve la lame comme un dernier trophée. Tristan s'arc-boute sur la garde pour reprendre son bien. L'acier grince, puis cède. Un fragment brisé, reste fiché dans la cervelle. La lame est ébréchée.

L'effort a eu raison de sa dernière vigueur. Il est faible. Il marche en s'appuyant sur son épée plantée. Quelques pas, puis il s'écroule à son tour...

13

LA BLESSURE

Le rivage retentit de piétinements, de clameurs, d'interpellations, de rires... On pousse des barques dans l'eau. Le roi de Cornouailles a pris place dans l'une d'elles, avec son sénéchal et l'écuyer du vainqueur, Gouvernal. Ailleurs, des barons, des chevaliers. Dans une autre, des Irlandais.

Tristan perçoit cette agitation et se redresse. Il voit la mer couverte de Cornouaillais qui dansent sur les flots. Il veut les accueillir. Il rassemble ses forces et s'assoit. Sa blessure dont le sang coagule le fait souffrir. À quelques pas de lui, Morholt est allongé. Une forte odeur de fauve se dégage de son corps.

— Trépassée, la bête ! souffle Tristan, sans regret.

Il s'attarde longuement sur sa laide face d'épouvante.

Figée dans un rictus de colère, elle continue de crier, depuis la mort, sa haine du monde, son appétit de terreur et de massacre.

Tristan pense à la jeunesse dont il a défendu la cause. Le maître de justice qui règne dans le ciel l'a écouté et a tranché en sa faveur. Mais que son jugement est ambigu et la victoire amère !

Si Morholt n'a pas menti – pourquoi l'aurait-il fait ? – Tristan va mourir. À quoi sert de vaincre pour combattre encore ? Pourquoi, un adversaire effacé, un autre surgit-il ?

— Où me conduit ce chemin parsemé de batailles ? se demande Tristan. Comment persuader mon allié céleste, qui a voulu cette épreuve, de m'assister dans ce nouveau combat ?

Tristan est las. Il interpelle son ennemi dont le visage reste hideux à faire trembler :

— Les plaisirs de la haine sont plus goûteux, n'est-ce pas ? Ses fruits sont plus faciles à cueillir et, lorsqu'on les a une fois savourés, on en conserve l'attrait à jamais et la saveur en bouche !

Le cadavre du géant, raidi dans la fureur ne dit pas autre chose.

— Tu me répugnes ! s'emporte soudain le jeune homme. Nos deux chemins seront toujours adverses !

Il sent bien qu'il n'est pas fait pour la haine. Toutes les fibres de son être se rebellent à cette seule pensée.

Sur la rive, les premières barques accostent. Le roi débarque et Tristan se lève avec peine pour recevoir hommages et compliments. Il souffre. Il pâlit et vacille. Mais son oncle le retient et le prend dans ses bras.

— Mon cher neveu, tu nous as tous sauvés ! C'est à

toi, désormais, que la Cornouailles doit un tribut de reconnaissance.

Il marche avec lui, quelques pas, en le soutenant, appelle ses médecins pour qu'ils viennent dispenser leurs premiers soins.

Les Irlandais, eux, loin de la liesse, sont aux côtés de leur champion. Atterrés de voir son grand corps sans vie. Ils sont ses orphelins et ils pleurent, indifférents aux domestiques et aux valets qui s'affairent sur les lieux du duel, apaisent les chevaux, rassemblent les effets, recueillent les fragments d'armes brisées comme autant de restes sacrés.

— Emmenez votre capitaine ! leur ordonne Marc. Sa dépouille est le seul tribut que vous extorquerez jamais à la Cornouailles ! Avertissez votre roi que tous ceux qui tenteront de prendre pied sur nos côtes avec des intentions guerrières subiront le même sort que votre haut baron !

Les hommes d'Irlande unissent leurs efforts pour hâler le lourd cadavre sur un radeau. Ils le remorquent ainsi jusqu'à leur nef où ils le hissent à grand-peine. Puis ils déploient leur voile et s'éloignent vers le large, remplis d'amertume et de stupeur.

La funeste nouvelle précède leur arrivée. En apercevant la nef au loin, quelqu'un dit :

— Morholt est allongé sur le pont. Il a franchi ses portes du couchant !

Ceux qui l'entendent ne mettent pas ses paroles en doute. Il dit la vérité. Comment sait-il ? Les voix de la vie lui ont parlé. Le vent, la lumière de la mer, le chant des vagues qui soufflent sur la côte, la course des nuées, les ombres sur le sol... Il suffit de recueillir les signes pour comprendre. La terre d'Irlande est riche de présages. Ses premiers habitants en ont été pétris, et ce lien entre les hommes et le pays s'est transmis.

Lorsque les chevaliers, retour d'expédition, abordent le port de Dublin, une foule les attend qui les aide à décharger le mort.

On lui fabrique en hâte un brancard à sa taille, d'osier tressé sur des troncs de bouleau, on le recouvre d'un drap noir et vingt hommes suffisent à peine à le transporter auprès du roi.

En chemin, les gens s'approchent. On reconnaît le défunt, on se lamente et des reproches montent :

— Qu'avions-nous besoin d'exiger ce tribut ?

— Morholt était le rempart de l'Irlande et les Cornouaillais l'ont abattu !

Lorsque les porteurs arrivent au château, le roi et la reine les attendent. Les chevaliers leur narrent le combat.

— C'est un jeune guerrier qui a vaincu Morholt. Fougueux et bouillant. Les preux s'étaient tous dérobés en préférant le tribut à la bataille. Mais lui s'est présenté et a offert son gant au roi, sans trembler. C'est son neveu. Son seul héritier. Il faut craindre la Cornouailles dorénavant.

Puis ils racontent en détail, son habileté, son courage et les différentes phases de l'engagement.

— Hélas ! soupire le roi. Ce fringant chevalier nous porte un rude coup !

La reine Iseut se tait. Elle est pâle. Elle a écouté le récit du désastre, mais l'a-t-elle entendu ? Elle paraît résignée, comme si elle avait déjà fait le deuil de ce malheur. Elle se tient immobile aux côtés de la civière. Elle a posé sa main sur la poitrine de Morholt et elle attend. Un écho ? Un souffle ? Un bruissement venu des rivages de l'au-delà qui lui apporte confirmation que son frère, dans la toile où s'entremêlent les fils de toutes les vies, a bien tenu son rang ?...

Ce tête-à-tête du frère et de la sœur est insolite.

Comment un tel monstre et un tel ange de beauté peuvent-ils avoir été portés par le même ventre de mère ? Il est nuit impénétrable. Elle est clarté solaire dans le nuancier que la lumière décline de l'aube à la brune. Il est bestialité, vulgarité lourde et poisseuse. Elle est grâce. Il est brutalité. Elle est force flexible. Il a choisi la ruine et la destruction. Il a recherché l'amitié des ouragans, des séismes, des désastres et il s'est modelé à leur image. Elle s'est nourrie du chant des sources. Elle a choisi la science. Elle s'est assise au milieu des mystères du monde pour les écouter et recueillir leurs secrets.

Comment de tels contraires ont-ils pu partager la même enfance et s'aimer ?

La reine Iseut la Belle se tait et songe longuement. Lorsqu'à la fin de sa rêverie elle se penche sur son frère pour un murmure d'adieu, elle découvre le fragment d'acier, toujours fiché dans son crâne. Elle s'écrie aussitôt, ordonne qu'on vienne avec des pinces. Un forgeron arrive, arrache l'éclat mortel et le montre à la reine, le brandit devant la cour stupéfaite, puis l'essuie et le tend à Iseut sa maîtresse qui le saisit en frémissant. Elle l'observe avec minutie, comme s'il était le signe qu'elle attendait.

— C'est donc cette écharde qui a emporté ta vie, murmure-t-elle au mort. Tu es venu me la confier comme une relique. Puisse-t-elle poursuivre ton combat perdu et t'apporter la paix.

Elle la confie à l'une de ses suivantes qui la dépose dans un coffret et s'écrie soudain, d'une voix où perce le mystère :

— Que l'assassin de mon frère soit maudit ! Qu'un puissant destin le saisisse, à l'image de celui qu'il a brisé.

Après ce dernier hommage, des funérailles sont organisées et l'on rend le géant à la terre.

En Cornouailles, Tristan souffre. Les médecins du roi déploient toute leur science, mais leur pharmacopée, avec ses pommades et ses onguents, ses tisanes et ses bouillons, reste sans effet. La plaie sur la poitrine se creuse et suppure.

— Ce n'est pas une blessure ordinaire, reconnaît un chirurgien, c'est un poison. Pour le combattre, il faudrait connaître son nom.

Tristan se tait. Il ne dit pas qu'il sait. Il n'avoue pas que ce poison vient d'Irlande et qu'il a nom Morholt. Morholt qui se glisse en lui et l'envahit. Morholt la bête qui le pourrit, qui l'entraîne vers le seuil de sa vie, l'appelle au combat, pour continuer dans l'éternité, leur duel inachevé.

La plaie s'infecte. Elle sent. La même odeur que dégageait le cadavre du géant, comme si un fauve s'installait dans le corps de Tristan et dévorait douceur, noblesse, beauté...

Le bon chevalier se défait. Sa chair est pestilence. Il incommode ses visiteurs au point qu'il demande à son oncle de lui construire une loge, à l'extérieur de Tintagel, face à la mer.

C'est là, dans le silence, après des jours et des nuits de fièvre et d'impuissance qu'il prend sa décision de s'en remettre à Dieu.

Il en informe le roi qui vient chaque jour aux nouvelles. Il réclame son assistance : une simple barque, pourvue de nourriture et d'eau. Pas d'aviron, pas d'équipage. Il ira seul, à la grâce du Très-Haut.

— Si je dois survivre, dit-il, les vents me guideront. Si je dois mourir, les flots m'engloutiront.

Marc cherche à le dissuader.

— Patiente encore ! Une occasion peut survenir, demain. Une médecine imprévue qui efface d'un coup tous les jours de souffrance. Ne compromets rien. Reporte ton projet.

— Si cette occasion existe, elle ne viendra pas spontanément. Je le sens bien. Je dois me mettre en quête et la forcer comme un fauve, m'éprouver dans sa recherche et, que je le veuille ou non, combattre encore, contre moi-même, et durement.

Ses arguments trouvent des alliés chez les barons, trop heureux qu'il prenne la décision de s'exiler.

Le roi Marc cède à regret.

14

À LA GRÂCE DE DIEU

Tristan s'éloigne, seul sur les flots, et le roi, qui le suit de la fenêtre de sa chambre, le protège jusqu'à l'extrême limite de son regard, avant de l'abandonner à la mouvance des vagues. Il craint de ne jamais le revoir.

— Dieu te garde ! dit-il avec tristesse.

Enroulé dans sa cape, pelotonné à la poupe, Tristan grelotte. Contre son flanc, il serre un sac en peau de loutre. C'est sa harpe. Il l'emporte avec lui, car la musique reste son dernier remède contre la douleur. Lorsqu'il joue, en effet, lorsqu'il fredonne, le mal se fige comme un ennemi surpris à découvert et se tasse au fond de lui.

Les heures passent et Tristan, sur la mer, va son chemin âpre et amer. En surface, le vent chasse l'esquif. En profondeur, des courants le dirigent. Air et eau s'unissent pour le conduire, et le feu du soleil se mêle à leurs efforts pour éclairer le firmament et réchauffer Tristan. Trois grands éléments veillent au chevet de cette âme en recherche.

Les heures passent, se fondent dans les jours, longtemps, et un matin, une terre émerge de la brume frisante de l'aurore. Tristan ne la voit pas, car il dort. C'est la secousse de sa barque, projetée par le flux sur la grève, qui le réveille. Il ouvre les yeux et sent une odeur douce de pays. Il veut se redresser, mais l'immobilité, après le roulis incessant des vagues, l'étourdit. Il reste assis, calé contre la coque.

— Si les flots n'ont pas voulu de moi, murmure-t-il en découvrant la côte, c'est que je dois mourir sur la terre.

Il hésite :

— Ou vivre...

Sa solitude sur ce rivage inconnu lui rappelle le jour où ses ravisseurs norvégiens l'avaient abandonné, jadis. Il était vigoureux, déterminé, en pleine possession de ses talents, sain de corps. Il avait pu séduire par ses qualités de chasseur et un miracle s'était produit. Mais aujourd'hui ?... Sans forces, diminué, au bord du trépas... Comment pourrait-il encore plaire, et pour séduire qui ?... Il est si faible qu'il ne parvient même pas à s'extirper de son embarcation pour grimper sur la falaise et aller chercher de l'aide. L'esquif à bord duquel il a traversé la mer risque bien d'être sa barque funéraire.

Une douleur aiguë lui arrache un gémissement. Sa harpe a glissé et comprime sa blessure.

— Ah, c'est toi ! lui dit-il avec douceur. Tu as raison de te rappeler à moi, car le moment est venu de faire mes adieux à la vie. Tu vas m'aider à l'honorer et à la remercier de ses bienfaits.

Il la démaillote de sa housse, comme un enfant de son lange, déplie la pièce de lin qui protège les cordes, les effleure du bout des ongles, flatte la caisse en bois de saule qui tressaille sous ses doigts, puis commence à jouer.

Une première volée de notes s'élève, comme un salut, qu'il reprend, et reprend encore, avec d'imperceptibles variations. Il réchauffe le cuivre des cordes, éveille les harmonies qui dorment au creux de l'instrument, les sollicite avec respect, persuade le bois de leur prêter ses fibres, le caresse, car la harpe est un être, sensible et délicat, qui demande des soins, une mise en confiance, avant de se livrer. Puis il attaque quelques mesures d'une mélodie de son répertoire, qu'il abandonne bientôt, pour offrir tout son cœur à la musique et le laisser chanter.

La douleur s'estompe, la torture du poison reflue et un air magnifique monte de la petite barque aux membrures de chêne. Tristan joue et c'est la vie, dans toute sa majesté, qui se déploie...

Dans une crique voisine, des pêcheurs, occupés à leurs filets, l'entendent.

— Qui est ce musicien ami des Muses ? se demandent-ils. Il a vécu au paradis !

— Il en a rapporté la musique que les anges jouaient pour consoler Jésus lorsqu'il était à l'agonie !

Ils quittent leur ouvrage, s'approchent, découvrent le canot et Tristan, habité par son chant. Un étranger !

Mais ils n'osent l'interrompre et se délectent en silence. Lorsque le virtuose se reprend pour une nouvelle envolée, ils s'écrient :

— Il n'y avait pas meilleur pays que le nôtre où aborder, joueur de harpe ! Bienvenue !

Tristan, troublé, sursaute, les aperçoit, encore tout vibrant de son improvisation. Il comprend qu'il a quitté le ciel pour rejoindre la terre des hommes. Il soupire et demande :

— Et comment s'appelle votre pays ?

— Le pays de la harpe, musicien ! Où les harpeurs sont conviés à la table du roi ! On l'appelle encore « verte Irlande » !

En entendant ce mot, Tristan blêmit. L'Irlande ! Morholt ! L'ogre surgit et rit à perdre haleine.

— Ce n'est pas la grâce de Dieu qui m'a dirigé sur la mer ! gronde-t-il, les dents serrées. C'est son ironie, sa dérision ! Il s'est joué de moi. Il m'a mené pour mieux me malmener !

Il n'a pas proféré ces mots qu'il les regrette déjà.

— Il sait pourquoi je suis là. Moi, je l'ignore encore.

La barque est plantée dans le rivage, comme une flèche tirée par un archer adroit. Comment sortir de ce mauvais pas ?

Les autres, au-dessus de lui, ne le lâchent pas.

— Tu ne peux pas rester là ! Quand le roi saura que tu as accosté, il voudra faire ta connaissance. Son château n'est qu'à une demi-lieue. Nous allons t'emmener. Viens !

Tristan comprend qu'il va devoir mentir pour dissimuler sa véritable identité. Il se résout à les accompagner. Il range sa harpe dans son sac, se lève avec peine, enjambe le plat-bord de la barque et remonte en direction des pêcheurs.

La musique s'est tue et la douleur a reconquis tout le terrain perdu.

— Quel est ton nom ? demande un des hommes.

— Tantris, répond Tristan sans une hésitation. Tantris le ménestrel !

Il grimace à chaque pas et la douleur l'oblige à se courber. La marche est pénible jusqu'au château. Des hommes les y ont précédés, pour annoncer l'arrivée d'un harpeur hors du commun.

— C'est un magicien, seigneur ! Il fallait voir les mouettes, les sternes, les goélands, tous, au-dessus de sa barque, immobiles, planer sur sa musique... Même les vagues se relayaient sans bruit pour l'écouter.

Le roi est impatient de le rencontrer et demande qu'on le conduise à lui, dès son arrivée. Mais quand il voit entrer ce grand jeune homme voûté, qui marche en calculant ses pas, au visage livide, mangé par ses yeux sombres, il se ravise et lui lance avec rudesse :

— Te voilà donc, ménétrier ! Il paraît que tu es capable d'endormir les oiseaux en plein vol ! Je demande à t'entendre et à juger par mes sens, car à ma cour, on ne plaisante pas avec la harpe. Prends ce siège et joue !

Tristan se tait. Son corps a recommencé à empester et il craint, en parlant, d'incommoder l'entourage par son haleine nauséabonde. Il s'approche du fauteuil, le souffle court, s'assoit et défait sa harpe de son sac. Le contact du bois lui tire de douces plaintes. Il s'annonce en gloussant et elle, qui reconnaît son toucher, résonne imperceptiblement, chuchote, s'apprête à se laisser séduire.

Quand Tristan prépare sa harpe, une fête d'amour s'annonce. Ce n'est pas un homme et un instrument qui se rencontrent, l'un jouant de l'autre avec doigté, cherchant à le flatter pour mieux l'utiliser. Ce sont deux êtres qui se cherchent, s'écoutent, se comprennent pour s'épouser dans l'harmonie et s'élever, unis, sur le souffle de la musique qui remonte au ciel d'où elle est descendue.

Tristan installe sa bien-aimée sur ses genoux, l'appuie contre son épaule gauche, puis ferme ses paupières. L'eau première du monde affleure dans son cœur. Il la sent, tiède. Elle humecte ses yeux. C'est elle, en s'écoulant, qui imprègne son art d'une souplesse incomparable.

La première corde, déjà, tremble, et l'or de sa voix tinte. Une autre lui répond, puis une autre. Un chœur où chaque choriste s'avance, parle, cède sa place au suivant, qui reprend sa parole, la fait sauter, rebondir, avec espièglerie et facilité...

En un instant, une foule invisible est entrée dans la chambre du roi. Des enfants aux rires frais, des femmes enjouées, des hommes graves et mesurés qui acceptent de se laisser étourdir... Le seigneur, sa cour, les valets, les pêcheurs encore présents tournent la tête de tous côtés, cherchent d'où viennent ces voix qui s'élèvent ici, là, de partout à la fois, dans leurs poitrines aussi. Un miracle est en train de s'opérer dont ils sont tous les témoins émerveillés et muets.

Combien dure cet enchantement ? Qui peut le dire ? Qui peut prétendre même qu'il a duré plus d'un instant ? Personne ne sait, puisque le temps s'est figé, puisque chacun demeure interrompu dans ses pensées, fouillé par le son qui roule en lui, tourne, explore ses cavités, chavire son âme en lui tirant des résonances qui s'élèvent à leur tour jusqu'aux nuées.

Quand Tristan pose son dernier accord, quand sa bien-aimée lui offre son dernier baiser, tous se regardent, les yeux mouillés, n'osant bouger, n'osant parler, déjà tristes et chagrins que le paradis, à peine entrevu et à portée de main, ait déjà disparu.

Le roi s'éveille de la torpeur où les anges l'ont abandonné. Il regarde Tantris. Qui est-il ? D'où vient-il ? Quelle importance ! Les réponses sont trompeuses. Elles donnent l'illusion de savoir et de comprendre. Elles durcissent le cœur par certitudes et vanités.

« Tantris est un cadeau de la mer, songe-t-il, qui l'a offert à l'Irlande. Que l'Irlande soit bénite ! »

Au même instant, Tristan qui a posé sa harpe, s'écroule sur le sol.

Le mal l'a repris, le serre dans ses mâchoires, lui fait payer sa tentative d'évasion par la musique.

Tristan geint, sent ses derniers instants, lorsque, tout près de défaillir, il entrevoit une silhouette se pencher sur lui. Ce n'est pas un être de chair, obscur et lourd de matière. C'est une source de lumière qui lui effleure la poitrine, lui parle :

— Tu es blessé ! dit-elle.

Elle écarte sa cape, défait sa cotte et découvre la plaie qu'elle examine sans se montrer incommodée par la puanteur.

— Qui t'a blessé ainsi ?

Sa voix s'impose, sobre et apaisante.

— Une bête, gémit Tristan.

— Non ! C'est impossible, répond-elle.

Son ton est ferme, appelle la vérité.

— Une bête en est la cause, corrige Tristan. J'accompagnais mon seigneur à la chasse et nous avions forcé une bête noire[1], hideuse et féroce. Au moment où mon maître lui portait un coup fatal, l'animal a chargé et c'est moi qui ai reçu l'épée.

Pendant qu'il parle, elle tâte son ventre, ses épaules, son cou, ses cuisses, pour mesurer l'ampleur de l'infection.

— Il faut laver la plaie, puis drainer le pus, les humeurs, inciser les chairs nécrosées... Apportez une civière, ordonne-t-elle à ses valets, et transportez-le dans ma chambre.

Et à Tristan :

— Ne bouge pas, si tu veux conserver une chance de guérison. Demeure parfaitement immobile. Tes mouvements activent ton mal et le dispersent.

Pendant qu'on l'emmène, Tristan songe à cette femme, à sa voix, à sa force, et comprend.

« C'est elle... Iseut la Belle, reine d'Irlande et... sœur de Morholt ! »

Il ferme les yeux et emprisonne dans une seule image la face de nuit et l'être de lumière.

À quelques pas de la reine, une jeune fille suit le convoi. Elle est entrée dans la salle, lorsque Tristan jouait, attirée par la harpe. Dès qu'elle l'a vu, elle a souri et quand il est tombé, elle a poussé un petit cri. Elle est

1. Au Moyen Âge, on distinguait les bêtes noires (loups, sangliers), des bêtes rousses (cerfs, daims, chevreuils).

belle, autant que la reine, avec en plus, une transparence que celle-ci a perdue. Elle porte le même nom : Iseut. Elle est sa fille. Iseut la Blonde, à cause du soleil de ses cheveux.

15

TRISTAN ET ISEUT

— L'épée de ton seigneur était souillée.

Tristan est allongé sur une couche dans la chambre d'Iseut la Belle et la reine l'écoute longuement avec ses mains. Elle le palpe sans le toucher, interroge de ses deux paumes ouvertes, la gaine invisible qui entoure son corps. Elle en suit le relief, s'attarde au-dessus des viscères, du cœur, de la gorge et Tristan sent une tiédeur l'effleurer, un frisson glisser sur lui.

La reine lui saisit les pieds, les ausculte avec soin. Ils sont obstrués. Son mal, emprisonné dans ses entrailles, ne peut s'évacuer vers le sol, ni l'énergie de la terre pénétrer en lui, pour le purifier. Elle lui soulève la tête et la laisse reposer dans ses mains. La porte du ciel, elle aussi, comme celle de la terre, est fermée.

— Ton corps est verrouillé, lui dit-elle. Il ne peut plus se nourrir de la vigueur du monde. Je vais l'ouvrir.

Iseut la Blonde est restée à l'écart. Elle a observé les gestes de sa mère.

— Approche ! lui demande-t-elle.

Elle lui confie le blessé pour qu'elle s'exerce à détecter les influx du mal. Iseut la Blonde ouvre ses mains à son tour et les promène à la surface du corps d'éther[1].

Tristan, préparé par la reine à cette légèreté, perçoit une onde qui le frôle. Le toucher de la fille, subtil, n'a pas la même couleur que celui de la mère. Moins souple, il hésite et se pénètre des sensations qu'il écoute longuement. Mais il sourit, animé d'une gaieté que l'autre n'a pas. Il s'écoule sur lui, avec la fraîcheur d'un ruisselet de menthe.

Iseut s'attarde où la reine s'est attardée, palpe les pieds, la tête, accomplit le parcours de sa mère qui vient parfois ajouter le renfort de ses mains pour lui faire mieux observer tel nœud, telle raideur, tel blocage...

Tristan ne veut rien perdre de ces sensations. Il s'offre à l'examen de l'apprentie jusqu'à l'assoupissement. Il ne bouge plus, respire lentement. Il craint trop de s'éveiller de cette léthargie apaisante.

Les deux femmes vont et viennent maintenant, s'affairent dans la pièce. Mouvements de pots, de vases, froissements de feuillages, grincement de pilon dans un mortier de pierre... Toute une batterie de remèdes et de drogues se préparent, qu'Iseut la mère, secondée par

1. Le corps d'éther ou corps éthérique est une des enveloppes spirituelles de l'homme. Invisible, il entoure le corps physique. C'est sur lui que les guérisseurs, à l'aide des mains, agissent pour soigner.

Iseut la fille qui s'initie à l'art des soins, s'apprête à administrer au blessé pendant des jours et des nuits.

La plaie est mise à vif, désinfectée à la teinture de romarin, enduite de pommade de sauge et de souci qui stimule la reprise des chairs et active la cicatrisation.

Tristan lutte, délire de fièvre, ingurgite les décoctions de marrube et de laurier, mais le mal, qui sent un ennemi puissant, se déchaîne contre sa victime, creuse son ventre, hache son souffle.

— L'épée de ton seigneur était empoisonnée, lui dit la reine. Le savais-tu ?

Tristan répond par un battement de paupières sur ses yeux révulsés. Il serre les dents en grelottant. Il s'interdit de parler. Il craint de se trahir malgré lui. Il est la proie du poison. Il est aussi la proie des soins, plus redoutables encore, à cause des attentions de celles qui les prodiguent. La douceur incite au relâchement et Tristan redoute de s'abandonner.

La reine sent cette lutte dans la lutte et n'en comprend pas l'origine. Elle approche un secret. Elle possède une grande maîtrise de l'art médicinal, mais sait qu'il existe dans les êtres des mystères qu'aucun guérisseur ne peut percer. Aussi travaille-t-elle plus longuement son malade avec les mains.

Elle apaise ainsi les tensions de ses organes, dénoue la contraction des nerfs, libère la circulation des fluides et dégage, l'un après l'autre, tous les orifices invisibles de son corps pour y laisser s'engouffrer les puissantes énergies de la nature.

Onguents, bouillons et massages se conjuguent. Peu à peu, la fièvre tombe, la cicatrisation de la plaie s'accélère, et la carnation qui vient rosir la face de Tristan témoigne qu'un sang purifié l'irrigue à nouveau.

Le mal sent la partie perdue. Il se replie et, un matin, l'aube point, hésitante, encore effarée par les combats de la nuit ; Tristan est guéri.

Quel homme est-il maintenant ? Celui qui se relève n'est plus celui qui s'est couché. La mort s'est approchée jusqu'à lui, l'a flairé longuement, saisi puis lâché, contre son gré. Il sent encore dans sa bouche son souffle putride.

Tristan convalescent a changé. Deux femmes se sont relayées pour empêcher que le fil d'argent de sa vie ne se brise et la plus acharnée à le sauver, il y a peu, l'a maudit. Grâce à elle, l'être à qui elle a voué une destinée terrible respire d'une santé régénérée. Il vit. Elle l'ignore.

Seul Tristan sait. Il a menti à son sujet et, par son mensonge, il a volé sa guérison. Depuis qu'il a posé le pied sur la terre d'Irlande, il est devenu menteur, puis voleur. D'un coup, il a trahi tous ses serments et son âme est salie. S'il était respectueux de son honneur de chevalier, il se rendrait auprès du roi sans tarder et, genou en terre, lui dirait :

— Seigneur, je ne suis pas Tantris le ménestrel, mais Tristan l'assassin ! C'est moi qui ai tué votre Morholt et je vous ai trompé. La reine m'a arraché à la mort, mais je ne mérite pas de vivre. Jugez-moi avec sévérité et châtiez-moi !

Mais Tristan a retrouvé la vie. Il veut en jouir et s'accommode de ses mensonges.

Il demande audience au roi pour le remercier, et se

présente devant lui, docile, courbé par ses hésitations, ses calculs, ses regrets.

— Seigneur, je vous dois gratitude et fidélité. Si je possédais un seul bien, je le déposerais à vos pieds.

Chaque mot est un mensonge de plus qui ajoute au mensonge. Mais le roi l'écoute, heureux de le voir remis et dispos.

— Ménestrel, tu possèdes plus de richesses qu'aucun puissant de la terre, hormis David le Sage[1], lui répond-il. Tu connais l'art de converser avec les anges ! Et puisque ce bien tu me l'offres, je le reçois volontiers. Non pour moi, mais pour ma fille. Comme nous tous, elle a entendu chanter ta harpe. Elle souhaite apprendre et c'est toi qu'elle désire pour maître.

— J'accepte avec joie, seigneur ! s'écrie Tristan. La princesse m'a guéri par la magie de ses mains. Il est juste qu'elle réclame aujourd'hui les miennes en paiement. Jamais créance ne fut plus légère à acquitter.

Cette requête le rassure. Sa harpe est une bouche de vérité. Elle va l'aider à se libérer du mensonge.

Son élève l'attend dans la chambre de la reine. Il la rejoint. Lorsqu'il entre, les effluves des drogues qui l'ont soigné flottent encore dans l'air. Elles le saluent. Il reconnaît le camphre et le laurier, le vin de grenache et la résine d'oliban.

La jeune Iseut se tient au milieu de ces parfums comme si elle en était la source. Il la regarde. Jusqu'alors, il ne l'avait qu'entrevue à travers les vertiges de son délire. Pour la première fois, il la découvre. Elle

1. Célèbre roi hébreu, vainqueur du géant Goliath (comme Tristan de Morholt), poète et musicien virtuose de la harpe.

se tient près de la fenêtre, dans la lumière du jour. Elle sourit et son sourire franc lui fait oublier qu'elle a vu son corps malodorant, défait par le poison.

« Voici l'étoile qui chaque matin fait naître le soleil ! » songe Tristan en approchant.

Il est troublé par sa clarté. Il n'ose parler, à court de compliments courtois, il se contente de lui rendre son sourire et se réfugie dans sa harpe.

Gauchement, il s'assoit sur un siège bas, dévêt l'instrument de sa fourrure de loutre, l'appuie contre lui, entame un air inconnu qui pulse de son cœur et dit, dans son langage secret, tout à la fois son trouble, sa gratitude, ainsi que la grâce de son hôtesse.

En jouant, il parle :

— Avant d'être une voix qui chante les musiques du ciel, je suis née dans la terre. J'ai été saule au bord d'une rivière. Mes branches servaient de reposoirs aux oiseaux et mes racines offraient un refuge au saumon voyageur. J'ai vu des aubes fières se lever et d'autres, honteuses du jour qu'elles apportaient. J'ai passé des nuits à regarder danser les fées et je les ai vues s'envoler dans les brumes du matin, revêtues de leurs éclatants plumages de cygnes. Avec le concours du soleil, j'ai inventé des ombres fraîches. J'ai maintes fois tenu tête à la tempête, essuyé des pluies et des neiges, et même résisté aux ouragans. Mais un jour, le ciel a décidé que mon temps à la surface du monde était achevé et sa foudre m'a brisée. J'ai subi la destinée de toute vie et j'ai été enfouie sous la terre. Alors, dans cette retraite, j'ai réfléchi et j'ai mûri.

Les siècles ont passé et un jour, en fouillant le sol, un homme m'a exhumée. Il m'a emportée avec lui. Ses mains m'ont tirée du silence et appris à parler. Je n'avais pas perdu ma mémoire de saule et mes souvenirs restaient vivants. En m'offrant une seconde existence, il m'a rendue capable de les conter.

C'est lui qui m'a donné mon nouveau nom : harpe. Sa façon de le prononcer m'a fait trembler et c'est ainsi que j'ai rendu mon premier son.

Tristan émerge de sa légende et répète pour Iseut comme s'il lui confiait un secret :

— Harpe !

Le mot la touche et la fait frissonner à son tour. De surprise, elle gémit. Tristan pose les yeux sur elle. Assise devant lui, à même le sol, elle le regarde émerveillée.

Alors, sans cesser de jouer, il se lève, s'approche d'elle, la contourne, dépose l'instrument sur ses genoux et l'appuie tout contre son épaule. Il la place au cœur des vibrations. Puis, délicatement, il saisit sa main gauche, sa main droite, les attire sur les cordes et les pousse à jouer, en les laissant courir un instant avec les siennes.

Elle accepte son élan, continue seule, hésite, tâtonne, écoute comme elle écoutait les ondes qui se dégageaient du corps de Tristan. Elle découvre comment le son s'élève et se propage, comment il s'insinue en elle et cherche à éveiller sa propre musique...

Tristan revient s'asseoir devant Iseut, à même le sol, sans manières. Il l'enveloppe de paroles, l'accompagne dans sa découverte et la rassure.

— La harpe est un chaudron magique, murmure-t-il. Son breuvage est enivrant. Le maître qui l'a dégagée de la tourbière où elle était enfouie, a passé neuf longs mois à la façonner. Il l'a tirée des ténèbres du bois. Il l'a creusée, polie, façonnée, sculptée, puis, après lui avoir offert une voix, il l'a travaillée pour que ses cordes chantent à l'unisson des voix du monde. Elle a souffert de la tension qu'il lui imposait. Elle a résisté. Elle s'est cabrée, puis soumise. Mais en acceptant la contrainte, son ventre, comme un ventre de mère, s'est gonflé de musique.

Encouragés par la voix de Tristan, les doigts d'Iseut se délient. Ils s'affirment sur les cordes, pincent en recherchant déjà des nuances.

Tristan sourit. Son élève invente. Il la laisse jouer un instant, puis reprend l'instrument, sans quitter sa place, avec douceur, pour ne pas rompre leur face-à-face. Il s'inspire du fragment qu'elle jouait, le déroule et l'harmonise. Ils entament un duo où sa voix de virtuose donne la réplique à la sienne qui babille.

— Je suis harpe, fredonne-t-il en jouant. Et vous aussi, damoiselle, vous êtes cet instrument. En voulez-vous la preuve ? Appliquez votre oreille ici, à la jointure de la console[1] et du pilier, et écoutez le bois. Il frémit. Il propage l'émotion.

Iseut se penche en avant, accole sa tempe, et Tristan, à l'autre extrémité, sa tempe elle aussi en appui contre le haut de la caisse, improvise un air ensorcelant qui attire le soleil au bord de la fenêtre, fait germer les semences dans le sol, éclater les bourgeons de la forêt et croître les troupeaux.

Un fleuve de sensations roule à travers le saule, de

1. La console est la partie supérieure de la harpe. Elle supporte les chevilles de tension des cordes fixées à la caisse de résonance. Le pilier, courbé, relie la console à la caisse et absorbe l'effort de tension qui peut atteindre, selon le nombre de cordes de la harpe, jusqu'à une tonne.

Tristan jusqu'à Iseut. La jeune fille est emportée par le flot, secouée, roulée, captive de la musique. Elle ne peut s'en défaire, ni ne le désire. Son cœur est envahi.

Tristan, qui mène la symphonie, tout doucement l'apaise, la conduit vers un tempo plus serein, pince une dernière corde et, sur un soupir, laisse le son s'évanouir.

— On dirait... souffle Iseut. On dirait...

Elle est échauffée comme si elle avait couru. Ses pommettes ont rosi. Elle hésite à confier ce qu'elle a entendu. Elle n'est pas sûre. Elle est émue.

Tristan parle à sa place.

— J'ai joué selon le mode d'amour et de plaisir, murmure-t-il.

Iseut ne répond pas. Elle baisse les yeux et ses paupières battent, comme les ailes d'un oiseau blessé qui chute et essaie de reprendre son vol.

— Je vous l'enseignerai, damoiselle, et vous saurez un jour tout aussi bien en jouer... Je vous apprendrai aussi les autres modes. Celui de la mort et des larmes. Celui du sommeil et des rêves. Un bon harpeur ne peut les ignorer.

Pour mettre un terme à sa leçon, Tristan, pour la seconde fois, confie la harpe à Iseut et, lorsqu'elle a recommencé d'effleurer les cordes, il tend les bras, ajoute ses mains aux siennes et, ensemble, tous deux inventent un air, entremêlant leurs doigts.

C'est ainsi que ce maître transmet son savoir.

16

LA FUITE

Chaque jour, l'élève poursuit son apprentissage, docile et assidue, sous la conduite de son maître. Chaque jour, la harpe, lentement, l'attire dans un chemin de découverte où chaque pas est un mélange de son, d'intensité et d'émotion. Iseut se prête à cette exploration et s'engage dans ce voyage aux itinéraires déjà tracés dans son cœur.

Tristan, qui la guide, lui révèle des nuances inattendues, des cavités secrètes aux vibrations étranges. Il lui apprend à se fondre dans l'instrument jusqu'à l'oubli de soi et, bientôt, elle se métamorphose, devient harpe aux mille inflexions, émerveillée par les constellations de voix qui scintillent en elle.

Quand Iseut joue, la musique se propage à travers les

étages du château. C'est une vague joyeuse qu'aucune digue ne peut contenir, une flamme claire qui ne laisse aucun recoin dans l'ombre. L'austère demeure en est toute réchauffée.

Pourtant, la vérité de la harpe n'efface pas le mensonge, comme Tristan l'espérait. Au contraire, au fil des semaines, au fil des leçons, à mesure qu'Iseut s'illumine, Tristan s'enfonce dans l'imposture et s'assombrit. Le roi et la reine admirent son talent au service de leur fille, la cour ne tarit pas d'éloges sur lui, son nom anime toutes les conversations. Pourtant ces compliments, ces hommages sincères le tourmentent et le mettent au supplice. Ils reposent sur une tromperie. Avec le temps, le mensonge est devenu trahison... Il craint d'être découvert. Un jour, il n'y tient plus.

« Mieux vaut partir, décide-t-il. Disparaître... Je ne mérite aucune estime. »

Il pense à Iseut. À sa stupeur si elle venait à savoir, à sa honte, à sa colère. Un harpeur s'est introduit dans sa chambre et l'a jouée... Il pense à ces heures passées dans la limpidité de leurs chants. Aucun mensonge ne les altérait. La harpe était leur cheval fée. Elle les a portés sur son dos et ils ont traversé l'horizon translucide, chevauché hors de la terre, sur des chemins de lumière.

— Protéger ces instants par-dessus tout. M'enfuir ! Oui, m'enfuir, plutôt que devoir avouer, si je suis pris.

Son choix surprend la reine, quand il vient lui demander congé.

— Retourner en petite Bretagne ? s'étonne-t-elle. Rassurer les tiens qui s'inquiètent ?... Je ne saurais t'en empêcher, mais je le regrette. J'attendais de toi plus de reconnaissance pour t'avoir sauvé la vie. Sans doute considères-tu que tes leçons de musique ont déjà apuré ta dette !

Pars quand tu voudras, tu es libre d'aller à ta guise. Et, pour t'assurer que je ne t'en veux pas, je vais faire gréer ta barque d'une voile, la charger de provisions et te souhaiter bon vent.

Le déplaisir perce dans sa voix. Tristan le gentil chevalier est gêné et ne sait que répondre. Mais Tantris le menteur n'est pas en reste. Il bouscule Tristan et promet avec aplomb.

— Je reviendrai, noble dame, dès que possible, et j'achèverai auprès de votre fille la tâche commencée. Je vous en donne ma parole.

Il ne s'attarde plus. Il se rend chez Iseut, la salue, reprend sa harpe et s'en va comme il était venu.

Après quelques jours de mer, Tristan aborde en Cornouailles, sous les remparts de Tintagel précisément, au port d'où il avait appareillé.

Il n'est pas encore parvenu auprès du roi Marc, que déjà l'annonce de son retour traverse la lande, se répand dans les villes et les bourgs.

— Tristan est revenu !

Le cri, une fois jeté, ne retombe plus. Il est repris dans les ruelles, sur les marchés, dans les échoppes, court dans les champs, les granges, les bergeries...

— Tristan est revenu !

— Tristan ou son fantôme ?

— Tristan, sur ses deux jambes ! Plus vivant que jamais !

Et parce que ceux qui ont vu le rescapé ne sont pas crus, ils argumentent, apportent des précisions criantes de vérité, répondent aux questions et transforment cette nouvelle incroyable en événement sensationnel. D'ailleurs, dès que Tristan paraîtra, sa seule présence attestera tous les détails de leur récit.

Voici ce qu'il dit :

— Tristan est l'élu des anciens dieux celtes. Sa mort, sur la mer, était inéluctable. Il l'ont vu dériver, souffrant. Ils l'ont reconnu et choisi, puis ils l'ont conduit jusqu'à leurs terres d'Hyperborée. Il fallait voir les fauves de l'océan, domptés, tout autour de sa barque, lui ouvrir un sillage en soufflant. Et de grands cygnes blancs, précédés par un vol de corneilles, lui servir d'attelage ! Cap au nord, où le soleil, chaque nuit, descend se retremper, avant de reparaître à l'est, neuf et ruisselant de vigueur ! Ils ont gagné Thulé, derrière laquelle le jour tombe et meurt. C'est là, sur cette terre ultime que Tristan a été soigné et revivifié.

Une fois guéri, les maîtres de sagesse l'ont initié. Morfesae, Esras, Uiscias, Semias, les quatre grands poètes qui ont formé les Tuatha Dé Danann[1], l'ont reçu, chacun dans sa ville, et lui ont enseigné le savoir ancien. Puis, son initiation achevée, ils l'ont posé sur la mer pour qu'il rentre au pays.

Aujourd'hui, le voici parmi nous, leur envoyé, fils du solstice d'été !

Pendant ce temps, ignorant que son aventure se transforme en légende, Tristan fait à son oncle le récit véritable de sa navigation. Il ne lui cache rien. Il est amer.

---

1. Nom des dieux celtes primitifs.

— Dieu m'a protégé pour me jeter dans les tourments. Il m'a conduit en Irlande, dans la maison de l'ennemi. La sœur de Morholt m'a guéri. J'ai dévoilé les secrets de ma harpe à sa nièce. J'ai menti sur mon origine et, par honte et dégoût de moi-même, je me suis enfui comme un lâche.

J'ai failli à mon honneur de chevalier, seigneur. Reprenez les éperons et l'épée que vous m'avez donnés. Je suis indigne de les porter.

Marc écoute son neveu. Son voyage l'a mûri.

— Pourquoi Dieu t'a-t-il conduit en Irlande ? lui demande-t-il. Personne ne peut te le révéler. Tu auras beau te questionner à l'infini, t'étourdir de mille réponses, il est trop tôt pour que tu saches la vraie raison. Le sens d'une vie se découvre, jour après jour, en vivant. Et sa vérité n'apparaît qu'à nos derniers instants, lorsqu'on embrasse l'ensemble de nos chemins et tous leurs enchevêtrements.

Dieu a conçu un projet pour toi. Sois-en certain. Ton voyage en est la preuve. Un projet élevé, puisque, d'emblée, il t'a placé dans la difficulté. Sans doute te juge-t-il capable de lutter !

Sois rassuré, chevalier, tu n'as pas failli ! Plus que jamais, tu mérites tes éperons et ton épée.

Les arguments de son oncle rassurent Tristan sans l'apaiser. Certes, il conserve sa place à Tintagel et il y tient. Mais Tantris demeure, dissimulé dans son cœur. Tantris et ses calculs, ses ruses, sa lâcheté. Souillures de péché... Comment les éliminer ?

17

LES TROIS FÉLONS

Le prestige de Tristan est immense. Sauveur de la jeunesse du royaume, sauvé lui-même, il est devenu un talisman vivant, garant de la prospérité de la Cornouailles.

Le roi est fier de son neveu, sincèrement, et ses prouesses l'arrangent. Elles élèvent un rempart autour de lui et tient les ambitieux à distance.

Tristan est craint et respecté. Il a prouvé sa bravoure et sa générosité quand chacun se dérobait. Il est aimé et Marc ne manque aucune occasion de s'afficher partout avec lui. Il sollicite ouvertement son avis, le mêle à la conduite des affaires, impose même sa présence au sein de son conseil.

La plupart des barons, fidèles, se réjouissent de voir

grandir l'influence du jeune homme, utile à la stabilité du pays. Pourtant, quelques grands vassaux, jaloux, ne décolèrent pas.

— Un jour, vitupère Ganelon, il le désignera comme son héritier officiel ! Son successeur sur le trône !

— Le projet est déjà en chemin, approuve Denoalain. Tout l'indique : les faveurs du peuple, la légende de la guérison dans les îles au nord du monde...

— Si le roi laisse courir de telles superstitions, observe Godoïne, c'est qu'elles servent ses plans !

Convaincus de la nécessité d'agir, ils se rendent un soir, tous les trois, en secret, dans l'antre du nain Frocin, le mage personnel de Marc, pour apprendre la vérité sur Tristan.

Frocin est un monstre. On ne l'approche pas sans crainte. Petit corps, tête énorme, on dirait qu'il est né animal et que sa métamorphose en homme s'est interrompue, comme s'il avait refusé de choisir entre l'humain et la bête. Ses yeux proéminents voient tout. Ils mettent les êtres à nu. Passé, présent, futur, ils embrassent toute la durée des temps. Il est effrayant. On s'écarte lorsqu'il se montre, on baisse la tête. Certains disent qu'il est un homme, d'autres une femme. Quelques-uns vont même jusqu'à prétendre qu'il alterne : mâle de jour, femelle de nuit ! Mais nul ne s'aventure à le savoir avec certitude. Il est grossier et mal fini, mais imberbe comme une fille et sa peau de crapaud a la blancheur immaculée du parchemin qui recueille un poème d'amour.

— Dis-nous, Frocin... lui demande Ganelon. Le neveu ? Comment a-t-il pu survivre au poison ?

Le nain ne répond pas. Il veut d'abord connaître qui

le questionne. Il pose son regard sur le baron, lourdement, comme s'il aspirait sa vie. Ganelon se sent défaillir. Il pâlit, respire avec difficulté, son cœur s'affole... Mais Frocin prend tout son temps pour le lire. De sa naissance jusqu'à sa mort, il l'examine, scrute ses travers, ses ambitions puis, sa lecture achevée, ferme les yeux sur son histoire.

Les forces de Ganelon reviennent aussitôt. Son malaise est passé.

Le nain ricane et répond enfin, sa grosse trogne dodelinant sur son cou grêle.

— Le poison venait d'Irlande. C'est là-bas qu'il a trouvé la guérison. Un poison s'y trouve encore. Au goût de miel celui-là, délectable et mortel... la fille du roi. Une pucelle blonde. Tristan la connaît...

Le monstre se tait. Il ne dira plus rien. Godoïne le paie – une bourse d'or – et les trois hommes s'en vont. Ils en savent assez. Ils tiennent de quoi faire tomber Tristan et savent déjà comment ils vont s'y prendre.

Quelques jours plus tard, leur machination est arrêtée, infaillible, et ils réclament une réunion du conseil.

Denoalain attaque :

— Le célibat du roi, lance-t-il aux comtes et aux barons présents, rend le royaume vulnérable et le met en péril. Dieu vous garde, seigneur, mais si demain vous trépassiez, la couronne de Cornouailles serait l'objet de toutes les convoitises.

— Il faut lui épargner les embarras d'une crise, sire ! poursuit Ganelon. Et la parade est simple. Convolez, prenez reine sans tarder et faites-lui de beaux héritiers !

— Merci, marquis, de prendre soin de mon plaisir et de ma lignée, répond le roi. Mais pour la stabilité du trône, nous avons Tristan. Dans un passé récent, il a su montrer son épée nue, quand vous laissiez la vôtre vêtue !

— Nous ne l'oublions pas, sire, et vous le rappelez à bon escient ! approuve Ganelon, sans se montrer affecté par l'affront. Toutefois, si Tristan vous succédait, sa légitimité risquerait d'être contestée. Sa présence à la tête du royaume pourrait susciter rébellions, appétit d'un voisin puissant, invasions, avec toutes les misères qui les accompagnent...

— Les héritiers directs nous épargnent bien des ennuis ! approuve Godoïne. Ce sont eux qui font les rois légitimes. Et rien n'empêchera Tristan, quand un de ses cousins occupera le trône, de le défendre avec la loyauté qu'il a toujours montrée.

Les trois vassaux ont bien fourbi leurs arguments et le suzerain comprend qu'il n'aura pas le dernier mot dans cette joute sur le lignage et le droit.

— Vos vues sont pénétrantes et vos conseils précieux, concède-t-il. Mais dans les choses des épousailles, il est un détail qui me préoccupe : l'épousée, justement. J'ai le défaut de la vouloir courtoise et distinguée, intelligente et belle, de noble lignée. J'ai maintes fois cherché. Je ne l'ai jamais trouvée. Une telle jeune fille n'existe pas !

— Détrompez-vous, sire ! Elle existe bel et bien ! s'empresse Denoalain. Elle vit de l'autre côté des flots, à la cour de son père qui gouverne l'Irlande.

Aussitôt, Tristan est sur ses gardes, et son oncle aux aguets.

— Ainsi, vous m'approuvez ! enchaîne Marc, sans se laisser désarçonner. Cette femme n'est pas pour moi. Je ne vois pas l'Irlandais donner sa fille au Cornouaillais qui a tué son beau-frère !

— Entre les rois, seigneur, la paix est comme la guerre : une simple convention, distille Ganelon avec perfidie. Tout aussi bien qu'elles savent provoquer les querelles, les femmes et les sœurs savent les apaiser, aider aux rapprochements des intérêts, concilier et favoriser l'amitié...

Marc écoute Ganelon en le regardant se délecter.

— Tu sembles expert, lui répond-il en souriant. Et tu m'as convaincu, baron. C'est pourquoi je désire que tu t'embarques, dès demain, pour aller convaincre l'Irlandais aussi bien.

Mais le félon reste enraciné comme un chêne sous ce coup.

— Sire, j'ai peu de chance comme ambassadeur. Tristan, lui, est beaucoup mieux placé. Certaine rumeur nous a révélé qu'il s'était fait des relations à la cour d'Irlande. Il connaît déjà le père, la mère, et la fille assez bien. Après avoir défendu sa cause, il devra cette fois-ci faire triompher la vôtre. Il ne manque pas d'habileté et, comme il a su vaincre Morholt, il saura convaincre le reste de sa lignée...

Ganelon a abattu sa dernière carte. Il s'apprête à triompher, mais Tristan ne lui en laisse pas le temps. Sa réponse claque et sonne clair comme l'acier.

— Vos vassaux ont raison, sire. Après avoir empêché la mort de cultiver la Cornouailles, je saurai bien l'ensemencer de vie ! Pour vous, j'irai cueillir de mes mains cette fleur d'Irlande et la rapporterai pour que vous en humiez le parfum !

— Qu'il en soit donc fait selon vos volontés à tous !

approuve le roi, en levant la séance du conseil. Mais qu'il soit entendu, barons, que si Tristan échoue dans sa mission je n'en épouserai pas d'autre.

« Il n'échouera pas ! » pensent les trois comploteurs, mais ils se taisent et laissent le dernier mot au roi.

— Comment t'y prendras-tu ? demande Marc lorsqu'il se retrouve seul avec Tristan.

— Je ne sais pas encore, mon oncle. Je connais le château et ses environs, les habitudes de chacun. Peut-être l'enlèvement est-il la solution la plus simple. L'Irlande est trop affaiblie sans Morholt pour lancer contre nous une guerre de représailles.

Le roi est très irrité de s'être laissé berner par ses vassaux.

— Le débat pouvait encore durer, se retourner, regrette-t-il. Tu as été trop prompt à intervenir. Apprends à modérer ta fougue dans une négociation.

— Avais-je le choix ? Le plan des trois félons était habilement calculé et je ne pouvais leur échapper. En m'opposant à eux, j'approuvais votre célibat et, du même coup, j'étais suspect de protéger mes intérêts. Je passais pour un intrigant et, refusant la mission en Irlande, pour un peureux. D'un côté, le déshonneur. De l'autre...

— Ne te presse pas de conclure, l'interrompt Marc.

Il lui pose la main sur le bras, avec amitié.

— Emmène vingt chevaliers avec toi, les plus braves. Organise ton équipée, calcule, réfléchis avant de décider et écoute ton instinct. Il est le confident de ton destin.

La première fois que tu es parti en Irlande, tu ne

savais pas où tu allais et Dieu t'accompagnait. Dans ce second voyage, ne L'oublie pas. Il est toujours présent à tes côtés.

— Je le sais bien, mon roi, répond Tristan avec gravité. J'ai cru laisser derrière moi mes mensonges en m'enfuyant d'Irlande. Aujourd'hui, Dieu me renvoie comparaître devant eux, sur un chantier que j'ai laissé inachevé. Et vos barons sont ses alliés...

18

DEUXIÈME COMBAT

— Une expédition s'organise, majeure pour le royaume ! C'est Tristan qui la dirige !

Il part avec vingt preux vêtus de fer. Une femme est en jeu. La future reine de Cornouailles !

Le projet n'est plus un secret. Il a filtré, puis il s'est répandu et la seule présence de Tristan suffit à amplifier sa dimension.

Les écuyers s'affairent. Ils préparent le fourniment de leurs chevaliers, graissent les hauberts pour les protéger de l'air marin, les roulent avec les cuissards de mailles, vérifient les poignées des écus, équipent les heaumes de lacets neufs...

Au port, les matelots apprêtent la nef, les portefaix munissent la cale de provisions pour les hommes, mais aussi, parce que Tristan a conçu un plan, de miel, de farine, de blé, de pièces de drap, de fourrures...

Gouvernal ne quitte pas l'embarcadère. Du lever du jour à la nuit, il surveille le chargement, pense à tout. Sous sa conduite, trois jours à peine suffisent à boucler les préparatifs. Au matin du quatrième, la nef déploie sa voile et prend la mer.

— Voilà comment nous agirons, explique Tristan une fois qu'ils sont au large. Nous nous ferons passer pour des marchands flamands. Nous rentrons de petite Bretagne et une tempête nous a déroutés. À notre bord, nous avons embarqué un harpeur breton qui voyage de pays en pays. Deux d'entre nous iront en avant-garde, solliciter du roi la permission d'entrer dans Dublin pour commercer. Cette permission obtenue – elle ne peut être refusée, les Irlandais manquent de tout –, je débarquerai à mon tour, avec ma harpe. J'irai au palais, me ferai reconnaître du roi, de la reine et, sous prétexte de reprendre mon enseignement auprès de la princesse, je l'attirerai sur la nef. Alors, pendant que je lui jouerai un air, nous appareillerons pour la Cornouailles.

Les chevaliers approuvent. Retors à souhait, ce plan, s'il réussit, évite le recours à la force et épargne les vies, sans gâter le butin. Mais s'il échoue, les marchands revêtiront leurs hauberts de guerriers et ils en découdront.

Lorsqu'ils arrivent en vue de Dublin, la nef met en panne au large du port et les deux éclaireurs se rendent à terre dans un canot. Ils demandent audience, des cadeaux pleins les bras. Le roi les reçoit, les écoute, apprécie leurs manières courtoises, accepte leurs présents et les autorise à s'installer. Le plan se déroule, conforme à leurs espoirs et la journée est bien avancée lorsqu'ils regagnent le navire. Tristan décide alors d'aborder sans attendre, mais, en raison de l'heure tardive, de remettre le déballage de leurs denrées au lendemain.

La nuit passe. Cependant, aux premières heures du matin, un événement inattendu bouleverse leurs prévisions. Gouvernal en est le premier témoin. Il alerte Tristan et les autres chevaliers.

— Regardez ! leur dit-il en désignant le ciel au-dessus de la ville.

D'étranges lueurs teintent les nuées de pourpre et d'orangé. Elles brillent avec éclat, s'affaiblissent, puis redoublent d'intensité.

— Un incendie ! s'exclame l'un d'eux. La ville flambe !

Des grésillements leur parviennent, un souffle accompagné de craquements, une plainte lointaine et rauque.

— Écoutez !... On dirait que le feu parle.

En effet, on perçoit une modulation qui s'étire à l'infini, comme une plainte.

— Qu'est-ce que c'est ? demande un matelot apeuré.

La voix s'élève à nouveau, caverneuse et profonde. La terre en capte les échos, les reprend, les propage et la ville en frémit.

À l'horizon, les lueurs flamboient, violentes, et le grognement s'accompagne de coups lourds.

— Non, il ne peut pas s'agir d'un incendie !

— Alors quoi ?

Des cris apportent la réponse. Ils proviennent de la ville et se rapprochent, de plus en plus nombreux. On sent l'épouvante, la terreur. Des hommes apparaissent. Ils courent, éperdus. Des femmes entraînent leurs enfants. La ville se vide, fuit vers la mer et les premiers arrivés pénètrent dans les flots.

Au cœur des hurlements, un mot est repris sur tous les tons. Il entretient la panique et l'effroi.

— Le dragon revient ! Pitié... Le dragon !...

Tristan quitte son bord aussitôt et court au-devant des malheureux.

— Délivrez-nous du dragon...

Désemparés, les gens le supplient comme s'il venait pour les sauver. Il est étranger, il n'a rien à redouter. Ils se confient à lui, racontent leur malheur depuis que la bête les harcèle.

— Mon mari était à ses côtés... Il s'est consumé comme une torche de bruyère...

— Et moi, l'aîné de mes enfants... des jours de convulsions. Il étouffait... ses poumons en feu d'avoir seulement respiré l'air brûlant.

Tristan les écoute et leurs témoignages lui révèlent les habitudes du monstre et sa manière d'attaquer.

Il arrive avec l'aube, toujours à l'improviste. Aucun signe avant-coureur. La terre où il dort entre deux incursions s'ouvre dans un bâillement et aussitôt il est là, menaçant. Il brûle, il dévaste, il désespère, puis, sans que l'on sache pourquoi, la terre s'écarte à nouveau pour le recevoir et il se glisse en elle vers les profondeurs du monde.

— Les vieilles mémoires sont réveillées ! s'écrie un homme. Quand notre Morholt était vivant, les dragons n'osaient pas s'en prendre à l'Irlande.

— Il savait les intimider, alors que nos chevaliers fuient !

— Tous volontaires pour la récompense, mais trop poltrons pour affronter le monstre !

— Quelle récompense ? demande Tristan.

— Le plus précieux des joyaux du roi : sa fille ! Il l'a offerte à qui nettoierait le pays de cette plaie. Avec la moitié de son royaume pour faire bon poids ! Aucun résultat ! Morholt était notre dernier preux et la bête s'en donne à cœur joie !

Mais Tristan, déjà, n'écoute plus. Ce dragon est une aubaine. Il songe. Le beau visage d'Iseut se reflète dans ses yeux, sa peau de porcelaine, sa fraîcheur de jasmin. Il est venu l'enlever comme un bandit de grand chemin, un maraud. Grâce au serpent, il va la conquérir en héros !

Il plante là l'Irlandais nostalgique et se précipite à sa nef.

— Gouvernal ! Mon haubert, ma lance, mon épée ! Vite ! s'écrie-t-il.

Tout le monde a compris. Après avoir sauvé la Cornouailles d'un géant, Tristan va libérer l'Irlande d'un dragon ! Chacun, écuyer, chevalier, offre son concours pour le vêtir, l'équiper, harnacher son destrier, le débarquer.

À ses compagnons qui l'entourent, il dévoile ses intentions.

— La providence nous tend la main ! Je vais gagner la princesse dans l'honneur. Attendez-moi ici, ne tentez rien. Une fois le calme revenu, si je tarde, comportez-vous en simples marchands comme nous en étions convenus. Ne laissez rien filtrer de notre mission et, si vous apprenez que la bête a eu raison de moi, rentrez à Tintagel narrer mon échec au roi.

Par-dessus son haubert, Tristan a revêtu la cotte de son adoubement, en soie de Biterne bleue, ornée des deux lions dorés.

— Vous m'aiderez à vaincre la barbarie, dit-il en posant la main sur l'effigie.

À terre, Gouvernal l'attend. Il a harnaché en hâte le premier cheval venu, qu'il tient par le frein. Il aide son chevalier à monter, lui tend une lance solide, à pointe d'acier, et son écu frappé de son blason. Le vieux maître dissimule son émotion.

— Que la phalange de saint Georges fasse flamboyer ton épée, jeune seigneur ! s'écrie-t-il avec ferveur.

Tristan acquiesce de la tête, serre son poing sur le pommeau reliquaire et s'éloigne au petit galop, à rebours des fuyards, en direction du malheur. En chemin, il croise des chevaliers, trop pressés de se mettre à l'abri pour lui parler. Qu'importe ! Il sait où il va et il poursuit sa route.

Il atteint bientôt une lisière opaque. Brouillard ou vapeur ? Il y pénètre avec prudence. Une forte odeur de soufre et de venin s'en dégage, brûle ses yeux, irrite sa gorge. La créature a ouvert les portes de l'enfer et le mal se déverse sur la terre, à gros bouillons de feu et de poison.

Soudain, un vent se lève, la brume tourbillonne, comme aspirée, se défait et, dans l'air qui s'éclaircit, Tristan voit apparaître une silhouette terrifiante et tranquille : la bête ! C'est un cauchemar vivant, un monstre des premiers âges, vêtu de corne et de silex. Le fils de Léviathan[1].

1. Monstre biblique qui habitait le chaos primordial, avant d'être dompté par Dieu lorsqu'il créa l'univers.

Dressé devant Tristan, il le regarde. Sa tête ondule doucement. Sa crête de feu s'ouvre, déploie sa monstrueuse beauté, et des éclairs grésillent à la surface de son corps immense qui se mélange avec les prés, les forêts, les chemins. Toute la contrée s'éclaire, électrisée à perte de vue par le flux vital du monstre. Il semble s'amuser de son effet et savoure à l'avance son festin.

— Nous voici de nouveau face à face, chevalier ! lui dit-il.

Qui parle ?

Le destrier, effaré, se cabre en hennissant et Tristan reconnaît cette voix qui fait tomber la nuit. C'est celle de Morholt. Morholt dont l'esprit règne en maître sur le dragon.

— Je t'ai tué, géant, hurle Tristan pour se défaire de son emprise. Mon épée a fendu ton crâne comme une noix !

Le dragon ouvre la gueule, rit et sa tête disparaît derrière un crachin bouillant.

— Je suis la Mort, chevalier ! En me tuant, tu m'as rendu à la vraie vie.

— Ne crois pas que ton fantôme m'impressionne, Morholt ! s'écrie Tristan.

À ces mots, il éperonne violemment son cheval et l'élance au grand galop. Ramassé derrière son écu, il darde son épieu et vise le cou du monstre où la cuirasse paraît moins résistante.

Le dragon regarde s'approcher ce prétentieux humain. Il arme son souffle pour l'anéantir, aspire toutes ses forces de vie disséminées à travers le pays et, d'un coup, la terre dépérit, l'herbe fane, les arbres perdent leur feuillage. Son ventre est énorme, tout gonflé de puissance.

Tristan, qui le voit s'apprêter, se prépare et, au moment où le monstre crache la mort, il saute de son cheval pour se réfugier derrière un rocher. L'ouragan de feu fuse au-dessus de lui en hurlant. Son abri de pierre brûle, mais résiste. Le sol se consume et le venin l'imprègne de sa pestilence.

Tristan, raidi par la colère, attend. Quand la fournaise s'éteint, il bondit épieu en avant, hors de son refuge, et, d'un coup violent, cloue les mâchoires du dragon en lui faisant sauter les dents.

Pris au dépourvu, le monstre soubresaute et gémit. Sa queue fouette dans le vide, cherche à balayer son assaillant. Mais Tristan tire son épée et la plonge jusqu'à la garde dans son cœur.

La bête vacille en gémissant. Elle meurt et, à travers son râle d'agonie, Morholt lance une ultime provocation.

— Tu m'as tué pour la seconde fois, chevalier... Toujours vainqueur... Vaillant guerrier...

Le grand serpent s'écroule. Seuls ses yeux ouverts demeurent vivants et la voix de Morholt se glisse dans son dernier soupir.

— Je suis le maître des combats, ironise-t-il et je les mène comme il me plaît. J'ai hâte de te voir à l'œuvre dans tes batailles à venir... Pense bien à Morholt, quand tu lutteras.... Ne l'oublie pas.

Fou de rage, Tristan arrache son épieu qui muselle le dragon, ouvre sa gueule et lui tranche la langue, encore toute écumante de feu.

— Cesseras-tu de cracher ton venin puant ? gronde-t-il, couché sur le reptile. Si je ne puis te tuer, je puis t'empêcher de baver ! Ta langue mal famée, désormais, cessera de médire et de souiller.

Les yeux du serpent se ferment et son corps, aussitôt, noircit.

Exténué, Tristan se relève et dissimule la langue dans son cuissard. Il est essoufflé et, à mesure que sa fureur s'apaise, son corps, anesthésié par la tension de la lutte, se réveille et tremble. Il découvre que l'horrible feu ne l'a pas épargné. Ses mains sortent boursouflées des gantelets de mailles, sa cotte est calcinée et son haubert, bleui comme s'il venait de passer à la forge. Il défait son heaume brûlant et le laisse choir dans l'herbe calcinée. Il cherche la fraîcheur, mais l'air demeure tiède et fétide. Tristan s'éloigne en titubant. Est-il encore vivant, sur la terre des hommes, ou erre-t-il à travers les steppes désolées de l'enfer ?

Il s'écroule dans un vallon voisin, au bord d'un ruisseau qui alimente un lac, tout brumeux de lumière, bordé par un ourlet d'ajoncs éclatants. Il boit quelques gorgées d'eau pure, mais le feu dans ses membres semble attisé par la boisson. Il s'abandonne, sans forces sur le gazon, et sombre dans l'inconscience.

Pendant ce temps, un homme est arrivé sur les lieux du combat. Il a vu Tristan déterminé, aller à la rencontre du dragon. Il l'a suivi à distance, en se dissimulant. Il découvre la dépouille de la bête, la ruine et la désolation ...

— Aucune trace du vainqueur, se réjouit-il après avoir exploré le vallon. Il n'a pas pu survivre !

Personne en vue ! Il saute de son destrier, dégaine

son épée, tranche la tête du serpent crêté, la suspend à l'arçon de sa selle et quitte les lieux au galop, vers le palais du roi, pour lui remettre son trophée et exiger la récompense...

19

FACE À FACE

— Non ! s'écrie Iseut. C'est un mensonge !

Brangien, sa dame de compagnie, vient de lui annoncer la nouvelle. Tout Dublin est en liesse. On s'embrasse, on danse dans les rues, on crie le nom du vainqueur, on raconte son combat...

— Je n'en crois rien ! Le sénéchal est trop lâche. Il va sans cesse le front bas, le regard de côté. Comment aurait-il pu affronter le monstre, les yeux dans les yeux ? Il ne peut l'avoir vaincu.

— Mais il est là, ma dame, avec la tête encore toute dégoûtante d'humeurs. Il réclame que le roi tienne sa promesse. Il vous réclame...

— Si mon père s'obstine à me donner à lui, je me tuerai !

— Nous n'en sommes pas encore à cette extrémité, intervient la reine. Gagnons du temps, plutôt. Brangien, fais dire que la princesse est souffrante et qu'elle ne peut se déplacer. Quant à nous, Iseut, transportons-nous sur les lieux du combat et essayons de voir avec nos yeux.

Accompagnées d'une escorte réduite, elles quittent le château par une porte dérobée qui donne sur le verger et, de là, atteignent rapidement le faubourg de la ville et les champs. L'enthousiasme est si grand que nul ne les remarque.

Elles se laissent guider par l'odeur du venin qui flotte encore dans l'air et découvrent facilement les restes de la bête qui déjà se défont.

Des fumerolles çà et là, au goût de soufre, des chicots noirs qui ont été des arbres, la carcasse carbonisée d'un cheval, sa selle racornie...

— La guerre provoque moins de ravages, constate la reine avec tristesse. Ici, c'est l'enfer qui a frappé. Comment notre sénéchal a-t-il pu en sortir aussi fringant ?

Devant les restes du dragon, Iseut examine deux objets, presque intacts, comme s'ils avaient peu subi le feu : un écu et un épieu.

Sur le bouclier, on distingue encore le contour du blason qui l'ornait.

— Depuis quand ce poltron se prend-il pour un lion ? persifle la princesse. Regardez, mère, cet écu n'appartient pas au sénéchal. Et cet épieu ? Les nôtres sont de facture différente. Son fer n'a pas été forgé par des mains irlandaises !

— C'est juste ! approuve la reine. Nous savions déjà que le sénéchal était un imposteur, nous en avons maintenant la conviction. Mais il nous manque une preuve irréfutable, car je crains que ces indices ne soient insuffisants.

Iseut contemple le vallon dévasté et pense.

— Mère, dit-elle en raisonnant, si le vainqueur est vivant, c'est folie de le chercher ici. Il a dû s'éloigner. Et, sans cheval, à pied... peut-être blessé... il n'a pas pu aller bien loin.

Elles quittent le vallon du désastre et découvrent Tristan, peu après, gisant dans le gazon épais, la nuque rafraîchie par le ruisseau qui murmure. Les deux femmes sont saisies. Il porte sur le corps les traces de son âpre combat. Son haubert est croûté de suie, sa face est gonflée, ses lèvres tuméfiées se crevassent.

La reine connaît ces symptômes. Elle se penche sur lui, le palpe. Il est brûlant, son souffle est saccadé et son pouls faible.

— Poison ! déclare-t-elle. Le sceau du dragon.

Elle tire une fiole de son aumônière, en verse le contenu entre les lèvres du blessé et demeure accroupie à côté de lui, attentive aux premiers effets de la drogue.

Ils sont rapides. La respiration s'apaise bientôt et Tristan ne tarde pas à soulever les paupières. À travers sa brume de souffrance, il entrevoit deux silhouettes penchées sur lui. Il sent une douceur. Deux femmes. Il sourit.

— Il est robuste, dit la reine. Il réagit avec vigueur. Ne restons plus ici.

Elle fait signe aux hommes de son escorte pour qu'ils chargent Tristan sur l'un de leurs chevaux et tous rentrent au château, sans plus éveiller l'intérêt au retour qu'à l'aller.

Lorsqu'ils arrivent, l'œdème de la face a beaucoup désenflé. L'antidote a puissamment agi et Tristan se trouve hors de danger. Mais il reste les plaies, les brûlures.

On l'allonge sur une couche. Avec une infinie prudence, des valets, obéissant aux consignes de la reine, défont son lourd haubert puis, en retirant ses chausses de mailles, découvrent dans le cuissard où elle était dissimulée, la langue, noire et déjà froide.

En la voyant, Iseut s'écrie.

— Mère, regardez, voici la preuve qui nous manquait !

Puis, aussitôt, elle saisit la portée de ses paroles et se tait.

Ce farouche tueur de dragon, c'est à lui, selon l'engagement de son père, qu'elle est promise. Elle est pourpre de confusion.

La reine, amusée, regarde sa fille et sourit.

— Rassure-toi, lui dit-elle. Nous allons le remettre sur pied.

Elle dépose la langue dans un linge et l'examine.

— C'est elle qui a causé l'empoisonnement. Le venin qu'elle contenait a pénétré dans la jambe et s'est diffusé dans le sang. Il n'y a plus rien à craindre de ce côté.

Tristan les entend converser. Il ouvre les yeux, parfaitement conscient, et découvre qui s'affaire à son chevet : Iseut la Belle, Iseut la Blonde...

— Tu t'es tout barbouillé la face ! plaisante la première.

— Mais nous allons vous la rendre telle qu'avant le baiser du dragon, poursuit la seconde sur le même ton.

Puis elles le quittent pour préparer lotions, bains, baumes, onguents, qu'elles reviennent appliquer avec une rigueur et une légèreté que Tristan n'a pas oubliées.

Sauvé de la mort à deux reprises par les mêmes mains savantes, il s'abandonne avec délices aux soins, malgré la douleur de ses chairs qui se refont.

« J'ai fui ces êtres avec ingratitude, songe-t-il. Je les retrouve comme si je n'étais pas parti. Et la même cause, par deux fois, m'impose cette rencontre : le poison... »

Ses pensées vagabondent. Elles vont à leur gré et l'entraînent comme un prisonnier garrotté.

« Le poison et... Morholt. Morholt géant, Morholt dragon... C'est lui qui m'a guidé. S'il m'a raillé avant de mourir, savait-il où il me conduisait ?... Que m'a-t-il caché que j'ignore encore ?... »

Étourdi, Tristan soupire de lassitude et s'endort.

Les jours passent. Il retrouve peu à peu ses traits, bien que leur finesse en soit encore altérée. Il se lève, marche, mange avec appétit, reconstitue ses forces, mais ses deux gardiennes refusent qu'il se montre et le tiennent au secret.

— C'est étrange, remarque la reine, vous ressemblez à un Breton, joueur de harpe, qui nous avait enchanté naguère. Il est apparu un jour, apporté par la mer, puis il a disparu.

— Il se nommait Tantris, ajoute Iseut la Blonde. Quand sa harpe chantait, les anciens dieux d'Irlande se penchaient à leur balcon des cieux pour l'écouter. Leur joie écartait les nuées. Ils se remémoraient le passé et, parfois, leurs pleurs de nostalgie nous apportaient une apaisante pluie.

La voix d'Iseut trahit son émotion. La harpe vibre encore dans son cœur et Tristan capte ce frisson.

— Je ne suis pas surpris, répond-il avec assurance. Un vieux barde qui m'a beaucoup appris m'a expliqué une vérité surprenante. Selon lui, malgré les différences qui font de nous des êtres uniques, nous avons tous, de par le monde, un jumeau identique que nous avons perdu. Et voyez, damoiselle, à quel point le hasard est troublant. Il s'appelait Tantris, avez-vous dit, était musicien et venait de Bretagne. Moi, je me nomme Tristan et je suis marchand, né en Flandre. À n'en pas douter, c'est mon jumeau que vous avez rencontré. Moi, en quelque sorte, en un autre vivant...

Les deux femmes écoutent, troublées par cette révélation, d'autant plus que la voix de Tristan lève en elles les mêmes échos que la harpe de Tantris.

Hélas, pendant qu'il parachève son retour à la vie, le danger menace. Le sénéchal, impatient, revendique ses droits, menace, ulcéré qu'on le fasse attendre et répète à qui veut l'entendre que si les promesses ne sont plus tenues en Irlande, le royaume sera bientôt en proie à l'anarchie.

Le roi connaît les réticences de sa fille à épouser le sénéchal, mais il est roi, l'exemple de son peuple, et il ne peut esquiver ses devoirs. Il a donc convoqué les comtes et les marquis à son conseil, pour disputer de cette querelle et la trancher. Les deux parties seront présentes : le héros et la promise.

— Nous n'allons pas laisser le champ libre à ce félon, contre-attaque la reine. Noble Tristan, vous assisterez au conseil, à nos côtés. Il faut ridiculiser le sénéchal et l'empêcher de nuire à jamais.

« Félon contre félon, songe Tristan avec amertume, lequel préféreront-elles, quand elles sauront la vérité ? »

Puis il rassure Iseut la Belle qui le voit hésiter.

— Sans doute, gente reine, nous allons lui porter un tel coup qu'il ne s'en relèvera pas. Mais je souhaiterais d'abord que vous fassiez quérir mon écuyer. Lorsque je me suis mis en quête de la bête, je l'ai laissé sur ma nef, en compagnie de marchands avec qui je voyageais. Tous doivent s'inquiéter de ma disparition. Je veux les tranquilliser.

La reine envoie un domestique au port et Gouvernal retrouve bientôt Tristan.

— Dieu soit loué, tu es vivant ! s'écrie le vieux maître en retrouvant son garçon.

— Oui, bon Gouvernal, mais pour combien de temps ? J'ai tué le dragon et gagné la princesse, mais rien n'est encore joué. Le sénéchal du roi s'attribue la victoire, mais ce n'est pas lui que je crains, c'est l'esprit de Morholt. Il demeure, il pèse sur moi, sur le débat qui se prépare... C'est pourquoi je veux sentir mes pairs cornouaillais à mes côtés, prêts à me prêter main-forte.

Voici donc ce que vous ferez. Revêtez vos plus beaux vêtements : hermine, petit-gris[1], velours, zibeline, soie... et venez assister à l'audience du conseil. Ne dites rien. Contentez-vous d'être attentifs aux débats. J'ignore quel vent soufflera sur eux, mais je saurai que vous êtes là !

Gouvernal rentre au navire, informe les chevaliers et,

1. Fourrure d'écureuil.

le jour du conseil, ils s'y rendent en rangs serrés. Ils sont si élégants, leurs costumes si riches que, du port jusqu'au château, on s'arrête de parler pour les regarder passer. Lorsqu'ils se présentent à la salle, on les laisse s'installer avec les égards réservés aux ambassadeurs étrangers.

Les grands du royaume sont déjà présents, puis la reine fait son entrée, en soulevant les murmures d'admiration que suscitent toujours ses apparitions. Elle est accompagnée de la princesse et d'un jeune homme inconnu, dont la ressemblance avec Tantris le harpeur excite les curiosités.

Le roi arrive enfin et ouvre la séance.

Le sénéchal attaque aussitôt, arrogant et brutal. Il a apporté la tête avec lui, dans un sac. Il la sort, soulevant une clameur de répulsion, et la dépose devant le roi.

— Nul besoin de palabrer pendant des jours ! s'exclame-t-il. Ce témoin parle pour moi et il suffit d'entendre son discours. « Celui-ci m'a combattu. Il m'a tué et, une fois mon feu éteint, c'est son épée qui m'a raccourci ! » Voilà ce qu'il dit !... Sire, vous avez proclamé un ban généreux et tous les preux du royaume ont concouru pour remporter le prix. Ils ont tous échoué. Moi seul ai vaincu et...

— Avec une telle aisance que j'ai peine à te croire, sénéchal ! l'interrompt Iseut la Blonde.

Elle s'est dressée. Dans sa robe de soie brodée, elle ressemble à un rai de soleil et sa voix sûre tranche comme un acier.

— Ta conquête, en effet, ne t'a guère coûté et tu te montres bien discret sur ton combat. Le monstre s'est-il couché sur le dos en te voyant ? T'a-t-il offert lui-même son cou ? T'a-t-il supplié de l'épargner ? Au contraire, s'il a lutté, comment t'es-tu protégé de son feu ? Possèdes-tu un baume secret dont tu as enduit ta face et tes armes ? J'aimerais fort que tu me narres ton exploit, afin de comprendre comment tu as réussi, là où tant d'autres ont échoué avant toi, pourtant bien plus hardis.

— C'est le dépit qui te fait railler, princesse. Tu seras mon épouse, que tu le veuilles ou non et, comme tu ne peux plus te dérober, tu insultes, tu persifles. Tu m'as toujours méprisé et moi, toujours aimée. Voilà la vérité !

— Puisque tu en appelles à la vérité, justement, laissons-la donc entrer. On murmure dans le palais que tu es un menteur. Qu'un autre que toi aurait tué le dragon et que tu t'attribues indûment sa victoire.

— Alors qu'il se montre ce généreux vainqueur ! vitupère le sénéchal. Pourquoi ne s'est-il pas encore fait connaître ? Il hésite sur la qualité du prix ? Tu n'es pas assez bonne pour lui ? La moitié du royaume ne l'intéresse pas ? C'est un fou sans doute, ou un repu de la vie !

Il se rengorge, fier de son objection qui suscite des rires et des exclamations.

— À moins qu'il n'ait été blessé, répond sèchement Iseut. Ou tué ! Ce qui expliquerait son silence. On dit aussi que tu n'as eu aucune peine à massacrer la bête, car elle était déjà morte quand tu l'as découverte !

À l'évidence, la princesse en sait plus qu'elle n'en dit et le sénéchal, prudent, infléchit sa tactique. Croyant avoir gagné la sympathie des grands du royaume, il s'offusque, simule l'honneur blessé.

— Que celui qui soutient de pareilles infamies

vienne les défendre devant moi, les armes à la main, s'insurge-t-il. Et, s'il est épris de vérité, qu'un duel entre nous la fasse éclater.

À la porte, un valet, présent depuis l'ouverture de la séance, n'attend qu'un signe de la reine pour intervenir et exhiber la langue. Mais il n'est plus question, dorénavant, d'arguments ni de preuves ! Un mot sacré vient d'être lancé par un tricheur : duel ! Une insulte qui exige réparation !

Tristan prend le relais de la princesse et sort de sa réserve.

— J'accepte ce défi ! s'exclame-t-il en se levant.

Sa voix a tonné et le sénéchal a vacillé sous la surprise. L'assistance se tait. Les chevaliers cornouaillais, sur le qui-vive, se tiennent prêts à intervenir.

— Tu mens, sénéchal, poursuit Tristan. Et après avoir terrassé le dragon, il me sera aisé de terrasser ton mensonge.

Puis, tranquillement, il défait son gant et le remet au roi. Le sénéchal, pris à son propre jeu, est obligé d'en faire autant.

Le roi accepte les engagements et définit les règles du combat.

— Sénéchal, tous tes biens serviront de caution. Si tu te dérobes, ils te seront confisqués. Quant à toi, marchand, quel gage peux-tu nous apporter ?

Les vingt Cornouaillais répondent en se levant comme un seul.

— Voici mes compagnons, sire. Ils s'offrent comme otages. J'y ajoute ma nef, amarrée dans le port, avec les marchandises dont nous voulions faire commerce. Est-ce assez pour cautionner ma parole ?

Le roi accepte et fixe le duel à huitaine. Pourtant, il conserve un doute sur l'authenticité des débats. Il craint une machination orchestrée par la reine, pour déconsidérer son sénéchal qu'elle n'a jamais apprécié. Qui est ce Flamand ? Comment connaît-il son épouse et depuis quand ? Sa ressemblance avec Tantris ajoute encore aux soupçons, sans compter que la belle Iseut est experte en soins et en magie...

— Puisqu'un champion défend votre cause, madame, je le confie à votre garde, dit-il à la reine. Ayez bien soin de lui, car si pour une raison ou pour une autre, il se dérobe à son engagement, vous m'en répondrez de votre vie.

Sur ces mots, il lève la séance et quitte la salle du conseil.

20

TANTRIS ET TRISTAN

Le roi s'est à peine retiré que le coup de théâtre alimente toutes les conversations de la cour puis, du château, colporté par les servantes et les valets, gagne la ville et se répand par les rues et les venelles.

On soupèse les chances de l'un, réputé pour sa félonie et sa ruse ; de l'autre, totalement inconnu. Qui est-il ce mystérieux Flamand ? Certains se rappellent l'avoir croisé sur le port, le matin de la dernière sortie du dragon. D'autres l'ont vu, tout armé, se diriger vers le danger, quand la panique régnait. Curieux marchand !

— Face à ce tueur de serpent, le sénéchal n'est pas de taille !

— Méfiance ! Il a plus d'un tour dans son sac. La partie n'est pas jouée !...

Pendant ce temps, loin du tumulte, Tristan, sous la garde de ses protectrices, achève sa convalescence.

En tout, il est supérieur à son adversaire : force, bravoure, habileté à l'épée – son corps sculpté le prouve. Mais le sénéchal est capable de toutes les bassesses. Il ne reculera devant rien pour s'approprier la princesse et la moitié de l'Irlande.

L'amour n'est pas indispensable au mariage. Iseut le sait, comme toutes les filles de roi. Mais elle sait aussi que, si elle doit convoler par obéissance, c'est au gentil Flamand que va sa préférence. Les heures de veille, la lutte contre le mal, l'attention dont elle l'a entouré... C'est une part de sa vie, une poignée d'étincelles qu'elle a semées en lui. Et sa ressemblance avec Tantris, obsédante, fait planer sur eux le chant de la harpe à la voix de rosée.

Le duel se rapproche et l'anxiété de la princesse grandit. Souvent, à l'occasion des soins, elle observe Tristan à la dérobée. Elle cherche dans sa noblesse une réponse à ses craintes. Elle prie pour que Dieu fasse éclater la vérité.

— Faites que Tristan soit vainqueur.

Un jour, elle entre dans la chambre, discrète, comme à son habitude. Elle apporte des essences de rose, de camomille et de souci, pour un bain qui doit parfaire la guérison des brûlures. Tristan est déjà dans l'eau, dispos, assoupi. Il ne l'entend pas arriver et elle, pour ne pas troubler sa quiétude, se fait plus légère.

Elle dépose ses flacons à côté d'un coffre où se trouvent les vêtements du jeune homme avec son baudrier. L'épée merveilleuse qui a pourfendu le dragon et libéré l'Irlande est là... Le désir prend Iseut de la toucher, comme s'il s'agissait d'une arme sacrée. Elle s'approche, serre le pommeau, pose la main sur la poignée gainée de cuir, sent l'empreinte des doigts de Tristan puis, curieuse d'admirer la lame, la tire du fourreau, sans bruit, pour ne pas éveiller l'attention.

Le plat est ouvragé de cannelures élégantes et l'acier, robuste, est encore maculé par le sang noir du dragon.

« Ce n'est pas une épée de paisible marchand, songe-t-elle en la dégainant. C'est une arme de guerrier, forgée pour batailler et pour tuer. »

C'est alors qu'elle remarque le tranchant ébréché. La vue de l'entaille l'impressionne. Elle imagine la violence du choc. La mort s'est arrêtée là et la lame est blessée. Iseut sent qu'une douleur y demeure attachée, un drame irréparable, mais elle ne parvient pas à rengainer l'épée. Elle devrait, mais la plaie de l'acier retient son attention, l'appelle... Un malaise l'envahit, elle ne sait pas pourquoi et, soudain, tout s'éclaire et se brouille à la fois. C'est l'encoche ! Sa forme... Elle se précipite au coffret de sa mère, l'ouvre, saisit en tressaillant le fragment prélevé dans le crâne de son oncle et revient le comparer à la brèche de l'épée.

Iseut est stupéfaite ! Ils s'ajustent, comme tenon et mortaise ! La princesse ne croit pas ce qu'elle voit. Elle tient, dans ses propres mains, l'arme odieuse qui a tué le grand Morholt. Elle voudrait la jeter comme un objet répugnant, mais elle la serre de toutes ses forces, la brandit. La colère monte en elle, l'horreur, la haine, une envie de violence inconnue, et elle se précipite en hurlant, vers le meurtrier qui se prélasse dans le bain qu'elle a elle-même préparé !

— Assassin !

Tristan sort de sa torpeur et voit Iseut la Blonde effarée. Il comprend qu'elle sait et, sans esquisser un geste pour se mettre à couvert, il s'agenouille dans l'eau, les mains au bord du bassin et s'apprête à recevoir le coup.

— Assassin ! répète Iseut en sanglotant de rage.

Immobilisée, l'épée haute, elle ne parvient pas à frapper.

— Ma vie vous appartient, damoiselle. Reprenez-la sans crainte, l'encourage Tristan. Je ne vous blâmerai pas. Au contraire, soyez bénie, vous me rendez la paix.

Tristan parle et l'esprit de vengeance qui écoute s'apaise.

— Oui, c'est moi qui ai tué Morholt ! Oui, c'est moi que vous avez arraché de la mort. Je suis venu à vous caché sous le masque de Tantris. J'ai eu peur et je vous ai menti. Punissez-moi. Je ne mérite ni indulgence ni pitié.

Tristan lève la tête vers Iseut. Elle tremble, elle hésite, et il poursuit, en fermant les yeux.

— Pourtant, pensez à vous et différez mon exécution de quelques jours. Je ne tenterai rien pour vous échapper. Mais souvenez-vous que je suis votre otage et celui de la reine. En me tuant, vous tuez votre mère et vous vous offrez au sénéchal. Laissez-moi d'abord vous sauver toutes deux, comme vous m'avez sauvé.

La voix de Tristan est profonde. Elle atteint Iseut, brouille ses pensées.

« Repentir sincère ou habileté ? » se demande la jeune fille.

Tant de murmures en elle, tant de rumeurs qui se mêlent, tant de cris... Morholt qui l'exhorte à son devoir de haine, le sénéchal qui guette, attend son jour de triomphe, la fourberie de Tantris et, par-delà cette méfiance, la transparence de la harpe qui ne peut pas mentir...

« Aurai-je encore assez de fureur en moi, demain, pour le tuer ? » soupire Iseut en abaissant la lame.

Dans le bassin, Tristan s'est redressé. Il est debout, vêtu de sa camisole trempée qui lui colle à la peau. Iseut le regarde et sa colère décroît.

« Obéir à l'honneur sur-le-champ me pousse dans les bras du sénéchal. Que faire ? Choisir la vengeance et sacrifier ma vie, ou bien... »

Elle n'ose se l'avouer, mais son choix est déjà fait. Il fredonne en elle, étouffe le glas lugubre qui appelle aux représailles, mais elle refuse de l'écouter, honteuse de préférer la vie.

À cet instant, la reine, attirée par les cris, entre dans ses appartements. Elle découvre sa fille, livide, une épée à la main et, devant elle, Tristan, dans son bain, encore dégoulinant. Elle n'a pas le temps de s'étonner que la princesse lui lance d'un trait, attisant le feu qui commençait à s'éteindre :

— Tristan n'est pas le jumeau de Tantris, mère, mais son second visage. Et voici son épée qui a vaincu le dragon, ébréchée d'avoir abattu votre frère en premier.

Tristan enjambe le bassin pour mieux se livrer et la reine, interloquée, hésite un instant entre rire de ce meurtrier à demi nu et profiter de sa faiblesse pour l'écraser.

— Toi ! s'exclame-t-elle simplement.

Incrédule, déçue, elle s'approche de sa fille, saisit

l'arme, observe longuement l'entaille qui dit la mort terrible et se laisse tordre soudain par sa rancœur.

— Et maintenant, chevalier, s'écrie-t-elle avec une violence sourde, que dois-je faire ?

Elle pointe l'épée vers Tristan et le fixe d'un regard absent. Ses yeux sont des serres. Ils ont saisi leur proie. Un mot, une plainte, une objection et elle frappe, elle fend et abandonne la victime, tranchée, dans sa camisole sanglante. Sa véhémence est un brasier. Tristan la sent brûler. Il est pâle et ose à peine respirer.

— Dis-moi ! insiste-t-elle. Que dois-je faire ? J'attends.

Son souffle est rauque. Il creuse sa gorge et son ventre. Tristan continue de se taire et se prépare à mourir sans protester. Chacun est immobile, attend un haut signe qui parle et décide à la place des humains.

Dans le silence, la reine pense à son frère. Elle le revoit, gisant, à son retour de Cornouailles et ses imprécations lui reviennent à l'esprit : « Que l'assassin soit maudit... Qu'un puissant destin le saisisse... » Ses paroles ont été entendues. En effet, comment le meurtrier pourrait-il autrement se retrouver devant elle aujourd'hui, à la merci de sa propre épée ?

Iseut la Belle demeure figée, tournée vers elle-même, à l'écoute. Nulle voix ne lui conseille de lever la main sur Tristan. À deux reprises, pour le guérir, elle a sollicité les forces puissantes qui enchevêtrent les vies. Elles se sont mises à l'œuvre. La reine le comprend et décide de s'effacer, pour ne pas briser leur élan.

Elle abaisse la lame et prend une ample inspiration. La menace est passée et Tristan s'agenouille.

— Vous m'avez tout donné, généreuse reine. Vous pouvez tout reprendre.

— Crois-tu que je reprendrais ta vie, après t'avoir empêché de mourir ? répond Iseut la mère, d'une voix claire. Pourquoi te trouves-tu en ce château, en cette chambre ? Réfléchis ! Qui t'a conduit jusqu'à nous ? Le poison et encore le poison...

Elle va au coffre où se trouve le baudrier et rengaine l'épée. Tristan est ému. La reine s'interroge comme il s'est interrogé.

— Relève-toi, chevalier, lui dit-elle. Je n'ai pas le pouvoir de te juger. Seulement celui de dominer ma colère et ma haine. Seulement celui de pleurer...

Elle revient se camper devant lui.

— Seulement celui de pardonner !

Elle est lointaine, comme retirée. Elle tend la main et Tristan, au bord des pleurs, la saisit, la baise, puis se relève.

— Il faut maintenant que le roi sache qui tu es, poursuit-elle.

Elle le fait quérir. Le monarque arrive peu après.

— C'est lui qui a tué Morholt, commence-t-elle d'emblée. C'est lui que nous avons accueilli, ici, blessé à mort par mon propre poison... C'est lui que j'ai guéri... Il nous a charmé par la pureté de sa musique, en jouant du mensonge... C'est lui, bien lui, qui a libéré l'Irlande du fléau qui la brûlait. Nous l'avons découvert, tout boursouflé de fiel. Sans nos soins, il serait trépassé à cette heure...

La reine parle longuement et, parfois, le roi l'interrompt, réclame force détails et précisions qu'il écoute, appliqué à se former son opinion.

« La bravoure domine en ce chevalier, songe-t-il. Un preux, comme tous les rois en souhaitent à leur côté ! La lumière est vive en lui, même si elle n'écarte pas l'obscurité. »

Tristan se tait, acceptant par avance la sentence. Il est soulagé. Maintenant que le roi sait, il peut annuler le duel et condamner le meurtrier de Morholt comme ennemi de son royaume. La reine est sauvée, la princesse à l'abri et les otages hors de danger.

— Les brûlures qu'il porte sur le corps, poursuit Iseut la Belle, suffiraient à attester sa lutte contre le dragon. Mais il possède une autre preuve, irréfutable, que le sénéchal est un félon.

— Que ne l'a-t-il délivrée ? s'étonne le roi, sortant de sa réserve. Le duel n'était pas nécessaire. Pourquoi l'avoir accepté, chevalier ?

— Parce que le sénéchal l'a réclamé, sire ! Il injuriait. L'honneur était blessé et exigeait réparation.

Le roi approuve en hochant la tête. Il hésite. Il doit prendre une juste décision et ne rien laisser au hasard. Contre un guerrier de cette trempe, le sénéchal tombera au premier coup. Mais pour avoir tenté d'usurper la victoire d'un autre et sa renommée, la mort est-elle le meilleur châtiment ?

— Montre-moi cette preuve ! ordonne-t-il après réflexion.

Tristan va au coffre où la langue est cachée, défait le linge qui l'enveloppe et la présente au roi.

— Voici, seigneur. Je l'ai tranchée, encore chaude, dans la gueule du serpent.

Le roi l'examine, puis propose :

— Alors, fais-en usage pour confondre l'imposteur.

Le conseil est convoqué. Profites-en pour faire éclater ta vérité. Si tu y parviens, c'est devant toute l'Irlande représentée que tu recevras la récompense promise.

— J'ai mon idée, sire ! acquiesce Tristan en s'inclinant.

Pendant qu'ils parlent, Iseut la Blonde se tait. Les derniers mots de son père l'ont bouleversée. Elle se contient, ferme les yeux pour se dissimuler. Mais déjà sa harpe, dans son cœur, a commencé à jouer, si claire, si mélodieuse... Elle reconnaît la tonalité. Elle chante dans le mode d'amour et de plaisir.

Le roi se tourne maintenant vers son épouse.

— Vous avez perdu, ma dame, bien davantage que moi. Pourtant, vous avez su pardonner le meurtrier de votre frère. Comment pourrais-je continuer de le blâmer ?

21

LE SÉNÉCHAL DÉMASQUÉ

Au jour dit, les grands témoins du royaume sont présents autour du roi, de la reine, de la princesse, accompagnés de l'évêque de Dublin, de la cour et des otages de Tristan. La tête du dragon, plantée sur un pieu, assiste elle aussi, en bonne place, à l'audience.

Les deux adversaires sont équipés pour en découdre. Le sénéchal, coiffé d'un heaume de cuivre rouge, porte beau dans sa cotte de mailles entrelacées. Tristan est moins flambant. Il a revêtu son vieux haubert, forgé par l'haleine du dragon, et se présente tête nue, comme s'il ne craignait pas les coups. Le contraste entre eux est éloquent. D'un côté, un chevalier de parade. De l'autre, un homme d'action.

Le roi se lève. Il ouvre la séance solennelle en rappelant les termes de la controverse, son enjeu et, prenant l'évêque à témoin, appelle l'arbitrage de Dieu.

— Puisque la vérité ne peut éclater d'autre manière, conclut-il, que le duel s'engage et que le Tout-Puissant se prononce !

Dans l'assemblée se tiennent des chevaliers qui ont approché le dragon et qui ont fui devant lui. Ils doutent de la sincérité du sénéchal. Mais le duel qu'il a eu l'habileté de provoquer n'est pas un duel ordinaire. Dieu y est convié pour juger. Ses arrêts sont souvent imprévisibles et tous les retournements possibles. Chacun le sait.

C'est pourquoi, dès que le roi s'est tu, le sénéchal s'empresse d'attaquer et tire son épée.

— Holà ! gardez encore cette lame au chaud, chevalier, l'apostrophe Tristan. Il est trop tôt pour l'escrime !

Puis, se tournant vers les grands, dont certains s'étonnent de cette interruption, il déclare :

— Non, je ne refuse pas de me battre, nobles seigneurs. Seulement, avant de nous engager dans un chemin sans retour pour l'un d'entre nous, je veux m'assurer que nous avons bien exploré toutes les autres voies... Sire le roi, vous appelez l'avis du Très-Haut, mais il est un témoin que nous avons toujours omis d'interroger : celui-là !...

D'un geste, il désigne la tête, plantée sur son piquet.

Dans le public, quelques-uns sourient. Le sénéchal se méfie.

— Il sait pourtant, lui, mieux que quiconque, qui l'a abattu ! poursuit Tristan. Il était au premier rang de la joute. Posons-lui la question !

— Sire, empêchez-le ! proteste le sénéchal. Il se dérobe.

— Continue, chevalier, décide le roi. Si tu en as le pouvoir, fais-la parler. Nous écouterons ce qu'elle a à nous dire, avec impartialité !

Tristan se plante alors devant le pieu, nez à nez avec la bête.

— Dragon, tire-nous d'embarras, s'il te plaît, lui demande-t-il. Révèle, haut et fort, devant cette assemblée, lequel, de lui ou de moi, t'a fait passer de vie à trépas.

Silence ! Le dragon garde les yeux clos. Cette dispute ne le concerne plus.

— Il ne m'aime pas ! s'esclaffe Tristan en provoquant des rires. Sénéchal, tente ta chance ! Puisque tu l'as dompté, il t'obéira mieux qu'à moi.

— Par les dents Dieu, s'insurge la dupe. Je refuse de me prêter à cette mascarade ! Finissons-en !

— Oui, finissons-en ! Examinons sans tarder pourquoi ce silencieux s'obstine à se taire !

Tristan arrache alors la tête de son support, lui écarte les mâchoires et simule l'étonnement.

— Regardez ! s'exclame-t-il en promenant le trophée, gueule ouverte. Comment pourrait-il parler ? Il a perdu sa langue !

Les spectateurs sont médusés et Tristan, sans répit, harcèle le sénéchal.

— Où est la langue ? Réponds !...

L'autre bégaie, pitoyable. Tristan le bouscule.

— Allons, qu'en as-tu fait ?... Comme la tienne ? Avalée !...

Le menteur, démasqué, cherche à se dégager. Il tire

son épée, mais Tristan, qui le surveille, fouille dans son cuissard et dégaine en même temps que lui.

— Voici une autre lame ! lui dit-il en brandissant la langue toujours enveloppée. Veux-tu croiser ton fer avec elle ?

Et, sans laisser la moindre chance au sénéchal éberlué, il la découvre et l'exhibe à la vue de tous.

— Voilà, nobles sires, pourquoi le monstre est muet ! Il m'avait donné sa voix !

Une tempête a soufflé et les spectateurs se libèrent par des cris, des rires, des invectives, des quolibets. Si pimpant tout à l'heure, dans sa panoplie de chevalier, le sénéchal s'est flétri d'un coup.

Le roi s'amuse de l'habileté de Tristan. Il laisse le public rendre son verdict, puis il se lève afin de clore le débat et somme son officier.

— Explique-toi !

— J'avoue, marmonne l'imposteur d'une voix sourde.

— Tu avoues quoi ?

— J'avoue que le dragon était déjà mort quand je lui ai tranché la tête. J'avoue que je ne l'ai pas tué.

Le roi recueille ses aveux et le congédie.

— Je devrais, moi aussi, te caresser le col. Mais ma lame s'y refuse. Elle est trop fière !... Va t'en. Ne reparais jamais devant nous et demeure sur ta terre !

Le félon se retire et, dès qu'il est parti, le roi s'adresse à ses barons.

— J'avais fait un serment, nobles d'Irlande, et l'heure est venue de m'en acquitter devant vous. Ce tueur de dragon, qui n'est pas marchand Flamand mais chevalier cornouaillais, reçoit aujourd'hui, pour nous avoir libérés, ma fille bien-aimée et la moitié du royaume.

Les Irlandais approuvent par leurs acclamations, pendant que le roi fait approcher Iseut, émue, pour l'offrir à son vainqueur.

Alors, avant de recevoir sa récompense, Tristan prend la parole. Sa voix est grave. Elle hésite.

— Sire le roi, après avoir rétabli la vérité des faits, la loyauté me commande de lever un secret.

Plus rien ne bouge alors, plus personne ne chuchote. Le silence est lourd et le château se tait. Le roi, pris au dépourvu, regarde la reine qui semble aussi étonnée que lui.

— Vous ignorez les vraies raisons de ma présence sur votre terre d'Irlande, explique Tristan. J'ai traversé la mer, chargé d'une mission par mon oncle, le roi Marc de Cornouailles. Il est célibataire et on lui a tant vanté la beauté de la princesse Iseut, qu'il a décidé de l'épouser ou de rester seul à jamais.

À mesure qu'il parle le secret transparaît.

— C'est pourquoi, seigneur, mon oncle m'a envoyé auprès de vous, solliciter en son nom la main de votre fille. Cette union consacrera ainsi la paix entre vos deux royaumes.

Tristan se tait et soupire. Le combat qu'il vient de mener n'est pas des plus aisés. Il tremble un peu, voudrait connaître les pensées d'Iseut. Mais elle détourne la tête et paraît éviter son regard.

Le roi soupèse déjà les conséquences de la future alliance et voit que ses barons approuvent. Il mesure le dévouement de Tristan.

— Ce n'est donc pas pour ton compte, lui dit-il, que tu as exposé ta vie !

— Non, seigneur, mais pour celui de mon suzerain ! Et, avant de tuer votre dragon, je l'ai remercié de me fournir si élégante occasion d'accomplir mon devoir de vassal. Puisse mon acte vous assurer que la princesse sera toujours traitée chez nous avec noblesse et courtoisie.

— Vaillant chevalier ! s'exclame le roi. Au nom de l'Irlande, j'accepte ta proposition.

Il le prend aux épaules et le serre dans ses bras. Puis il interpelle l'évêque.

— Fais quérir les reliques, l'abbé ! Un tel engagement doit être prononcé sur les ossements des saints !

L'évêque s'en va et, quand il revient avec les restes du bienheureux Patrick, chevalier du Christ, preux de l'Église d'Irlande, Tristan jure, baisant les os sacrés, que son oncle, roi des Cornouaillais, épousera Iseut, la princesse chère au cœur des Irlandais.

Ainsi, le pacte entre les deux royaumes se trouve scellé devant le Dieu de majesté.

Tristan s'apprête à regagner la Cornouailles. Sa mission est achevée et il ramène à son oncle sa fiancée qu'il n'a pas simplement sollicitée, mais conquise. Sur sa nef, il attend qu'Iseut ait achevé préparatifs et adieux. Il regarde le port. Tout est propre, tout est franc. Des navires sont à l'ancre, d'autres à quai, des coracles[1] font la navette avec la terre, des hommes s'interpellent, plaisantent, déchargent des ballots, raccommodent des

1. Canots faits d'une armature de branches recouvertes de peaux ou de toiles imperméabilisées au bitume.

filets. Chacun suit son chemin tracé. Aucune embûche, aucun piège, et la clarté du ciel plaque sur les choses une lumière qui déglutit les ombres.

Tristan est en paix.

Au large, la mer, régulière, moissonne l'écume en l'attendant. Elle a toujours veillé sur lui. Par deux fois, elle l'a conduit en Irlande où il a guéri.

Il pense à ses deux longs séjours, vécus dans la dissimulation et le calcul. Par bonheur, le poison de son corps, dont il a cru mourir, l'a sauvé en lui révélant que son cœur aussi était contaminé. Et son âme a macéré longuement dans le mensonge, avant de cheminer jusqu'aux aveux. Par son pardon, la reine qui avait déjà blanchi son corps a purifié son cœur.

Et derrière la sœur, la silhouette du frère se profile. Morholt... Est-ce lui qui l'a sauvé ? Est-ce lui qui a fait tomber le masque de Tantris ?... Qu'importe la réponse ! Aujourd'hui, Tristan a retrouvé son nom. Il est guéri.

Il lève la tête au ciel. Il cherche un témoin à sa joie. Il hurle à pleine voix :

— Tantris est mort !

Mais les goélands capturent son cri en ricanant...

Pendant ce temps, au château, la reine Iseut dirige les préparatifs de départ. La garde-robe de sa fille, mais aussi les herbes, les racines, les graines, les huiles, les essences, et les grimoires, et les instruments pour préparer les remèdes.

La mère a légué son nom à sa fille. Elle lui a légué aussi son art. La souche se poursuit dans le rejet.

Elle aime son époux, le roi d'Irlande. Elle sait ce que

l'amour sème de folie dans les êtres et fait naître de force. La force est la folie dépassée et conquise. Elle souhaite attirance et désir entre sa fille et son futur mari. C'est pourquoi elle leur a préparé un vin aux herbes qu'elle a mis toute sa science à concevoir. Ce philtre d'amour favorisera l'ardeur entre eux.

Elle le verse dans une gourde qu'elle confie à Brangien, suivante de la princesse, qui l'accompagne dans son voyage et pour le reste de sa vie. Elle lui dit :

— Prends soin de ce vin herbé. Surveille-le et fais en sorte que personne ne s'en approche. Le jour des noces de Marc et Iseut, fais-le boire à chacun, par moitié. Ils seront ainsi assurés de vivre, pendant les trois premières années de leur union, une passion d'amour si violente, qu'ils ne pourront jamais, de toute leur vie, se déprendre. Malheur à toi si tu manques à ma confiance.

Le lendemain est jour de départ.

22

LE VIN HERBÉ

Depuis la tente, aménagée pour elle sur la nef, Iseut regarde s'éloigner sa terre d'Irlande. Son cœur est lourd. Elle sait qu'elle ne la reverra pas. Elle s'était bravement maîtrisée pendant toute la durée des adieux, mais maintenant, seule avec Brangien sa suivante et Périnis son page, elle renonce à lutter, elle s'abandonne. Un hoquet lui dénoue la gorge et elle pleure, sans retenue, secouée par des sanglots.

Périnis et Brangien, discrets, se tiennent en retrait. Ils se taisent. Ils la laissent débonder sa peine et s'épuiser.

Elle pleure son enfance qui agonise, la douceur de vivre chez son père, l'affection de son peuple. Elle pense à la Cornouailles, à sa solitude là-bas, au froid de la terre étrangère, à l'homme inconnu qui l'attend, dont elle sera la reine.

Peu à peu, son chagrin lave sa blessure et elle s'apaise. Elle se laisse bercer par le roulement de la nef. La mer l'a prise dans ses bras et la cajole. Elle se tait. Ses larmes en séchant mordillent ses joues. Les voix d'Irlande lui parlent. Elle écoute.

Dublin s'était rassemblé sur son passage, jetait des fleurs sous les sabots de son palefroi, criait sa fierté, ses encouragements pour son règne, pleurait de joie et de tristesse. Sur le quai, sa mère l'a serrée dans ses bras, avec force, et lui a dit :

— Tout ce qui t'est nécessaire est en toi. Ton chemin est tracé, mais caché. Découvre-le, sans peur, sans honte. Marche avec foi et vaillance.

Ces derniers mots de sa mère, Iseut la Belle, lui ont révélé de vastes terres de clarté, dissimulées en elle, arrosées par la fraîcheur tonique des aurores. Puis, les nuées de l'inquiétude les ont voilées.

Son père bien-aimé l'a prise et l'a conduite, en lui tenant la main, jusqu'à l'envoyé de son futur époux, ce Tristan qui s'est défaussé d'elle, aussitôt après l'avoir gagnée...

Dès qu'elle eut embarqué, les matelots ont crié des ordres, la voile a obéi, s'est libérée avec bruit et le vent, fougueux, l'a gonflée, pour emporter la nef et son trésor de l'autre côté des flots.

Toutes ces bonnes voix se défont maintenant.

Au loin, posée sur la mer, la verte Irlande, encore visible, se perd dans les violets. On dirait un grand animal marin venu respirer en surface avant de replonger dans les abîmes.

Iseut fixe l'horizon et la brume de ses yeux qui se brouillent, peu à peu, efface sa terre d'enfance.

Tristan arrive à cet instant et la découvre morose et taciturne. Dans son silence, il entend sa peine. Il n'ose lui parler. Il se sent malhabile. Il sait qu'il ne trouvera pas les mots. Alors, il va chercher sa harpe, revient s'asseoir sous la tente, à même le pont, jambes croisées et improvise un air.

C'est le mode de tristesse et de mort qui s'impose dans ses doigts. Il ne le retient pas. Il le laisse geindre et s'étirer, célébrer la défaite du passé, la déchirure, la souffrance du cœur blessé.

Le chant s'épanouit. Il murmure, enfle, crie. Il va à la rencontre du chagrin encore dissimulé, il le caresse, le persuade de se laisser visiter.

Iseut accepte cette compagnie. Elle ferme les yeux et s'offre, confiante, à ces noces de mélancolie. Lorsqu'elle les rouvre, plus tard, elle ne sait quand, Tristan est parti. La harpe est rangée dans son étui, mais la musique continue de jouer. Elle l'entend, vivante en elle, enfermée. Elle œuvre à la mission que le harpeur lui a confiée. Au fond de son âme, elle traque son tourment, polit les regrets, prépare la lente paix du deuil.

Tristan est à la poupe. Il tient le gouvernail d'une main sûre. La nef cingle, voilure réduite. Elle creuse un sillon clair sur la mer profonde. Le soleil élargit le ciel. Deux nuages blancs naviguent dans l'azur...

Assise sur un coffre, Iseut écoute la chanson triste de la harpe tourner en elle, incessante et tenace. Elle la laisse monter à ses lèvres, la murmure, la fredonne, puis la chasse dans la brise, comme si, en la libérant, elle s'allégeait elle-même d'une partie de ses regrets. Alors, pour la première fois depuis son départ, elle sourit.

Sur le pont, les matelots surveillent les manœuvres, trempent des lignes dans la mer d'où ils tirent des poissons étincelants. Gouvernal et les chevaliers fourbissent les équipements, jouent aux dés, se remémorent leur équipée aventureuse et, tout en se désaltérant de vin léger, ils rodent entre eux le récit qu'ils en donneront à l'arrivée.

Les heures passent, lentes et chaudes. Le soleil semble immobile au zénith. Il fige les flots. Les courants hésitent, s'égarent, rêvent de mélanges. Une torpeur accablante se pose sur la mer.

Au plus lourd de l'après-midi, le pont est encombré de corps affalés. Sous leur tente, les dames se sont assoupies. Tristan, seul, veille au timon et Périnis, qui recherche sa compagnie, rêvasse, vautré à ses côtés.

— Trouve-moi à boire, Périnis, lui dit-il. J'ai soif. La lumière m'aveugle et la gorge me brûle.

Périnis, engourdi, se lève, bâille, s'étire en gémissant et se dirige vers la chambre de sa maîtresse. Quand Brangien préparait ses effets, il l'a vue glisser dans un couffin d'osier, parmi ses camisoles, une gourde qu'elle prenait grand soin de dissimuler.

Il s'approche à pas comptés, tout joyeux du tour qu'il joue à la suivante, fouille dans ses vêtements sans façons, et déniche, soigneusement bouché à la cire, le fameux flacon.

— C'est du bon ! siffle-t-il à mi-voix.

Et il rejoint Tristan, en ramassant sur le pont une coupe échappée des mains d'un dormeur.

— Voilà un fameux cru d'Irlande, seigneur ! dit-il en

brandissant la gourde. Une cuvée spécialement vinifiée par Brangien qui espérait bien se rafraîchir le gosier sans partager !

Il verse le contenu de la gourde dans la coupe et la tend au chevalier.

Tristan, avec avidité, lampe une longue goulée. Des arômes de fleurs se déploient aussitôt et des parfums de baies, si puissants, qu'il retient le breuvage dans sa bouche, le laisse éblouir son palais, avant de l'avaler, lentement, comme à regret.

— On dirait du clairet ! s'étonne-t-il en mirant sa robe transparente. Mais c'est un pur nectar !

Il prend une nouvelle gorgée et sa surprise est encore plus intense. Le goût a changé. La première lampée a préparé la suivante. Une gerbe d'étincelles éclate en lui. La fraîcheur s'y mêle à l'âpreté. Il boit le givre croquant de l'hiver et les sucs amers qui dilatent les écorces au printemps.

Il revient ainsi, plusieurs fois, à cette coupe de mystère, y trempe ses lèvres avec parcimonie et écoute son corps, irrigué par une source étrange, bruire de mille frissons et applaudir.

— Un fameux cru d'Irlande, tu l'as dit, Périnis ! Je m'en voudrais de le déguster en solitaire, car le plaisir d'un tel breuvage, pour être entier, doit être partagé. Réveille ta maîtresse et offre-lui le reste de ce vin, en gracieux hommage à son pays !

Périnis obéit et se dirige sous la tente. Tristan perçoit des murmures, des soupirs. Puis le silence se fait. Et soudain sa main tremble sur le timon, et dans sa tête résonne, un charivari de voix... Iseut est là, debout dans le soleil, face à lui, franche, claire. Elle se maintient à un hauban et le regarde sans ciller :

— Tu es beau. Tu es noble et sans pareil. Tu es un buisson fleuri dans la confusion du sous-bois. Tu es un arbre aux fruits inclinés bas, pour être cueillis. Tu es l'étoile du matin qui appelle les hommes à l'action.

Elle lui parle ainsi, de toute la force de ses pensées, elle l'appelle, et Tristan, qui la comprend, lui rend le même regard chargé, sans oser encore s'approcher :

— Tu es une fleur épanouie sur le sommet d'un mont désert. Tu es la reine des parfums. Premier oiseau du nouveau monde, ton chant efface les nuits de vieille tristesse. Tu fais renaître la vie.

C'est elle qui avance et fait les premiers pas. Tristan la voit venir à lui, dentelle de buée dans la moiteur de l'air.

— Mon cœur était lourd de chagrin et vous l'avez guéri, murmure-t-elle. Mais vous m'avez offert en échange un vin qui m'a griffée et meurtrie.

La harpe a si bien travaillé en elle qu'elle en a conservé le timbre de cristal et que sa voix, lorsqu'elle parle, libère des hirondelles et des colombes.

— Ce vin était un cadeau d'adieu de votre Irlande, répond Tristan. J'étais assoiffé. Je l'ai bu. Et cette ivresse qui vous étourdit m'a tout d'abord saisi d'ardeur. Je voulais que vous buviez à votre tour, pour en partager la vigueur.

À cet instant, une brise se lève et gonfle la voile. La nef, secouée, roule. Iseut, surprise, trébuche, cherche un appui et trouve la main de Tristan sur l'aviron, pendant que lui, la retient par le bras. Elle rit, retrouve son équilibre, en se prêtant à sa prise.

Sa chair est légère sous la poigne. Tristan croit serrer une mésange et se garde bien de trop l'étreindre, tant il craint de la blesser.

Sur le gouvernail, leurs mains s'attardent, accolées, et ils restent ainsi, à diriger la nef d'une seule volonté, en écoutant face à face leurs deux cœurs qui se cherchent.

Mais soudain, un cri sous la tente. C'est Brangien ! Elle vient de découvrir son couffin ouvert et ses camisoles dérangées. Périnis rit à gorge déployée. Mais la colère de la suivante ne dure pas, car elle voit la coupe au pied de la couche où reposait sa jeune maîtresse et la gourde, décachetée, qui roule sur le pont.

Brangien se tait, porte ses mains à sa bouche pour étouffer le hurlement d'horreur qui lui broie la poitrine. Elle est pâle, tombe à genoux, ramasse le récipient si léger, et pleure amèrement sur son inconséquence. Elle a commis une faute irréparable, une trahison, un crime, et elle voudrait mourir de honte.

Le vent continue de s'affermir. Il emporte la stupeur de Brangien et la tord, pendant que les hommes, tirés de leur somnolence, s'éveillent, se lèvent et reprennent leurs occupations.

Quand Brangien a crié, Iseut a lâché la main de Tristan. Elle s'est éloignée de quelques pas. Tournée vers le large, appuyée au plat-bord, elle offre sa face et sa poitrine à la brise. Une fine rosée humecte son front, sa gorge. L'air la rafraîchit. Elle s'offre à lui, imaginant le souffle de Tristan penché sur elle.

Gouvernal s'approche de son seigneur.

— Je vais prendre la barre ! lui propose-t-il. Repose-toi. Tu as beaucoup navigué depuis notre départ.

Tristan cède la place à son maître et traverse la nef dans sa longueur, jusqu'à la proue. Il veut être seul. Il ne parle à personne. La moindre parole serait une offense à l'intensité de l'instant qui vient de s'écouler. Il marche, les yeux d'Iseut noyés dans ses yeux, la main d'Iseut soudée à sa main, la voix d'Iseut enroulée à sa voix, tels deux lierres le long d'un arbre, en quête de lumière.

Il parvient au gaillard d'avant, haletant comme s'il avait couru pendant des jours entiers, et là, il se dresse pour apaiser la tempête aride qui mugit dans son corps. Mais le vin est puissant et son pouvoir s'accroît. Il déchire sa poitrine, lacère son ventre et ses cuisses. Le vin est un feu qui lui rappelle l'incandescence du dragon.

Iseut subit le même supplice. Il le sait. Sa main lui en a fait confidence. Sa main frêle à la peau de velours, sa main silencieuse a fredonné :

— Je souffre de toi, comme tu souffres de moi.

Elle a chanté ces mots et sa voix était plus mélodieuse que toutes les symphonies de la forêt.

Le chaudron de son cœur bouillonne. Ses pensées cuisent et leur parfum s'ajoute au vertige du vin. Il voit son oncle s'approcher. Il marche à sa rencontre sur les flots, bras ouverts, reconnaissant de lui apporter sa fiancée. Tristan le saisit à bras-le-corps et le précipite dans les gouffres amers. Il est seul roi dorénavant, libre et puissant. Il réforme la loi, oblige tous ses sujets à boire du vin herbé. Le monde est son royaume, la nef son jardin secret. Il est partout dans son domaine et son périple sur la terre infinie ne s'achèvera jamais...

L'après-midi s'écoule ainsi, dans le délire et dans la fièvre.

Quand le crépuscule descend, quand les premières étoiles ensemencent le firmament, le feu-Tristan continue de flamber. Il embrase la proue comme un soleil couchant. Puis la nuit se pose, rafraîchit le silence, couche les ombres, étouffe le lapement des vagues contre la coque.

Tristan se lève et quitte le gaillard d'avant. Avec précaution, il se dirige vers l'arrière, enjambe les corps des dormeurs emportés par la mort du sommeil. Il marche vers son horizon, à la recherche du soleil. Sur son chemin, prudente, une autre silhouette s'avance, aspirant au même désir de clarté.

Tristan. Iseut.

Ils se rencontrent, à mi-distance de leurs deux continents, seuls sur l'océan du mystère. Ils ne sont pas surpris de se trouver. Ce que l'un sait, l'autre le connaît. Ce que l'un éprouve, l'autre le ressent. Ce que l'un espère, l'autre l'attend, et ils tâtonnent en quête d'unisson.

Pas un mot. Leurs souffles suffisent. Ils se sont arrêtés face à face. Leurs corps de lumière se frôlent, s'attouchent. Immobiles, ils écoutent la fête de ce premier mélange. Puis Tristan ouvre ses paumes et les place devant Iseut qui accepte cette invitation à l'unité, en y apposant sa moitié. Leurs mains frémissent, tremblent. Leurs frissons s'ajoutent et se complètent. Leurs visages se rapprochent et leurs lèvres se trouvent. Tristan attend un signe. Iseut se fige dans la même retenue, et leurs bouches, qui sourient de leur pudeur, s'invitent bientôt.

Ils s'offrent à ce premier baiser en s'étreignant les mains.

Leurs silhouettes s'unissent. Leur baiser les entraîne dans la nuit de la mer, d'où ils remontent, après de longues apnées, respirer en surface, avant de replonger dans ses eaux d'émeraude et de rubis.

La souffrance de leurs cœurs s'apaise, mais renaît aussitôt, plus vigoureuse et réclame nouvelle consolation. Ils se jettent, dans de nouveaux élans, à la recherche de cette paix. Leurs corps la dissimulent en des endroits secrets. Ils écoutent, se laissent guider. Leur peau brûle d'une fraîcheur inconnue. Ils boivent leur eau de vie comme ils ont bu le vin, avec gourmandise et délices. Mille saveurs nouvelles explosent en leurs palais, mille clameurs s'élèvent sous leurs gestes de soie et Tristan recueille en sa bouche le cri émerveillé d'Iseut, le rassure et le lui rend, étiré par l'ampleur.

D'étoile en étoile, ils traversent ainsi les constellations, immenses, légers, visitent les galaxies, jusqu'à l'autre rive de la nuit.

23

LA MER TRAVERSÉE

Le ciel qui les accueille veille sur eux et la fraîcheur de l'aurore les alerte. Iseut ouvre les yeux, sent glisser sur elle les voiles de la nuit et pelotonne son corps endolori dans la chaleur de Tristan qui l'enveloppe dans ses bras et dans ses jambes. Elle soupire de bien-être, blottie sous ses baisers.

À l'est, l'horizon s'éclaircit, mais la nuit résiste encore aux poussées du matin. Elle cède lorsqu'elle voit Tristan emporter Iseut jusqu'à sa tente, à l'abri, où il la dépose sur sa couche. Les étoiles pâlissent. Tristan veut s'éloigner, mais Iseut le retient. Elle contemple son corps d'amour, dévêtu, dans la première clarté de l'aube, et elle lui offre le sien, lourd de douceur, épanoui. Tristan se laisse contempler et s'émerveille de sa bien-aimée. Ses yeux sont clairs, sa face radieuse. L'ombre n'a pas de prise sur elle et ne peut la souiller. Il est confondu par tant de force et de confiance.

— Je t'aime depuis le premier jour, quand tu as fait chanter ta harpe.

Elle murmure et sa voix déroule un sourire qui se pose sur la bouche de Tristan.

— Et moi, je ne t'avais pas encore gagnée que je craignais déjà de te perdre.

Il murmure aussi. Sa voix est pleine, chauffée par la tendresse. Il répond à son tour par un sourire qui se soude sur ses lèvres et trace un fil d'argent entre eux.

Ils s'embrassent encore et Iseut, épuisée, s'endort sur la bouche de son amant.

La nef poursuit sa traversée et bientôt ouvre les portes du matin. Le pont s'anime, les dormeurs s'éveillent, scrutent l'horizon à la recherche de nouveauté. Mais la mer reste aussi calme que la veille, le ciel est transparent et le vent, qui ne se hâte pas de retrouver la terre, s'invite en passager dans le hamac de la voile. Nul ne se doute qu'en réalité un nouveau jour s'est levé sur la Cornouailles et sur l'Irlande.

À peine debout, Tristan s'inquiète d'Iseut et s'empresse auprès d'elle. Toute occasion est bonne pour lui tenir compagnie. Il déploie mille attentions, jeux d'échec, conversation... Aux yeux des chevaliers, il accomplit courtoisement son devoir de vassal en mission pour son roi et de sujet dévoué au service de sa future reine.

La journée s'écoule ainsi, sous la tente, à l'abri des morsures du soleil.

Brangien non plus ne quitte pas sa maîtresse. Elle

tient sa place de suivante. Sur la nef, elle seule sait. Elle a lu dans le premier regard qu'Iseut lui a lancé l'effet du vin herbé. Dans sa gaieté, dans sa voix illuminée, dans le rire de ses gestes, elle perçoit les échos de sa nuit de plaisir avec Tristan. Elle envie cette métamorphose, mais elle ne peut s'en réjouir. En effet, le rayonnement de sa dame, son éclat nouveau, sa plénitude lui rappellent son erreur et la ploient sous le remords. Les murmures des amants lui font douleur, leurs sourires la blessent et quand Iseut réclame une leçon de harpe pour faire passer les heures, le parler secret de la musique lui déchire les tympans.

Pendant ce temps, le soleil a chassé le jour devant lui. Il prépare l'arrivée de la nuit. Il l'entraîne de tout son poids, en basculant sur l'envers du monde et drape le ciel de lourds tissus opaques.

Ils sentent, les beaux amants, cette amitié du firmament et leurs cœurs battent d'impatience en regardant l'obscurité se déployer.

Lorsque la pleine nuit les appelle, ils se précipitent, le souffle haletant. Elle leur remet la clé du paradis et les laisse, jusqu'à l'aube encore lointaine, sous la protection espiègle des comètes, explorer à loisir leur jardin, s'enivrer de ses parfums, se régaler à satiété de tous ses fruits.

Les nuits de passion alternent ainsi avec les jours galants. Mais, malgré le petit temps, la terre se rapproche. Tristan et Iseut sentent son ombre gagner et resserrent autour d'eux le rempart de feu qui les protège.

Brangien, qui perçoit aussi la menace, paraît de plus en plus affectée. Son secret la torture et elle finit par avouer.

— Votre mère m'avait chargée de veiller sur ce vin, confie-t-elle à Iseut. Il était destiné à l'oncle, non au neveu. Je suis la cause de tout votre tourment. Punissez-moi comme il vous plaît.

Elle fond en larmes et tombe à genoux, désemparée.

— Te punir ? s'étonne Iseut. Pour m'avoir jetée dans les bras de celui que j'espérais ? Ne sois pas sotte, Brangien, et relève-toi. Ce n'est pas un châtiment que tu mérites, c'est un présent.

La suivante regarde sa maîtresse, incrédule. Cet effroyable vin de fleurs l'a pervertie.

À cet instant, la vigie lance son cri redouté.

— Terre !

Sur la nef, chacun se précipite vers la mer et aperçoit, au loin, la Cornouailles qui les attend.

Iseut et Brangien ne s'empressent pas de regarder. Tristan non plus, qui les rejoint.

— Puisque nous en parlions, reprend abruptement Iseut, le moment de te récompenser approche, justement.

Elle est déterminée et calcule en parlant.

— Si mon époux apprend ce que tu sais, il me répudiera. Il faut donc le lui cacher. Or, la nuit de noces lui apprendra que j'ai déjà aimé. Aussi, nous changerons de rôle, toi et moi. Je serai la suivante ; tu seras la reine qui monte dans le lit. Au lieu de moi, c'est toi qu'il prendra. Offre-lui ton émoi de damoiselle ! Aime-le, par toutes les forces de ta chair et de ton sang. Quand il s'endormira, tu quitteras sa couche et, au matin, c'est moi qui m'éveillerai à son côté.

Brangien, épouvantée, étouffe un cri d'horreur.

— Dame, jamais je ne pourrai. J'en mourrai... Je vous trahirai malgré moi...

Mais Iseut n'est pas décidée à se laisser fléchir.

— Réfléchis, au lieu de te lamenter ! Il faut agir, réparer ! Sans ton erreur, je me présenterais immaculée devant mon époux et j'aimerais mon chevalier servant avec civilité et courtoisie. Pense aux conséquences pour les royaumes de Cornouailles et d'Irlande. La paix leur était promise par mon mariage. La guerre revient déjà et, avec elle, pillages, misère, dépeuplement... Et pour quelle raison ? Parce que Brangien la vigilante dormait quand elle devait veiller !

Je voulais t'offrir un présent. En voici un, d'amour et de plaisir ! Accepte-le. Sois reine, le temps d'une étreinte, et sauve deux pays de la ruine !

— Nous t'aiderons, poursuit Tristan. Je me glisserai dans la chambre avant ton arrivée. J'éteindrai les flambeaux et les chandelles. Le roi entrera dans le noir. Il t'aimera sans soupçonner l'échange. Sois rassurée.

Pressée des deux côtés par les amants, Brangien, en larmes, se soumet et accepte leur plan.

À l'approche des côtes, le ciel s'est couvert de buées. Le soleil se voile, le vent s'anime et fanfaronne. La voile est pleine, les flots creux, la nef aspire la houle et souffle des embruns.

À bord, la joie domine. L'expédition rentre au pays, mission accomplie. Si Tristan avait échoué, chacun aurait partagé sa défaite. Il a vaincu et tous détiennent une part de sa victoire. La liesse, la fête, attendent les vainqueurs et aussi les bienfaits, car le roi est généreux.

Tristan regarde la terre grise avec mélancolie. Il songe

à l'éblouissement de son voyage en mer, au flamboiement de ses dernières nuits. Iseut s'est donnée à lui. Il s'est donné à elle. Nulle retenue entre eux, nulle réserve. Ils ont poussé ensemble la porte de l'éternité et, soudés par la puissance du vin herbé, ils ont foulé le sol des prairies de lumière. Ils se sont baignés dans des sources d'azur, séchés sous des arbres aux feuillages de jaspe rouge et de saphir. Les étoiles ont salué leur amour en chantant. Ils ont visité des aurores, ébouriffés de joie.

Leur voyage dans l'éther vient à peine de commencer. D'autres terres, d'autres cieux les attendent, dissimulés dans le tréfonds de la tendresse. Tristan l'Amoureux entend leur appel et ne les laissera pas se lamenter dans la nuit. La ruse, la tromperie, le mensonge dont il s'était lavé, seront ses seuls outils. En toute loyauté d'amour et de plaisir, il en usera sans honte et sans rougir.

Iseut, elle, est déjà tournée vers l'arrivée et sa rencontre avec le roi occupe toutes ses pensées.

À terre, on a reconnu la nef de Tristan. Le roi Marc chasse dans la forêt. On s'empresse de galoper jusqu'à lui et il revient en hâte, avec l'équipage de chevaliers qui l'accompagnait. Il arrive quand la nef entre dans le port de Tintagel.

Tristan débarque le premier. Il aide Iseut à franchir la passerelle et l'accompagne à terre, en lui tenant la main.

— Vous m'aviez confié mission d'aller vous quérir une épouse, seigneur, dit-il au roi. La voici devant vous : Iseut la Blonde, princesse d'Irlande.

L'oncle ne répond pas à son neveu, tant il est ébloui.

Iseut resplendit de grâce et de souplesse. Il l'admire. Sa hanche est basse, ses flancs sont allongés et son dos droit, ses yeux, vairs[1] comme ceux d'un faucon entremué[2], ses dents blanches, sa bouche petite, et sa chevelure éclaire d'une auréole surnaturelle sa face au teint de lait.

— Par le cœur Dieu ! murmure-t-il pour lui-même, ému, cette pucelle est une sainte envoyée par le ciel !

Puis, s'avançant à son encontre, il s'exclame pour être entendu de tous :

— Soyez la bienvenue, noble dame, dans ce royaume que vous avez déjà conquis !

1. Yeux de couleur variée et changeante.
2. Jeune faucon qui vient d'effectuer sa première mue.

24

LA REINE ISEUT

— Notre future reine était le benjamin des anges de Dieu ! L'éternel l'a délégué à la Cornouailles pour assurer sa protection.

— C'est un oiseau de paradis ! Elle divertissait la cour céleste. Elle nous arrive pour enchanter notre royaume !

Ceux qui se trouvaient au port lorsque la nef de Tristan a accosté ont assisté aux premiers pas d'Iseut. Ils ont été émerveillés par sa fraîcheur et par sa grâce, par son naturel aimable et souriant. Ils ont vu arriver le roi, échauffé par sa galopade, viril, sentant forêt et venaison, accueillir cette perle d'écume avec timidité, gauche devant sa légèreté, et attendri. Ils se sont empressés d'annoncer la bonne nouvelle.

— Elle est jeune ! C'est un bouquet de parfum, une gerbe de froment doré !...

Les chevaliers, à leur tour, ont raconté l'expédition d'Irlande et les exploits de Tristan : le meurtre du dragon et sa conquête de la blonde enfant. Les écuyers se sont approprié le récit, l'ont confié à leur tour, arrosé de vin et de cervoise, aux valets, aux servantes. De bouche en bouche, une légende est née, agrémentée d'épisodes et ornée de détails, reprise par les trouvères et les ménétriers[1]. Iseut était prisonnière d'un dragon de Lucifer. Tristan, bravant le danger, l'a délivrée de l'enfer, en massacrant son geôlier.

Tristan, une fois de plus, a montré son courage et a vaincu. Que serait le roi sans son neveu ? Que serait le royaume sans ce héros valeureux ?

Les épousailles de Marc et Iseut se préparent sur cet horizon de chansons et de contes joyeux. La Cornouailles en est enfiévrée.

Tous les nobles du royaume, barons et marquis, conviés à la noce par des messagers, se transportent vers Tintagel avec leurs dames et leurs chevaliers. Routes, chemins, sentiers sont encombrés de convois : nobles gens, marchands, troupeaux... Il faudra nourrir et abreuver les invités, les distraire, les enchanter, et les reliefs du festin rassasieront toute une population de pauvres, d'estropiés qui affluent, eux aussi, attirés par les festivités.

Tous s'assemblent déjà, dans la ville et les faubourgs, sur la lande à l'entour. Des ménestrels, jongleurs, harpeurs, joueurs de luth et de gigue[2], récitants, montreurs

1. Ménestrels, poètes.
2. Instrument à cordes frottées, ancêtre du rebec.

d'animaux savants, répètent leurs tours. La fête se prépare en coulisses et le négoce fait ses affaires.

Vraiment, le mariage de ce roi converti au célibat promet de rester gravé dans les annales du royaume !

Les conversations s'enflamment dès qu'il s'agit d'Iseut. On s'enthousiasme à son sujet, on guette les nouvelles, et les serviteurs commis aux préparatifs qui font les navettes avec leurs chariots de victuailles, entre le château et la ville, distillent des précisions qui attisent le feu de la curiosité.

— Lorsqu'elle paraît à sa fenêtre, les tourterelles et les colombes viennent se faire caresser... Lorsqu'elle se rend aux cuisines, encourager marmitons, gâte-sauces, tâcherons et porteurs d'eau, tous en la voyant interrompent leurs occupations et se mettent à rêver... Et ceci encore : on la voit souvent escortée par Tristan... Tristan, de tous les preux, le plus attentionné et galant !

Le jour de la cérémonie, Tintagel s'est apprêtée pour honorer son roi conduisant à l'église sa fiancée. Des jonchées de fleurs couvrent la terre des rues, des rameaux de verdure décorent les maisons, des arcs de triomphe de frondaisons sont élevés et des draps brodés déroulés des balcons...

La ville embaume la prairie et les bosquets.

Lorsque Marc paraît, conduisant Iseut, avec douceur et gravité, une clameur s'élève. Des cris, des chants, des pleurs de joie les accompagnent. L'hommage du peuple roule comme un orage et les sujets jettent au passage de leurs majestés des grains de blé qui appellent postérité sur leur union et leur lignée.

Iseut s'avance, vêtue de soie blanche brodée de perles. Elle porte sa couronne de reine, et ses cheveux de lumière ondulent sur ses épaules comme une traîne. À sa gorge, une escarboucle, cousue sur un tour de cou de dentelle. Marc, à ses côtés, vêtu d'une cotte de velours cramoisi, porte une ample pelisse d'hermine, doublée de soie outremer.

Sous le porche de l'église, ils échangent leur consentement qu'ils scellent d'un baiser et Marc passe un anneau d'or serti d'émeraudes à l'annulaire gauche d'Iseut où bat la veine du cœur. Iseut fait de même avec une bague où est gravée une tige de pervenche, symbole d'attachement. Le prêtre bénit ensuite leur union, puis les invite à venir entendre la messe dans l'église.

À la sortie de l'office, la fête commence et les invités sont conviés au banquet.

La salle du château n'est pas assez grande pour les accueillir tous et des tables sont dressées dans la cour, sous des tentes de drap.

Dix services sont prévus et les domestiques s'empressent, dirigés par les écuyers de cuisine et le maître d'hôtel.

Pour célébrer l'union du roi et de la reine, toutes les nourritures du royaume sont présentes, accommodées avec science et finesse. Le festin offre abondance de cerfs, de daims, de sangliers, présentés dans leur livrée avant d'être dégustés, comme s'ils sortaient de la forêt, de la lande ou du marais. Les plats se succèdent, portés en défilé par les aides et les servants : civets de lièvre noir et civets d'huîtres, chapons gras à la sauce d'oignons, lapins, pluviers, merles, viandes de boucherie, pâtés de tourterelle, pâtés de venaison et d'oisillons, poissons de mer, poissons d'eau douce rôtis, brochets, saumons farcis, canards de rivière, brouets d'amandes à la cannelle, brouets verts aux anguilles, navets, poireaux blancs, fèves écrasées, purées de pois, choux cabus, compotes parsemées de dragées, noisettes, nèfles et noix pelées, poires confites...

Pendant les entremets[1], les jongleurs s'activent à divertir les invités, les récitants déclament des poésies et les ménestrels psalmodient leurs chansons galantes au son des luths et des vièles.

Les services se prolongent, puis les plaisirs de la danse succèdent aux plaisirs de la panse.

Le vin circule – clairet léger, vin de grenache, hypocras épicé –, accompagné de rissoles[2].

Iseut n'est pas la dernière à s'amuser. Vive et enjouée, elle fait le bonheur de ses invités, se mêle à eux, chante, danse, rit avec une légèreté spontanée. Contrairement aux usages des reines, au cours du repas, souvent elle se lève et, pendant que son époux le roi demeure avec ses barons, elle circule parmi les tables, familière, accompagnée de Tristan. Elle s'offre à ses convives, s'inquiète de leur jouissance, distribue sa présence sans compter. Sa jeunesse, sa fraîcheur font merveille. Soucieuse de se faire accepter et aimer, elle se veut dame de compagnie de toute l'assemblée et, partout où elle passe, elle séduit, laisse joie, sourires et ravissement.

Le roi observe cette aptitude de sa reine à distribuer agrément et bien-être. Il note aussi la satisfaction de ses barons les plus déterminés à le marier. Mais il n'est pas dupe de leur feinte bonhomie. Il sait bien qu'après avoir

1. Période, entre deux services, occupée par des divertissements, pour faire patienter les convives.
2. Pâtisserie cuite à la friture ; sorte de beignet.

écarté Tristan de sa succession, ils chercheront un autre moyen d'attaquer sa couronne.

Le soir tombe. On allume torches et chandelles. Les tables sont desservies, les tréteaux repliés. Pendant que chacun continue à boire et à danser, Tristan entraîne son oncle à l'écart.

— Sire, lui dit-il, il est une tradition des nobles familles d'Irlande que je dois vous révéler sans tarder. Le soir des noces, l'époux ne peut rejoindre son épouse au lit que lorsque celle-ci s'est apprêtée. C'est là, la première condition. Mais la coutume tient surtout à une exigence : que la chambre soit plongée dans la plus noire obscurité et les courtines soigneusement tirées, afin que le marié rejoigne sa bien-aimée... à tâtons ! C'est un gage de durée pour leur union, car on prétend que s'ils ont su se trouver en aveugles, ils ne se perdront plus jamais, s'ils doivent se chercher dans la lumière.

— Ce jeu d'amour en vaut bien d'autres, répond Marc en se réjouissant à l'avance. Rassure donc mon épouse et veille scrupuleusement au respect de cette tradition.

Tristan se retire bientôt dans la chambre du roi où il retrouve Iseut et Brangien qui l'attendent.

— Il ne soupçonne rien et tout se déroulera comme nous l'avons prévu.

Brangien est fébrile. Iseut la rassure en l'aidant à se dévêtir.

— Accueille-le sans rien dire. Au début, contente-toi de te laisser conduire, puis suis-le et rends caresse pour caresse.

Pendant ce temps, Tristan éteint les flambeaux,

mouche les chandelles et, lorsque la suivante est couchée, nue[1], sous les fourrures du lit, il va prévenir le roi.

Marc revient, gaillard et impatient. Le vin lui égaie la tête et les épices font fleurir son sang. Tristan l'accompagne jusqu'à la chambre et là, dans le noir absolu, il aide l'époux à quitter sa parure, comme l'épouse a procédé avec sa suppléante. Puis il tire les tentures, laisse les amants et rejoint sa maîtresse.

Dans l'obscurité de la chambre nuptiale, Tristan l'Amoureux retrouve Iseut la Blonde.

Leurs mains se cherchent, se trouvent. Douceur de la caresse. Leurs doigts s'enlacent et murmurent. Tristan sent l'anneau aux émeraudes offert par Marc. Il retient son souffle, frissonne, serre sa reine. Leurs corps se pressent et leurs bouches échangent un miel épicé. Leurs jardins de feu s'entrouvrent dès ce premier baiser et les prairies de l'océan les accueillent, labourées par la houle.

Ils naviguent longtemps, libres, seuls, loin des côtes et des écueils, à la recherche de leurs îles de lumière, en dévorant le festin de leurs noces gourmandes.

Lorsqu'ils accostent enfin, à regret, dans la tiédeur et les parfums de terre, Marc, sous la courtine, dort d'un sommeil satisfait et ronfle. Il faut qu'Iseut le rejoigne avant le chant du coq. Elle s'arrache à Tristan et, de la main, tâte sous les rideaux. Brangien veille. Après avoir accueilli le roi, elle n'a pu trouver le sommeil. Au signal d'Iseut, elle se glisse hors de la couche et cède sa place.

---

1. Seigneurs, clercs, paysans ignorent la chemise de nuit. Ils dorment nus et, le mobilier étant souvent réduit au strict minimum, ils sont, parfois même, plusieurs dans le même lit, chez les pauvres comme chez les gens aisés.

25

TENTATIVE DE MEURTRE

Brangien la dévouée a sauvé l'honneur de sa maîtresse, mais qu'a-t-elle obtenu en échange ? Le soulagement d'Iseut ? Son euphorie d'avoir échappé au danger ? Rien de durable ! Une fois l'alerte passée, la reine ne s'est pas montrée plus prudente. Au contraire, elle n'a cessé de s'exposer et multiplié les occasions d'attirer l'attention. On la rencontre plus souvent avec Tristan qu'avec le roi, à la cour où chacun observe chacun, auprès de la fontaine, dans le verger, en promenade au bord du ruisseau... Elle dissimule sa passion, mais en même temps elle la laisse entrevoir, semant des indices avec désinvolture : ses yeux doux à Tristan, leurs rires, leur familiarité, leurs airs plaisants... Elle se divertit, semble-t-il, à ce jeu.

Brangien en éprouve amertume. Elle a durement payé sa faute. Elle s'est compromise, elle s'est souillée, or son sacrifice n'a rien effacé et sa dette lui paraît infinie. Elle ne cessera jamais de l'acquitter. Pourtant, elle ne proteste pas. Elle se tait, continue de veiller sur sa maîtresse. Sans élever jamais aucun reproche, elle protège sa passion et recueille ses confidences. Mais à cette tâche ardue, elle finit par perdre sa joie et son entrain.

Iseut s'en inquiète. Elle désire tant être aimée et approuvée, qu'elle prend cette soudaine tristesse pour une condamnation de son amour, un désaveu blessant.

« Et s'il lui prenait liberté, songe-t-elle, de révéler au roi tout ce qu'elle sait pour se venger de moi ? »

Cette pensée la terrorise et lui déchire le cœur, mais elle ne parvient pas à s'en défaire. Au contraire, tous ses efforts pour se raisonner justifient sa crainte et la rendent vraisemblable.

« C'est sûr ! Elle s'apprête à me trahir », se persuade Iseut.

Dès lors, tout alimente sa divagation. Le silence de Brangien devient preuve de dissimulation ; sa prévenance, un signe de duplicité et, bientôt Iseut croit que sa suivante prémédite un complot. La peur la domine. Elle perd toute maîtrise d'elle-même, raison, bon sens, et décide d'ourdir une effroyable machination : se débarrasser de Brangien en la faisant assassiner, rien moins !

Son plan arrêté, elle passe à l'action. Emmitouflée dans une pelisse de drap, la tête couverte d'un chaperon, elle descend aux écuries. Elle interpelle deux palefreniers robustes, commis au pansage des chevaux et au curage du fumier. Elle se fait reconnaître et leur dit :

— J'ai besoin de deux hommes de confiance, pour une tâche secrète.

Les gueux se regardent, intimidés.

— Une personne de mon entourage m'a causé un grand tort et son forfait met le royaume en péril. Je veux que vous l'emmeniez dans la forêt et qu'elle n'en revienne jamais. Quand vous aurez terminé, rapportez-moi la preuve qu'elle ne pourra plus nuire. Le roi vous en saura gré et vous affranchira.

La reine a parlé et ses mots sont terribles. Mais comment refuser ? Elle commande. Il faut bien obéir.

— Noble reine, questionne l'un d'eux, prudent, comment connaîtrons-nous la personne ?

— C'est une femme. Elle se présentera elle-même à vous, demain, à la troisième heure[1] et vous demandera de lui servir de guide.

Les valets sont soulagés. La tâche leur paraît soudain plus facile et ils s'empressent d'accepter pour faire oublier leur première hésitation.

La reine se retire dans ses appartements où elle retrouve Brangien.

— Tu es là ! s'exclame-t-elle en la voyant. Je te cherchais justement. Je souhaite me reconstituer un herbier médicinal et compléter l'assortiment de simples que ma mère m'a donné. Je veux donc que tu te rendes demain dans la forêt.

J'ai besoin de chêne, précise-t-elle : écorce, glands et

1. Au Moyen Âge, le jour et la nuit étaient divisés chacun en douze heures, du lever du soleil (première heure : prime) à son coucher (douzième heure : vêpres). Mais comme la durée du jour variait selon les saisons, la durée des heures variait aussi. En hiver, les heures de jour duraient en réalité de trente à quarante minutes et, en été, de une heure vingt à une heure trente.

galle. De sureau noir, écorce et fleurs. De bouleau, encore de l'écorce, mais surtout du feuillage et du feuillage de frêne aussi. Il me faut du lierre terrestre, de la petite centaurée, juste les fleurs. Tu en trouveras à l'ombre, dans le bois. Je n'en ai pas assez et j'en manquerai si la fièvre nous prend l'hiver prochain. Enfin, cueille des millepertuis et de l'achillée. Deux valets te conduiront. N'aie pas peur de les charger. Ils t'attendront aux écuries à la troisième heure du matin.

Maintenant, répète ce que tu dois rapporter.

Brangien a bonne mémoire. Elle retient bien et, le lendemain, juste avant son départ, elle récite une dernière fois sa liste à Iseut, pour lui montrer qu'elle n'a rien oublié.

Aux écuries, elle reconnaît les deux valets sans peine, et ils quittent aussitôt Tintagel.

Ils traversent la lande et atteignent les prés, en marchant d'un bon pas. Sur le chemin, Brangien trouve ses premiers millepertuis et commence sa récolte avec joie. La végétation est drue, le talus généreux. Millepertuis, achillées, il en pousse à profusion. Aigremoines aussi, armoises, jeunes et fraîches. Des plantes utiles aux femmes. Iseut n'en a pas réclamé, mais elle sera contente, et pourquoi se priver des porteurs à quatre bras !...

De touffes en poignées et de poignées en bouquets, ils atteignent bientôt les abords de la forêt. La lisière est éclairée par des buissons de sureaux aux ombelles éclatantes. Brangien en fait une provision facile avant de s'aventurer sous le couvert.

Toute à sa moisson, loin du château, elle oublie intrigues et précautions et ne se doute de rien. Tout au plus trouve-t-elle que ses deux compagnons ne sont ni très disants ni très complaisants.

« Sans doute la corvée de me conduire et de porter ! » songe-t-elle.

La forêt offre abondance de chênes et déjà Brangien va d'arbre en arbre et examine l'écorce des troncs.

Soudain, le silence la surprend. Elle regarde autour d'elle. Elle est seule. Elle a distancé ses suivants. Où sont-ils ? Elle s'apprête à crier pour les appeler, mais elle les aperçoit, non loin. Ils se débarrassent prestement de leurs ballots de plantes, fouillent en hâte sous leurs cottes.

— Vite et bien ! dit l'un d'eux en dégainant un coutelas. N'attendons plus !

Horrifiée, Brangien se plaque contre un arbre. Ils se sont séparés. Ils arrivent.

— Ainsi, murmure-t-elle, cette cueillette n'était qu'un guet-apens !

Que faire pour leur échapper ? Fuir ?... La frayeur de la proie excite toujours l'instinct du chasseur.

— Mieux vaut redresser la tête que la baisser ! décide-t-elle hardiment. Affronter, parler !...

Et, les yeux au ciel, elle prend le Seigneur à témoin, en entendant se rapprocher ses assassins.

— Dieu bon qui avez fait l'air et l'eau, aidez-moi à trouver les justes mots !

Puis elle se montre.

— Voici l'agneau que vous cherchez, leur dit-elle. Il vient lui-même offrir sa gorge à vos couteaux.

Elle s'avance vers eux d'un pas résolu. Son cœur hurle à la folie, mais elle étouffe ses cris.

Les deux compères, en la voyant docile, s'arrêtent et

se concertent des yeux, méfiants. Ils doutent. Est-ce une ruse ? Brangien poursuit.

— La reine vous a commandé de me supprimer, mais vous a-t-elle révélé ses raisons ? Sans doute non. C'est pourquoi je veux vous les exposer. Ensuite, quand vous les connaîtrez, vous jugerez si je dois vivre ou mourir.

Brangien paraît tranquille. Sa voix ne tremble pas et les valets, surpris, se ravisent. Ils abaissent leurs couteaux.

— Damoiselle, répond l'un, nous ne pourrons juger. Nous savons juste obéir.

— Alors, contentez-vous de m'écouter. Ce sont mes dernières volontés.

Et elle commence.

— Lorsque nous avons, ma maîtresse et moi, quitté notre pays, sa mère, la reine d'Irlande, nous a offert deux très fines chemises de lin immaculé. La reine Iseut devait revêtir la sienne le jour de ses noces. Moi, plus tard, lorsque je convolerais à mon tour. Mais, au cours de la traversée, elle était tellement heureuse de se marier et impatiente, qu'elle a voulu pour hâter son plaisir et mieux s'y préparer, essayer sa chemise. Elle a donc commis l'imprudence de la porter avant l'heure. Une fois sur elle, elle l'a trouvée si confortable, qu'elle ne l'a pas quittée pendant des jours entiers.

Les rustauds écoutent sans en perdre un seul mot.

— Mais il a fait si chaud en mer qu'à l'arrivée la camisole était mouillée, salie, et déchirée aussi. La veille de ses noces, en préparant ses beaux atours, ma reine a rougi de honte à l'idée que son époux la voie dans sa chemise en lambeaux. Alors, elle m'a suppliée de lui prêter la mienne qui restait vierge de taches, fraîche et toujours bien pliée.

J'ai accepté, par amour, et ma chemise est maintenant défraîchie à son tour. La reine regrette amèrement cet échange. Elle veut l'oublier et croit qu'en me faisant disparaître, elle effacera ses remords.

Voilà pourquoi elle vous a donné mission de me tuer !

Les valets sont secoués par ce récit. Brangien ne feint pas. Elle est sincère. Ils la croient.

— Tout de même ! s'étonne l'un d'eux, tuer sa confidente pour une chemise ! Comment une reine si courtoise peut-elle se montrer aussi méchante ?

Ils hésitent, réfléchissent. Après tout, ils ne sont que des valets d'écurie, zélés soigneurs de chevaux, non des égorgeurs de femme ! Ils pèsent le pour, le contre. D'un côté la maîtresse, de l'autre la servante... Ils pensent au sixième commandement de Dieu : « Tu ne tueras point. » Jésus-Christ le roi des cieux l'a dit et il l'emporte sur tous les rois et reines de la terre. Hélas, Il demeure bien loin !...

— Il faudrait pouvoir obéir en désobéissant ! s'exclame le second qui n'a encore rien dit. Mais comment ôter la vie tout en la conservant ?

— J'ai peut-être un moyen ! lance l'autre. Attendez-moi, je reviens...

Sans en révéler davantage, il s'éloigne et disparaît dans l'entrelacs des frondaisons. Quand il reparaît, longtemps après, il porte un lièvre, capturé au lacet.

— Voici la preuve que nous avons bien tué la suivante ! dit-il joyeusement en brandissant le capucin.

Ni son compagnon ni Brangien n'y comprennent rien.

— Je vais couper la langue de ce témoin et la porter à la reine en lui disant : « Mission accomplie, noble dame ! Votre damoiselle ne pourra plus vous nuire. Nous l'avons expédiée au pays du silence ! » Et je sortirai la langue de mes braies où je l'aurai cachée.

— Oui, mais... et celle-là ? objecte son compère, en désignant Brangien. Nous lui laissons la vie sauve, mais que va-t-elle en faire ?

— Nous verrons bien. Pour l'instant, je rentre seul au château. Toi, reste ici et surveille-la !

Dès qu'il arrive à Tintagel, le palefrenier demande audience à la reine qui le reçoit en tête à tête. Elle est pâle et inquiète.

— Quelles nouvelles m'apportes-tu ? demande-t-elle.

L'homme est gêné. Les mots lui font peur. Il s'apprête à mentir et craint de se trahir. Alors il fouille dans ses braies, exhibe la langue du lièvre et dit :

— Voilà tout ce qu'il reste de votre suivante !

Iseut regarde la langue, le sang séché et reste pétrifiée, au bord de l'évanouissement. Elle se fait horreur. Brangien n'est plus. Brangien sa terre d'enfance.

Elle voit ce trophée entre les mains du gueux et soudain pense à Tristan, boursouflé par le venin, présentant la langue du dragon. Ses yeux la trompent. Le palefrenier a disparu et c'est son bien-aimé, la face déformée par un rictus qui lui tend la langue de Brangien... Le sang du serpent crêté qu'elle a purgé du corps de son amant a-t-il envahi son cœur ? Est-il en train de la pourrir ?

— Oh Tristan, mon ami. Viens à mon aide ! Sauve-moi, comme je t'ai sauvé...

Le palefrenier est effrayé. Elle marmonne des mots qu'il ne comprend pas. Elle délire. Il voudrait la rassurer en lui révélant la vérité, mais sa gorge est nouée.

— Noble reine, parvient-il à articuler, elle vit...

Iseut l'a entendu.

— Que dis-tu ? Elle vit...

Elle s'approche de lui, hallucinée, le saisit par la cotte, le secoue.

— Elle vit, misérable ! Et tu n'en disais rien !...

Le bonhomme se laisse malmener.

— Noble reine, pardon !... Quand votre amie nous a dit pourquoi vous étiez en colère après elle, nous n'avons pas eu le cœur de la tuer...

— Ah ! Elle a parlé... reprend la reine, sur la défensive. Et qu'a-t-elle dit ?...

— Que votre chemise d'épouse était souillée et qu'elle vous a donné la sienne, pour vous rendre service.

— Et ?...

— Et que la sienne est usagée d'avoir été portée, voilà !

— Et où est-elle maintenant ? Qu'en as-tu fait, pendard, fils de pendard ! Je te croirai quand je la reverrai vivante et que je pourrai la presser entre mes bras.

— Hier, vous vouliez la tuer, grande reine, et aujourd'hui l'embrasser... proteste le palefrenier qui ne sait plus à quel saint se vouer. Quand le chemin vire de ci, de là, l'attelage s'épuise à marcher droit !

— Tu es encore là ? Qu'attends-tu pour aller la chercher ?

Il rajuste son chaperon et se hâte vers la forêt, maudissant sa condition.

— Le serf sera toujours le jouet du seigneur, et le faible celui du puissant !

Il retrouve son compère qui l'attend avec Brangien et leur explique le peu qu'il a compris : que la reine est soulagée de leur hésitation et qu'elle réclame sa suivante. Puis ils ramassent leur cueillette et rebroussent chemin vers Tintagel.

Une fois au château, les valets regagnent les écuries, jurant qu'ils n'en sortiront plus et Brangien se présente à sa reine, les bras chargés de ses bouquets.

Iseut l'accueille, les yeux humides, le cœur serré. Elle s'approche, la débarrasse, défroisse sa robe, époussette son bustier des pétales et des feuilles.

Brangien n'ose parler. Elle attend. Iseut lui prend les mains, les presse sur son sein.

— Ma sœur bien-aimée, mon amie, je sais qu'il ne suffit pas de réclamer son pardon pour qu'il soit accordé. Je ne veux pas cacher le mal que je t'ai fait, ni l'excuser, mais au contraire le ressasser.

Ton cœur bat à l'unisson du mien. Tu es heureuse quand je ris, contrariée par mes peines...

Iseut se tait et regarde Brangien émue. Elles se tiennent serrées, comme deux oiseaux de la même couvée, sur un rameau après leur premier vol. Iseut pense à leur nid et fond en larmes.

— Tu es la pluie de perles qui adoucit la terre d'Irlande, dit-elle à son amie. Tu es la senteur de ses tourbières, la pierre des murets qui sillonnent ses prés et ses monts. Tu es la lumière poudreuse de ses rivages, l'eau noire de ses lacs et l'esprit agile de ses saumons.

Oh, Brangien, tu es toute l'Irlande que j'ai quittée pour m'en aller à la dérive sur les flots. Pardonne-moi !

Un vent de folie s'est emparé de mes sens. J'ai peur qu'il m'emporte. Ne m'abandonne pas et veille sur moi.

Brangien est aimable. Le chagrin de sa maîtresse la désole.

— Ne vous inquiétez pas, lui répond-elle avec douceur. Je prendrai soin de vous. Je vous ai servie princesse, je vous servirai reine.

Elle lui prend les mains à son tour, puis elles s'embrassent en pleurant.

26

BATAILLE D'INSTRUMENTS

Tintagel a changé. Depuis que le roi est marié, la forteresse s'est éclairée. Une femme y règne.

Jusqu'alors, Marc vivait entouré de barons et de chevaliers. Son château était une vaste garnison où fantassins, sergents, archers étaient cantonnés. Les jours s'y écoulaient rythmés par les entraînements, les services de garde et les opérations de surveillance à travers les villes et les campagnes. Dans les conversations, on n'entendait que propos et plaisanteries de soldats.

Iseut, par sa seule présence, a tout métamorphosé. Le roi ne cesse de lui témoigner son amitié et ses attentions donnent le ton. Les nobles eux aussi se montrent gracieux. Lorsqu'ils viennent accomplir leurs obligations de vassaux[1], leurs épouses les accompagnent.

Une société de femmes s'installe à Tintagel. Elle côtoie la caste militaire, polit sa brutalité, l'invite aux bonnes manières.

La reine, entre toutes, est la plus courtisée. Elle est le rossignol à la cime du pommier. Chacun veut entendre son chant. Les chevaliers font assaut de courtoisie, d'élégance, et soignent leur mise : beau parler et beau vêtir, cheveux et sourcils coiffés, dents nettoyées et ongles nets, nez souvent épilé, yeux propres, linge blanc...

Le roi observe ces changements avec satisfaction et donne des fêtes réputées, recherchées par les meilleurs saltimbanques et trouvères du royaume et des royaumes voisins. Sa cour est brillante. On y chante, on y célèbre l'esprit, on y vient tenter sa chance aux jeux d'amour et conquérir des dames.

Au cœur de ce tourbillon de fantaisie, Iseut rayonne, épanouie. Elle s'est réconciliée avec Brangien, son époux la tient en grande estime et l'organisation des réjouissances lui donne mille occasions de rencontrer Tristan en public et de passer du temps avec lui, en baisers et en caresses privées.

Mais la finesse attire la grossièreté, inéluctablement, et la subtilité, les provocations.

Un jour, un long bateau plat s'approche des côtes de Cornouailles. Il accoste, à l'écart du port de Tintagel. Il

---

1. Le service d'ost obligeait les vassaux à se mettre, avec leurs troupes, à la disposition du roi, pour des campagnes à l'intérieur du royaume, d'une quarantaine de jours par an.

marque ses distances. À peine débarqué, son capitaine fait dresser sa tente, comme en terrain conquis.

Il est baron, irlandais et rouquin, réputé arrogant, querelleur. Il a entendu parler des fêtes données par le roi Marc. Il a décidé de s'y inviter, prétextant que la reine, native de son île, est un peu sa cousine.

Il se présente donc au château, sur son destrier revêtu d'un lourd caparaçon[1] de drap. À l'épaule, il porte la housse qui renferme sa harpe.

— Il paraît que vous appréciez les poètes, lance-t-il aux gardes qui l'arrêtent, j'en suis un, et aussi chevalier irlandais.

Il entre et Marc le reçoit, en compagnie d'Iseut qui le reconnaît.

Il est preux, en effet, jusqu'à un certain point. Il était de ceux qui avaient cherché à conquérir sa main et que l'épreuve du dragon avait un peu découragés...

Pourtant, Iseut est heureuse de le revoir. Il ravive ses souvenirs d'Irlande. Elle en est toute revigorée. Elle prie le roi de lui faire bonne figure et de l'accueillir à sa table.

Marc accepte, pour être agréable à la reine, offre même au visiteur de partager son écuelle et son gobelet. Puis, désireux de le mettre à l'honneur pendant les entremets, il lui dit, en désignant son bagage :

— Cette harpe que tu caches est donc si précieuse que tu ne la quittes même pas pour dîner ?

— Elle l'est en effet. C'est un trésor. Elle contient l'âme de la musique et j'ai à charge de l'éveiller chaque fois qu'il m'est donné d'en jouer.

---

1. Housse d'ornement dont on revêtait les chevaux.

— Si tu nous jugeais dignes de l'écouter, reprend Marc avec amabilité, nous serions tous charmés.

L'Irlandais n'espérait pas autre chose. Mais il ne se hâte pas d'accepter. Au contraire, il hésite et se fait prier.

— C'est que... elle est parfois capricieuse. Il lui arrive de grincer, voire de se taire en présence d'étrangers.

Sa remarque est pénible et certains sont prêts de se choquer. Mais Marc veut l'ignorer et répond, un peu vite cependant, pour effacer la gêne :

— Alors, joue pour la reine. Elle est harpeuse, elle-même.

Voilà ce que l'homme désirait entendre !

Il se lève alors, avec une moue satisfaite, délace les cordons de sa housse, d'où il tire une harpe de merisier patiné par les années. Il s'installe, cale l'instrument contre son épaule, pince une première corde pour appeler l'assistance au calme, puis une autre qui déjà efface conversations et murmures. Un frisson passe. Il l'écoute se fondre dans le silence. Puis il jette trois notes, en grappe, puis trois nouvelles. Il pousse la porte d'un refuge secret où demeure une fée farouche : l'âme dont il parlait... Le harpeur l'encourage à paraître en chauffant le cuivre des cordes. On sent qu'elle hésite, mais il la flatte, habile, caresse le merisier luisant, et la musique qui s'étire lentement la rassure. Soudain, comme d'une trouée dans le ciel bas d'Irlande, elle apparaît. Sa lumière éclate, son mystère se déploie. Le chant s'infiltre dans le cœur de chacun et l'écume des siècles y déroule ses marées. Une procession de bardes s'avance. Ils arrivent de la mémoire d'antan et déclament des légendes anciennes, accompagnés par le galop des chevaux de la mer.

Les convives sont emportés par les hautes eaux de l'esprit et reviennent, roulés par le ressac de la harpe, sur les rivages humains où ils se relèvent, ébahis.

— C'est magnifique ! s'exclame le roi. Je ne connais que Tristan qui puisse t'égaler ! Joue encore, emporte-nous vers ces contrées qu'aucun vivant n'a jamais visitées.

— Avec joie ! répond le rouquin irlandais. Mais toute peine mérite salaire, ajoute-t-il avec malice. Il est d'usage, dans mon pays où les harpeurs sont considérés, de fixer le prix d'un service, au moment où on le commande.

— Tout ce que tu voudras ! s'écrie Marc, étourdi par la musique. Joue ! Ne discute pas !

Marc ne comprend pas qu'il commet une folie. Iseut s'en aperçoit et décèle les intentions du musicien. Trop tard ! La harpe reprend déjà, plus étourdissante que jamais. Après un deuxième air, Marc en réclame un autre, puis un autre, jusqu'à ce que la mélodie s'arrête enfin, laissant chacun émerveillé et fourbu.

— Alors, demande Marc, quelle récompense désires-tu ?

Et l'autre, triomphant, lui répond, droit dans les yeux :

— Ma cousine ! La reine Iseut.

Marc s'esclaffe.

— Non ! Un tel salaire... c'est impossible !

— Comment, impossible ? Tu as engagé ta foi, répond le chevalier en colère. Tout ce que tu voudras ! Ce sont tes propres mots. Chacun ici pourra en témoigner. Donc, je veux tout. Ce tout qui tient en un seul être : Iseut !

— Harpeur, non... reprend Marc. Je suis le roi, comprends... Je suis la loi...

— Une loi qui autorise les reniements est une loi de larrons ! Et si j'expose ma requête devant un tribunal d'hommes justes, tu n'auras pas raison ! Ton épouse est à moi. Je l'ai gagnée loyalement !

Il tire son épée.

— Que quelqu'un vienne me contredire ! Toi ou n'importe lequel des tiens ! Tranchons la querelle.

Il joint le geste à la parole, découpe l'air qui siffle sous ses moulinets. Il fond sur Iseut, puissant comme un faucon, la saisit à bras-le-corps, la plaque contre lui et l'utilise comme un écu pour se couvrir.

Des chevaliers hésitent.

— Ne tentez rien, la reine est en danger ! ordonne un baron.

Plus personne ne bouge.

— Et Tristan qui n'est pas là ! enrage le roi.

Tristan, en effet, comme un fait exprès, est parti tôt ce matin, chasser dans la forêt. C'est à croire que l'Irlandais savait que la voie était libre.

Il quitte la salle, atteint la cour en molestant Iseut qui résiste. Mais elle est frêle sous sa poigne de gaillard et il la jette en travers de son cheval.

— Cousine ! se moque-t-il. Tu seras mieux protégée sur ma terre que sur celle de ces froussards cornouaillais.

Il monte à son tour, pique des éperons et file au grand galop, sans égards pour sa victime, secouée comme un ballot.

Lorsqu'il arrive à son camp, il veut ordonner le départ, mais la mer est basse et son bateau repose au sec, sur le sable. Il faut attendre le flux.

Alors, il descend la captive de sa monture, l'emmène sous sa tente et l'installe sur son lit.

Endolorie par la chevauchée, Iseut pleure. Elle pleure son impuissance, sa solitude de femme abandonnée. Aucun chevalier n'a rien tenté pour la secourir. Ils étaient tous figés dans leurs tuniques chamarrées pendant que l'autre la prenait. Honte à ceux qui tolèrent sans protester qu'on violente une dame sous leurs yeux ! Elle pleure son Tristan. S'il avait été présent, il se serait dressé, superbe, et l'Irlandais serait mort à l'heure qu'il est. Pourquoi est-il allé chasser ? Elle lui en veut de l'avoir délaissée. Elle sanglote de colère contre lui, puis, malheureuse de ses remontrances, sanglote sur son amour déchiré.

— Oh mon bien-aimé Tristan...

Elle tressaute sur sa couche et le rustre roux qui vient la consoler l'accable davantage.

— Les départs sont toujours douloureux, fillette, lui dit-il avec effort. Mais, une fois en mer, tu verras, je saurai bien te faire oublier ton Cornouaillais !

L'évocation de la mer réchauffe le souvenir de Tristan, le goût du philtre, de leurs premiers ébats. Son désespoir s'accroît.

Pendant ce temps, à Tintagel, Tristan rentre de sa battue et découvre le roi au milieu de ses nobles, consternés.

Marc lui raconte l'enlèvement en quelques phrases qu'il écoute de loin, car il comprend tout au premier mot. Il organise déjà sa riposte : un Irlandais, une harpe, une fuite vers la mer...

— Tu as vaincu par la musique ! Je te vaincrai avec la même arme !

Il court chercher, non sa harpe – où serait le panache si la lutte était égale ? – mais sa vièle à arc[1] !

— Accompagne-moi, Gouvernal !

Sans s'attarder sur la couardise des chevaliers, il s'élance en compagnie de son écuyer, vers la crique où il suppose que l'Irlandais a abordé, plantant là le roi et la cour. Il pense à sa bien-aimée, aux violences qu'elle a subies, à ses larmes, à sa tristesse, et Beau Joueur, son destrier qui sent sa colère, survole la lande.

Ils font halte à proximité du bivouac irlandais, dissimulés par un vallonnement de la côte.

— Attends-moi là ! dit-il à Gouvernal. Garde ma monture et mon épée. Je continue à pied, pour ne pas attirer les soupçons.

Et il s'éloigne, seulement armé de sa vièle, à la manière d'un trouvère qui va de seigneurie en château.

Lorsqu'il parvient en vue du port où le bateau est échoué, il accorde l'instrument et entame un air entraînant comme un chemineau qui s'encourage à marcher.

Sous la tente, là-bas, Iseut l'entend. Elle comprend. Elle frissonne de joie et de frayeur à la fois. Son geôlier aussi a perçu la musique. Il sort, voit Tristan et l'appelle.

— Ho ! toi, vielleux. Arrive ici !... Ma dame est chagrine de quitter son pays. Si tu parviens à la divertir jus-

1. Archet. Ainsi appelé parce qu'il avait la forme d'un petit arc.

qu'à notre départ, je te récompenserai d'un manteau de drap.

Tristan accepte de bonne grâce et recommence à jouer, en pénétrant dans la tente.

Iseut est là, allongée, échevelée et la robe froissée. Ils échangent un regard.

— Ma bien-aimée, je suis venu te chercher !

— Mon bien-aimé, je t'espérais !

Puis Iseut se tourne sur le côté, dissimule sa tête dans ses bras, mimant une peine inconsolable.

La vièle, entre les mains de Tristan, commence à chanter. Une mélopée s'élève, une caresse qui appelle les pleurs et invite à la tristesse.

— Patience, murmure la voix qui berce. L'amant apporte la délivrance.

Iseut se laisse cajoler et, doucement, sanglote de se savoir secourue.

— Les lèvres du bien-aimé, chante la vièle, sont une fontaine où coule un vin de vigueur. Ses mains, un feuillage qui pacifie le vent. Son corps, un tabernacle édifié par les anges.

Les heures passent ainsi, effeuillées par cet hymne à l'amour. À l'intérieur de la tente, le temps fond. À l'extérieur, la marée monte. Ses eaux atteignent le navire et le mettent à flot. L'équipage s'active, achève l'embarquement.

— Seigneur, il va falloir partir !

Mais le seigneur irlandais, rouquin harpeur, est prisonnier dans sa propre demeure, enchaîné par la magie de la vièle. Il ignore les conseils de ses gens. Il voit que sa captive est enfin apaisée et il réclame au musicien un supplément de sérénité pour assurer la traversée.

— Seigneur, il n'est que temps ! insiste son maître d'équipage. Il ne faudrait pas que Tristan revienne de la chasse et nous découvre sur le rivage !

— La peste, ce Tristan ! s'emporte le baron. Vielleux, ne t'occupe pas, poursuis !

Et celui-ci attaque un lai[1] où il célèbre l'impatience des amants qui attendent de se retrouver.

Lorsque la vièle enfin se tait, la mer, haute, a éloigné la barque de la rive et la passerelle d'accès flotte comme un radeau, à la dérive.

— Par les dents Dieu ! jure l'Irlandais, embarrassé. Comment faire pour embarquer la dame sans la tremper ? Mon destrier est à bord.

— S'il ne s'agit que de cela, propose Tristan, j'ai aperçu en arrivant, un cheval qui paissait dans la lande. Je l'aurai bientôt ramené. C'est à deux pas !

Aussitôt, il court retrouver Gouvernal.

— Vite ! lui dit-il. Retire le harnais pendant que je le desselle !

Il revient peu après, montant à cru, vers le ravisseur qui attend avec Iseut.

— Messire, gagnons du temps, conseille Tristan, confiez-moi votre dame. Cela vous épargnera la peine du transport.

Le rouquin, sans se méfier, soulève la dame et la cale entre le cavalier et l'encolure de l'animal.

Iseut, hors d'atteinte, s'empresse de serrer son bienaimé dans ses bras, devant l'Irlandais éberlué.

— Par la vertu Dieu, baron, lui dit alors Tristan en riant. Il faut vous éveiller ! Je suis vielleux certes, har-

1. Poème.

peur un brin, pourfendeur de géant et de dragon tout autant et chevalier à mes heures. Je réponds au nom de... Tristan ! Je vous ai repris, par ruse, un bien que vous m'aviez dérobé par traîtrise ! Que la mer et le diable vous emportent !

Puis, d'une pression contre les flancs de sa monture, il s'éloigne au petit pas, pour rejoindre Gouvernal, sa douce amie toute blottie contre sa poitrine. Après cinquante pas, il se ravise et lance :

— Pour le manteau que vous m'aviez promis en récompense, gardez-le ! Je vous en fais cadeau !

L'Irlandais est ébahi mais, contraint de se mouiller pour regagner son bord, il entre dans la mer et quitte la Cornouailles à la nage.

27

DES PAS DANS LA NEIGE

De loin, Gouvernal a observé avec quelle habileté Tristan a repris Iseut. Il les regarde arriver, tendrement enlacés, sans chercher à se cacher de lui. On dirait qu'ils ont décidé de lui révéler leur secret. Ils rient.

Le vieux maître d'armes est ému d'une telle confiance. La tendresse qu'ils se témoignent lui rappelle la passion éperdue des parents de Tristan. Rivalin, Blanchefleur... Sa mémoire les appelle et ils répondent bientôt, touchés par sa fidélité, remontant des limbes de la vie, pour contempler ces deux enfants.

— Mon bien-aimé, murmure Iseut comme s'ils étaient seuls sur la terre, tu m'as conquise et tu m'as reconquise. Que serais-je sans toi ? Une nef à la dérive, soumise au gré de tous les vents... Tu es mon étrave, tu es mon cap.

— Et moi, sans toi, dis, que serais-je ? répond Tristan. Le sais-tu ? Un chevalier errant de cause en cause, sans idéal, sans passion... Tu es mon arbre de vie.

Ils sont si bien appariés ! Gouvernal s'en réjouit. Il sent qu'à ses côtés, Blanchefleur et Rivalin sont remplis d'allégresse. Le voici donc, ce fruit de leur tendresse qu'ils n'ont jamais pu choyer. Comme leur amour s'est bien transmis !

La journée va bientôt s'achever et les amants décident de ne pas rentrer. Ils s'éloignent vers la forêt et Gouvernal les suit. C'est lui, une fois sous le couvert des arbres, qui leur construit une loge de branchages où ils se retirent, pendant qu'à l'écart il allume un feu et veille pour éloigner les bêtes de la nuit.

Ils regagnent Tintagel le lendemain, un peu avant midi.

Le roi ne questionne pas Tristan sur le détail de sa victoire. Il n'est pas gourmand de précisions. Au contraire, il célèbre son neveu. Grâce à sa bravoure, l'honneur du royaume, une fois de plus, est sauf, et la reine n'a pas été outragée. Cela seul lui importe.

Pourtant, si le roi se tait, d'autres parlent et s'interrogent. Et parmi eux, certains couards qui se sont dérobés la veille, devant le musicien.

— La barque du rouquin est repartie avant la nuit. On l'a vue, au large, dans le soleil déclinant. Ils ont dû s'égarer en chemin !

— À moins qu'un obstacle imprévu se soit dressé !

Quel nouveau trophée le héros a-t-il couché sur son tableau ?...

— Un géant ? Un dragon ?

— Nenni ! L'Irlande est sa terre de prédilection. Il aura rencontré un esprit ! Des eaux... ou de la forêt... Peut-être une fée à la chevelure d'ange !

Tristan ignore bavardages et insinuations. Il a tort. Les adversaires qui attaquent de loin, en fanfaronnant, sont plus dangereux que les dragons.

La reine et lui ne changent rien à leurs façons et, chaque jour, ils se voient, se frôlent, se communiquent leurs rendez-vous par signes, dans un langage codé.

Quand Iseut porte une branche de bruyère à son plastron, cela veut dire : « Je t'attendrai sur la falaise. J'irai m'y promener tantôt, après dîner ! » Quand elle demande une pomme, elle suggère : « J'en croquerai une autre avec toi, dans le verger. Viens m'y retrouver. » Et le nombre de bouchées indique l'heure de la journée. De son côté, Tristan, quand il annonce sa venue pour la prochaine nuit, taille un bâton de noisetier et jette les copeaux dans le ruisseau qui passe sous la fenêtre d'Iseut. Le noisetier connaît tous les mystères du monde et la reine, qui possède la science des plantes, sait y déchiffrer le désir de Tristan. Si elle ouvre sa croisée, la voie est libre. Si elle reste fermée, c'est signe de danger.

C'est ainsi qu'une nuit Tristan se lève. Il partage sa chambre avec Cariado, un proche du roi, et dort avec lui, dans le même lit. Son compagnon repose paisiblement et Tristan se glisse hors de la couche, aussi discret qu'une ombre. Il fait froid. Il se vêt en hâte et s'en va. Dehors, il a neigé. La cour et les jardins sont blancs. La lune brille, éclatante et glacée. La rumeur de la mer parvient étouffée et l'austère palais semble s'être allégé.

Tristan se dirige vers les appartements de la reine et ses pas, à la manière d'un chroniqueur, écrivent ses précautions sur la page enneigée.

À l'entrée du bâtiment de la reine, Brangien l'attend. Elle lui sert de leurre, comme elle a fait pour sa maîtresse pendant sa nuit de noces. Si quelqu'un venait à les surprendre, il comprendrait que le chevalier est l'amant d'une suivante. Rien d'alarmant.

Prudents, ils se glissent dans les obscurs corridors jusqu'à Iseut qui attend, à la lueur d'une chandelle. Pas un mot. Tristan se coule auprès de sa reine de la nuit. Le silence parle pour eux et, bien doucement, tamise leurs effusions. Ils se serrent à pleins bras, se baisent tendrement, pendant que Brangien, méticuleuse, filtre la flamme du bougeoir à l'aide d'une corbeille en éclisses de frêne.

Pendant qu'ils s'aiment, elle s'assoit sur son lit et veille, en rêvant.

Cariado, là-bas, dans sa chambre, rêve aussi, mais d'horreur. Un cauchemar effroyable ! Une bête noire, aux soies luisantes, vient de jaillir de la forêt et coupe à travers les prairies, en direction de Tintagel. Elle est monstrueuse et laide. La mère de tous les sauvages des bois profonds. Son groin flaire bas sur la terre et vermille[1] en galopant. Une fureur l'a tirée de sa bauge. Elle

1. Action du sanglier qui retourne la terre avec son groin.

suit une trace, mue par le désir de tuer. Elle arrive au château. D'un bond, elle franchit le rempart, puis escalade la tour du roi, pulvérise la fenêtre avec son front et se jette sur le lit où il dort avec ses chevaliers. Marc s'éveille en sursaut, mais, impuissant, se laisse déchirer par les défenses de la bête qui lui lacère le dos. Ses compagnons, pris au dépourvu, appellent à l'aide. Le roi saigne. Son lit est poisseux de bave blanche et de sang vermeil. Quand les gardes arrivent à la rescousse, ils s'immobilisent au seuil de sa chambre, tenus à distance par le sanglier qui les nargue, la gueule écumante. C'est Satan en personne ! Il porte, à la place de sa hure, la face de Tristan !

Cariado se dresse en hurlant, le cœur fou.

— Tristan ! s'écrie-t-il en tâtant à son côté. J'ai fait un cauchemar effroyable... le diable... Tristan, tu es là ?...

Tristan s'est levé. Cariado se lève aussi et s'habille. Il veut parler à son ami, exorciser l'épouvante qui s'agrippe à lui.

— Tristan où es-tu ? appelle-t-il.

Il sort et découvre les pas dans la neige fraîche.

— Pendant que je suis aux prises avec le grand méchant, s'exclame-t-il amusé, messire Tristan s'accorde du bon temps !

L'air frais le revigore, dissipe son malaise, et cette escapade excite sa curiosité. Il suit les traces sous la lune et, à mesure qu'il s'approche des appartements de la reine, il croit deviner où Tristan est allé. Il rit, étonné.

— Brangien !... On soupire donc pour les beaux yeux d'une servante ! Conquête facile... Il s'endort sur ses lauriers, le beau héros !...

À son tour, il se faufile dans les corridors et s'approche de la chambre où il sait surprendre les amants. Il entrouvre la porte, avec des précautions de héron. Tristan est là. Cariado entend des souffles qui se mêlent, des murmures qui font bruire la nuit. Il se glisse dans l'ouverture. Une imperceptible lueur tamise l'obscurité, comme une veilleuse devant un reliquaire sacré. L'intrus ne voit rien, ou à peine. Une silhouette se tient immobile sur un lit, imperceptible, à l'écart de l'amour... Malgré la pénombre, cette allure, ce port de tête, on dirait... Mais oui, c'est...

— Brangien !

La stupeur claque en lui.

— Alors, si la suivante est seule...

Il n'ose poursuivre. La vérité le foudroie.

— Tristan partage la couche de la reine !

Il ne peut plus bouger. Il ne peut plus penser. Son cœur s'est arrêté et son sang, dans ses veines, s'est figé. Le froid l'envahit. Il est saisi... L'horreur de son rêve lui revient alors et s'éclaire de l'horreur du secret surpris...

« Le déshonneur infligé par le champion de l'honneur !... » hurle sa révolte en lui.

Son émoi est si violent qu'il craint de se trahir. Il voudrait fuir. Il demeure, sans bouger, retenu par le babillage feutré des deux amants. Savent-ils qu'ils ont été découverts ? On dirait qu'ils prennent moins de précautions...

« Il a su forcer la porte de la cage, songe Cariado. Il est l'oiseleur habile qui a détourné le chant du rossignol à son profit. »

Son sang se remet en mouvement, le réchauffe et répand les fourmillements de la rancœur et de la jalousie.

Enfin, il parvient à se retirer, blessé par l'outrage, comme s'il était le roi. Il regagne sa chambre, brouillant les traces dans la neige, se recouche, incapable de retrouver le sommeil, entend Tristan, à l'aube, se glisser auprès de lui, sans bruit, et l'écoute s'endormir en soupirant de plaisir.

28

LES SOUPÇONS

La chambre du mystère était close. Elle s'est ouverte et le secret s'est échappé. Le vent l'a saisi, dispersé, ajouté aux senteurs qui se mêlent dans l'air et, maintenant, chacun le respire et chacun sait.

Cariado n'a rien révélé, mais malgré sa discrétion, les rumeurs sur la liaison des beaux amants enflent et les allusions se multiplient.

Le roi veut les ignorer, mais pour les ennemis de Tristan l'aubaine est trop favorable. Ils s'en saisissent.

— Vous octroyez trop de liberté à la reine, seigneur ! Elle en use et votre jeune neveu s'en trouve bien aise !

— C'est bien simple, pour trouver l'un, il suffit de chercher l'autre. En tous lieux, et spécialement les plus retirés et discrets.

— La cour en fait des gorges chaudes. Vous êtes le seul à sembler l'ignorer !

— La faute n'est pas prouvée, élude le roi. Si je devais condamner sur la foi d'allégations et de rancœurs, vous-mêmes n'échapperiez pas au bannissement.

Les barons connaissent la coutume autant que lui. Ils savent qu'un témoignage collectif est nécessaire pour soutenir une accusation contre la reine. Ils s'emploient à l'étayer, à force de harcèlement. Marc leur résiste, mais, pour dire la vérité, cette liaison le blesse profondément. Il voudrait l'ignorer, seulement quand le doute est semé, il germe et croît jusqu'à la fleur.

À l'inverse, que serait le royaume de Cornouailles sans Tristan, son bras armé, son rempart. Une fois cette muraille abattue, le roi serait bien seul et nu. Les jaloux s'en réjouissent à l'avance.

Mais autant l'oncle ne peut accepter de paraître l'otage de son neveu, autant il ne peut tolérer de subir l'autorité de ses barons les plus ambitieux. La voie est étroite. Il le sait et ne peut demeurer inactif. C'est pourquoi il décide de contre-attaquer en se forgeant lui-même son opinion.

Une nuit qu'il est allé dormir dans la chambre de son épouse, il la prend dans ses bras, la serre contre lui et, approchant tendrement sa tête de la sienne, sur l'oreiller, il soupire avec un air de gravité.

— Je n'aurai pas assez profité de vos douceurs, ma mie. Maintenant qu'il me faut y renoncer, j'en éprouve regrets amers et nostalgie.

— Pourquoi parler ainsi, mon gentil roi. Renoncer ?

Je ne crois pas qu'il en soit déjà l'heure, lui répond-elle, câline, en se blottissant dans sa chaleur.

— Hélas ! ma décision est prise. Je vais partir en pèlerinage à travers maints royaumes pour demander la rémission de mes péchés et alléger le poids des fautes dont j'ai chargé la Cornouailles. Les rois ont beau être investis par Dieu, ils doivent parfois lui présenter leurs livres de comptes.

— N'est-ce pas commettre une imprudence, d'aller ainsi ? objecte-t-elle. Car votre absence durera.

— C'est que... Dieu appelle, ma dame ! Il n'attend pas !

— Mais le royaume sera bien démuni, murmure-t-elle, toute petite contre lui. Et moi aussi...

— Justement, vous êtes le point qui me soucie. Aimable comme vous êtes, gracieuse et de franche nature, vous serez assaillie sans fin. Moi parti, les séducteurs dresseront le siège devant vous. Aussi, avant de vous quitter, je veux vous placer sous la protection d'un grand capitaine. Je sollicite votre conseil pour ce choix. Qui est, selon vous, le plus apte à vous garder ?

— Je n'en vois qu'un, répond Iseut. Et vous l'avez désigné depuis longtemps. Il n'a jamais failli, jamais trahi sa parole. Il m'a toujours protégée, toujours sauvée quand les courageux étaient défaillants : Tristan !

Marc ne s'empresse pas de répondre. Il laisse le nom de son neveu habiter l'espace entre eux et planer sur la couche, un instant.

Iseut s'est redressée en parlant, convaincante, et regarde son mari, accoudée, une main posée sur sa poitrine tiède. Marc l'observe. Des ombres soulignent le modelé de son visage, doré par la lumière tremblante du chandelier.

— Tristan, reprend-il enfin après un long silence. C'est à lui que je pensais également. Je suis bien aise que vous fassiez le même choix que moi.

Puis il saisit sa main et l'attire contre lui. Iseut s'offre à son invite, accueille sa bouche, se livre à ses caresses, leur répond.

Dans la chaleur douillette de la courtine, le roi épouse sa reine. Ils s'aiment avec une candeur de jeunes amants et ils s'endorment enlacés, lèvres à lèvres, car le sommeil les cueille au milieu d'un baiser.

Le lendemain, le roi s'éveille le premier. Il regarde sa femme alanguie et légère. Elle sourit en dormant. Il repense à leurs ébats de la veille et, malgré la tendresse d'Iseut, malgré sa passion, il n'est pas sûr que c'est à lui qu'elle prodiguait son émotion.

Quand Iseut s'éveille à son tour, elle se découvre seule et Brangien, qui arrive peu après pour accomplir son service, la trouve dans ses songes. Iseut la fait asseoir sur son lit, impatiente de lui raconter sa nuit.

— Écoute, Brangien, s'empresse-t-elle, le roi s'en va. Il part à l'étranger pour longtemps. Et sais-tu à qui il me confie ?... Tu ne le devineras jamais. À Tristan !

La dame de compagnie ne partage pas la jubilation de sa maîtresse. Elle a appris à se défier de la fortune quand elle est trop accommodante. Elle réclame des précisions, veut connaître l'enchaînement de la conversation et à la fin, sévère, donne son avis.

— Le roi vous a tendu un piège, ma dame, et vous y êtes tombée. Vous lui avez répondu avec trop de franchise. C'est votre cœur qui a parlé et cela ne lui a pas échappé. Il fallait le mettre sur la voie, au contraire, suggérer habilement, le laisser décider et n'accepter son choix qu'avec résignation, comme si vous vous soumettiez à lui, obéissante...

— Alors selon toi, s'alarme Iseut, il nourrit des soupçons ?

— Non, ma reine. Bien pire. Il sait ! Mais je crois qu'il vous aime. Il hésite et cherche à vous épargner.

Iseut se sent soudain désemparée. Tout son subtil jeu d'amour est détruit.

— Brangien, supplie-t-elle, aide-moi à dénouer ce lacet qui m'étrangle.

— Je connais un moyen. Écoutez...

Et, pendant que la suivante enseigne sa maîtresse sur le lit clos, le roi, de son côté, sollicite l'avis de son confident, Cariado.

— Je n'arrive pas à me déterminer, lui dit-il. Qu'en penses-tu ? Donne-moi ton opinion.

Cariado hésite. Les messagers du malheur ne sont jamais bien reçus. Mais il sent l'attente sincère du roi, et son rêve lui revient, plein d'horreur et de menace, la plénitude de Tristan aussi, quand il s'est recouché à ses côtés. La jalousie l'étreint, et le dépit.

— Sire, dit-il, la reine vous ment !

Le roi ne bronche pas.

— Tu es catégorique. Pourquoi ?

Cariado regrette déjà son aveu et temporise à nouveau. Il s'était promis de taire son secret et voilà qu'en quatre mots, il a tout dévoilé. Mais il se sent soulagé et le roi l'encourage à poursuivre. Alors, bribe après bribe, il lui révèle tout ce que les pas dans la neige lui ont appris.

Le roi l'écoute sans l'interrompre une seule fois. Il pâlit.

— Tu es certain de ce que tu affirmes ? lui demande-t-il à la fin. Réfléchis bien ! Il pourrait s'agir de Brangien.

— Je n'ai pas vu les visages, seigneur. Il est vrai ! Mais j'ai reconnu les voix.

— Les voix ! À la bonne heure... pense Marc à demi soulagé. Comment bâtir des certitudes sur des murmures dans la pénombre ?...

Il veut savoir tout en continuant d'ignorer.

La nuit suivante, prétextant son départ prochain, il revient dormir dans la chambre de la reine.

— Notre dernière conversation m'a soulagé, lui annonce-t-il. Dès aujourd'hui, j'ai préparé un décret qui nomme Tristan votre tuteur. Ainsi, personne ne trouvera surprenant qu'en mon absence il vous accompagne en tout lieu et à tout instant.

Il n'a pas prononcé le dernier mot qu'Iseut se cache le visage et fond en larmes.

— Ma douce amie, qu'ai-je dit qui vous déplaît ? s'étonne le roi surpris.

Iseut n'entend pas. Elle sanglote, en proie à son chagrin.

Il lui prend les mains, découvre sa face mouillée de pleurs, lui taquine le menton et lui demande, tout délicatement :

— Est-ce l'imminence de mon départ qui vous cause une telle misère ?

Iseut renifle, fait signe que oui, fait signe que non, désemparée comme une enfant.

Marc l'amène contre lui, la mignote, l'essuie avec les draps, la mouche.

— Là, ma petite... là ! Séchez cette rosée et confiez-moi votre peine.

— C'est à cause de Tristan ! dit-elle en soupirant.

— Tristan !

— Oui, Tristan ! Par votre décret, il sera là, toujours, attaché à mes pas, à toute heure du jour, à m'épier, à m'entendre... Et bientôt dans ma chambre, pour me regarder dormir... C'est insupportable ! Cela m'oppresse.

— Mais, c'est vous-même qui l'avez désigné ! Je n'ai fait que suivre votre volonté. Pourquoi ce revirement ?

— Je n'avais proposé son nom que pour vous plaire, répond Iseut. Parce qu'il a toute votre confiance et que vous l'aimez comme un fils. Il a tué mon oncle Morholt, l'oubliez-vous ? C'est moi qui ai découvert son crime et qui l'ai confondu ! Et vous l'avez sauvé ! Oui, vous ! Il venait à votre demande me réclamer et mon père a pardonné.

— Par ma foi ! s'étonne Marc. On vous voit si souvent bien disposée à son égard, que je ne pensais pas vous infliger un tel supplice !

— Si je me suis toujours efforcée d'avoir bonne contenance, c'est parce qu'il est votre parent. Je ne voulais pas m'entendre accuser de rejeter un membre de votre famille. Mais de là à subir son autorité...

Iseut s'interrompt un instant, sèche ses joues, soupire comme absorbée par sa tristesse, puis reprend :

— C'est à vous que j'ai été donnée... Aussi, je vous en prie, ne me laissez pas entre les mains de ce gardien...

Marc se tait. Il réfléchit en caressant les joues d'Iseut, son front.

« Attachement sincère ou tromperie consommée ? » se demande-t-il.

Alors, d'un ton décidé, il déclare, pour sonder ses intentions :

— Ni entre ses mains, ni même sous vos yeux ! Puisqu'il vous incommode à ce point, je vais l'éloigner. Il se rendra en ambassade pour moi, chez mon cousin, à la cour de France.

— Surtout n'en faites rien, seigneur ! sursaute Iseut, alarmée. Vous vous priveriez de votre meilleur soutien. Si le royaume venait à être harcelé, qui conduirait votre armée ? Qui repousserait l'ennemi ? Et que n'entendrait-on pas ! « Le roi s'est défait de Tristan ! Il s'est mutilé par amour ! » « Le confort de la reine prime la sécurité de la Cornouailles ! » « Qui gouverne ?... Un preux ou une donzelle ? » Les méchants sont prompts à nuire. Vous le savez.

Marc écoute avec intérêt. Son épouse paraît sûre d'elle et réfléchie. Argumenter l'a consolée mieux qu'il ne l'a fait lui-même et il admire son sens de la discussion.

— Alors, quelle solution ? demande-t-il en simulant l'embarras.

— Je n'en vois qu'une, mon roi. Si vous partez, emmenez-moi. Ou alors...

— Ou alors ?

— Ne changez rien ! Chaussez vos sandales de pèlerin et placez-moi sous la tutelle de Tristan. C'est mon premier devoir de reine d'obéir. J'accepterai votre décret, quoi qu'il m'en coûte.

« Nous y voilà ! songe Marc en opinant. Et qui sort vainqueur de cette joute ? Tristan !... »

— Nous aviserons demain ! répond-il. Jusque-là, ma mie, venez vous appuyer contre moi et dormons.

Le lendemain matin, il quitte la couche de la reine.

— On prétend que la nuit porte conseil, dit-il à Iseut et elle m'est venue en aide, en effet. Voici ce que j'ai arrêté. Je me range à vos raisons. Je n'enverrai pas Tristan à la cour de France. Mais comme je n'ai aucun tuteur de rechange, je n'accomplirai pas non plus mon pèlerinage. Si Dieu le veut, il me fournira une nouvelle occasion avant que je ne sois trop avancé en âge !

Et là-dessus, il s'en va.

29

LE NOISETIER

L'étau se resserre.

Quand le roi quitte la chambre de la reine, il ne possède contre elle aucune preuve formelle de trahison. Seulement de lourdes présomptions. Mais c'est sur elles qu'il s'appuie pour décider néanmoins d'écarter Tristan.

Il le convoque sans tarder pour lui signifier son arrêt.

— Tu es trop proche de mon épouse, lui dit-il. Et trop de rumeurs circulent sur vous à la cour. C'est pourquoi je veux que tu quittes le château. Pars sans tarder. Trouve à te loger au-dehors, dans la ville. Je n'oublie pas ce que ma couronne te doit. C'est par égard pour les services rendus que je ne te bannis pas.

Tristan écoute sa condamnation. Soudaine, brutale,

il est stupéfait, mais ne proteste pas. Tout au plus, il observe :

— En m'éloignant, seigneur, vous approuvez les rumeurs.

— Nous apaisons les esprits, corrige le roi. Et nous saurons juger où cela nous conduit.

Tristan n'insiste pas. Plaider renforcerait les soupçons, compromettrait la reine. Il se retire, encadré par deux gardes, sommés d'exécuter la volonté du roi. Il part avec son destrier, ses armes et son maître Gouvernal. Chassé comme un valet ! Il ne possède rien sur le sol de Cornouailles. Ni biens, ni fief, ni aucun revenu. Sa richesse est toute immatérielle. Pareille au vent, à la lumière. Pareille à l'éclat du soleil sur la mer.

Sans un sterling dans sa bourse, Tristan est contraint d'hypothéquer le fier Beau Joueur et tout son équipement, jusqu'à ses armes, son âme de chevalier, pour payer son loyer.

Les conspirateurs ont eu raison de lui !

Le tenancier de l'hostellerie qui accepte sa caution est le premier surpris d'héberger le héros du royaume, mais comme il n'est pas tenu de se taire, il parle et la rumeur, circonscrite au château, a tôt gagné la ville de Tintagel.

— L'affaire doit être grave ! Et compromettre l'État, pour que Marc ait renvoyé Tristan !

Le cœur est soupçonné. La reine est jeune. Tristan aussi. Deux enfants éclatants ! Et le roi, il est vrai, pourrait être leur père...

Le peuple ainsi, ne tarde pas à découvrir la véritable cause de l'éloignement de Tristan et, loin de blâmer les beaux amants, s'enthousiasme pour eux, devient leur plus farouche partisan.

Ce baume ne suffit pas à apaiser la souffrance. Ni celle d'Iseut, loin des approbations de la ville, ni celle de Tristan.

Leur amour est entier. Il ne peut être divisé. Ils ne forment qu'un seul être, en deux parties, ainsi qu'Ève et Adam quand ils vivaient au paradis. Leurs deux moitiés ont été séparées par décision du roi, comme jadis leurs parents, par volonté de Dieu, et l'un et l'autre, estropiés, avancent sur leur chemin de misère, en claudiquant.

Leur cœur souvent s'arrête, se met à l'écoute pour capter l'écho de l'autre, qui ne répond pas.

— Oh, mon doux ami ! Chante dans le vent pour qu'il m'apporte ta consolation !...

— Oh ! ma bien-aimée ! Loin de toi, je suis comme le pèlerin égaré dans la nuit de l'affliction !...

Ils étaient comme chèvrefeuille et coudrier[1]. Lovés, étroitement enlacés. La main qui les a désunis les a brisés.

Des deux, la plus à plaindre est encore Iseut. Tristan peut pleurer, lui, s'abandonner à la mélancolie, sans se cacher. Il trouve soutien et compréhension. Iseut, elle, va et vient sous les regards de la cour qui interroge sa pâleur, commente ses indispositions, feint de s'étonner de sa perte d'entrain.

— La cage s'est refermée, murmure-t-on. Le rossignol est devenu muet !

Sans compter les barons qui la saluent avec des airs arrogants.

---

1. Noisetier.

Souvent, Tristan erre dans la campagne, entre ville et château. Il scrute les remparts, espère une présence. Il ne rencontre que fantômes amers qui avivent sa tristesse.

Un jour, il longe le ruisseau qui lui a tant servi de messager. Il marche en s'appuyant sur son bâton de noisetier, sa seule arme depuis qu'il a gagé son épée. Il songe à sa solitude et se voit semblable à cet arbre qui va toujours en avant-garde où les autres n'osent encore pousser. Par sa seule présence, il défriche des broussailles et ouvre des clairières. Il se sent aussi singulier que lui.

— Oui ! souffle-t-il d'une voix rauque. Je suis un noisetier !

Et aussitôt, il sort son couteau et taille des poignées de copeaux qu'il égrène au fil de l'eau.

— Allez, mes doux billets, leur dit-il. Faites-vous reconnaître de ma bien-aimée. Priez-la de me rejoindre, dès la nuit tombée, à la fontaine du verger. Elle vous reconnaîtra et saura vous entendre, quand elle vous apercevra, si légers.

Tristan ne se trompe pas. Iseut se trouve à sa fenêtre quand les premiers copeaux apparaissent.

— Tristan ! s'exclame-t-elle.

Mais elle se reprend, inquiète, observe autour d'elle. A-t-on perçu son cri ? Les dames de sa suite poursuivent leurs travaux d'aiguille, en bavardant. Aucune n'a entendu.

Iseut est pâle. Ses jambes tremblent comme si Tristan en personne était apparu. Elle s'appuie à la croisée pour ne pas défaillir.

— Tristan chuchote-t-elle en observant la flottille. Mon aimé, mon si chéri. Tu m'appelles. Je viendrai.

Et pour percer le sens de ce message, elle se laisse balancer, à la dérive sur ses pensées, comme les copeaux sur le ruisseau.

— Il me prévenait ainsi quand il m'annonçait son arrivée pour la nuit... Mais aujourd'hui, il se sait surveillé. Il ne peut prendre le risque de me rejoindre dans mon lit... C'est dans un autre lieu qu'il m'attire... semblable à ma chambre... où nous nous sommes déjà aussi tendrement embrassés... Je sais ! Le verger... c'est au verger qu'il m'attend ! Et l'eau qui me délivre son message m'indique la fontaine, tout aussi clairement. J'y serai !

Elle est comblée la blonde Iseut, transportée par une félicité qu'elle s'efforce de dissimuler. Mais elle serait épouvantée d'horreur si elle savait que son secret est déjà partagé !

En effet, le mal veille. Le sombre Frocin est à l'affût. Depuis que Ganelon, Godoïne et Denoalain sont venus le solliciter pour apprendre comment Tristan avait survécu au poison de Morholt, il n'a jamais cessé de surveiller le manège de l'épouse et du neveu.

Il voit tout et il voit les copeaux ! Son art de la divination est plus puissant que la science d'Iseut. La vérité lui apparaît, franche, dépouillée. Il jubile. Il sait ! Aussi sûrement que s'il était à la fois Iseut et Tristan.

Il s'est tenu dans l'ombre jusqu'alors, se contentant de fournir ses conseils aux barons, en les laissant sur le devant. Aujourd'hui, il tient l'occasion de briller, en portant un coup décisif aux jeunes gens. Il en recueillera seul les fruits.

Il se rend auprès de Marc. Il trottine, courbé, accentuant la bosse de son dos, fourbe. Il fait le vide devant lui et ricane de la répulsion qu'il inspire.

— Sire, la reine a un secret à vous dire. Vous plairait-il de l'entendre ? minaude-t-il devant Marc.

— Cesse tes simagrées, bouffon ! Parle sans façon ou retourne dans ta souille !

— Elle verra son amant, dès la nuit tombée, à la fontaine du verger !

— Tu es sûr ? Comment sais-tu ?

— Des copeaux, sur le ru !

Un voile de colère enveloppe le roi et l'étourdit. Il déteste son nain, mais le tolère, car il voit juste et loin.

— Conseille-moi !

— Un grand pin surplombe la fontaine. Grimpez-y et cachez-vous dans son feuillage. Ainsi, vous ne perdrez rien de tout leur babillage.

— Si tu me trompes, crapaud, je te ferai rôtir dans un brasier.

30

LE RENDEZ-VOUS ÉPIÉ

Quand le soleil se couche, le roi est déjà au verger. Juché sur son poste d'observation, dissimulé par le feuillage, comme Dieu par les nuées, il attend.

À ses pieds, le jardin est paisible. Les arbres se laissent envelopper par l'obscurité, le gazon s'assoupit et le coulis de la fontaine berce le frais silence.

L'air, à l'intérieur, est rond. Le mur d'enceinte interdit l'accès aux brises de la mer, à leurs appels fous et les vents de terre n'entrent pas.

Le verger est un nid et, pour la première fois, emmitouflé dans sa pelisse, seul, immobile, Marc en goûte la quiétude.

La porte ne tarde pas à s'ouvrir. Une silhouette se faufile dans le jardin. Vêtue d'ombre, elle s'avance en direction de la fontaine. Son pas foule le sol, sans écraser la rosée. C'est Iseut... Une fois dans les lieux, elle regarde autour d'elle, écoute, attend. Elle est là. Tristan ne saurait plus tarder.

Il arrive, en effet, sur ses talons. Merveille ! Surveillait-il les abords pour la laisser entrer la première ou est-ce le philtre qui unit à ce point leurs pensées ?

Tristan, à son tour, marche sur les traces d'Iseut. À mesure qu'il va, le ciel s'ouvre et la lune apparaît, pleine, généreuse.

Iseut le voit approcher. Il sourit. Elle est folle de bonheur et, au moment où elle s'apprête à se précipiter à sa rencontre, elle découvre, dans le miroir de la fontaine... horreur !

Là-haut, Marc s'est penché sur son perchoir pour mieux distinguer les amants à travers le feuillage qui forme écran, et la lune, complice des amoureux, le désigne.

— Regardez qui est là !

Horreur deux fois ! Iseut a vu, mais Tristan non. Lui aussi, est près de laisser crépiter son feu de joie. Vite ! Il faut l'empêcher de courir, d'acclamer !

— Vous me plongez dans un grand embarras, messire Tristan ! Un rendez-vous, en tel endroit, à une heure si tardive !... Où avez-vous l'esprit ?

Sa voix grelotte d'inquiétude vraie que l'air de la nuit avive.

Tristan, coupé net dans son élan, la regarde, surpris par sa froideur.

— Que dirait-on de nous si l'on nous surprenait ? poursuit-elle sur le même ton. Que nous sommes amants... Que nous ne pouvons plus nous quitter, tant nous sommes attachés... prêts à toutes les folies... Les soupçons seraient alors fondés ! Y avez-vous songé, cher neveu ?

Tristan, sur ses gardes, ne répond pas.

« Elle me tient à distance comme si elle se méfiait, pense-t-il. De qui ? De moi ? Pourquoi ? Et ses paroles... On dirait que son cœur contredit sa bouche. »

— Il nous faut travailler à les effacer, ces vilains soupçons... Donner des assurances... Prouver que nos deux vies sont aussi limpides que l'eau de ce bassin, ajoute Iseut en désignant la fontaine.

Tristan regarde alors et comprend. Il n'en croit pas ses yeux. Le buste de Marc et sa face pâle, émergeant des aiguilles du pin, se reflètent comme une sinistre planète, à côté de la bonne lune qui rit.

Il regarde Iseut et, avec un sourire dans les yeux, invisible d'en haut, il lui répond :

— Vous êtes ma reine. Soyez assurée que je suis résolu à suivre vos moindres volontés... Je désire tant, moi aussi, me désaltérer avec vous de cette eau de clarté, confondre les jaloux, imposer notre vérité ! Mais comment faire ? Le roi m'a chassé, sans m'accorder le moindre recours !... Bien sûr, je ne peux nier que vous m'êtes agréable. Vous êtes ma tante et mon oncle vous chérit. Devrais-je vous détester, par amour pour lui ? Sans compter que je vous dois la vie. Par deux fois, vous m'avez soigné et guéri... Faut-il que je l'oublie, pour apaiser les intrigants ?

— Bien sûr que non, Tristan. Mais ne me rappelez pas ces instants, je vous prie...

Iseut soupire. Ses yeux se mouillent. Elle s'approche de Tristan et vient s'asseoir sur le marbre du bassin.

— Nous ne serions pas à converser, ici, dans ce verger, reprend-elle avec mélancolie, s'il n'y avait eu mon oncle Morholt et ce combat terrible entre vous... Votre bravoure, sa mort...

— Oubliez, ma dame ! Ces exploits n'existent pas. Oubliez, comme le roi lui-même a oublié la détresse de toutes les mères de Cornouailles qui devaient livrer leurs enfants au tribut ! Oubliez les chevaliers qui tremblaient ! Oubliez ce combat, ma blessure, l'horrible puanteur de mes organes, ma solitude en mer...

Que m'a-t-il rendu en échange, ce roi inconséquent que j'ai servi sans jamais rechercher mon intérêt ? Des soupçons, de la méfiance ! Il a prêté une oreille complaisante aux félons !... Et pour finir, il m'a renvoyé sans m'accorder le droit de me défendre. Ah, il est plus facile de combattre les dragons qu'un adversaire qui se dérobe !... Aussi, noble dame, parlez-lui en ma faveur ! C'est pour vous supplier que j'étais plein du désir de vous rencontrer ce soir. Demandez au roi qu'il m'écoute, qu'il m'accorde un procès équitable ! Je me justifierai. Je nous laverai, vous et moi, de tout soupçon. Je pourfendrai nos accusateurs !

« Oui, mon bien-aimé, j'espère ce jour autant que toi et je sais d'avance avec quel éclat tu les vaincras ! »

Les mots se sont envolés, muets, dans un regard, puis Iseut a baissé la tête avec tristesse, en répondant :

— Hélas, mon ami ! En l'état, plaider pour vous, c'est nous compromettre davantage. Mais soyez certain que si vous comparaissiez en jugement, je vous apporterais mon soutien. Je jurerais devant Dieu, devant les saints, qu'aucun homme n'a été mon amant... que le premier qui m'a aimé. Mais jusqu'à ce jour, la sagesse me commande de rester à l'écart, sans chercher à prendre votre parti...

— Alors nous sommes perdus, ma reine ! Je n'obtiendrai jamais du roi qu'il m'entende.

Il se détourne, se dirige vers le pin en mimant la colère, frappe contre le tronc de plusieurs coups de poing :

— Voyez ! dit-il, sa porte me reste aussi fermée que ce tronc !

Dans le houppier, Marc s'est tassé en s'agrippant à son perchoir. Puis, Tristan revient se placer sous les regards de l'espion.

— Je suis seul et je n'ai rien. Que des dettes qui m'obligeront bientôt à m'exiler à l'étranger.

Il voudrait prendre Iseut dans ses bras. Tout son désir entre dans sa voix où il se change en amertume.

— Je partirai à pied, avec mon maître Gouvernal, car nous devons abandonner nos armes, pour payer la nourriture et le loyer...

Il se tait soudain, hésite, puis du bout des lèvres, suggère avec misère, comme un homme aux abois :

— À moins que vous ne puissiez...

— Régler vos dettes ? N'y pensez pas. Le roi l'apprendrait. Et comment ne pas paraître votre complice, après cela ? Non, ne me le demandez pas. Mon cœur saigne de vous savoir dans l'embarras, mais je ne puis commettre cette folie.

Elle s'est récriée avec tant de vigueur que Tristan regrette d'avoir quémandé. Même par jeu. Son refus semblait tellement sincère...

« Peut-on si bien imiter la vérité, sans se tromper soi-même ? » se demande-t-il en la voyant.

Il est troublé. Iseut perçoit son inquiétude et voudrait le rassurer. Elle craint de l'avoir meurtri. Elle se trouble à son tour, sa gorge se tend...

— Il fait frais, dit-elle d'une voix déjà enrouée par l'émotion. Je ne puis m'attarder...

Et elle s'échappe en s'envolant dans sa pelisse légère.

Tristan la regarde partir.

— Adieu, ma tante... s'exclame-t-il pour être entendu de son oncle perché. Je m'en irai demain et je ne vous reverrai point... J'irai par les chemins, je me louerai comme piéton, je m'offrirai à guerroyer et je regagnerai par mes hauts faits, monture, équipement, honneur... Tous ces biens confisqués par mon roi !

À son tour, il quitte le verger.

Dans sa cachette, Marc écoute Tristan s'éloigner puis, sûr d'être seul, laisse éclater sa colère.

— Je me suis fait mener par la main, comme un enfant qui apprend à marcher ! grogne-t-il. Le nain s'est bien moqué de moi. Me faire grimper dans un pin ! Et pourquoi pas m'enfouir dans un terrier de lapin ! J'ai soupçonné ma femme, prêt à la haïr, j'ai chassé mon neveu... S'ils s'aimaient, je l'aurais vu ! Ils étaient là, seuls, protégés par la nuit, libres de roucouler à leur gré... Mais rien ! Pas une caresse, pas un baiser, pas un mot de tendresse ! Au contraire, des plaintes chez Tristan, de la froideur chez la reine. Cela, une conversation d'amoureux ? Je les ai mal jugés. J'ai été inconséquent et ingrat...

À la première heure, demain, je fais réintégrer Tristan, quoi qu'en pensent les barons !

Quant à Frocin, ce furoncle, ce gredin, je lui décollerai la tête du tronc, je le brûlerai dans un feu ardent et je disperserai ses cendres au vent.

Au même moment, Frocin observe les étoiles. Il est impatient de connaître les suites du rendez-vous, cherche des signes, n'en trouve point de favorables. Tous parlent d'un succès des amants et le ciel, qui les couvre de sa protection, exulte de joie.

Furieux, le nain s'empourpre et enfle comme un crapaud. Il prévoit la réaction du roi. Alors, en hâte, il prépare son baluchon et court se mettre à l'abri, le temps que la colère de son maître s'estompe. Il sait comment tourne la roue de la fortune. Il connaît toutes les phases du soleil et de la lune, et leurs combinaisons avec Mars, Vénus, Jupiter, Uranus et Saturne.

— Bien fol qui rit aujourd'hui, car demain pleurera, persifle-t-il en partant.

Il se fond dans la nuit.

Iseut a rejoint Brangien dans sa chambre. Elle arrive essoufflée. Elle est glacée, de frayeur et de froid. Son visage a perdu ses couleurs. En la voyant, Brangien s'attend au pire.

— Tu ne me croiras pas... Il était là !

— Et c'est de l'avoir revu qui vous met dans cet état ?

— Non... Il était là... lui... Dissimulé dans le feuillage d'un pin, à nous épier...

— Qui, lui ?

— Le roi, mon mari ! Quelqu'un l'a prévenu... Quelqu'un nous a trahis... Oh, Brangien, j'ai eu si peur. Par bonheur, la lune s'est levée à l'arrivée de Tristan et j'ai pu l'avertir à temps !

Elle se couvre les épaules d'une fourrure, s'assoit, reprend son calme en grelottant d'émotion, puis poursuit :

— Nous avons pu nous parler, mais... comme deux funambules sur un fil... le moindre écart nous jetait dans l'abîme... Je n'ai cessé de le décourager en lui faisant comprendre que je l'aimais. Je n'ai rien dit de compromettant, mais m'aura-t-il entendue ?... Je crains tant qu'il ait pris le faux pour le vrai... Brangien, je t'en prie, parle-moi.

Parler ? La suivante, étourdie, essaie de reprendre ses esprits, puis, comme inspirée, répond, portée par une sourde conviction :

— C'est un miracle ! Un pur miracle de Dieu ! Il vous a envoyé ses anges. De leurs ailes, ils ont chassé les nuées, frotté la face de la lune pour qu'elle resplendisse... Dieu vous garde, ma reine. Dieu vous protège tous les deux et vous aime.

À cet instant, Gouvernal, dans l'hostellerie de Tintagel où Tristan l'a rejoint, se prononce, mot pour mot, de la même manière, sur cette énigme de la nuit.

31

EXPLICATION ENTRE ÉPOUX

Le lendemain, à l'aube, le roi lui-même descend avec des gardes, dans l'antre du nain. Mais la bête a quitté le nid, abandonnant ses fioles, ses mixtures en préparation, ses grimoires ouverts. Une fétide odeur de mystère imprègne les lieux. Du sol de terre montent des rumeurs, comme si les anciens géants vivaient retirés dans ces fondations, ou bien les diables de l'enfer.

— Il reviendra. Ne restons pas ici !

Le roi repart avec ses hommes, envoie une escouade à Tintagel cueillir Tristan au lit et se rend auprès de la reine, dans sa chambre.

Déjà levée, elle a revêtu sa chemise. Brangien la coiffe et ses cheveux cascadent en reflet de soleil jusqu'à ses reins.

— Sire, sursaute Iseut en le voyant. Si tôt, ici, et sans escorte ! Pourquoi cet empressement ?

— Je cherche la vérité, répond Marc, sévère. Et quelque chose me dit que, peut-être, vous l'avez trouvée. Répondez-moi ! J'ai chassé Tristan, mon neveu. L'avez-vous revu, malgré mon interdit ?

Iseut se retourne sur son siège et fait face à son époux. Ses yeux sont limpides. Elle ne se trouble pas. Elle va parler. Elle va l'étourdir et elle est bien décidée à lui faire danser le branle des fous ! C'est pourquoi, avant de commencer, elle songe à la fontaine du verger. Elle revoit l'image du pin avec son habitant buissonnier... Elle se fortifie de cette vision puis, se lève, droite devant lui et répond :

— Oui, messire le roi, je l'ai revu ! Pas plus tard qu'hier, dans le verger, à la nuit tombée ! Je l'ai revu parce qu'il m'avait donné rendez-vous. En secret, bien sûr, puisque vous l'avez chassé. Je me suis rendue à son appel, car je voulais l'entendre. Et voici ce qu'il m'a dit...

La voix d'Iseut est sèche comme l'acier.

— ... Il se plaint de votre dureté, seigneur, poursuit-elle en s'approchant de Marc. Il ne comprend pas votre faiblesse à l'égard des barons, votre complaisance pour les calomnies qu'ils répandent. Tous les exploits qu'il a accomplis pour affermir votre couronne n'ont pas suffi à lui offrir un vrai jugement où il aurait pu combattre ses accusateurs. Il est blessé de votre ingratitude.

Il voulait surtout que j'intercède en sa faveur auprès de vous. Et j'ai repoussé sa requête !

Entendez-moi bien, mon noble époux ! J'ai repoussé sa requête ! Non parce que j'approuve votre décision, mais parce qu'en l'aidant, je prêtais le flanc aux sarcasmes de vos barons !

Je suis confuse, je vous l'avoue, d'avoir dû, à mon cœur défendant, prendre le parti de l'injustice contre mon parent. Mais ce n'est pas là tout ce qu'il avait à solliciter.

Il est ruiné. Son aumônière est vide. Il m'a demandé d'acquitter ses dépenses de gîte et de couvert, comme un preux dénué peut quémander pitié, avec honneur et désespoir. Et, pour la seconde fois, j'ai dédaigné sa prière. J'ai rebuté son attente, pour nous garder encore des perfides. Oh, ceux-là ! Que Dieu les couvre de honte !

À l'étranger, il s'apprête à partir. C'est grand pitié et vous avez grand tort de le pousser à fuir !

Voilà, seigneur, ce que je puis répondre. M'auriez-vous approuvée si vous aviez été à mes côtés ? Vous seul pourriez vous prononcer, et par Dieu, vous sauriez que je dis la vérité ! Maintenant, si vous ne me croyez pas, pendez-moi par le cou ou faites-moi brûler !

Le roi ne répond pas. Il savoure le silence où la voix d'Iseut vibre encore. Il admire cette épouse vaillante et volontaire. Il est apaisé de l'avoir entendue parler avec tant de franchise.

— Ah, mon amie, pour mon bien-être et le vôtre, restez en vie ! lui dit-il en lui pressant les mains.

Il les couvre de baisers, les serre contre lui.

— Rassurez-vous ! Je sais que vous dites vrai, car j'étais là, à votre insu et j'ai tout vu, tout entendu.

— Vous étiez là ? se trouble Iseut, en se déprenant.

— Oui, habilement dissimulé dans le pin qui surplombait la fontaine ! J'ai pu y observer toute votre rencontre.

— Le pin... souffle Iseut, décontenancée. Mais alors, vous avez vu...

— Oui, je vous le dis, ma mie. J'ai vu et je sais. Je sais qu'il n'y a rien à vous reprocher. Vous ne vous êtes ni baisés, ni touchés. Pourtant, le lieu était propice à l'amour et l'heure aussi. Et si, vous sachant seuls, vous n'en avez pas profité pour vous aimer, c'est bien la preuve que vous ne vous aimez point ! Voilà ce que j'ai compris, du sommet de mon pin ! Je ne me laisserai plus influencer par les méchants et j'ai déjà envoyé chercher Tristan en son logis, dont j'acquitterai tous les frais.

Brangien, allez donc à sa rencontre et, dès son arrivée, conduisez-le jusqu'à nous.

La dame de compagnie est à peine sortie qu'Iseut, sur le qui-vive depuis l'entrée de Marc, se détend enfin et s'abandonne. Elle pleure de soulagement, tremble un peu. Elle a remporté cette partie. Tristan sera ici, bientôt, et déjà, ravie, elle rêve d'intrigues, de stratagèmes, de rencontres galantes...

Le roi se méprend sur ses larmes. Il l'embrasse, la rassure tendrement, lui caresse les cheveux. Iseut se laisse aller, ferme les yeux et imagine Tristan.

Penser à lui hâte sa venue. La porte s'ouvre. Brangien s'efface. Le voilà !

— Je t'ai fait quérir, mon neveu, pour me réconcilier avec toi, annonce d'entrée le roi. J'ai prêté l'oreille à de mauvais conseillers, je l'avoue, et t'ai mal jugé. Tu es de bonne foi. Je sais de source sûre qu'il n'y a entre la reine et toi que d'honnêtes sentiments, tels qu'en éprouvent les parents.

« De source ou de fontaine ?... » ironise intérieurement Tristan.

Il domine sa joie et résiste aux bonnes dispositions du roi. Il proteste.

— C'est bien légèrement vous défendre, mon oncle, que de parler ainsi. Mon cœur déplore votre outrage. Et c'est bien peu rembourser que se contenter simplement de reconnaître ses torts.

— Parole de preux ! s'enthousiasme Marc devant l'aplomb de Tristan. Farouche et fier ! Je te reconnais. Mais tu dis vrai, c'est bien peu, en effet, et voici davantage !

Dès maintenant, je veux que tu te réinstalles au château, avec ton écuyer, que tu habites auprès de moi, que tu dormes dans ma chambre. Reprends tes usages à la cour et ton rang. Va à ta guise et fréquente autant qu'il te plaira ta tante Iseut.

Maintenant, est-ce assez ?

Sans attendre sa réponse, il va vers lui et le saisit à pleine poigne.

— Embrassons-nous !

Et, sur la bouche, ils se donnent un rude baiser de chevalier.

Le rossignol de Tintagel ne tarde pas à se remettre à chanter et la cour, éteinte depuis l'éloignement de Tristan, recommence à briller. Iseut retrouve goût à la fête et aux plaisirs. Un vent de gaieté tourbillonne à nouveau, partout dans le château. Réceptions, chasses, tournois, et la foule colorée, de dames, de beaux guerriers et même de nobles étrangers qui viennent parader, virevolter...

Les mois passent. Les amoureux sont à leur aise, comme au meilleur temps d'avant les soupçons. Qui est le roi de ces réjouissances ? Tristan, sans conteste, et Iseut, la reine. Cette évidence n'échappe à personne. Ils la dissimulent à peine.

Mais si les amants triomphent, leurs adversaires ne renoncent pas. Ils ont la patience des rapaces qui cerclent au firmament. Ils intimident par leur présence et guettent le faux pas. Ils portent la haine en eux. L'amour les brûle plus que le sel sur les blessures. Nuire les soulage.

Las ! Les amants acquièrent une telle maîtrise dans tous leurs jeux galants, qu'ils se croient à l'abri et relâchent leur vigilance. Moins de précautions, moins de prudence...

C'est ainsi que leurs prédateurs les prennent en défaut : tel jour à s'embrasser sous les pommiers en fleur, tel autre où Marc était à la chasse, dans le lit du roi, nus, à ne faire qu'un.

Jours de triomphe pour les haineux ! Oh, leur éclat de mauvaise joie quand ils les surprennent ! Leurs sourires, leurs ricanements sont des coups de bec qui lacèrent la chair fraîche de l'amour. Et ce premier goût de sang les rend fous.

Ils se regroupent aussitôt, s'organisent, assaillent le roi. Il y a là Godoïne, Denoalain, Ganelon, les pires, et quelques autres seigneurs, riches et influents.

— Depuis que vous avez réintégré votre Tristan, il se surpasse en arrogance. Il vous nargue. Vous êtes le seul à ne vous apercevoir de rien. Mais si le roi laisse son vaisseau prendre l'eau, ses vassaux ne sombreront pas avec lui ! Nous vous ordonnons d'agir, avec la dernière vigueur ! Faute de quoi, nous nous retirons sur nos terres et nous armons pour vous livrer la guerre.

Les détails qu'ils apportent, les preuves de la liaison flagrante des amants, confondent le roi. Leurs menaces, leurs sommations... Il est devenu leur otage dans sa propre maison. Mais s'ils lui rapportent la vérité, en effet, il doit punir les coupables sans pitié...

Ganelon, qui observe le roi, le sent prêt à céder.

— Faites venir votre nain, sire. Il est de bon conseil. Il saura nous éclairer.

Frocin, le détesté devin ! Revenu depuis longtemps, il vit reclus pour se faire oublier, en continuant d'interroger les signes. Marc le sait, mais il ne l'a jamais revu depuis la nuit du rendez-vous perché.

Aujourd'hui, vaincu, meurtri, il accepte sa venue.

32

LE PIÈGE

Le nain est là, derrière la porte. Il attend qu'on l'invite. Ganelon lui ouvre et lui donne l'accolade. Il entre, le méchant bossu.

— Tu sais déjà et ton plan est conçu ! lui dit Marc, sèchement. Expose-le !

— Il est simple, seigneur. Cette nuit, demandez à la reine de dormir dans votre lit, et juste avant d'entrer dans votre chambre, prenez Tristan à part. Ordonnez-lui de porter un message secret, cacheté à la cire, à Arthur, dans sa ville de Carduel, tout entourée de murs. Dites-lui que la mission est urgente et qu'il doit partir demain, de bonne heure.

Coupez-moi le cou si je mens, il blêmira. Quitter Iseut sans l'avertir est au-dessus de ses forces. Ils sont fous amoureux et il trouvera un moyen de la rejoindre pour lui faire ses adieux. Vous sire, vous dormirez, et vers minuit, vous quitterez votre lit pour lui laisser le champ libre. Ainsi, grâce au piège que j'aurai tendu, Tristan écrira lui-même sa trahison. Je vous le dis : il la signera de son empreinte sur mon parchemin blanc !...

Que les barons fassent préparer des hommes en armes. Tristan est vigoureux. Quand il se verra pris sur le fait, il se rebellera. Il faudra l'attacher.

Le nain a parlé. Il n'a pas révélé le cœur de sa machination. Il sait qu'un secret pour conserver sa force ne doit jamais être confié. À personne. Sa puissance se disperse à la moindre parole.

Pour l'heure, chacun sait ce qu'il doit savoir. Les rôles sont distribués et les conjurés se séparent.

Frocin s'en va, de son côté, seul. Il se rend chez un boulanger de Tintagel. Il lui achète de la fleur de farine[1] : la page blanche sur laquelle l'amant écrira l'aveu de sa passion... Puis, il rentre dans sa resserre, étudier si les astres lui sont favorables.

La journée passe. Le soir tombe. Après le repas, Marc sollicite Iseut, avec de l'empressement dans la voix.

— Ma mie, j'ai grand désir que vous dormiez cette nuit à mes côtés... Mes chevaliers qui partagent ma chambre ne s'en plaindront pas. Au contraire, ils seront heureux de nous savoir travailler à l'avenir du royaume !...

Iseut ne peut se refuser et, pendant qu'elle se prépare, Marc s'isole avec Tristan.

1. Farine très fine.

— Mon neveu, lui dit-il, j'ai une mission importante à te confier.

— Parlez, mon oncle. Vous savez que je vous suis tout dévoué.

— Le roi Arthur est retiré dans ses quartiers de Carduel. J'ai un message à lui adresser. Je n'ai confiance qu'en toi et je voudrais que tu sois mon porteur. C'est urgent. Il faut partir demain.

— Je partirai ! répond Tristan. Dès que le coq aura chanté.

Il dissimule son embarras, bien forcé d'accepter. Même s'il ne s'attarde pas à la cour d'Arthur, son voyage le tiendra trop longtemps éloigné.

— C'est que... les coqs de Cornouailles sont réglés sur le jour et il faudra que l'aube te trouve déjà en chemin.

— Mais... je vous l'ai dit, mon roi, reprend Tristan en se troublant. Comptez sur moi.

— C'est parfait ! se réjouit Marc en lui remettant le parchemin cacheté. Voici le billet !

Quand ils arrivent à la chambre, Iseut est déjà allongée derrière les tentures, les chevaliers sont en train de s'assoupir, l'un ronfle.

Les deux hommes se dévêtent et se couchent à leur tour. Le roi auprès de la reine et Tristan dans son lit, à peine distant de celui de son oncle d'une bonne longueur de lance.

Il est bouleversé. Partir, quitter Iseut sans même la prévenir ! Elle s'inquiétera. Il la connaît. Il sait aussi que, pendant la durée de son déplacement, les mauvaises langues en profiteront pour distiller toutes sortes de faux bruits. Il la voit, cernée par les perfides, seulement protégée par Brangien et Périnis son gentil page, alors que lui sera au loin...

L'obscurité de la chambre rend ses craintes plus tenaces. Elles sont là, tapies dans le noir. Il les entend haleter et se mouvoir, se confondre avec les souffles des dormeurs, avec les souffles mêlés des époux sous la courtine.

Oh ! qu'il s'endorme vite cet oncle à la mission cent fois détestée ! Alors il se lèvera, Tristan, que certains surnomment l'Amoureux. Il rejoindra Iseut qui l'attend de tout son corps en alerte. Il entrouvrira les rideaux et sa bien-aimée tendra ses lèvres, pour recueillir de sa bouche un message de patience qui l'aidera à supporter l'absence.

Tristan écoute. Les voix de la nuit s'apaisent. Son cœur, violent, heurte ses tempes. Sa jambe aussi le lance. La veille, en forêt, un sanglier qu'il chassait, s'est retourné contre lui. Son cheval s'est cabré, l'a désarçonné, et le sauvage a chargé. Son croc lui a ouvert le mollet. La plaie est vive et Tristan a négligé de la faire examiner par Iseut, la guérisseuse de tous ses maux. Cette douleur de bête se mêle à sa mélancolie, ravive l'ancienne blessure transmise par son père et sa mère, et qu'il porte en lui depuis son premier cri d'humain sur la terre.

Un frôlement, soudain, l'alerte. Quelqu'un se glisse, tout près, déplace à peine l'obscurité, rôde autour du lit royal.

« On en veut à Iseut ? »

Tristan, aux aguets, se tient prêt à bondir. Une odeur lui parvient. Un mélange de suint et de tanin, de laine et de crin. Il la reconnaît sans peine. C'est Frocin ! Et la seule pensée de ce nom le répugne.

Il passe et repasse. Il s'affaire. Que manigance-t-il ?

« Un piège ! pense Tristan. Il pose un piège ! Voilà la vraie raison de la présence de la reine, ce soir, dans la chambre. »

Puis le nain se recouche et la nuit absorbe son sillage. Tristan se penche, tâte le sol. Une poudre recouvre les dalles, aussi fine que de la poussière. Il en prend une pincée, la flaire et reconnaît l'odeur de la farine.

« Pourquoi répandre de la fleur de farine autour ? »

La question livre la réponse.

« Iseut est un appât ! Ils l'ont placée dans le lit pour m'attirer ! Ils veulent recueillir les traces de mon passage, me confondre devant le roi... Et cette mission auprès d'Arthur fait partie de leur machination... »

Comment faire ? Il ne peut plus profiter du sommeil du roi sans tomber dans leur traquenard.

La solution ne vient pas de lui. Pendant qu'il songe, la nuit remue soudain. Froissements de paillasse, de draps, et le velours de la courtine qu'on écarte... Le roi quitte son lit, Frocin le suit, les chevaliers aussi. Tristan distingue leurs silhouettes noires. Il les entend quitter la chambre avec une indiscrétion calculée. Il comprend que ce départ est une feinte, qu'il lui ouvre la voie pour mieux refermer le piège... Pourtant, il ne peut laisser filer cette occasion de rassurer sa bien-aimée. Il chuchote.

— Ma reine... Êtes-vous éveillée ?

Iseut ne dort pas. La présence de Tristan, si proche, l'a empêchée de trouver le sommeil.

— Je vous attends... venez, répond-elle en écho.

Leurs deux voix semblent hurler tant le silence est profond.

— Ouvrez grand les rideaux... Je ne puis poser le pied sur le sol... Je vais devoir sauter.

Tristan, au bord du lit, calcule son élan et, d'une violente détente, bondit.

En se recevant sur la couche, sa plaie à la jambe s'ouvre, le sang coule et rougit les draps. Tristan sent la douleur, mais ne s'en soucie pas. Il a pris Iseut dans ses bras.

— Mon amie douce, la fin de la nuit me trouvera sur la route. Ne t'inquiète de rien. Je vais auprès d'Arthur, à Carduel, en mission pour le roi.

— Je m'en doutais ! s'alarme-t-elle, déçue. Et moi, comment ferai-je, pendant que tu t'en vas ? Laisse-moi faire provision de toi.

Elle le caresse par tout le corps, des mains et de la bouche, ferme les yeux, comme si elle dessinait, en aveugle, des portraits, pour le garder près d'elle en son absence.

— Mon ami, tendre et chéri, où que tu ailles, je pourrai te serrer contre moi, murmure-t-elle en promenant sa tête sur lui. Je poserai ma main sur ma poitrine et j'entendrai palpiter ton cœur. Je parlerai et ce sont tes propres mots qui s'envoleront de mes lèvres en fredonnant des rondeaux. Je regarderai la mer, et tu apparaîtras à la proue de ta nef où nous avons bu le vin herbé de notre amour. J'écouterai le vent passer sur la forêt et j'entendrai Beau Joueur qui nous emporte, mêlant son galop au chant de victoire de ta vièle.

— Iseut, ma blonde amie, dont la douceur éclaire ma nuit, je ne serai pas long. Je vais et je reviens. Les anges m'accompagneront et, de leurs ailes, ils m'aplaniront le chemin.

Pendant ce temps, Frocin, au-dehors avec Marc et ses hommes, observe attentivement la lune. Il voit se découper sur sa face l'ombre des deux amants enlacés.

— Ils sont pris ! s'écrie-t-il. Capturez-les ou pendez-moi, si vous n'y parvenez !

Alors, les hommes s'élancent. Gardes et chevaliers, emmenés par le roi et son nain malveillant et sournois. Ils portent des flambeaux qui vont faire la lumière. Les barons jubilent. Leur traque infatigable touche à son terme. Ils ont forcé leur gibier. Les amants qui ont fait fi des règles seront bientôt punis.

Mais sous l'apparence du droit, c'est la haine qui triomphe.

Ils se hâtent. Couloirs et corridors vibrent sous leurs pas. Dans la chambre, les beaux amoureux les entendent.

Vite, Iseut, recouvre-toi ! Tristan, retourne dans ta couche !

À pieds joints, il bondit, agile, par-dessus la farine. Mais sa plaie est béante, avivée par l'effort et sa tension. Elle saigne. Le sang coule dans le passage et sur les draps de Tristan.

Quand le roi pénètre dans la chambre, homme et femme dorment paisiblement.

Le nain s'approche, flambeau dressé, examine le piège.

— Regardez, seigneur. Ici, du sang !

Tout vermeil sur la fleur immaculée de farine...

Marc, en fureur, s'approche du lit, le découvre sans

égards pour son épouse allongée, nue, qui se protège sous l'assaut.

— Et là, encore du sang ! commente le nain en triomphant.

Tristan se dresse alors, révolté par l'affront infligé à sa reine.

— La source est ici, mon oncle ! Ne cherchez pas ailleurs ! s'exclame-t-il en provoquant les intrus.

Il bondit, se dresse, nu devant eux, vêtus et armés, les affronte et les nargue.

— Et ces signes, laissés par ma plaie qui saigne, que vous enseignent-ils ?

— Que tu bafoues la loi ! exulte Godoïne. Que tu souilles la couche du roi !

— Comment le sais-tu ?

Godoïne hésite, estomaqué par l'aplomb de Tristan qui nie l'évidence.

— Comment je le sais ?... Mais ce sang en est la preuve. Il parle ! Tu ne peux pas le contredire.

— Ce sang dit ce que tu veux qu'il dise, et moi, je n'entends rien à ta lecture ! conteste Tristan. J'entends que je suis entré dans cette couche, oui !... Que j'y ai sauté, oui parfaitement, en emportant ma blessure d'un lit à l'autre. Mais je n'entends pas autre chose. Je pars tout à l'heure et je suis allé saluer ma tante, par pure civilité. Voilà tout !

Tristan, maître parleur, habile jongleur de mots, escamoteur... Marc l'a parfaitement compris et son opinion est faite. Il ne supporte plus sa voix virtuose.

— Saisissez-le ! ordonne-t-il pour le faire taire.

Brangien, réveillée par le tumulte, est arrivée. En hâte, elle aide sa maîtresse à se vêtir, pendant qu'à côté les barons se jettent sur Tristan qui se laisse saisir et entraver les poignets, sans résistance.

Après le chêne, la tempête s'abat avec la même vigueur sur l'arbrisseau et Iseut, à son tour, ploie.

Tristan enrage de cette violence. Il se débat, bouscule ses gardiens, les charge le front bas, en bélier, supplie le roi.

— Pitié pour elle, sire. Accablez-moi de tous les maux si vous voulez. Peu m'importe ! Mais ne laissez pas souiller la reine par leurs mains.

Ganelon, devant son ennemi vaincu, laisse éclater sa rancune.

— Ne l'écoutez pas, sire. Pensez à la vengeance ! Il n'est que temps !

Le roi regarde les amants qui l'ont déshonoré. La colère croît en lui, plus ardente que les braises.

— Enfermez-les dans des loges séparées !

« Seigneur Dieu ! pense Tristan. Hier, dans le verger, vous nous avez sauvés par un de vos miracles. Pourquoi, aujourd'hui, nous abandonnez-vous ?... »

Pendant qu'on les emmène, Frocin s'approche de Marc pour recueillir les fruits de sa clairvoyance. Sa face grimace d'un sourire qui incommode le roi. Sa fausseté fait écho à la tromperie des amants. Sa ruse répond à leur imposture. Marc n'aurait jamais pu lever la main sur eux, mais sur ce monstre, il peut.

En guise de compliment, il lui assène un coup si violent que le nain s'affale sur le sol et s'en va rouler dans sa farine...

33

CONDAMNÉS

Dans sa prison, Tristan, seul, se tourne vers Dieu.

— Seigneur qui avez dompté les monstres du chaos, voici venue l'heure du grand saut. Vous l'avez voulu ainsi, en permettant notre capture. Vous décidez et nous obéissons ; nous sommes vos créatures. Mais, si vous devez bientôt m'accueillir pour examiner mes fautes et les juger, acceptez que je tienne Iseut par la main, afin que nous nous présentions côte à côte, puisque vous avez uni nos destins.

Vous nous avez envoyé Jésus, votre fils.

Il est descendu enseigner l'amour aux hommes de la Terre.

Il a porté le ferment dans la pâte et la pâte a levé.

J'ai mangé ce pain ardent et je me suis détourné des

autres nourritures. Mais je me suis heurté à l'obstacle de la loi. D'abord, je me suis incliné, puis le vin herbé m'a libéré.

L'amour que vous avez permis et maintes fois protégé, pourquoi doit-il être puni ?

Est-ce pécher qu'aimer l'amour ?

L'amour des créatures n'est-il pas chant de louange au Créateur ? Et quand nous marchons dans la nuit du monde en nous éclairant à sa lumière, ne marchons-nous pas à la rencontre des chemins du Ciel ?

J'aime Iseut depuis que j'ai posé les yeux sur elle. En la voyant, j'ai compris que nous étions des enfants de votre première aube.

Pourquoi tant nous empêcher, tant nous contraindre ?

Pour nous faire mieux ressentir votre présence ? Mieux nous atteindre ?

Quel projet, à travers nous, menez-vous et jusqu'où conduirez-vous notre amour ?

Délivrez-nous du mal et de la peur.

Oh, Dieu, ayez pitié de nos deux cœurs !

Au même instant, hébétée par la violence qu'elle a subie, Iseut songe. Elle a senti la haine des hommes quand ils l'ont saisie. Leur haleine soufflait un désir de vengeance et de mort et ils l'auraient déchirée si Tristan n'avait été présent. Mais, même entravé, il est craint. Comme tous les lâches, leurs ennemis sévissent à l'écart des témoins. C'est pourquoi ils ne renonceront pas. Ils tiennent le roi entre leurs mains et Iseut sait qu'ils sont en train de lui imposer leur fin.

— Tristan, dit-elle, je sais que tu m'entends, car ton cœur est ouvert. J'ignore jusqu'où nous conduira notre amour, puisqu'il est infini. Mais, quel que soit le chemin, sache que toi à mes côtés, je n'aurai peur de rien.

Je suis née pour t'attendre. Tu es né pour me chercher. Tu m'as trouvée et nous nous sommes reconnus. Quel plus grand miracle pour deux âmes séparées ? La main de Dieu nous a pétris et sa voix nous dirige. Il porte notre étoile et la fait resplendir.

Les méchants nous tueront. Mais ils auront beau donner libre cours à leur perfidie, ils n'abîmeront pas notre amour.

Le vin que nous avons bu a fermenté en nous et, jour après jour, nous en avons distillé l'eau de vie la plus pure. Oh ! ne cessons pas de remplir notre gourde à cette source, pour nous en désaltérer toujours.

À la première heure du jour, le roi a fait proclamer un ban que ses hérauts crient par les rues et les places de Tintagel. Deux félons ont été confondus. La reine Iseut et le chevalier Tristan. Poursuivis pour trahison envers le roi, ils comparaîtront dans la journée et le peuple est prié de se rendre à la cour de justice qui se tiendra sous les remparts du château, pour assister à l'audience. Quiconque aidera les coupables subira leur châtiment.

La nouvelle déferle sur la ville avec la puissance des marées d'équinoxe. Chacun est consterné. Tristan le valeureux, un félon ? La reine Iseut, si bonne et si gracieuse ? Allons ! Coupables de quel crime ? De s'aimer ? Car le peuple connaît leur amour. Depuis le jour où il a vu la princesse d'Irlande poser le pied sur le rivage de Cornouailles et conduite auprès du roi par Tristan, il sait ! Il suffisait de regarder. D'un côté la jeunesse, la fraîcheur, l'élan, la pureté. De l'autre, le roi et son collège de grands : intérêts et prudence !

Le peuple a bien vu, dès le premier instant, leur amour éclatant et il l'a approuvé. L'âpre terre de Cornouailles, de tous côtés battue par les vents, venait d'enfanter les deux plus beaux amants ! Et chacun avait senti en lui fleurir ce printemps.

En les voyant poursuivis et condamnés, le peuple aussi se sent persécuté et châtié. La grâce des jeunes gens conviait les cœurs à l'élégance. Leur ardeur laissait croire que le ciel descendrait bientôt sur la terre.

— Ce procès... c'est la puissance des barons !

— Complots ! Jalousie et rancune ! Stratégie politique ! Voilà leur terrain de prédilection !

— Faut-il encore rappeler leur lâcheté ? Faut-il redire que Tristan a sauvé le royaume, en pourfendant géant et dragon ?

— Que fait-il d'autre en aimant ? Il protège la beauté de la rudesse d'un ogre et de sa cour de serpents !

Marc, silencieux, au milieu de son conseil qui attend, ressasse.

Il pense aux amants qui l'ont tourné en ridicule et bafoué. Il pense à sa confiance trompée, à sa crédulité. Il a nié l'évidence, malgré les mises en garde répétées de ses barons. Il est resté sourd aux conseils, aveugle aux scènes qu'on lui montrait.

Sa fureur ne s'éteint pas. Il n'a vu qu'affection débonnaire où il y avait fougue et passion. Quelle cécité !

Tristan espère un procès. Il ne l'aura pas. L'occasion lui serait trop favorable et le roi le sait. Il en profiterait pour se justifier, pour déformer les faits de sa langue habile et arracher un duel judiciaire, certain de remporter la victoire. Non ! Il comparaîtra, ligoté, aux côtés de sa pécheresse, ligotée. Le peuple sera présent, entendra la sentence et les coupables mourront !

Marc sort de sa rêverie. Il questionne.

— Quel supplice ?

Sa voix est mauvaise.

— Qu'on leur tranche le cou !

— Le bûcher !

— La roue pour l'homme, la corde pour la femme !

— Démembrez-les d'abord et grillez les restes fracassés !

Le roi questionne, mais n'a cure des réponses. Son choix est arrêté.

— Ils ont tant brûlé l'un pour l'autre, qu'ils périront par ce feu qu'ils aiment. Lui d'abord. Elle ensuite, pour qu'elle l'entende crier pitié !

Les plus virulents des barons sont satisfaits. D'autres désapprouvent, mais se taisent. Marc est transfiguré par la fureur et ils n'osent le contredire. Seul Dinas, sénéchal du roi et seigneur de Lidan, avec courage, réclame merci pour les amants.

— Sire, ils ont commis une faute et doivent payer. Mais les services que Tristan a rendus devraient lui valoir quelque indulgence.

— Ils ont été assez payés par ma patience !

— Certes seigneur, mais il y a plus de grandeur à pardonner qu'à céder à la vengeance.

— On m'accusera de faiblesse. On rira de moi. On cherchera d'autres failles dans mon autorité.

— Pardonnez-moi d'insister, sire, il a été mon écuyer loyal et j'ai connu l'amour naissant de ses parents...

— Silence, Dinas ! Surtout pas un mot de plus ! Qui me contredit se met hors la loi. Il m'est pénible de constater que mon honneur sali te pèse moins que leur péché !

Dinas se tait. Marc est blême d'avoir dû argumenter.

À quoi bon s'attarder, le débat est tranché !

La foule se presse sur la pelouse de Tintagel. Les soldats, armés d'épieux, l'encadrent.

Quand les condamnés apparaissent, attachés, traînés par des gardes, une clameur apitoyée s'élève.

Iseut la Blonde, en camisole, échevelée, avance avec peine. Son visage est ravagé par le désespoir et la honte, et Tristan, traité comme un bandit de grand chemin.

Le roi fait son apparition, entouré de sa garde de nobles en cottes et pourpoints élégants. Les évêques aussi sont présents. Ils apportent la caution de Dieu sur le jugement.

Le héraut de justice énonce la sentence et le peuple se tait, écrasé par sa sévérité.

— Condamnés au bûcher !

Iseut cherche Tristan des yeux. Il a son visage dur. Elle craint pour lui. S'il résiste, il se fera trancher tout vif.

Puis, dans la foule, une voix perce le silence et l'effroi.

— On ne brûle pas l'amour !

Une autre lui répond :

— Vive les beaux amants de Cornouailles !

Le courage est du côté du peuple.

— Roi Marc ! Qu'as-tu fait à ta reine ? Reprends-toi !

— Et Tristan ? Regarde, tu détruis ta muraille ! Tu jettes à bas tes défenses !

— Le roi est prisonnier de ses conseillers ! Tous des canailles !

Iseut la tendre fond en larmes et son escorte l'entraîne. Marc, furieux, rentre à l'abri de son château, pendant que ses soldats dispersent la foule des rebelles, qui s'enfuient et disparaissent dans Tintagel.

34

LA CHAPELLE

Gouvernal n'a pas voulu assister à ce simulacre de justice. Pendant que les accusés comparaissent, il prépare sa fuite. Il sait bien que la colère de Marc, après avoir frappé le chevalier, s'abattra sur l'écuyer et que, tôt ou tard, il sera capturé... Il veut trouver à s'embarquer pour quitter cette terre de Cornouailles où plus rien ne le retient et regagner la petite Bretagne.

En hâte, il rassemble ses effets, ses armes et celles de Tristan. Personne ne fera main basse sur l'équipement de son seigneur. Personne ne ceindra son baudrier. Personne ne montera Beau Joueur. Personne ne portera l'épée qui a tué Morholt et conserve toujours dans sa chair d'acier la marque de l'exploit. Personne ne souillera cette relique ! Plutôt la confier à la mer qui garde les secrets !

Après avoir harnaché les chevaux, serré les sangles des selles, il franchit les remparts, Gouvernal le fidèle, et il s'éloigne au trot vers le rivage, tournant le dos aux clameurs du peuple de Tintagel.

Le bûcher est prêt. Marc a donné des ordres pour l'édifier. De l'aubépine. Des rameaux, des sarments, des racines ; dernier raffinement de cruauté de ce roi qui a appris les usages anciens de l'Irlande. Pour supplicier l'Irlandaise et son amant, il a recours en effet à un arbre que les bardes utilisaient, au temps du pouvoir des poètes, lorsqu'ils voulaient châtier les rois qui les avaient maltraités.

Tristan, sous bonne escorte, marche vers son martyre. Il pense au brasier qui l'attend. Il pense au brasier de son cœur qui flambe plus que jamais d'amour et de tourment.

« Puissent ces deux feux se conjuguer et m'enlever au Ciel rapidement ! Je t'ouvrirai la voie, ma bien-aimée et, quand tu me rejoindras, je te tendrai les bras. »

Tristan approche du seuil de sa vie et redoute la traversée du passage. Dieu le voit. Dieu s'avance devant lui. Il sait toutes ses défaillances. Il sait son courage d'homme qui tombe et se redresse. Il sait sa vaillance.

Tristan, console-toi ! Dieu ne désire pas ta mort. Il aime ta ferveur, ton absolu d'amant !

À l'écart du chemin emprunté par le condamné, se dresse une chapelle. Fouettée par la bise, elle est bâtie au bord de la falaise. L'abside et le chœur surplombent le vide et l'édifice est tourné vers le large.

Tristan s'arrête à sa hauteur et dit aux soldats :

— Dieu m'appelle ! Permettez-moi de lui répondre.

Les hommes se regardent, hésitent. Les ordres du roi sont formels : conduire le condamné au bûcher et le brûler dans les épines. Ils ne prévoient nulle miséricorde divine.

— Vous portez épieux et épées, la chapelle n'a qu'une issue et vous la garderez, insiste le prisonnier. Comment pourrais-je vous échapper ? Et puis, avez-vous jamais entendu que Tristan se soit dérobé ? J'ai affronté le feu du dragon, j'affronterai de la même façon le feu du roi et des félons !

Tristan gronde et sa colère intimide les soldats.

— C'est bon ! décide un sergent. Va prier. Nous veillons !

Ils le conduisent à la porte et, avant de pénétrer, Tristan leur montre ses poignets entravés.

— Je veux me présenter libre devant Dieu, exige-t-il. Vous me rattacherez pour me conduire à la justice des hommes.

Le sergent rechigne, mais cède pour la seconde fois.

Tristan entre dans la chapelle et referme la porte avec soin. Dans le chœur, un vitrail lui fait face. Ses verres pourpres filtrent la lumière. On dirait que le sang du rédempteur se déverse et purifie les lieux. Tristan y voit un signe. Il traverse la nef en courant, examine la verrière. Le joint de maçonnerie s'écaille. Il gratte. La chaux tombe. Il saisit le cadre de plomb et tire à lui, de toute sa force. Le vitrail vient, il cède et, soudain, le vent de la mer s'engouffre et l'invite.

— Décide-toi, mugit-il. Le temps presse !

Tristan hésite. Là-bas, les soldats et le bûcher. Ici, la liberté...

— Je viens ! s'écrie-t-il, en bondissant sur le rebord de pierre.

Sous lui, le vide l'attend.

— Plutôt mourir en me battant que subir impuissant les flammes de la honte !

Alors, il gonfle ses poumons d'une dernière bouffée de vie et se jette dans l'abîme en criant :

— Seigneur, prends pitié !

Et le seigneur l'entend et le recueille. En effet, une pierre est là, qui veille ! Elle déborde à mi-hauteur de la falaise et Tristan s'y reçoit, porté par la brise du large qui ballonne ses vêtements et amortit sa chute.

Tristan ne s'est pas rompu les os. Son audace l'a poussé à lutter et sur le vide, un chemin s'est ouvert. Un dernier saut, facile, jusqu'au rivage tout en bas et Tristan est sauvé.

Mais Dieu ne retient pas sa main et, quand il l'a décidé, il donne à profusion. Tristan, en effet, ne s'est pas encore éloigné de cent pas qu'il aperçoit un cavalier emmenant un destrier par la bride. Il reconnaît les bêtes et il reconnaît l'homme. C'est Gouvernal !

— Maître ! appelle-t-il.

L'écuyer redresse la tête, cligne des yeux dans la lumière et croit voir une apparition ! Il éperonne et, quand il met pied à terre en riant, il reçoit son jeune seigneur dans ses bras.

— Comment t'es-tu échappé, fougueux enfant ?

Tristan narre son évasion, mais ne s'attarde pas.

Aujourd'hui est jour de deuil et il ramène Iseut au premier rang.

— Gouvernal, dit-il avec fièvre, je suis libre. Elle, captive ! Si Dieu m'a sauvé, si son souffle a ralenti mon saut, c'est pour que j'use de mon salut et que j'arrache Iseut à ses bourreaux. Je ne veux pas vivre si elle meurt. Sans elle, je ne suis rien ! Quant aux trois félons qui nous ont poursuivis, je fais le vœu de ne plus dormir à l'abri d'une maison, tant qu'ils ne seront pas morts !

À mesure qu'il parle, Tristan s'emporte. La captivité d'Iseut le révolte. La victoire des barons l'exaspère. Il est durci par la colère et la rage.

— Nous ne pouvons rien tenter pour la reine tant qu'elle est retenue au château, tempère Gouvernal. Postons-nous sur le passage du convoi qui l'emmène au bûcher. Je connais à proximité de la route, un vallon masqué par la végétation. Nous pourrons y attendre et observer. Et pour ce qui est des barons, laisse-les courir et patiente. Les occasions ne manqueront pas de les punir !

Le parler tranquille du maître d'armes et sa vision claire apaisent l'agitation de Tristan.

— J'ai tes armes avec moi, poursuit-il. Ton haubert, tes chausses, ta bonne épée... Revêts ton équipement, chevalier, et courons délivrer ta bien-aimée !

Pendant ce temps, sur la falaise, les gardes en faction commencent à trouver que le dévot s'attarde dans ses prières. Le sergent ouvre la porte.

— Il faut aller, messire ! dit-il en entrant.

Il n'en croit pas ses yeux. La chapelle est vide. Le prisonnier a disparu !

— Alerte !

Ses hommes le rejoignent en courant, qui l'épée, qui l'épieu à la main, et constatent sa disparition.

— Là ! s'écrie l'un d'eux en désignant le vitrail arraché.

Il s'élance déjà, mais son chef l'arrête.

— Et si c'était un piège ! prévient-il en baissant la voix. Tristan est peut-être dissimulé derrière l'autel, prêt à bondir pour se saisir d'une arme.

Les soldats connaissent la réputation du chevalier et leur enthousiasme refroidit à l'idée de l'affronter.

Le sergent organise alors l'escouade, et les gardes, d'un même pas, se déploient en remontant la nef jusqu'à l'abside, en rangs serrés. Mais là, toujours personne ! Pas plus de prisonnier dans le chœur que de fleurs dans les bénitiers !

— Où est-il ? Envolé ?

Le sergent se précipite au vitrail, se penche par l'ouverture, examine le mur extérieur trop lisse pour que Tristan ait pu l'escalader, puis finit par admettre la vérité.

— Il aura préféré se suicider !

Mais en regardant le vide pour évaluer la hauteur de la chute, il aperçoit sur le rivage, au loin, deux cavaliers qui galopent à bride abattue.

— Seigneur, il est vivant ! hurle-t-il, effaré. Il s'est joué de nous ! Il faut prévenir le roi !

Et pendant qu'ils déguerpissent vers le château, terrorisés par le châtiment qui les attend, Tristan et Gouvernal mettent leur contre-attaque à exécution.

La noire fureur du roi lorsqu'il apprend l'évasion acrobatique du prisonnier ! Sa noire fureur et son effroi ! Un tel saut sans se briser les os !... Marc comprend que son neveu bénéficie d'une protection surnaturelle. Il fait jeter le sergent et ses hommes au cachot. Ils y croupiront sur la paille pourrie, dans l'oubli. Que vaut la vie de la piétaille ?... Puis il envoie des patrouilles écumer routes et chemins, et des messagers qui appellent à la dénonciation des fuyards.

Périnis le page a entendu la nouvelle. Il court prévenir Brangien.

— Tristan s'est enfui ! Il vit !

Et Brangien s'empresse d'informer sa maîtresse, retenue dans sa chambre.

— Dieu soit béni ! murmure Iseut.

Elle ferme les yeux sur son bonheur et le savoure en silence, comme une liqueur.

— Tristan vit !

Elle répète ces mots jusqu'au vertige. Que lui importe le bûcher, puisque Tristan s'est échappé ! Elle va mourir, mais lui, vivre. Ceux qui les ont épiés et dénoncés, à leur tour, connaîtront les affres de la traque, l'angoisse du châtiment qui rôde et qui menace. Elle est terrorisée à l'idée de souffrir, elle craint de s'abandonner comme une désespérée, de se mal conduire devant le peuple. Mais la justice de Tristan qui veille sera une douce consolation et, dans les flammes, elle criera son nom.

— Mon bien-aimé Tristan !...

Lorsqu'elle rouvre les yeux, elle sursaute de frayeur. Le roi son époux se trouve devant elle. A-t-elle parlé à haute voix ? L'a-t-il entendue ?

— L'heure est venue, reine Iseut !

Tout autour d'elle, le cuir, le fer, l'acier. Sa chambre est investie par les gardes. On la saisit. On lui rattache les mains. Les hommes sont nerveux, brutaux. Le roi veut en finir au plus vite. Ganelon, Denoalain, Godoïne sont présents, et Frocin le bossu maléfique. Tous, fébriles, irrités, dissimulent avec peine leur inquiétude. Déjà, la liberté de Tristan pèse sur eux et accomplit son œuvre.

Iseut est enlevée prestement, telle qu'elle est, vêtue d'une simple robe de coton bis et coiffée sans façon : une natte, lâchement tressée où Brangien a glissé un fil d'or étincelant.

Dans les couloirs, le fer tinte, la troupe se démène et la hâte tourne à la bousculade. Iseut est portée plus que conduite, des voix clament, s'impatientent, et les murs du château complaignent de leurs échos la blonde reine qu'on persécute.

Au-dehors, on resserre les liens de la prisonnière – pour quelle raison sinon par cruauté ? – puis on la hisse sur un roncin à large croupe, par dérision pour son titre royal, et le sinistre cortège s'ébranle, quitte le palais en direction du bûcher, là-bas dans la lande.

Le peuple, qui sait déjà le dernier exploit de Tristan, s'est rassemblé sur le parcours, malgré la répression qui a sévi le jour de l'énoncé du jugement. Quand il voit la reine, livide, humiliée sur un cheval de trait, les mains ensanglantées par les cordes, il pleure, épouvanté par tant d'acharnement.

— Tristan va apparaître ! Empêcher cette infamie et réveiller le roi de son cauchemar !...

De tous ses vœux, le peuple espère une revanche. Il

croit en Tristan. Son évasion à peine connue, les curieux ont afflué sur le rivage, à l'aplomb de la chapelle, comme se rendant en pèlerinage. Ils ont admiré la prouesse et se sont agenouillés devant la pierre du miracle. Ils l'ont aussitôt dénommée *le saut Tristan*, puis ils se sont signés.

— S'il n'est pas mort de cette chute, c'est qu'un ange l'a porté !... Il est invulnérable... Immortel... Il viendra !

Dinas, le bon chevalier, fidèle au roi, chevauche avec les nobles de l'escorte. La tristesse de la foule, ses lamentations lui déchirent le cœur. Il a honte. Son suzerain s'égare à s'acharner ainsi. Il se porte à sa hauteur et tente, pour Iseut, la médiation qu'il a déjà tentée pour Tristan.

— Sire, supplie-t-il, miséricorde pour elle. Ce supplice est une ignominie... Il est encore temps de renoncer... Le peuple vous exhorte à pardonner. Acceptez ! Il comprendra que vous l'avez écouté. Il vous honorera davantage...

— Par saint Thomas ! jure le roi en colère. Elle périra deux fois, Dinas ! Tu m'a compris ? Deux fois ! Et pour elle, et pour lui !

Dinas se tait. Il ne reconnaît pas son roi aimé, habité par la haine et la violence.

— Je ne puis rester, seigneur, balbutie-t-il. Je n'assisterai pas au supplice...

Mais le roi, figé, n'entend plus et poursuit.

Dinas se laisse distancer, puis tourne bride et s'en va au petit trot rejoindre son fief de Lidan.

Où es-tu Tristan ? Ne tarde pas, bel amant... Iseut, ta dame, a perdu son dernier appui... Ne laisse pas le bûcher la dévorer.

35

YVAIN LE LÉPREUX

L'exécution d'une reine est un spectacle rare. Parmi la foule qui s'est massée pour compatir au malheur de la suppliciée, se trouvent des curieux, goguenards, venus se divertir. À l'écart, ils sont vêtus de capes et de manteaux longs qui dissimulent leurs corps, certains coiffés de chapeaux. Ils rient et clabaudent, agitent leurs crécelles en narguant les Cornouaillais qui les regardent de loin.

Ils sont horribles à voir et repoussants. Leurs visages difformes sont maculés de plaques rouges. Quelques-uns n'ont plus de nez, d'autres ont perdu leurs dents, leurs doigts.

Ils ont quitté leur maladrerie[1], emmenés par leur

1. Établissement, à l'écart des cités, où les lépreux (les ladres) étaient regroupés et vivaient en communauté dans des « loges » (cabanes en planches).

chef, Yvain. Ils sont nombreux, au moins cent. Tous lépreux, tous exclus par leur mal. Ils ont commis le péché de chair[1] et leurs corps pourrissent.

Quand ils mendient, au son de leurs crécelles, les gens sains leur jettent une aumône et s'écartent en se signant.

Yvain est un ladre[2] gouailleur. Il joue de la frayeur qu'il inspire. Il provoque. Quand le convoi arrive, il applaudit, entraîne les rires de ses frères, leurs moqueries obscènes à l'égard de la reine, et lorsqu'il aperçoit le roi, il le prend à parti rudement.

— Holà, beau sire ! Est-ce l'amour qui t'a bridé la main ? Le supplice que tu infliges à ta débauchée est bien doux ! Mourir au bûcher, la belle affaire ! Elle aura tout oublié demain !...

Son apostrophe déchaîne l'hilarité de sa troupe qu'il prend à témoin de sa voix tantôt rauque et sinistre, tantôt perchée dans les aigus.

Marc s'arrête à sa hauteur, agacé par ses railleries.

— Si tu veux tâter de ma clémence, une place est justement libre à ses côtés !

— Tu me délivrerais du mal, Dieu de miséricorde ! grimace Yvain avec une génuflexion grossière.

Le roi, exaspéré, relance son destrier, mais le lépreux l'arrête.

— Tu ne m'as pas bien compris, roi ! Ton intérêt peut s'accoupler au nôtre, écoute-moi... Ton feu de justice est bien vif, vois-tu et, avec le vent d'aujourd'hui, ta larronne sera tôt réduite en cendres. Que restera-t-il

1. Au Moyen Âge, on ne connaissait pas encore l'existence des microbes et la punition divine était une des causes supposées de la lèpre.
2. Lépreux.

de ton châtiment, quand les braises seront froides ? Et ta colère, désires-tu qu'elle se consume aussi vite ?...

Marc regarde Yvain avec curiosité.

— Tu ne dis pas tout, canaille ! Va jusqu'au bout de ta pensée.

L'autre glousse déjà de plaisir et son sourire retrousse ses lèvres boursouflées.

— Nous autres, ladres, connaissons un moyen de te la cuire à petit feu et, par la même occasion de faire durer ta vengeance.

— Si tu dis vrai, ta fortune est faite. J'entretiendrai ta loge et celle de tous tes gens. Je vous doterai généreusement.

— C'est simple... Fais-nous l'aumône de ta reine. Nous en ferons notre épouse commune et nous l'aimerons bien, tour à tour. Le feu du mal couve en chacun de nous et nous brûle. Nous la tiendrons tant serrée dans nos bras, qu'il prendra bientôt en elle. Il nous dévore, nous ronge lentement comme si nous étions d'étoupe. Ah ! confie-la-nous, généreux roi. Elle est habituée aux pièces bien chauffées de ton palais, elle mange des poussins en poivrade, elle boit du vin fruité dans des coupes à couvercle... Nous partagerons avec elle, dans nos loges, les détritus que l'on vient jeter à nos portes. Elle se servira dans nos gamelles et sa chemise lui collera bientôt à la peau, comme nos cottes de drap... Femme de rien, vie de rien ! Dans moins d'un mois, elle regrettera le bûcher. Elle te suppliera de l'allumer pour lui donner la mort !

Pendant qu'Yvain parle, ses compagnons attendent, avides, la réponse du roi qui se tait. Il réfléchit, imagine le mal qui envahit la reine, peu à peu, l'enlaidit, la défait, et l'infamie... Oui ! Ce feu-là, ardent et lent, pareil au feu d'amour est bien celui qui lui convient.

Il fait signe à ses gardes.

— Descendez-la ! ordonne-t-il. Et ôtez-lui ses liens pour qu'elle puisse se débattre.

Les soldats obéissent.

— Prends-la, Yvain. Tu peux la choyer à ton gré, bon ou mauvais. Elle t'appartient !

Iseut, horrifiée, se voit détachée et jetée dans les bras d'Yvain qui lève sa béquille en signe de victoire et s'adresse à Marc, d'égal à égal.

— En m'offrant une reine, bon sire, tu me sacres roi !

Puis, hurlant à sa cour d'estropiés et d'infirmes :

— Roi des ladres ! Courbez-vous devant Yvain premier !

Les lépreux vocifèrent, singent les nobles gens, grimacent, prennent des poses, s'égosillent. Leur chef se découvre, s'incline à son tour devant Iseut en une révérence grotesque et la coiffe de son chapeau crasseux en se moquant :

— Ta nouvelle couronne, majesté !

Il veut l'embrasser, mais Iseut hurle et se débat.

— Trop tôt ?... grogne-t-il. Ne t'inquiète pas, tu auras tout ton temps pour t'habituer à ma peau...

Il la saisit à bras-le-corps et l'entraîne, entourée par sa troupe mutilée et braillarde qui se bouscule en jouant du bâton, pour s'approcher d'Iseut, la caresser, toucher sa robe et ses cheveux...

Marc les regarde s'éloigner.

— La justice est passée ! lâche-t-il, satisfait. Rentrons.

Il regagne Tintagel avec toute sa noblesse, sous les huées et les cris de la foule consternée.

Tristan a tout vu de sa cachette et Gouvernal a eu grand-peine à le tenir embusqué.

— Trop de soldats ! Trop de danger ! Tu n'as pas une chance de t'en tirer ! Tu seras pris... Mords la bride de ton cheval si tu as peur de crier et patiente ! Ne compromets rien, reste tranquille ! La délivrance n'est pas loin.

Il fallait l'autorité du sévère Gouvernal pour raisonner Tristan.

Maintenant, la force s'éloigne et les lépreux, qui se dirigent vers le rivage pour fêter leur conquête, s'approchent du vallon où les deux hommes les attendent.

Les cavaliers les entendent. Le vent porte leurs voix cassées de malades. Ils se querellent pour le partage de leur épouse et Yvain, qui mène la négociation, veut imposer sa primauté de roi... Parmi les insultes et les exclamations, Tristan distingue des sanglots. Abandonnée, souillée, il reconnaît Iseut... C'en est trop !

Il éperonne Beau Joueur et se débusque. Gouvernal le suit.

En voyant ces deux hommes fondre dans leur direction, les palabres s'interrompent dans les rangs des ladres. Yvain reste un instant indécis. Amis ou ennemis ? Iseut les reconnaît. Sa joie est trop forte. Elle crie :

— Tristan !

Signal d'alarme ! Yvain excite ses gens, puis jette bas son manteau.

— À vos béquilles compagnons !

À leur tour, les lépreux se mettent à l'aise, moulinent

de leurs bâtons, hargneux, hideux, et s'avancent en ordre dispersé, les uns courant, les autres claudiquant, à la rencontre de leurs assaillants.

— Ne nous laissons pas dérober le cadeau du roi ! Défendons notre bien ! les aiguillonne Yvain.

Pauvre fou qui méconnaît le lion Tristan !

— Nous sommes cent... Ils sont deux !

— Notre trésor va s'enrichir ! Après une reine, conquérons un preux !

Mais le preux, à mesure qu'il s'approche, hésite devant cette troupe d'hommes en lambeaux. Un chevalier protège le faible et l'opprimé. Il n'ajoute pas le mal au mal de l'accablé...

« Rejetés par les vivants, songe Tristan en les voyant. Réprouvés par Dieu... »

Pendant ce temps, les furieux gagnent du terrain. Ils arrivent, l'encerclent, marée grouillante, nauséabonde... Yvain, dont la rage décuple l'agilité, voit le doute de Tristan. Il le croit faible, prêt à renoncer, à sa portée.

— Il est à nous ! hurle-t-il.

Il faut les premiers coups de trique pour tirer Tristan de sa torpeur. Il faut que son cheval bronche et se cabre.

— Ni faibles ni opprimés, soupire le chevalier en tirant son épée. Des caïmans !

Sa lame s'abat. D'elle-même, elle trouve Yvain. Elle fend la fontanelle et tranche le maraud, jusqu'à la taille, en deux morceaux.

— Tu voulais qu'on te délivre ?... Te voilà exaucé !

Le roi des ladres gît, sans vie. Son sang noircit le pré. Mais, malgré la mort de leur chef, les béquillards continuent de frapper et les deux cavaliers, obligés de se dégager, répondent aux bâtons par l'épée, massacrent les enragés, éclaircissent leurs rangs, jusqu'à ce que les moins courageux renoncent d'eux-mêmes et s'enfuient.

Les vociférations se taisent. Le vacarme de l'échauffourée retombe. Restent des corps dépecés, sanglants et, à distance, sur le champ, droite dans sa robe de suppliciée, silencieuse, Iseut attend...

Tristan la voit. Il rentre l'épée au fourreau, met pied à terre et marche vers elle, sans la quitter des yeux.

Elle est plus frêle que jamais. Elle paraît transparente. Comme absente. Elle aussi regarde la silhouette qui s'avance, mais ne voit rien, n'entend rien... Ni le pas décidé qui prend la terre à témoin, ni le chant métallique des mailles du haubert.

Tristan la délivrance est là, devant Iseut, à deux pas. Elle ne cille, ni ne frémit. Il voudrait la toucher, lui parler.

— Tu es libre, mon aimée !

Mais il se tait, retenu, honteux comme un intrus. Quels mots dire ? Quels gestes ? Il ne sait... Il soulève la main, la tend, mais elle, aussitôt, esquisse un geste de recul, laisse échapper une plainte effrayée.

— Iseut, c'est moi... Tristan. Ne te méprends pas...

Il parle avec douceur. Elle entend la voix, si lointaine, qui se fraie un chemin dans la broussaille de sa terreur. Puis, ses paupières battent, ses yeux se mouillent et enfin, elle voit.

— Tristan...

Il effleure ses épaules, lui prend les mains, les laisse reposer dans ses paumes, redoutant de les briser en les serrant.

— Tristan...

Elle est meurtrie. Il l'enveloppe de ses bras, comme

s'il rassemblait une jonchée de neige. Il sent qu'elle se prête, mais son corps garde la dureté du roc. Il la presse contre lui, l'apaise en la berçant et chuchote.

— S'ils t'ont souillée, mon aimée, confie-moi ta souillure. Si tu souffres, offre-moi ta souffrance. Je veux subir leur mal s'ils te l'ont donné, l'endurer deux fois, et pour toi et pour moi, pour me punir de n'avoir pas su mieux te secourir...

Il caresse ses cheveux, frôle son front, du bord des lèvres, à peine. Elle s'abandonne à sa tendresse et incline lentement sa tête à la recherche de son épaule, en grelottant.

— Le roi m'a flétrie, bien plus qu'un ladre ne l'aurait pu...

Tristan écoute la plainte d'Iseut se propager en lui et geindre dans son corps. Il comprend la profondeur de son tourment. Il se tait, laisse murmurer le silence, puis avec d'infinies précautions, il dit :

— Ne restons pas ici... Partons.

Il l'emmène vers sa monture en l'aidant à marcher. Il monte en selle et Gouvernal, qui le suit, prend son relais.

— Prenez appui sur moi, noble dame.

Elle se hisse à son tour, en croupe, enserre la taille de Tristan, se blottit contre son dos et appuie sa joue sur son épaule. Légère comme un oiseau, elle lui confie :

— Emporte-moi loin d'ici, mon tendre amour...

Ils partent, au petit pas d'abord. Deux chevaux, trois cavaliers. Puis les heures qui s'écoulent les poussent du pas au trot et du trot au galop.

Ils vont par landes et gâtines[1], par champs et par prés, par vallons et par collines... Ils s'éloignent du malheur.

Là-bas, dans le château et partout dans Tintagel, l'alerte est donnée. Le massacre des lépreux, leur débandade sont connus. L'imprévisible Tristan a couché un nouvel exploit sur son tableau ! Le peuple jubile et le roi, furieux, se déchaîne, lance la chasse et ordonne à tous ses vassaux de traquer les fugitifs, partout et sans répit.

Mais ils sont déjà loin, Iseut et Tristan, et Gouvernal le bon qui veille au grain. Ils atteignent les lisières de la sombre forêt du Morrois. Ils pénètrent sous son couvert.

Derrière eux, la nuit tombe sur les cités, sur le monde, leur vie passée... Un autre jour se lève, ici, dans la forêt.

Ils chevauchent encore longtemps, pénètrent au cœur de la sylve profonde. La forêt est immense et touffue. Elle murmure et, d'arbre en arbre, de feuille en feuille, annonce à tout vivant des lieux l'arrivée des ces nouveaux venus. Elle s'ouvre aux proscrits qui lui demandent asile et les couvre de sa loi âpre et sévère.

Quand ils atteignent une clairière au sol frais, Tristan immobilise Beau Joueur et dit :

— C'est là que nous vivrons !

1. Terres en friches.

36

LES SONGES DE TRISTAN

Dans le château et partout dans Tintagel, l'alerte est donnée. Le massacre des lépreux, leur débandade sont connus. L'imprévisible Tristan a couché un nouvel exploit sur son tableau ! Le peuple jubile et le roi, furieux, se déchaîne. Il ordonne à ses vassaux de traquer les fugitifs, partout et sans répit.

— Je veux qu'on les capture et qu'on les traîne devant moi ! Vivants, je les tuerai ! Morts, je jetterai leurs dépouilles à mes chiens ! Ils n'auront pas de sépulture chrétienne et leurs âmes débauchées ne connaîtront jamais la paix !

La fureur de Marc fait vibrer son château et les rochers de Cornouailles la répercutent jusqu'à la mer.

— Qu'ils soient traités sans égards, la traînée irlandaise et son mignon ! Qu'ils vivent dans la peur et l'angoisse. Qu'ils sentent peser ma main sur eux, prête à les broyer !

Les barons, atterrés, écoutent mugir l'orgueil blessé de leur souverain et se laissent gagner par sa violence. Ganelon et sa clique jubilent sans un mot.

— Les yeux et les oreilles de mes sujets sont mes yeux et mes oreilles ! Recueillez ce qu'ils voient, ce qu'ils entendent, et déliez les langues par la force s'il le faut ! ordonne le roi. J'offrirai cent marcs[1] d'argent à celui qui me permettra de capturer ces criminels. Mais je dévasterai tout village dont une seule chaumière les aura accueillis. Et si un homme qui sait ose se taire, je le rendrai muet pour le reste de sa vie !

La battue est ouverte, et, bientôt la Cornouailles vit à l'heure de la chasse aux amants. Routes et chemins sont sillonnés de fantassins et de sergents. Jour après jour, vallons et collines sont écumés, la campagne quadrillée, les bois fouillés. Partout des guetteurs, des espions, des chevauchées, du tumulte. Les ennemis de l'amour triomphent. Les hypocrites, qui dissimulent ambitions et convoitises sous le masque de la loi, s'en donnent à cœur joie ! Ils font passer leur jalousie pour un respect des coutumes et leur mépris de la jeunesse pour de la soumission à Dieu.

La détermination du roi porte bientôt ses fruits. Bousculé par les soldats, alléché par la prime, le peuple, qui soutenait hier encore les amants, participe aux recherches, épie, confie les indices qu'il recueille et ce

1. Unité de poids commune à toute l'Europe qui équivalait à Paris à environ 250 grammes.

qu'il en déduit. Les rumeurs courent. Des informations de toutes sortes remontent jusqu'à Tintagel.

On les a vus ici, déguisés en pèlerins, demandant l'aumône, pieds nus dans des sandales. Reconnus là, formellement, vingt lieues plus loin, parmi des saltimbanques. Lui jouait de la harpe. Son art l'a trahi. Elle chantait, s'accompagnant d'un tambourin. Sa chevelure débordait de son bonnet de coton sagement noué sous le menton, illuminait sa silhouette et ceux qui l'approchaient. Existe-t-il par toute la Cornouailles, femme plus éblouissante qu'Iseut la Blonde ? C'était elle, sans aucun doute !

Les fuyards sont partout à la fois. Cette confusion agace et excite l'impatience des chasseurs. Pourtant, dans le fatras des élucubrations, une piste se révèle, ténue, qui se confirme bientôt et lance la meute vers la forêt du Morrois.

Ce nom évoque la mort. Il balaie toutes les incertitudes. Bûcherons et charbonniers y disputent leur territoire aux fauves, aux esprits et aux fées. Personne d'autre qu'eux ne se risque dans ce corridor de l'autre monde. Si les fugitifs s'y sont réfugiés, c'est qu'ils sentent leur fin !

Dès qu'il a vent de cette piste, Ganelon se dresse, tremblant de hargne. Capturer Tristan, éliminer cet insolent ! Depuis des années, ce rêve n'a cessé de le hanter.

Aussitôt, il lève un fort parti d'hommes décidés. Antret, son cousin, fait de même avec ses gens et tous s'en vont dans un tonnerre de fer, en poussant leurs chevaux.

Gouvernal et Tristan ont bâti une hutte spacieuse, en baliveaux de frêne et de bouleau, taillés à l'épée, ficelés entre eux par des ligatures de lierre et de pervenches. Elle occupe le cœur dégagé de la clairière. Tout autour, rien ne vibre, rien ne trouble la paix. La forêt, ici, déroge à son austérité.

Du feu qui flambe dans un foyer de pierres, une fumée s'élève, rectiligne, à l'instar des arbres qui tirent vers la lumière. Gouvernal vient d'achever un arc et appointit des flèches qu'il s'apprête à durcir à la braise. À quelques pas au bord d'un frais ruisseau, à plat ventre, Iseut et Tristan examinent le courant.

— Regardez !... plaisante Tristan. C'est une fontaine de jouvence ! Puisez, belle dame ! Son élixir efface le chagrin.

Iseut se penche, boit.

— Cette eau rend le teint aussi frais que le rosier en fleur ! dit-il en l'éclaboussant.

Elle rit.

— Ne vous privez pas pour moi, beau sire, répond-elle en l'aspergeant à son tour. J'aime tellement partager ! Vous verrez, ce breuvage réjouit plus que le vin.

Docile, Tristan accepte l'invitation et, pendant qu'il boit, Iseut lui enfonce la tête sous l'eau. Il se redresse, dégoulinant. Elle s'esclaffe. Il s'ébroue, l'attrape, l'attire à lui et la renverse sur la rive en l'embrassant.

— C'est un vrai breuvage de plaisir, s'écrie-t-il. Tu as raison. Ses effets sont fulgurants ! Je les sens. Il faut que tu en reprennes !

Il saute dans le ruisseau, y plonge ses mains, les offre à son amie.

— Enivre-toi !

Iseut trempe ses lèvres et lape en chatouillant Tristan.

— Comme c'est doux !... On dirait le museau d'une licorne. Continue, bel animal ! Ne t'arrête surtout pas...

Et pendant qu'elle le mordille, le visage dans ses mains, il lui saisit soudain les joues et s'écrie :

— Prisonnière !... C'était un piège.

Il l'attire à lui, doucement, par la pointe du menton, et prend ses lèvres humides. La licorne fait mine de résister et se laisse vite dompter. Ils sourient, s'enlacent et retournent auprès du feu pour se sécher.

Tristan s'adosse à un chêne. Iseut s'allonge, la tête posée sur ses cuisses, et regarde le ciel à travers les feuillages. Le soleil décline. Elle s'abandonne et ferme les yeux. Mais les lépreux sont là, qui l'attendent, tapis sous ses paupières. Ils l'assaillent aussitôt. Elle sursaute en gémissant et se blottit contre Tristan.

— Apaise-toi, la rassure-t-il en lui caressant le front.

Depuis qu'ils se sont enfuis, chaque nuit, elle se bat contre ce souvenir et vient chercher son aide. Il masse ses tempes, détend son visage.

— Nous avons pu vaincre parce que nous n'étions pas seuls, ne l'oublie pas ! Le maître du ciel élève un rempart autour de nous. Sans lui, nous aurions succombé depuis longtemps. Aie confiance !

Elle l'écoute chuchoter. Sa voix souple se mêle à ses caresses, à l'haleine de la forêt que le feu tiédit. Ses mots défont les restes d'épouvante noués dans son cœur, éloignent le bûcher, les mains avides des lépreux. Tristan paraît si sûr. Sa douceur la recouvre comme un dais de soie. Elle sourit et s'endort en lui tenant les mains.

Tristan la contemple. Son visage est figé dans une pureté d'icône.

La nuit tombe et le feu qui la tient à distance écarte la cruauté du roi et la haine des barons. À l'écart du couple, Gouvernal s'est retiré et veille à proximité des chevaux.

Tristan n'ose remuer, de peur de réveiller Iseut. Il songe. Les mois passés de leur amour remontent dans son cœur. Mois de luttes, de dissimulations et de calculs. Rendez-vous furtifs, rencontres volées, leur vigilance mise à l'épreuve, la jalousie de ceux qui n'ont jamais aimé, leur entêtement à nuire et, à la fin, leur triomphe.

Les funambules qui se jouaient du vertige sont tombés et l'abîme a bien failli les engloutir.

Un souffle attise soudain le feu qui grogne. De hautes flammes jaillissent. Une brume nauséabonde se dégage de la fumée. Tristan reconnaît cette odeur. C'est elle qui brûlait Dublin et poussait ses habitants affolés à se jeter dans la mer. Il tousse, suffoque, mais, immobilisé par Iseut, il se laisse envahir par sa vision.

Le feu se change en incendie. Une silhouette danse au cœur des flammes. Elle est revêtue d'un haubert d'écailles, des éclairs crépitent sur son dos et une queue incandescente serpente dans le sous-bois. Le dragon qui dévastait l'Irlande se dresse en écumant.

— J'ai hâte de te voir à l'œuvre dans tes batailles à venir ! tonne sa voix d'enfer.

Tristan frémit. Morholt est là, immense. Morholt sarcastique et son ultime défi. Morholt immortel, niché dans ses songes, ressuscité par sa solitude...

Le chevalier hurle à la face du mirage.

— Tu es mort, Morholt ! Je t'ai tué deux fois en combat singulier ! Sous ton apparence de géant et sous ton masque de dragon ! S'il le faut, je te poursuivrai dans mes cauchemars et je te terrasserai !

Un ricanement lui répond et le monstre s'éteint. La forêt s'obscurcit, le feu se tasse, mais des effluves de venin s'attardent encore.

Tristan, oppressé, ne parvient pas à se libérer de son rêve. Morholt s'est installé durablement en lui. Il guette ses défaillances, surgit, le frappe comme il l'a frappé jadis et rouvre son ancienne blessure. Blessure de mort, devenue blessure d'amour par la grâce d'Iseut. Morholt s'est échappé de la nuit pour lui rappeler qu'il est la cause de son amour, de son exil, et qu'il le harcèlera toujours...

Iseut soupire et se tourne en se pressant contre Tristan. Elle sourit. Une lumière filtre de son sommeil et éclaire son visage. Tristan la regarde. Lorsqu'il avait atteint l'Irlande, bouffi de poison et mourant, cette lumière l'avait sauvé.

— Tu m'as guéri par la magie de tes mains, dit-il. Et moi, je t'ai offert la magie de ma harpe.

Il songe à la mer où ils ont bu le vin herbé, au ciel où leurs soleils se sont aimés dans l'enthousiasme de midi.

— Oh ! gémit-il. Pourquoi n'avons-nous pas navigué à l'infini ?

Soudain, une chouette hulule, toute proche. Son cri éclate comme une moquerie. Tristan fouille l'obscurité. Où se cache l'oiseau ? Un ressac agite les cimes de la forêt. La mer où naviguait leur nef d'amour se prolonge dans cette mer végétale.

Tristan lève les yeux et prend la mesure du souffle qui passe.

— Libres, dit-il. Libres de nos baisers, de nos caresses...

Des parfums lui arrivent, se laissent humer. Tristan reconnaît l'aubépine, le sureau, le robinier sucré...

Au loin, une lueur pointe. Elle pousse devant elle des buissons de fleurs, des arbres aux feuilles cirées, couverts de fruits lourds. Artocarpus, jujubiers, citronniers se mêlent aux frênes, aux hêtres, aux merisiers. Les ténèbres reculent. Une clarté de cristal ruisselle dans le Morrois, irrigué par des canaux bordés de roseaux frêles, de tamaris et de palmiers...

Tristan, ébahi par cette magie, prend Iseut à témoin.

— Regarde... Je te l'avais dit. Le Tout-Puissant veille sur nous. Il a toujours pris notre parti... Il vient de nous ouvrir les portes de son paradis !...

Mais Iseut ne répond pas.

Pendant que Tristan s'émerveille, un petit âne gris s'approche de lui et donne des coups de front contre son épaule. Il ne voit rien, ne sent rien, et l'âne insiste, mord son habit, le secoue, criant même son nom :

— Tristan !... Tristan !...

Il se retourne pour chasser l'animal...

— Tristan, réveille-toi ! Quelqu'un arrive !

Il ouvre enfin les yeux. Iseut aussi. C'est Gouvernal qui les secoue. Il est inquiet. Les deux amants se figent, écoutent. Tristan hoche la tête. Des cavaliers approchent.

— Ils nous ont découverts ! lâche-t-il en se levant.

Et aussitôt, il évalue leurs meilleures chances.

— Fuir ? Nous épuiserons nos forces, sans faire

l'économie de l'affrontement. Nous n'avons plus le temps de préparer une diversion. Il ne nous reste que nos épées !

Tristan a livré des combats plus désespérés. Mourir ne l'inquiète pas. C'est pour Iseut qu'il s'alarme. Il la regarde. L'horreur du bûcher l'habite déjà. Le souvenir des lépreux la paralyse.

Après les attouchements d'Yvain et de sa tribu répugnante, il ne permettra pas qu'elle subisse la vindicte braillarde des soudards. Non ! Il ne laissera pas leurs poignes gantées de fer et de mailles la meurtrir. Il ne redoute aucun de ces lâches. Au contraire, leur bassesse excite son désir d'en découdre.

— Iseut, lui recommande-t-il, retire-toi dans la hutte et n'en bouge plus ! Si quelqu'un s'y aventure, hurle, hurle à te déchirer la gorge. Je viendrai.

Iseut obéit. Gouvernal et Tristan courent à la rencontre de leurs assaillants.

37

LA CHASSE AUX AMANTS

Ganelon a averti ses hommes.

— Tristan est habile escrimeur et Gouvernal aussi. Gardez-vous de les affronter seul à seul. Assaillons-les ! Leur faiblesse, c'est la reine. Saisissons-la pour faire plier l'amant !

Ils progressent en ligne, prudents, scrutent le sous-bois. Leurs chevaux soufflent. Tristan et Gouvernal, plaqués contre des troncs, les aperçoivent. Ganelon et Antret chevauchent côte à côte, sans se douter que la foudre s'apprête à frapper.

Soudain, deux diables surgissent, l'épée haute et claire, abattent deux cavaliers sur la mousse et s'enfuient. Des cris fusent, des ordres. Frayeur et stupéfaction. La surprise déroute les assaillants. Le temps qu'ils se reprennent, Gouvernal et Tristan ont disparu.

Le silence retombe, lugubre, jusqu'à ce que deux autres intrus soient culbutés à leur tour.

— Taïaut ! hurle Ganelon dans un sursaut. Encerclons-les !

Ses hommes se ressaisissent, se déploient, puis se rassemblent en convergeant vers leur cible.

Tristan et Gouvernal sont résolus. Ils se ramassent, s'élancent ensemble et massacrent.

Leurs bonnes lames font merveille. Les heaumes voltigent, les hauberts crissent, les plastrons de cuir sont éclaboussés de sang et de cervelle...

Les assiégés ouvrent une clairière dans la forêt des assiégeants. Nul ne peut les atteindre. Ils flamboient d'ardeur, et Ganelon, en retrait, a beau vitupérer, ceux qui s'aventurent au-devant des coups sont foudroyés.

Soudain, un hurlement troue le vacarme de la bataille. Tristan reconnaît la voix. Il la percevrait même au cœur d'un ouragan.

— Iseut !

Il désarçonne un cavalier, enfourche sa monture et s'élance en direction de la hutte.

Pendant que Ganelon et son groupe occupaient les deux furieux, Antret s'en prenait à Iseut. Il l'a capturée, l'infâme. Il l'emporte. Mais Tristan n'hésite pas un instant. Il plonge à terre devant lui pour l'arrêter. Le cheval fait un écart, l'évite, trébuche, et Antret, embarrassé par sa prisonnière, perd l'équilibre. Iseut roule dans la poussière, pendant que Tristan, déjà debout, se jette sur son adversaire et l'arrache de ses étriers.

— Tu as commis ta dernière bassesse ! hurle-t-il.

Le lâche n'a pas le temps de dégainer. Il ne voit pas la mort arriver. Tristan ne lui laisse aucune chance et, de rage, lui décolle le chef[1] à la jointure des clavicules !

— Va l'offrir à Satan ! Il y trouvera son compte !...

Le corps décapité reste dressé, comme s'il hésitait à faire un dernier pas, puis s'écroule. Iseut se réfugie dans les bras de son sauveur.

— Tu n'as rien ? lui demande-t-il.

Mais le temps presse. Là-bas, Gouvernal se défend pied à pied, bousculé, malmené, près de succomber.

— Monte ce destrier, dit Tristan en désignant à Iseut le cheval d'Antret. Retourne te mettre à l'abri aux abords du ruisseau et attends-nous.

Il est couvert d'écume, de terre et de sang. De la pointe de sa lame, il ramasse la trogne du félon et retourne au sein de la mêlée appuyer Gouvernal.

— Ganelon, Antret a totalement perdu la tête ! clame-t-il en brandissant son trophée. Écoute-le... Il vous ordonne de vous replier !

Lorsqu'il voit son cousin caracoler au bout de l'épée, Ganelon prend peur et ses soudards, qui croyaient Gouvernal à leur merci, sont terrorisés. Tristan, décidément, est un diable invincible. Ils déguerpissent tous, sans demander leur reste, à grands coups d'éperons.

— Assassin, tu ne perds rien pour attendre ! hurle Ganelon en tournant bride.

— Tu oublies tes bagages ! répond Tristan en lui jetant la tête du félon.

Flamboyant de colère, il les regarde s'éloigner au triple galop.

1. La tête.

— J'ai trop longtemps toléré vos intrigues !

Gouvernal le rejoint et ils s'empressent de retourner auprès d'Iseut.

— Il faut partir d'ici sans tarder ! décide Tristan. Ils ont senti l'odeur du sang. Ils reviendront plus nombreux, comme des loups sur une charogne. Nous ne pourrons pas toujours les repousser. Confions-nous à la forêt. Elle nous a recueillis. Elle ne nous trahira pas.

La décision est sage et chacun la partage. Mais la sagesse n'empêche ni l'amertume ni la tristesse. Il faut quitter la clairière, la hutte confortable et le ruisseau à la voix franche. Partir encore, errer...

En hâte, ils rassemblent leurs maigres bagages, harnachent les chevaux et lèvent le camp.

Ils s'arrêtent bientôt, car Iseut est épuisée. La frayeur, son enlèvement avorté, les cris, la mort qui s'acharne sur eux...

Ils construisent un nouvel abri, sommaire, car ils n'ont pas l'intention de s'installer. Juste de quoi faire étape pour prendre du repos, avant de se remettre en chemin.

Lorsque le camp est dressé, Gouvernal quitte les jeunes gens et revient en arrière, jusqu'à la cabane abandonnée. Il y organise une macabre mise en scène. Il rassemble les cadavres éparpillés et les attache, çà et là, debout contre des arbres. Ainsi, lorsque leurs poursuivants reviendront dans la forêt, leurs anciens compagnons leur indiqueront le chemin...

Quant à Antret, il lui fignole une place de choix. Il l'installe devant le feu, soutenu par des étais, puis il suspend sa tête par la tignasse dans l'ouverture de la porte, comme un démon sur le seuil de l'enfer.

— Tu as fière allure ! lui dit-il. Tu feras merveille !

En l'absence de son maître, Tristan a étalé sur le sol une épaisse jonchée de fougères et allumé une flambée de bois sec.

Iseut, assise, les bras autour des genoux, les yeux perdus dans les flammes, se laisse absorber par son inquiétude. Tristan s'accroupit à ses côtés et l'attire contre lui, enserrant ses épaules.

— Ne t'inquiète pas. Nous sommes tranquilles pour la nuit. Dormons ! Nous en avons besoin. Dès l'aurore, nous partirons d'ici. La forêt est vaste. Ils ne nous trouveront pas.

Iseut garde les yeux baissés et se tait. Il prend son visage dans ses mains.

— Ne perds pas confiance, je t'en supplie, lui dit-il. Encore une fois, nous les avons chassés. Et nous n'étions que deux ! N'oublie pas cette force qui nous habite et nous protège ! Continuons de réclamer son aide et nous serons aidés.

Il lui caresse les cheveux.

— Viens, allonge-toi.

Elle se laisse aller contre lui, se pelotonne et s'endort. Tristan entend Gouvernal revenir au bivouac, approvisionner le feu, mais le sommeil l'a déjà gagné.

38

DÉCISIONS

Le lendemain, ils sont réveillés par les chants de l'aube. Ils préparent les chevaux et s'en vont.

Pendant que Gouvernal surveille leurs arrières, Tristan, monté sur Beau Joueur, ouvre la marche. Iseut le suit. Souvent, il s'arrête, écoute le vent, puis repart. À mesure qu'ils avancent, les oiseaux se taisent et la forêt se fige. Même les sabots des chevaux sur le sol semblent assourdis. Une lenteur monte de la terre et se répand. Ils vont comme en un rêve. Le silence s'écarte devant eux, se referme, brouille leurs traces et peu à peu les absorbe.

Les jours se succèdent ainsi, identiques. Une longue chevauchée dès l'aube, puis une halte. Gouvernal construit un abri, Iseut cueille du feuillage, ramasse du bois, prépare le feu et Tristan se coule dans la forêt, en quête de nourriture. Il ne rentre jamais bredouille et rapporte toujours de quoi calmer leur faim. Mais à mesure que le temps passe, que le danger s'éloigne, leur solitude grandit, leur vie nomade leur pèse et de sombres questions les assaillent.

Comment tenir dans cet exil ? Comment vivre ? Combien de temps ?

Ils ont fui dans l'urgence, sans autres munitions que l'équipement de Gouvernal qui regagnait l'Armorique. Le printemps glissait vers l'été. Iseut était seulement vêtue de sa robe de suppliciée et Tristan portait une simple cotte sur ses braies.

Certes, ils ont sauvegardé deux joyaux inestimables : leur liberté et leur amour. Mais, viennent les pluies de septembre, les brumes d'automne, le gel... Comment ces trésors résisteront-ils à l'usure des saisons ? Comment se protègeront-ils des intempéries, dans des loges de branchages traversées par le vent ?

Après le péril armé, ils sentent la menace de ces ennemis plus implacables.

Autour du feu, ils sont assis côte à côte et ressassent leur souci, en mangeant des lapins que la forêt leur a donnés.

— Nous sommes toujours vivants ! constate Tristan pour lui-même.

Sa voix tire chacun de ses pensées.

— Toujours vivant, répond Iseut. Comme Ève et Adam dans leur premier matin après l'Eden. Nous aussi, nous avons été chassés du paradis. Suivons leur exemple. Ils étaient libres sur la Terre. Nous le sommes. Usons de cette liberté comme ils nous ont appris à le faire. Prenons ce que la nature nous donne. Luttons contre la mort qui nous cerne de toutes parts. Imposons notre amour en dépit de ceux qui s'acharnent à le détruire. Nous avons choisi cette voie. Elle est rude, mais elle est nôtre. Suivons-la ! Qui sait où elle nous mène ? Mais si Dieu a posé ce défi devant nous, c'est qu'il nous croit capables de le relever. Ne le décevons pas.

Iseut réfléchit à haute voix et s'encourage par les mots. Une force parle en elle, lointaine. Une vieille énergie du cœur qui a toujours appelé les êtres à se redresser et qui les tient en éveil au plus obscur de la nuit.

— Tu as raison ! approuve Tristan. Depuis des jours, nous n'avons rien rencontré d'hostile et nous continuons de fuir pour fuir. Profitons de cette accalmie. Cherchons un lieu où nous pourrons nous installer durablement. Même les bêtes possèdent un gîte.

Suffisait-il qu'ils prissent la décision ? Le lendemain, ils découvrent une grotte, à peine visible, masquée par un bouquet de charmes. À mi-pente d'un coteau coloré d'épilobes, de séneçons jacobées et de touffes d'angéliques.

Gouvernal s'y hasarde le premier. L'entrée, étroite, oblige à se courber, mais l'intérieur est vaste. La roche est saine. Le sol sec. Une anfractuosité dans la voûte laisse percer le jour. Ils pourront allumer du feu pour cuisiner et se chauffer sans être trop incommodés par la fumée. La lèvre supérieure de l'ouverture s'avance en surplomb. Elle fera obstacle au vent et au ruissellement des eaux sur le versant.

Iseut et Tristan rejoignent Gouvernal et découvrent

les lieux à leur tour. La caverne filtre les bruits du dehors, distille quiétude et silence.

— La terre a décidé de nous prêter son ventre pour nous protéger du monde, dit Tristan en attirant Iseut.

Pour la première fois depuis des jours, ils sourient et s'enlacent. Un instant, ils s'abandonnent, serrés l'un contre l'autre... Mais il faut s'installer.

Ils se séparent, dételllent les chevaux, qu'ils laissent pâturer, puis se quittent. Tristan, armé de l'arc de Gouvernal, part chasser, et le maître d'armes, explorer les alentours. Iseut, elle, s'en va cueillir.

Elle n'est pas dépourvue. Sa courte vie oisive de reine à Tintagel ne lui a pas fait oublier l'enseignement de sa mère. Avec elle, elle a couru les landes et les haies d'Irlande à la recherche des plantes qui soignent. Elle s'est griffé les jambes et les mains dans les ronciers et les buissons d'épines. Elle s'est mouillé les pieds, par matin frais, dans la blanche rosée. Elle a grelotté, les nuits de lune montante ou descendante.

Elle connaît aussi les baies qui désaltèrent et qui nourrissent. Elle repère les buissons d'aubépine, les églantiers, les viornes, les noisetiers, les mûres... promesses de cueillettes à venir et elle revient, les bras chargés de fraises et de merises, enveloppées dans des feuilles de pétasite.

À son retour, elle trouve Tristan. Il a tué un daim et le dépouille avec précaution. Quand il a préparé la viande, il l'embroche, la met à cuire sur le feu qu'a allumé Iseut en hâte, puis il prélève ce que l'animal peut donner : les intestins, les nerfs, les sabots, les bois, la peau... Ils manquent de tout. Ils doivent tout fabriquer par leurs propres moyens. En premier lieu, des vêtements avant l'arrivée du froid.

Tout en surveillant la cuisson, Iseut racle le cuir de l'animal dépecé, au moyen d'une pierre tranchante. Puis, avec l'aide de Tristan, elle l'installe à sécher, solidement tendu entre des pieux.

Un peu avant le crépuscule, Gouvernal regagne le camp à son tour. À distance, il observe ces lieux, hier encore déserts, dont la vie a pris possession. Une détermination les habite maintenant. Iseut s'affaire, les bras chargés de feuillage. Tristan referme une fosse où il a enfoui les entrailles du daim, pour éviter d'attirer les carnivores. Aucun des deux ne l'a aperçu.

« Qui reconnaîtrait dans cet homme farouche le plus courtois de tous les chevaliers ? songe-t-il. Qui reconnaîtrait dans cette femme au teint halé, à la robe défraîchie et souillée, la délicate reine de Cornouailles ? »

Seul dans le jour qui décline, le vieux guerrier ne peut s'empêcher de plaindre leur misère.

Quand il les rejoint, il affiche un visage réjoui.

— Je suis fourbu, dit-il. J'ai exploré un vaste périmètre autour de notre logis. Je n'ai pas rencontré âme qui vive. Même pas l'ombre d'un bûcheron. Personne ne paraît s'aventurer dans ces cantons éloignés. J'ai posé des collets que j'irai relever demain. Mais surtout, j'ai découvert non loin d'ici un trésor gardé par des frênes et des bouleaux. Une source ! J'y ai rempli ma gourde. Tenez, ma reine, goûtez cette eau...

Iseut se désaltère et Tristan après elle.

Pendant qu'ils boivent, Gouvernal explique.

— Elle occupe un bassin de sable frais dans le vallon voisin. Vous la trouverez sans peine. Ses berges sont parsemées de myosotis.

— La forêt se fait aimable, répond Tristan. Elle nous offre le boire et le manger. Honorons-la !

Ils n'ont rien pris depuis la veille. Quelques feuilles de plantain, arrachées ici et là, et de jeunes glands amers pour tromper leur faim. Ils mangent lentement, sans parler, tournés vers la nourriture qui réchauffe leurs corps et les apaise. Le daim est généreux. Ils en consomment la moitié sans laisser le moindre lambeau de chair sur les os. À la fin, ils picorent les fraises et les merises.

Leur tension se relâche. Ils échangent quelques mots.

— Nous avons encore besoin de peaux, déclare Tristan, soucieux. De fourrures aussi. Écureuils, blaireaux, renards...

— Nous préparerons des pièges dès demain, propose Gouvernal. Et puis nous commencerons les traques.

La nuit est tombée. Ils emportent leur reste de gibier à l'abri dans la grotte et laissent l'âme du feu veiller sur leur repos. Ils s'allongent sur un lit odorant de troène en fleurs. Ils sont exténués. Côte à côte, Tristan et Iseut ferment les yeux et s'endorment en se tenant la main.

39

LE SECRET TRAHI

Aucune nouvelle ne parvient plus à Tintagel. Les recherches marquent le pas. Les fugitifs demeurent introuvables. Depuis que Ganelon les a surpris au gîte, personne ne les a revus. Sont-ils seulement encore vivants ? Certains – ils sont nombreux – prétendent que le Morrois est un ogre, qu'il les a engloutis, broyés, et que leur métamorphose a commencé. Il les réduit en terreau et dans quelques années, leur mutation accomplie, ils renaîtront parmi la flore ou la faune, selon les besoins de la forêt... Qui peut prévoir les caprices d'un tel monstre, expliquer ses mystères ?... Sa puissance n'a pas d'égale. C'est elle qui a massacré Antret et tous ses compagnons

En effet, comment croire que deux hommes, même

aussi résolus que Tristan et son écuyer, aient pu, seuls, mettre en déroute une troupe de soldats aguerris ? La forêt a pris parti, assurément, et participé à la bataille de toute sa force magique. Elle l'a elle-même avoué en laissant son empreinte sur les lieux. Les témoins de la seconde expédition en étaient rentrés secoués.

Car le retour de Ganelon, malgré sa défaite, avait relancé l'espoir de capturer les criminels et retrempé l'ardeur des limiers.

— Ils étaient à notre portée... Nous les tenions ! Ils ne peuvent plus nous échapper...

Denoalain, aussitôt, avait offert son appui, et Godoïne. Dès le lendemain, tous avaient repris la direction de la forêt, innombrables comme les corbeaux sur les labours.

Las ! S'ils étaient bien rentrés sains de corps, sans la moindre blessure, beaucoup, l'esprit troublé, rapportaient l'horreur dans leurs yeux.

— Les arbres ont ramassé les dépouilles... Des tentacules de lierre les emprisonnent et l'écorce commence à les couvrir comme une lèpre... Ils bourgeonnent de rejets et des rameaux de jeune bois obstruent déjà les bouches et les orbites...

D'après les mêmes dires, le sort d'Antret est encore pire. Changé en démon, il garde la loge des amants où brûle un feu d'enfer. Sa tête suspendue à la porte se balance en riant. Quand il a vu Ganelon, il s'est écrié :

— Viens te chauffer chez moi, mon cousin. Il fait trop froid sur la terre...

Voilà ce qu'on entend. Chacun raconte avec son émotion et le vent disperse les récits par chemins et par landes. Tous ces témoignages concordent et Ganelon ne les a pas démentis.

Le roi n'a jamais été aussi seul. Les semaines passent et sa justice est tenue en échec. Il a voulu faire démonstration d'autorité devant tous, en châtiant les amants. Mais, aujourd'hui, leur impunité fait éclater son impuissance. Les fugitifs demeurent introuvables, intouchables. C'est le roi qui est atteint, et la loi. La loi d'amour qui protège la reine et le neveu est-elle plus forte que la loi de Dieu qui protège le royaume ? L'incapacité de Marc à se faire aimer et respecter témoigne-t-elle de son incompétence à gouverner ses sujets ?

Le roi sent bien que son échec personnel retombe sur sa couronne. À la cour, il voit la gêne derrière la courtoisie. Parfois, les reproches et l'ironie. Sa faiblesse réveille les appétits de ses barons les plus vindicatifs. En cédant à leur intransigeance, il s'est placé à leur merci.

— Ce monarque est-il une girouette qui tourne à tous les vents ?

Voilà ce que chuchotent les doutes et les questions. Marc entend, mais il se tait. Il se tient à l'écart de son conseil et se réfugie dans la magie. Chaque jour, il consulte son devin, l'effrayant bossu qu'il avait promis de faire griller sur un bûcher. Frocin est toujours là, sinistre et craint. Il a su se faire oublier pour mieux reprendre barre sur son maître, comme la lune qui tantôt disparaît et tantôt pèse sur les êtres. Son emprise n'est-elle pas la preuve de sa puissance occulte ? De l'inconstance du roi ?

Frocin jubile de ce retour en grâce. Dans son obscur cabinet, il retient Marc pendant des heures, autour de ses philtres et de ses grimoires. Il lui décrit longuement la conjonction des planètes qui le gouvernent, leur opposition avec celles des amants. Il lui prédit leur reddition prochaine, leur jugement. Il lui montre que son autorité reconquise est déjà écrite dans les astres, que son soleil va resplendir, plus majestueux que jamais, et il l'exhorte à la patience.

Marc écoute, réfléchit, puis quitte son mage, nourri de certitudes et rassuré sur lui-même.

Mais sa conviction est fragile. Jour après jour, il revient consulter, réclame confirmations et garanties nouvelles. Frocin, la venimeuse araignée, sait comment le rassurer et, par mille précisions habiles, l'enveloppe de sa toile qui le tient en tutelle.

Pourtant, l'avenir ne se laisse pas aisément saisir, et le clairvoyant le plus pertinent est aveugle devant sa propre destinée.

Confident du roi, conseiller, le pouvoir de Frocin est immense, mais trop pesant pour ses épaules de nabot. Il veut en jouir, l'étaler. Il se montre à la cour, s'y pavane, recherche avec ostentation une société qu'il a toujours méprisée.

Cette métamorphose intrigue les rusés barons. Ils veulent en connaître les raisons. Puisqu'il se laisse apprivoiser, ils l'assiègent, flattent sa vanité, l'étourdissent d'éloges et lui inventent des rumeurs qu'ils font passer pour vérités.

— Le roi cherche à t'honorer durablement, lui confie Godoïne. Il a sollicité mon conseil pour un comté qu'il voudrait t'octroyer.

— Il m'a questionné aussi, confirme Ganelon. Mais comme il m'a réclamé le secret, je me gardais d'en parler. Surtout, quand il t'entretiendra, ne lui révèle surtout pas que tu sais déjà !

Et pendant qu'ils parlent, ils trinquent. Cervoise forte, vin de France parfumé à la coriandre, robuste alcool de prunelle. La hure de l'avorton, cramoisie, transpire de toutes ses verrues et sa bosse se dilate, tend sa pelisse d'agneau comme si elle s'apprêtait à lui crever le dos.

— Confiance pour confiance, leur avoue-t-il au plus bouillant de la beuverie, je connais, moi aussi, bien des secrets sur notre ami qui mène le royaume. Beaucoup d'entre eux sont connus, mais il en est un que nous sommes seuls à partager, lui et moi.

Il se tait pour mesurer l'effet de sa confidence.

Les barons ont compris qu'il est prêt à s'épancher, mais ils se gardent de le brusquer. Au contraire, Ganelon, faussement embarrassé, lui répond avec humilité :

— Tu es un savant, Frocin, et nous des ignorants... Mais, vois comme tu nous traites avec cruauté ! Tu brandis une coupe de nectar sous notre nez et tu te gardes bien de nous y faire goûter.

Frocin ricane.

— Car tu n'es pas de ces vipères qui trahissent les secrets, poursuit Ganelon. Tu ne nous diras rien...

— Non, je ne vous dirai rien ! Rien... à vous ! reprend Frocin en détachant les derniers mots avec malice.

Ganelon le sent mûr. Il ne le lâche plus et feint de renoncer.

— Alors tant pis pour nous ! s'écrie-t-il en saisissant

un pichet de bière. Buvons tout de même à notre amitié ! Car nous restons amis, n'est-ce pas ?

Frocin détourne son gobelet.

— J'ai dit : rien à vous !... Mais, à l'aubépine, je puis parler !

— L'aubépine !... Quelle aubépine ?

— Celle du Gué Aventureux. Venez demain m'y retrouver à la pointe du jour, et vous saurez !

Là-dessus, il les quitte et s'en va en titubant.

Le lendemain, quand Ganelon, Denoalain et Godoïne arrivent au rendez-vous, Frocin les attend à côté du buisson qui a poussé au bord de l'eau. À cet endroit la rive s'est creusée et les racines pendent à nu, dans la cavité.

Le nain s'y engage, mais sa tête est trop grosse. Il ne parvient pas à entrer. Les barons élargissent le trou pour lui, puis, à sa demande, ils le saisissent et l'enfoncent fermement jusqu'aux épaules, dans la terre.

— M'entendez-vous, marquis ? leur demande-t-il, une fois en position.

— Avec difficulté, mais nous te comprenons, répond Godoïne.

— Alors, écoutez bien, continue Frocin. Ce n'est pas à vous que je parle, c'est à l'épine. Vous n'êtes que des témoins et vous passez par hasard. Toi, épine, mange mon secret par tes racines et que ton bois s'en nourrisse. Voici : le roi Marc de Tintagel est un monstre de la nuit. Sous sa chevelure, cachées, il porte des oreilles de cheval.

Les trois complices, médusés, entendent la voix filtrer de la caverne. Un grondement roule sous la terre, comme une protestation, puis se perd. Le secret, à peine révélé, est reparti se fondre dans la mémoire du monde.

Les barons quittent les lieux. Ils laissent le traître se défaire seul du piège où il s'est enterré. Ils possèdent maintenant un levier contre le roi qui leur permet d'atteindre la magie de son autorité et ils comptent bien l'utiliser.

À quelques jours de là, Marc et ses vassaux se trouvent dans la grande salle du château pour dîner. Au menu, des viandes fortes : cerf et sanglier. Le fumet de la cuisson monte des cuisines, apporte ses effluves de sauvagine et de forêt. Le roi, isolé dans ses pensées, mange, sans chercher à converser.

Frocin compte parmi les convives. Il boit en faisant l'important. Depuis qu'il fréquente la cour, il a délaissé l'eau pour des breuvages plus corsés.

Après dîner, Marc ne s'attarde pas. Il se lève, prend son arc et ses flèches. Les trois barons le rejoignent aussitôt, avec des airs convenus et farauds.

— Sire ! lui glisse à mi-voix Denoalain, une épine nous a révélé votre secret...

Marc s'arrête et, sans un mot, le toise en attendant la suite.

— Nous connaissons ce cheval qui vous accompagne partout et que vous cachez si bien.

Marc rit. Il sait d'où vient la fuite et la présomption de Denoalain l'amuse.

— Il ne suffit pas de le connaître pour le monter ! répond-il sans s'attarder.

Il confie arc et carquois à son vassal et tire son épée.

Frocin, l'esprit embrumé par l'hydromel, le voit

approcher. Il n'a pas le temps de comprendre que sa lune est noire comme la nuit et son soleil déjà refroidi. La lame de Marc fend le silence de l'assemblée. La tête du nabot jaillit, retombe sur le sol de pierre, rebondit et roule aux pieds des barons.

— Voilà ce qu'il en coûte de trop fréquenter les épines ! s'écrie le roi.

Il essuie sa lame sur la pelisse du nain décapité, la rentre au fourreau et laisse éberlués serviteurs et convives.

Marc a quitté la salle, mais son esprit cheval demeure. Il envahit soudain le château de la furie de son galop. Une ombre se déploie, pèse sur la bâtisse, couvre la lande alentour d'une brume opaque. Comme s'il allait se détacher de la côte, le domaine craque et chacun écoute frapper cette tempête surnaturelle. Tintagel entame-t-il la métamorphose dont parle sa légende ? Est-il en train de se changer en nef et le roi, son guide qui sait les passes de l'outre-monde, s'apprête-t-il à larguer les amarres pour l'emporter dans les étoiles ?...

La cavalcade s'estompe et la semonce s'épuise en échos. Le battement de la mer revient et le marteau familier des flots.

Marc a montré qui était le vrai maître, devant témoins, et personne ne verse une larme sur la mort de Frocin.

40

FRÈRE OGRIN

L'été est la plus brève des saisons. Pendant que Tristan et Gouvernal piègent, Iseut court arbustes et buissons. De l'aurore au couchant, chacun s'affaire, lutte contre le temps. Aucun répit. Chasser, cueillir, dépouiller, tanner, cuire...

La viande est leur principale nourriture, les peaux leur obsession. Iseut agrémente leur manger, autant qu'elle peut, de baies en purée, de jus de fruits pour égayer le goût de l'eau. Gourmandises aux couleurs de soleil, vouées à disparaître avec lui.

Le pain leur manque par-dessus tout. Pain d'épeautre, de seigle ou de froment. Pain semé et moissonné. Pain battu et finement moulu. Pain patience éduqué par la terre et le labeur de l'homme. Pain douceur et bonté, au parfum des villes, des campagnes et des fournils. Ce don quotidien de Dieu est refusé aux sauvages et aux proscrits.

Chaque jour qui s'achève couche les amants exténués. Ils ferment les yeux, les rouvrent, et les oiseaux déjà les appellent dans l'aube nouvelle qui replie les draps de la nuit.

L'été est la plus harassante des saisons.

Pourtant, quand peupliers et bouleaux commencent à jaunir, les solitaires du Morrois sont prêts à achever leur mue. Leurs vêtements de peaux, âprement confectionnés, sont enfin terminés. Longues tuniques aux amples manches, en cuir de daim et de cerf, doublées de fourrures où le renard est allongé au côté de l'écureuil et du lapin. Lorsqu'ils les revêtent, ils s'éloignent de l'humain, se rapprochent du règne animal où ils se fondent et reviennent aux origines d'une vie que leur mémoire a oubliée.

La société courtoise de Tintagel s'écarte, se fige, puis lentement se désagrège. Les pluies de l'automne en emportent les lambeaux. Lentes, tenaces, elles rincent la forêt, la dépouillent de tous les projets qu'elle a conduits à maturité depuis le printemps. Elles la préparent à entrer dans l'hiver, pour remettre de nouveaux rêves en chantier.

La brume prend le relais, l'humidité, le froid. La forêt finit par céder et s'enferme dans l'humus de ses pensées.

Gouvernal se mêle aux humeurs de la saison et disparaît de longues journées. Il s'efface, par discrétion pour les amants. Il va, silencieux, par le bois. Il veille et rien ne lui échappe.

Tristan ne quitte pas Iseut. Il l'emmène chasser, piéger.

Iseut ne quitte pas Tristan. Elle l'emmène cueillir, cynorrhodons et prunelles, ramasser faînes, glands et châtaignes.

La caverne est leur sanctuaire. Ils s'y reposent pendant des heures, immobiles, à s'écouter simplement respirer.

Quelle âpre vie ! Pourtant, ils s'entraiment tant, qu'ils n'éprouvent ni regret ni douleur. Leur amour, au contraire, se fortifie de leur lutte commune de chaque jour. Loin des facilités de la cour, il s'est dépouillé, comme la forêt, de tous ses ornements. Il habite leurs souffles, stimulé par l'exigence du dénuement.

Un jour de brume épaisse, ils s'égarent. Ils marchent longtemps sous les égouttures, dans le froissement des feuilles mortes. Bientôt, ils sentent une odeur de fumée, se croient à proximité de leur logis où Gouvernal les attend. Ils se trompent. Ils arrivent chez un autre solitaire, frère Ogrin, l'ermite du Morrois.

Lorsqu'ils se rendent compte de leur erreur, il est trop tard pour fuir. L'occupant des lieux les a vus et marche à leur rencontre en s'appuyant sur sa canne en bois de cornouiller. Tristan s'apprête déjà à dégainer pour éliminer ce témoin. Mais Ogrin remarque son geste et sourit. Il a compris qui est ce couple hirsute, à l'odeur forte d'animal. Il est ému devant lui, comme devant une apparition.

— Vous êtes Tristan le preux, et vous, la noble reine Iseut, leur dit-il d'une voix rassurante.

Il les regarde longuement. Une ardeur éclaire leurs visages, une force en mouvement émane de leurs corps enfouis sous les peaux. Il admire leur endurance et compatit à leur profonde misère.

— Entrez ! leur propose-t-il. Réfugiez-vous sans crainte en mon logis. Il n'est pas une paroisse de Cornouailles qui ne rêve de vous capturer. Mais dans ma hutte au toit de gazon, vous êtes en sûreté.

Tristan et Iseut voient qu'il est sincère et ils acceptent son invitation. Il les convie à s'asseoir, leur offre de l'eau, des pommes sauvages, leur casse des noix et des noisettes, agenouillé devant eux, avec l'humilité d'un serviteur. Il les observe manger. Il est habitué à lire les âmes et il leur dit, avec un sourire de bonté :

— Dieu pardonne toujours. Il suffit de se tourner vers lui, de reconnaître son péché et de se repentir.

Tristan redresse la tête, irrité par ces conseils, et le fixe durement. Quelle faute a-t-il commise, celui-là, pour venir s'enterrer dans ce désert ? De quel crime réclame-t-il l'absolution ? Que fuit-il de lui-même, pour se consacrer avec tant de zèle à son prochain ?

— Se repentir ? l'interroge Tristan. Qu'est-ce que se repentir ? Rejeter l'être qu'on aime ? Déclarer que son amour est un égarement ? Ouvrir son cœur à la honte après l'avoir offert à tous les oiseaux du monde pour qu'ils y tressent leurs nids ? J'aime Iseut. J'ai abandonné mon rang de prince. Elle, sa couronne de reine. Notre passion est plus haute que la terre. Elle nous porte au firmament, quoi qu'elle nous coûte de peine et de tourment.

— Je sais que votre sentiment est sincère, répond Ogrin, patient. Vous l'avez mutuellement défendu, avec courage et loyauté. Mais nul homme ne peut posséder la femme d'un autre sans exposer son âme à la mort du péché. Dieu l'interdit. C'est sa loi. Vous devez vous quitter.

— Nos corps ont communié ! s'écrie Tristan avec force. Nos cœurs se sont mêlés comme deux élixirs. Ils sont devenus inséparables. Nous nous sommes réfugiés dans la main de la forêt, sans espoir de retour, et je me préfère bête parmi les bêtes, pour préserver ma place auprès de ma bien-aimée !

L'ermite l'écoute, embarrassé.

« Intrépide chevalier, pourfendeur de géants, songe-t-il avec affection. L'épreuve de l'exil n'a rien émoussé de sa ténacité. »

Mais comment abandonner de telles âmes dans le péché ? Plus que toutes, elles méritent d'être sauvées. C'est sa tâche, à lui, soldat de Dieu, de tout tenter pour les ramener vers la lumière.

— Votre passion absolue est aussi l'œuvre du Créateur, reprend-il après un long silence. Y avez-vous songé ? Même si elle contredit sa loi, il vous en a fait don. Il vous connaît. Il vous exhorte à la bataille. Ne fuyez pas. Vous êtes ses champions !

L'ermite est inspiré et ses arguments font mouche. Tristan reste un instant décontenancé par son appel. Lutter ? A-t-il jamais refusé ? Mais un tel combat !...

— Même si nous le désirions, nous ne le pouvons pas, explique-t-il. Lorsque nous étions dans l'aube de notre affection, nous avons bu un vin herbé qui nous a liés l'un à l'autre. Depuis ce jour, nous sommes pris et nous ne pouvons plus nous déprendre.

— Alors, répond Ogrin avec stupeur, c'est que le Tout-Puissant vous réclame la même endurance qu'à ses saints. Il est impératif de vous quitter. Non par simple obéissance à la loi du Père, mais par acceptation de sa haute exigence. Ne vous dérobez pas. Tournez-vous vers lui. Il n'est pas d'énigme dont il refuse la réponse à des chercheurs sincères.

Tristan est consterné et les paroles de l'ermite font naître en lui une sourde révolte.

Iseut est bouleversée. En retrait de la conversation, elle a compris les intentions d'Ogrin, mieux que son chevalier qui bataille aux avant-postes. Son ventre est douloureux, soudain. Un fauve s'est réveillé en elle et la déchire.

Elle veut fléchir l'ermite. En pleurs, elle se jette à ses pieds.

— Nous sommes innocents de notre amour, saint homme. C'est le vin, Tristan vous l'a dit. L'herbé que nous avons bu. Il s'est mélangé à nos sangs. Pour nous séparer maintenant, il faudrait nous saigner.

— Ou vous filtrer... répond Ogrin. Mais vous êtes seuls à même d'y réussir.

— Accordez-nous au moins votre pardon ! supplie Iseut.

Ogrin soupire. Son visage est empreint de tristesse et d'impuissance.

— Je ne peux rien vous pardonner, ma noble reine. La paix du pardon repose dans vos cœurs. Elle vous attend... Mettez-vous en chemin... Vous n'êtes pas seuls, Dieu vous guide. Il est le reflet de vos âmes. Il éclaire ce que vous êtes, pour vous aider à mieux prendre possession de vous-mêmes. Grâce à lui, les créatures se changent en créateurs. C'est par vous qu'il donne et c'est ainsi qu'il pardonne.

Iseut comprend qu'elle n'obtiendra rien et s'abandonne doucement à ses larmes. Tous sont affligés. Les amants de n'avoir pu faire entendre leur cause. L'homme de Dieu de n'avoir pu tirer deux êtres du péché.

Le crépuscule est tombé. Il est trop tard pour rentrer. Tristan et Iseut repartiront demain, comme ils sont arrivés, dans la brume du matin. Ogrin leur offre sa couche et, pendant qu'ils sommeillent, passe la nuit en prière à leurs côtés, pour demander qu'ils soient assistés.

41

HUSDENT

— N'approchez pas ce chien ! Il a la rage !

— Alors qu'attend-on pour l'abattre ?

— Le roi l'a interdit. C'est le chien de Tristan et il est blanc. On ne tue pas les chiens blancs, sous peine de voir les esprits de l'autre monde et les fées venir nous demander des comptes.

Un an a passé. Le printemps est revenu fleurir la Cornouailles, mais Tintagel reste saisi par l'hiver de la rancune et du chagrin. Tous sont atteints et le chien ne souffre pas de la rage, mais d'amour pour son maître. En effet, depuis que Tristan a disparu, Husdent le braque a perdu goût à la vie. Il refuse sa pâtée le plus souvent et mange juste de quoi subsister pour gémir de solitude et pour pleurer. Par instants – pour quelle raison ? L'apogée de la lune prétendent certains ! –, il se met à hurler à la mort. Puis, aussi soudainement qu'il a commencé, il se tait et reste longuement prostré.

— Pourquoi ne pas le libérer ? propose à Marc un chevalier cornouaillais. Si c'est la rage d'amour qui le rend fou – rien d'étonnant ; tel maître, tel chien ! – il retrouvera peut-être la trace de Tristan, malgré le temps. Il était bon limier, jadis.

Marc n'a jamais songé à utiliser Husdent. La peine de l'animal entretient la sienne et ses lamentations l'apaisent.

— Après tout, consent-il avec lassitude, faisons l'essai !

Avec précaution, deux écuyers s'approchent du billot où le chien est attaché et, pendant que l'un d'eux l'immobilise en le flattant, l'autre défait sa chaîne. Tout autour, le roi et ses gens se sont perchés sur des tabourets et des bancs pour se protéger des crocs. Mais Husdent ne gronde pas. Il sait ce qui l'attend.

Dès qu'il est libéré, il s'élance en jappant. Il flaire de droite et de gauche, la truffe contre le pavé, traverse les couloirs, dévale les escaliers, parvient à la chambre du roi où Tristan fut arrêté et Iseut molestée. Il tourne autour du lit, plusieurs fois, avec des cris plaintifs. Il sent le piège à la fleur de farine et le sang répandu, puis il se rue à l'extérieur en grognant, quitte le donjon et traverse la cour. Ses abois résonnent, réverbérés par les remparts. À lui seul, il produit le vacarme d'une meute.

— Écartez, écartez ! avertit un sénéchal qui accompagne le roi. Laissez passer !...

Tous enfourchent leurs chevaux.

— Il a trouvé la piste ! lance un baron. Ne le perdons pas !

Husdent galope dans la lande en direction de la chapelle. Marc comprend. Il divise sa troupe en deux et une moitié, par précaution, bifurque aussitôt vers la mer. Mais le braque arrive déjà sous le porche, se dresse contre la porte qui s'ouvre sous sa poussée, traverse la nef, parvient au vitrail que le prêtre n'a pas fait replacer en souvenir du saut miraculeux de Tristan, bondit sur l'embrasure de pierre et là, hésite soudain et renifle l'abîme en pleurant.

Quelle force le saisit alors ? Quelle folie d'affection pour son maître ? Il se jette à son tour dans le vide comme Tristan s'est jeté. Il va mourir. Qu'importe ! Mourir d'amour est la plus noble des morts et le chien, dans son total don de soi, administre une leçon aux humains qui le voient !

Cependant Dieu, qui a créé les animaux le sixième jour, juste avant l'homme, n'abandonne aucune de ses créatures. La pierre qui s'est avancée à mi-falaise, pour sauver Tristan, s'avance encore pour sauver Husdent. Las ! Il se reçoit mal, se blesse à la patte, gémit, mais se précipite à nouveau, franchit l'espace qui le sépare du rivage et, de là, repart en boitillant.

Le voici maintenant sur le sentier qui menait au bûcher. Il reconnaît le bosquet où Tristan et Gouvernal se sont embusqués, puis le champ de bataille où les lépreux ont été massacrés, et enfin la lande, rose de bruyères, par où les fugitifs ont disparu.

Sa voix change alors. L'impatience domine, la folle gaieté. Husdent est sûr de lui et, sans se soucier de ses poursuivants, il leur ouvre, triomphant, la route qui conduit à Tristan.

Il les emmène ainsi, sans prendre de repos, jusqu'à la forêt du Morrois où il s'engouffre.

— Ils seraient donc toujours là ! s'étonne Marc, en voyant disparaître leur guide.

Mais les aboiements éclatent avec tant de violence dans ce temple de silence, que la forêt, troublée, répond avec humeur. Un martèlement monte du sol, gagne les troncs, se propage de branche à branche, de feuille à feuille. Les vieilles puissances endormies s'éveillent, fâchées, et le gardien du Morrois, irrité, se dresse et se prépare à frapper.

À sa vue, les montures des cavaliers se cabrent et refusent d'avancer. L'apparition de l'adversaire contre lequel ils se savent impuissants refroidit l'entrain de tous, et de Ganelon en particulier.

— Sire, cessons de suivre ce chien ! conseille-t-il. Il y a danger !

L'hostilité de la forêt confirme au roi que les bannis s'y sont bien terrés et que le braque ne s'est pas trompé. Il regarde le géant végétal tendre ses mille bras, happer à lui l'air, les nuées, les oiseaux du ciel, et il écoute les jappements se perdre.

— Comment peuvent-ils survivre dans ce désert ? confie avec effroi Marc à son cheval.

Puis il tourne bride et, à regret, repart avec son escorte.

Les amants, eux aussi, sont réveillés par les cris. Tristan se dresse le premier. Il reconnaît qui vient.

— Husdent ! Mon chien ! Le roi aura décidé de l'employer. Il le mène à la laisse, avec son armée de rabatteurs. Vite, il va nous trahir !

Il saisit son arc, se précipite hors de leur refuge et se poste à distance, en guettant l'arrivée de son compagnon, prêt à le tuer dès qu'il l'apercevra. Gouvernal l'accompagne.

Husdent approche. Invisible encore, mais la forêt l'annonce, vibre du bonheur de la bête qui se prépare à fêter son maître.

— Là ! s'exclame le maître. C'est lui !...

Un éclair blanc bondit par fourrés et taillis. Tristan arme son tir. Ce n'est pas son chien fidèle qui arrive. C'est la capture, la mort, sous les traits d'un ami. Et son exubérance annonce les sonneries de l'hallali ! Tristan ferme les paupières et puise en lui la force de faire taire ces cris à jamais.

— Ne tire pas ! l'arrête soudain Gouvernal. Il est seul.

Tristan, aussitôt, regarde et voit.

Il voit l'obscur sous-bois s'illuminer ; un reflet de soleil miroiter à travers les feuillages. Husdent est là. Il bondit et Tristan le reçoit en refermant ses bras sur lui. Ils roulent à terre. Husdent se redresse d'un coup de reins, cercle autour de son maître, revient vers lui en trépignant.

— Là... là, Husdent. Calme, mon chien... Silence, maintenant.

Il l'attrape par la nuque pour le calmer, le tire à lui. Le chien se laisse saisir, sa queue bat ses pattes et les jambes de Tristan, mais il s'échappe, tout vibrant, incapable de se contenir, redouble d'allégresse, relance de nouvelles salves d'abois, vient se faire flatter, aux pieds d'Iseut qui rit, puis de Gouvernal, et même, se dresse devant Beau Joueur, cabré, qui lui répond en hennissant.

Il déverse le trop-plein de peine et de chagrin accumulés. Sa liesse paraît inépuisable. Elle endort l'élancement de sa foulure.

Pourtant, malgré cette démonstration, Tristan est sombre.

— Qu'allons-nous faire de lui ? s'interroge-t-il. Écoutez ce charivari ! On doit l'entendre à des lieues à la ronde. Depuis des mois, nous avons déjoué toutes les recherches en nous imposant une règle draconienne. Cette règle vient de voler en éclats par la faute de ce chien !

Brutalement, il hurle pour couvrir le bruit.

— Husdent, tais-toi !

L'animal ne comprend pas. Il croit que son maître lui répond en jouant de sa voix. Il s'aplatit, son œil rit et il poursuit le dialogue avec lui.

Tristan est exaspéré. Il plonge sur la bête, l'agrippe et lui serre fermement les mâchoires à deux mains.

— Tais-toi ! répète-t-il. Silence ! Est-ce que tu vas comprendre ? Silence !

Le chien glapit, gueule fermée. D'étonnement et de douleur aussi.

— Silence ! insiste Tristan en relâchant un peu sa poigne.

Mais le chien prend le dessus, s'échappe et court soudain comme un fou, se roule dans les feuilles, libère sa tension en fanfare.

— Rien à faire ! vitupère Tristan. Je ne vois pas d'autre solution que le tuer.

Il est décontenancé.

Iseut s'approche, lui prend la main et dit :

— Il faudrait l'éduquer. C'est une bête d'une grande

intelligence, décuplée par l'amour qu'il te porte. Tu sauras lui apprendre à nous ressembler. Ce n'est pas impossible. J'ai entendu parler d'un Gallois qui avait réussi avec son chien. Il pouvait même chasser sans bruit et se faire parfaitement comprendre de son maître.

Tristan sourit. Iseut, malgré l'exil, malgré l'âpre vie, n'a rien perdu de sa magie. Elle parle et tout devient facile. Les obstacles s'écartent devant elle.

— Alors, je vais commencer sans attendre, répond Tristan. Husdent !... Viens, bon chien... Viens !

Le braque, mis en confiance, obéit, la mine curieuse, et approche à petits pas dans les jambes de son maître pour se faire caresser. Puis il le suit et s'éloigne, gambadant à ses côtés, le fouet vif, au cœur de la forêt qu'il ouvre de sa joie sonore.

Tristan demeure au loin pendant des jours entiers, laissant Iseut sous la protection de Gouvernal. Quand il revient, Husdent a mûri. Son espièglerie a disparu et un éclat vigoureux brille dans ses yeux. Il est éduqué au silence. Il est devenu un authentique habitant de la forêt. Un proscrit lui aussi.

Sa blessure le fait encore souffrir, mais il ne se plaint pas. Et, s'il continue de boiter, il est capable, seul, de traquer un chevreuil, un daim, un cerf, de l'égorger de ses crocs, de le recouvrir de feuilles et d'aller prévenir Tristan. Il arrive, un morceau de bois dans la gueule, le dépose aux pieds de son maître en le regardant, le saisit par le poignet, l'entraîne...

Comment Tristan a-t-il accompli cette éducation ? Il n'en a jamais soufflé mot. Seul Husdent sait. Mais il se tait.

42

MORT D'UN FÉLON

La traque est relancée.

On croyait les amants disparus, morts peut-être et, s'ils demeurent invisibles, on sait à présent, grâce à Husdent, qu'ils sont vivants. Du fond de leur retraite, leur silence recommence à clamer leur liberté d'aimer et leur résistance apparaît comme un défi réitéré à la loi.

Au cœur du Morrois, Gouvernal redouble de vigilance. L'intrusion du braque dans leur monde a failli en briser l'harmonie. Tristan l'a vite rétablie, en mettant son chien au pas. Mais à l'extérieur de la forêt, l'équilibre est rompu. Les fugitifs n'étaient plus harcelés tant qu'ils se faisaient oublier. Maintenant, leur possible capture, assortie de l'encaissement de la prime, échauffe à nouveau les plus téméraires coureurs des bois.

Gouvernal sent que le danger peut surgir à tout instant et frapper. C'est pourquoi il presse Tristan de quitter leurs quartiers d'hiver et de reprendre l'errance, un jour ici, un jour là, avec des bivouacs dans des huttes de feuillage, délaissées à peine bâties.

Quant à lui, il ne cesse de patrouiller.

Un jour, après midi, il fait halte pour se reposer à proximité d'un ruisseau. Il s'est aventuré aux lisières les plus extrêmes de la forêt, où les landes éclaircissent la futaie. Il débarrasse son cheval de sa selle pour le laisser pâturer à l'aise et il s'apprête à se rafraîchir dans l'eau, quand des échos de trompes et de huées lui font prêter l'oreille.

— Sanglier ! reconnaît-il au bruit.

La chasse est encore loin. Pourtant, un galop semble s'approcher. Il écoute.

— Un cavalier ?... Coupé des autres !...

Cette présence l'intrigue. Il quitte le ruisseau et se glisse vers la lande où chevauche l'intrus.

Malgré la distance qui les sépare, il le reconnaît dès qu'il le voit et n'en croit pas ses yeux. Cette silhouette, cette tenue sur les étriers, ce port hautain...

— Ganelon ! Ici ! Sans même un écuyer pour l'escorter.

Il se plaque contre un arbre pendant que le baron arrive paisiblement.

— L'ennemi de mon seigneur... Le responsable de tous nos malheurs...

L'occasion est trop belle. Sans une hésitation, il décide : Ganelon n'intriguera plus jamais à la cour de Tintagel.

— Que mon cadavre soit brûlé et mes cendres jetées

dans le vent, s'il dort ce soir dans son lit, gronde-t-il, dents serrées.

Il tient sa vengeance. Il a l'avantage sur le félon et ne lui laissera pas une chance.

Lorsque Ganelon se trouve à quelques mètres, Gouvernal jaillit de sa cachette, bras levés, en hurlant.

— Halte là, brigand !

Le destrier, effrayé, se cabre et désarçonne son passager qui roule dans l'herbe.

Il est à peine assis que Gouvernal est sur lui.

— Je ne suis pas chevalier, prévient-il en tirant son épée. Je n'ai ni serment, ni code d'honneur, ni loyauté à respecter.

Qui est cet inconnu ? Le baron est pris au dépourvu devant cette silhouette humaine, sale, couverte de peaux mal taillées, mal tannées. La voix lui est familière et il reste un instant déconcerté. Puis il reconnaît Gouvernal et ne peut réprimer un mouvement de stupeur. Il imagine les deux amants sous l'aspect de ce vestige d'homme qui le menace...

Par habitude, il tente une manœuvre, car il sait ce qui l'attend.

— Accorde-moi au moins un duel dans les règles !

— Quelles règles ? Celles que tu n'as jamais cessé de bafouer ?... Tu as toujours fait le mal, Ganelon. Comme un nuisible. Tu as sali mon maître, outragé ma douce reine !

Cette ultime fourberie l'écœure.

— Merci de te montrer tel qu'en toi-même à tes derniers instants.

Il le frappe d'estoc en pleine gorge et lui tranche la veine du cou, comme on saigne les porcs.

— N'impatiente pas Lucifer, vaurien. Cours ! Il t'attend.

Puis il lui fait subir le sort d'Antret, son cousin. Mais le tranchant de son épée est émoussé à force de couper du bois pour construire des cabanes. Il doit s'y reprendre à plusieurs fois.

Ensuite, il renouvelle la mise en scène qui avait fait merveille au début de leur exil. Il traîne sans ménagement la dépouille du traître, l'attache à un bel arbre de la lisière pour qu'elle soit visible de loin. Quant à sa tête, il la suspend à une basse branche par les nattes.

Une fois son service funèbre terminé, il reprend son cheval et s'éloigne en le tenant par la bride, comme s'il hésitait à lui imposer le poids de son corps, alourdi par sa vengeance et son impitié.

Pendant ce temps, loin de ces lieux, Tristan retrouve Iseut. Il s'est mis en chasse dès l'aube, accompagné par Husdent. En conjuguant leurs efforts, ils ont très vite levé un cerf qu'ils ont pisté en vain, pendant des heures. Vers la fin de la matinée, Tristan se décide à renoncer et rentre au camp. Lorsqu'il arrive, il est fourbu.

— Ce cerf était plus rusé qu'un vieux goupil, avoue-t-il à Iseut, déçu. Il n'a cessé de se jouer de nous. Je n'en peux plus.

Husdent, comme son maître, est épuisé. Ventre dans l'herbe, cherchant le frais, pattes écartées, il halète bruyamment.

— Viens t'allonger et reposons tous deux, lui propose Iseut. Moi aussi, je suis lasse et la chaleur m'incommode. J'ai cueilli des brassées de chèvrefeuille pour nous coucher.

Elle est en chemise. Sa vieille chemise qu'elle porte depuis un an. Ses cheveux, parsemés de lichens et de brindilles, tombent librement jusqu'au milieu de son dos. Son visage est émacié. Deux cernes de fatigue creusent ses yeux, éclairent son regard d'une force ardente. Elle paraît frêle, tant elle a maigri. Presque transparente.

— Allons, viens, reprend-elle en entraînant Tristan.

La Pentecôte vient tout juste de passer. Le feu de l'Esprit saint qui était descendu dans le cœur des apôtres de Jésus est revenu, comme chaque année, encourager les hommes à sanctifier la vie.

Les amants s'asseyent sur leur couche de fleurs. Ils se tiennent par les mains et se regardent. D'imperceptibles sourires adoucissent leurs faces. Des ombres s'insinuent entre eux. Des questions qui s'avancent et qui s'effacent, des souvenirs qui voudraient parler, des aveux impossibles... Pour les contraindre à se taire, Iseut et Tristan se rapprochent d'un même élan et restent, buste à buste, sans se serrer, écoutant simplement leurs souffles chuchoter.

Iseut s'allonge en soupirant, d'un mouvement qui appelle son amant. Tristan déboucle son ceinturon, retire sa pelisse en cuir de cerf et garde cotte et braies comme elle a gardé chemise.

Avant de s'étendre à son tour, il la regarde longuement. Depuis des mois, l'errance, les alarmes, la vie sauvage les a usés. Alors, sans quitter sa bien-aimée des yeux, il dégaine son épée et la pose, toute nue, entre eux deux.

— Cette lame, dit son silence, tuera notre désir, si nous la franchissons.

Iseut acquiesce d'un battement de paupières et elle accueille Tristan en frissonnant.

Elle se tourne sur le côté, face à lui, glisse un bras sous sa nuque, place l'autre sur son épaule. Tristan fait de même. Ils se regardent. Leurs lèvres se frôlent et chacun respire l'haleine de l'autre. Ils s'endorment en se contemplant, sans bouger, dans le parfum du chèvrefeuille, sous la jeune lumière de l'été qui s'invite à travers les interstices du toit feuillé.

Husdent redresse la tête et flaire en direction de la hutte. Il perçoit l'onde paisible qui émane des dormeurs. Ils se lève, s'assoit, indécis, en regardant autour de lui, puis, comme s'il choisissait de ne pas troubler l'intimité des humains, il s'éloigne d'un pas souple dans la forêt.

Mais une nuée cache le soleil. Elle est froide et sombre. Elle creuse un sillon sur la terre. Elle pénètre dans le bois et s'y coule avec la discrétion d'un serpent...

Depuis des jours, un homme explore le Morrois. Il fouille avec méthode, relève des indices : empreintes, branches cassées, odeurs de fumée, rumeurs, mouvements du gibier... C'est un forestier du domaine royal. Depuis qu'il sait les fugitifs toujours en liberté, il s'est juré de les trouver. Il ne doute pas d'y parvenir. Il connaît la forêt. Il la sent, comme un jumeau son frère. À force d'y vivre, elle s'est installée en lui et son cœur bat au rythme des saisons, des intempéries, du cycle de la sève, de la lune, des feuilles qui pourrissent, de la mousse qui envahit les troncs... Il peut rester des heures immobile, à écouter les bruits lui dessiner une carte du canton, avec ses habitants.

À force de patience, il a trouvé la piste des proscrits. Plusieurs loges abandonnées, toujours les mêmes, rudimentaires, et des traces de feu. Mais il ne se hâte pas. Il sait qu'il touche au but. Ce matin, il a croisé un cerf en fuite et peu après, un chien... Il a reconnu le blanc Husdent. Il l'a laissé aller sans se montrer. Il l'a suivi à l'oreille. Il l'a entendu retrouver Tristan et les a filés à distance, sans difficulté. Maintenant, il est caché dans un fourré, tout près de la cabane où les amants se sont retirés. Il observe. Il attend. Depuis que le chien est parti, rien ne bouge sous la ramée. Alors, l'homme, camouflé avec des branches de viorne et de sureau, s'avance à pas comptés jusqu'à l'entrée de la hutte et découvre, gisant sur le côté, l'homme et la femme, paisiblement enlacés.

— Dommage qu'ils soient vêtus ! regrette-t-il en les voyant.

Il ne s'attarde pas. Si Tristan se réveillait, son cou ne resterait pas longtemps collé à ses épaules. Il s'esquive, se débarrasse de son déguisement de buisson et s'enfuit à grandes enjambées. Il court longtemps, comme un valet de chasse entraîné par son limier, parvient à Tintagel où le roi tient sa cour de justice, se rend à la salle du conseil et là, s'arrête à la porte, où il attend en reprenant son souffle, appuyé au linteau.

Marc l'aperçoit bientôt, livide, épuisé. À la fatigue du messager, il comprend l'importance du message. Il quitte les débats où ses vassaux tergiversent comme toujours et se chamaillent. Il s'approche de son homme des bois.

— Quelles nouvelles ? lui demande-t-il.

— Je sais où ils sont, je les ai vus. Mais il faut vous

empresser, mon roi, car ils ne cessent de se déplacer à travers le Morrois.

— Va m'attendre à la Croix Rouge, à la sortie de la ville, où l'on enterre parfois les morts. Je t'y rejoins sans tarder.

Marc retourne auprès de son assemblée, lève la séance et réunit ses barons dans sa chambre pour une explication.

— Une obligation qui me tient à cœur depuis longtemps m'appelle, et l'occasion m'est donnée d'en précipiter le dénouement.

— Nous vous accompagnons, majesté ! proposent d'une même voix plusieurs de ses vassaux.

— N'en faites rien ! Dans cette affaire, je me passerai aisément de votre soutien. J'irai seul.

— Seul ! On n'a jamais vu le roi se déplacer sans escorte ! Sire, il y a danger pour votre personne à vous exposer, autant que pour la couronne.

— Les risques sont réduits, rassurez-vous, mes bons amis. Cette question touche à la galanterie et l'on m'a conseillé la discrétion...

Le roi clôt la discussion au milieu des sourires entendus, puis se retire, descend aux écuries, fait seller son robuste cheval gascon et s'empresse de retrouver son forestier à la Croix Rouge.

— Conduis-moi ! lui dit-il. Tu ne regretteras pas de m'avoir prévenu.

L'homme a eu le temps de récupérer. Il part en courant, frais et dispos. D'une foulée régulière, il ouvre la route à son maître, qui le suit sur son destrier, au petit trot.

43

LES ENDORMIS

La colère du roi, son désir de vengeance grandissent à mesure qu'il chevauche. Marc aura bientôt lavé son déshonneur. Il a confiance, et son épée qui bat contre son flanc lui rappelle qu'elle a déjà porté de rudes coups pour lui et qu'elle le servira, cette fois encore, sans défaillance.

Emmené par son éclaireur – que l'enfer l'engloutisse ! – il atteint le Morrois, pénètre dans l'ombre épaisse des futaies, continue de progresser pendant une bonne demi-lieue, jusqu'à ce que le forestier lui demande de poursuivre à pied, car ils approchent de l'endroit.

Marc obéit, descend de sa monture, l'attache aux

basses branches d'un pommier, puis s'enfonce à la suite de l'homme, à travers les fourrés.

Bientôt, son pisteur l'arrête d'un geste. Ils sont arrivés. Il lui désigne la hutte qui se confond avec la végétation. Seul, Marc serait passé à proximité sans la voir.

— Voici donc où ils se cachent ! murmure-t-il pour lui-même. Je vais les prendre au nid.

Il défait l'agrafe d'or fin qui retient son manteau et se met à l'aise. Il faut être libre de ses mouvements pour bien tuer. Avec précaution, il tire son épée de sa gaine et marche vers la loge. Le forestier lui emboîte le pas, mais Marc l'arrête aussitôt.

— Où vas-tu, maraud ? Te crois-tu capable de comprendre ce qui va se jouer dans ce tabernacle ?

Une colère blanche durcit la bouche du roi.

— Rentre chez toi, Judas ! Et viens demain à Tintagel. Je te paierai grassement !

La lame, dans son poing, jette des feux. Le rustre n'insiste pas et disparaît dans les taillis. Marc écoute la forêt absorber sa course, puis avance, décidé à en finir.

Il entre, l'épée brandie, prête à s'abattre et reste interdit de surprise en découvrant son épouse et son neveu, côte à côte, endormis.

Sa colère tombe. L'émotion le saisit. Il les dévisage en cherchant à retrouver leurs traits, car il les reconnaît à peine. C'est bien elle. C'est bien lui. Et pourtant... Ils se ressemblent comme un écho ressemble à un cri. Maigres, le visage assombri par le soleil, le suc des herbes qu'ils ont mangées, la terre... Et leurs vêtements souillés et déchirés... et ces peaux de bêtes abandonnées sur le sol, taillées à l'épée, cousues de joncs tressés et de boyaux séchés. Qu'est devenue la blonde Iseut aux cheveux de lumière ? Qu'est devenu le fringant Tristan ? Ils sont emprisonnés dans leur rêve et une brume grise pareille à celle qui monte de la lande au crépuscule s'est refermée sur eux.

Marc les voit immobiles. Ils se tiennent comme frère et sœur. Ni leurs lèvres ne s'attouchent, ni leurs poitrines, ni leurs ventres. L'épée seule est nue et les tient à distance.

« S'ils s'aimaient de folle passion, comme on l'a prétendu, pense Marc, ils ne dormiraient pas ainsi allongés et chastement vêtus. »

Il les observe longuement. Il voit l'encoche dans l'acier de la lame qui raconte le combat héroïque contre Morholt. La mort du géant est un terreau. Leur sentiment y a germé et cette lame entre eux qui les sépare a commencé par les unir. Toute leur histoire y est écrite.

Marc réfléchit. Il croit ce qu'il voit.

Ils se sont enfuis, ils ont accepté une âpre existence de sauvages pour protéger leur aventure. Et c'est dans cette union qu'aujourd'hui ils tracent à l'épée une ligne de partage.

Il éprouve grande pitié de leur état. Comment les encourager à sortir de l'impasse où ils se sont enfermés ? Comment les conduire vers la liberté ?... Parler est impossible. Marc le sait bien. Si Tristan s'éveillait, il saisirait son arme à l'instant et combattrait son oncle sans entendre raison.

« Je veux que vous viviez, songe-t-il avec affection. Je vais vous en laisser la preuve. Vous saurez ainsi que je suis venu et que vous m'avez ému. »

Par une trouée du toit de feuillage, un rayon de soleil tombe sur le visage d'Iseut. Elle est toute rouge. Une fine rosée transpire de ses joues. Marc conserve sur lui des gants de vair, bordés d'hermine, qu'elle a rapportés d'Irlande. Elle les lui a offerts le jour de leur mariage. Il ne s'en sépare jamais.

Avec délicatesse, il en dépose un sur sa face pour la protéger des feux du jour.

— Que cette main mise sur vous, ma dame, défasse votre illusion et vous rende à vous-même.

C'est alors qu'il remarque l'anneau d'or serti d'émeraudes qu'il lui a passé le jour où ils se sont engagés devant Dieu. La reine a tellement maigri qu'il tourne autour de son doigt comme autour d'un rameau sec. Il le retire sans difficulté et lui substitue la bague ornée d'une tige de pervenche qu'elle lui avait remise le même jour.

— Nous voici, vous et moi, tels qu'à notre commencement, dit-il. J'ouvre une porte devant vous. Accepterez-vous d'en franchir le seuil pour reprendre votre place ?

Iseut dort profondément, mais une part de son esprit, semble-t-il, veille et entend, car un voile passe sur elle, léger, comme si elle consentait.

Reste Tristan.

De la même façon qu'il a parlé à son épouse, le roi s'adresse à son neveu.

— Tu as tiré une frontière entre vos corps pour vous interdire de la franchir, malgré la tentation. Je te propose un autre défi. Seras-tu capable de le relever ? Revenez à la vie réelle ! Quittez la forêt de vos chimères ! Votre histoire est couchée entre vous. Je la vois. Vous résistez victorieusement à son appel. Mais n'interrompez pas votre recherche ! Poursuivez-la ! Profitez de cet élan pour vous hisser plus haut, continuez de résister, mais partagés par mon épée. Celle de la loi...

Disant cela, il ôte la lame qui les sépare et la remplace par la sienne qui devait les tuer.

Après avoir organisé avec soin les traces de son passage, Marc ne s'attarde pas et quitte la cabane des endormis. Au-dehors, la forêt se tait. Rien ne lui a échappé et Marc la sent peser sur lui.

« Auront-ils assez de raison pour conquérir leur liberté ? » se demande-t-il en s'éloignant.

Toujours attaché à son vert pommier, son destrier gascon, paisiblement l'attend. Il le retrouve avec joie, l'enfourche et regagne Tintagel sans s'attarder.

La venue du roi n'est pas passée inaperçue et il n'a pas encore quitté la forêt que la reine en est bouleversée au plus profond d'elle-même. Elle dort toujours, mais la houle d'un rêve la tourmente.

Elle repose sous une riche tente de soie, au cœur d'une belle futaie, claire et odorante. Deux lions s'approchent, orgueilleux et querelleurs. Ils la désirent pour eux et viennent se la disputer. Ils pénètrent sous son pavillon et, avant qu'elle ait pu appeler ses gens à l'aide, la saisissent, chacun par un poignet, tirant pour l'emporter.

La reine est déchirée. Ils sont de force égale, aucun ne veut céder et ils vont l'arracher pour la dévorer. Elle se débat, mais des mains velues l'agrippent au visage, prêtent assistance aux lions, en l'étouffant. Elle ne voit pas ces assaillants qui lui ferment les yeux. Elle craint les lépreux, vêtus de peaux, venus la rejoindre dans la forêt... Désespérée, elle parvient à se dégager pour hurler et aussitôt, effrayés par le bruit, ses agresseurs battent en retraite et son rêve se défait...

Elle s'assoit sur sa couche, haletante, le corps en feu. Tristan, réveillé par son cri, se dresse, brûlant et suffoquant, comme si la vision de son amie l'avait envahi.

Iseut découvre que les mains sur elle, ce n'étaient pas les lépreux, c'était un gant, le sien. Comment est-il ici ?... Mais elle retient son effroi en trouvant à son doigt la bague à la pervenche, offerte à Marc.

— Regarde ! dit-elle à Tristan, en lui montrant et l'anneau et le gant. Le roi est venu. Il nous a vus endormis côte à côte.

Elle est décomposée. Elle tremble.

— Il est là... Il nous épie... Il attend son heure... Il ne faut plus rester ici.

Elle veut se blottir contre Tristan, mais il l'écarte, car il aperçoit à son tour le message que Marc lui a laissé.

— Il a pris mon épée !

Il reconnaît la lame d'acier fourbi et la garde d'or ciselé. L'arme du roi ! Elle lui parle, mais il ne l'entend, ne la comprend. Elle le provoque, lui lance un défi. Lequel ? Sa pensée est figée. Ah ! que ne s'est-il réveillé lorsque son oncle substituait leurs épées !

— Pourquoi cet escamotage ? Pour effacer les victoires que j'ai remportées en son nom ? Pour m'exhorter à tout recommencer au moyen de cette arme vierge d'exploits ? Prétend-il nous retrouver où que nous nous cachions et tenir dans sa main nos destinées ?

Il se lève, l'arme au poing.

— La force du roi ! s'exclame-t-il avec dérision.

D'un coup violent, il tranche le toit de la hutte, qui

s'abat. Puis il fracasse les murs, méthodiquement, jusqu'à ce qu'il ne reste plus une seule branche dressée.

— Voilà ce qu'elle laisse derrière elle, la force du roi ! enrage-t-il en fichant l'épée en terre.

Leur tabernacle est dévasté. Iseut s'est enfuie au-dehors. Effrayée par le saccage, elle pleure doucement sur la colère de Tristan.

Tristan se précipite à ses genoux, les enserre, lui prend les mains et les embrasse. Sa fureur se dissipe devant le chagrin de son amie.

— Tu as raison, admet-il, nous ne pouvons rester ici. Il faut partir, nous éloigner. Il n'a pas eu le courage de m'affronter, celui qui règne en Cornouailles. Il est rentré à Tintagel pour lever son armée, encercler la forêt, nous cueillir. Et il est tellement sûr de sa puissance qu'il nous méprise au point de nous en avertir.

À cet instant, Gouvernal revient avec Husdent. Il découvre les ruines.

— J'ai rencontré Ganelon en chemin, dit-il. Il est mort. Il ne te nuira plus.

Tristan acquiesce, mais il est trop exaspéré. Il informe son maître de la venue de Marc et, peu après, ils repartent vers les confins du royaume, en direction du pays de Galles, où ils seront hors d'atteinte de la justice du roi.

44

LA SAINT-JEAN D'ÉTÉ

Fuite éperdue. Toujours plus avant. Le Morrois est immense. Nul ne sait où il s'achève. De vastes parcelles en demeurent inconnues. Les proscrits s'y enfoncent en recherchant les plus sombres, se taillent des abris au sein de ronciers qui serviraient de bauge au sanglier.

L'été s'achève dans la mélancolie. Les amants se laissent engloutir par le silence. Tristan rentre souvent bredouille de ses chasses avec Husdent et les cueillettes d'Iseut suppléent le manque de viande. Ils rêvent et se contemplent, des heures durant, en mâchonnant des herbes.

Un nouvel automne revient, pluvieux et sale. Par bonheur, Gouvernal découvre une cavité sous la terre, moins spacieuse que la grotte de leur hiver passé. Elle sent l'humus et la racine. Ils s'y réfugient, telles les bêtes qui s'enterrent dans la nuit, à l'approche du grand froid.

Une force vive demeure en eux, indestructible. Une puissance armée qui les maintient dressés dans leur folle solitude. Ils résistent à la glace, à la neige qui recouvre le noir pays où ils se sont enfuis. Husdent fait merveille pendant ces mois. Il les fournit en venaison qui réchauffe leurs corps et durcit leur volonté.

Le printemps les remonte à la surface de la forêt plus hâves et secs, mais leur tension flamboyante subsiste. Feu alimenté par le mouvement de l'univers, fragment de soleil déposé en chaque être... Les beaux amants, en dépit de leur privation, brûlent de cette magie.

Pour célébrer le renouveau de la terre, le troisième de leur aventure insensée, Tristan fabrique un arc. Il le choisit en cytise, au bois robuste et serré. Il le façonne de ses mains avec un tel art qu'il lui communique sa science de la chasse, son adresse. Il le remplit de lui-même, de son désir halluciné de vivre et d'aimer. Il l'aimante... Et l'objet, docile, prend la charge.

Tristan l'installe en forêt, à l'affût, armé d'une flèche, en un lieu de passage du grand gibier. Il suffit qu'une bête le frôle, ou mieux, agite un buisson qui le fasse trembler d'un rien, pour qu'il se déclenche. Tristan lui assigne son nom et sa mission.

— Tu es l'Arc Infaillible ! lui dit-il. Chasse et tue pour nous !

Cette arme est terrible. Elle est l'âme de son créateur. Elle lui obéit et accomplit son œuvre. Rien ne lui échappe. Qu'un animal passe à sa portée, cerf, chevreuil, renard, sanglier, il est touché, et il s'écroule, mort.

Tout au long du printemps, l'Arc Infaillible les nourrit. Pourtant, un jour, il se dérègle et perd son efficacité. L'accident survient le matin de la Saint-Jean d'été, lorsque le soleil est au sommet de son cycle et que la lumière amorce lentement son déclin. Tristan s'en aperçoit aussitôt.

Il a quitté Iseut pour aller ramasser le gibier abattu. Lorsqu'il arrive auprès de son arme magique, il la voit en action. Un cerf débouche justement d'un sentier. L'arc le sent, tire et l'atteint en pleine poitrine. Mais le fauve ne s'écroule pas. Au contraire, il fuit, transpercé de part en part.

Tristan s'élance alors à sa poursuite, secondé par Husdent. En vain, le cerf est infatigable et sa blessure ne le ralentit pas. L'après-midi est bien avancé quand Tristan décide d'abandonner. Il revient à son arc qui pour la première fois a failli. Il veut comprendre. Il le saisit, l'examine et le découvre inerte, déchargé de toute sa tension.

Pourquoi ?

Tristan, intrigué, s'assoit sur une souche d'arbre mort. Sa course l'a éprouvé. Il se sent las et affaibli. Vide, lui aussi. Il ferme les yeux et lève son visage vers le soleil de saint Jean. La chaleur flatte sa fatigue. Une étrange sensation monte en lui, comme une voix qui l'invite au renoncement... Un souffle tiède caresse les bosquets, les buissons, et Tristan, immobile, s'ouvre à cette douceur de la forêt.

— L'arc ne m'obéit plus... La force est brisée...

Il parle dans sa gorge. Une peine ancienne écoute ses paroles... Et soudain, un rempart cède en lui. Sa volonté se brise. Une crue l'inonde et l'emporte...

— Dieu ! Qu'ai-je fait ?

Vous m'avez hébergé dans votre paradis, vous m'avez prodigué amour, confiance, sans compter, et je vous ai trompé. Votre colère était juste. Votre châtiment aussi. Vous m'avez renvoyé aux origines du monde, dans un désert où je viens seulement d'entendre ma voix.

Oh Dieu ! Qu'ai-je fait ?

J'étais libre et je me suis emprisonné. J'étais puissant et je me suis affaibli. J'étais respecté et je suis devenu objet de sarcasmes et de mépris.

Je devrais vivre à la cour, craint et obéi. Je devrais posséder terres et châteaux, maisonnée de chevaliers. Je devrais entraîner au combat de jeunes bacheliers[1], fiers d'acquérir leurs éperons sous mes ordres. Je devrais parcourir les royaumes au-delà des mers, être honoré dans les cours, ambassadeur de mon oncle ...

Husdent, couché à ses pieds, le regarde. Depuis que son maître l'a dressé à se taire, il sait écouter. Il comprend ses paroles. Il ne l'a jamais vu dans un tel embarras et il s'approche de lui en rampant, gratte sa jambe de la patte, attend.

Tristan pose une main sur sa tête et le caresse.

— J'ai fait le malheur de ceux que j'aime, lui confie-t-il. Toi qui disais sans cesse ta joie, je t'ai contraint au silence. Gouvernal qui m'a éduqué depuis l'enfance, je l'ai forcé à l'exil. Quant à ma bien-aimée, au lieu d'une chambre aux murs tendus de velours, je lui ai offert une loge de feuilles en été et en hiver, un terrier. Au lieu de robes en soie de Biterne et de pelisses d'hermine, je l'ai revêtue de peaux de bêtes rongées par la vermine.

---

1. Jeunes nobles qui aspiraient à devenir chevaliers.

Je ne l'ai sauvée du bûcher que pour la perdre. C'est ainsi, Husdent, que Tristan sait aimer...

Pendant ce temps, Iseut, seule, est remuée par la même mélancolie. Elle observe la forêt autour d'elle. Elle la prend à témoin et s'exclame avec dérision.

— Je suis reine d'un royaume où coule le lait et le miel. Je vis dans un palais de marbre, aux portes de soleil, où les murs sont habillés de cèdre. De l'aube au crépuscule, des servantes s'empressent à mon service, me baignent et me parfument, dansent pour moi et me chantent des poésies. Mes suivantes recherchent mon amitié, me confient leurs secrets. Je les éclaire de mes conseils et je favorise leurs amours.

Voilà comment j'aurais pu parler, gronde-t-elle, si la négligence de Brangien ma confidente, la torpeur de la mer, la soif de mon cœur et le vin, n'en avaient décidé autrement. J'étais promise à rayonner, en ma jeunesse. J'ai tout gâché ! Aujourd'hui, je me démène dans une âpre vie de va-nu-pieds et de pauvresse.

L'aube finira-t-elle par se lever un jour ? Et la lumière par percer l'obscurité qui nous entoure ?

Elle ne remarque pas que Tristan est rentré et l'écoute. Sa tristesse l'afflige, ses regrets le bouleversent. Il s'approche et s'agenouille devant elle.

— Pardonnez-moi, noble reine, lui dit-il. Je vous ai mal servie.

Cette distance dans sa voix, cette humilité... L'a-t-il déjà quittée ? Elle fond en pleurs.

— Non, ne te méprends pas, reprend-il gauchement. Je suis déjà la cause de ton malheur. Je ne voudrais par l'être de ton chagrin.

Sa voix est de nouveau pleine d'attention, et sa douceur console.

— Mon malheur est aussi le tien, répond Iseut. Tu n'en es pas responsable. C'est le vin !

Ses yeux plongent dans les siens.

— Le vin !... M'entends-tu ? Le vin d'herbes et de fleurs !

Tristan songe en l'écoutant.

— Désigner le vin comme seul coupable pourrait-il nous aider à guérir ? se demande-t-il.

— Il y a trois ans, poursuit-elle d'une voix transparente, tu me ramenais d'Irlande en Cornouailles. Nous naviguions sur la mer...

— Il y a trois ans, nous avions tant soif que nous n'avons pas senti que ce vin était amer... Nous ne voulions que nous désaltérer. Nous avons bu...

— Et la soif est restée...

— Et la soif demeure.

Ils se dévisagent comme s'ils se retrouvaient après longtemps.

— Trois ans, murmure Iseut devant la face de Tristan. Trois. Le nombre qui a permis au maître Jésus de sortir du tombeau et de renaître à la vie.

Tristan l'écoute. Il hésite, retenu par son orgueil.

— Renaissons... lui souffle Iseut. Tout vaut mieux que notre noire existence de bêtes. Retournons vers la lumière...

Tristan la regarde, comme s'il avait besoin de son appui pour accepter.

— J'y consens, décide-t-il enfin. J'y suis prêt... Prêt à persuader le roi de te reprendre. Et s'il m'impose comme condition de disparaître à jamais, je partirai.

J'irai chez le roi de Frise ou en Espagne. J'irai combattre les géants et même offrir mon bras aux Sarrasins, si j'ai la certitude que tu retrouveras ton rang. Mais acceptera-t-il de se laisser fléchir ?

— Souviens-toi, l'été dernier, quand il nous a surpris endormis... Si son épée qu'il t'a laissée, au lieu d'être une menace, avait été une main qu'il nous tendait ? Suppose que, depuis ce jour, il attende un signe de nous...

— C'est un risque à courir, répond Tristan. Mais comment faire pour lui parler ? Il faudrait que quelqu'un accepte d'intercéder en notre faveur.

— Demandons à Ogrin, l'ermite. Il se fera une joie de nous aider à sortir du péché. Quand il nous a exhortés au repentir, nous n'étions pas encore prêts à l'entendre. Aujourd'hui...

— Aujourd'hui, mon amie, je ne veux plus te voir souffrir. Revenons sur nos pas. Retournons à l'ermitage. Demandons-lui conseil.

45

NÉGOCIATIONS DE PAIX

Le chemin est long depuis le fin fond du pays où ils se sont terrés. Ils chevauchent pendant des jours à travers la forêt de leur révolte. Ils se frayent un passage entre pénombre et broussailles, remontent d'un pas lent et assuré, en direction de la clarté.

Devant l'ermitage, ils descendent de leurs montures. Ogrin a entendu renâcler les chevaux. Il sort pour accueillir ces cavaliers. Il les reconnaît et, malgré leurs airs hagards, ne peut retenir une exclamation de joie.

— Mes prières ont été exaucées. Dieu soit loué !

Deux hivers ont passé depuis leur première rencontre et le troisième été est entamé. Il n'a cessé de penser à eux. Surtout depuis qu'ils ont été découverts et qu'ils se sont enfoncés plus loin dans la misère. Il les a vus dans son cœur, désespérés, égarés, et, chaque jour, il a réclamé au Très-Haut de leur accorder ses faveurs.

— Nous venons vous demander de l'aide, lui annonce Tristan en allant à sa rencontre. Nous ne voulons plus vivre dans l'erreur. Nous avons commis une faute. Nous la reconnaissons et nous nous en repentons.

Cet aveu relève du miracle et l'ermite le reçoit avec émotion.

— Quel est le sens de notre amour ? poursuit Tristan. Quel est le sens de l'obstacle qu'il nous impose ? Pourquoi elle ? Pourquoi moi ? Qui a décidé ?... Nous l'ignorons et, comme des aveugles, nous subissons cette loi. Qui est-elle, cette fille d'Irlande, reine de Cornouailles, ma tante ? Et qui suis-je, moi, orphelin de père et de mère, neveu de roi ? Nous nous sommes trouvés, mais depuis quand nous cherchions-nous ? Quel amour meurtri se cache en nous ? Quel serment a gravé nos destinées ?

Le vin que nous avons bu, il y a déjà trois ans, a enflammé nos mémoires anciennes. Pouvions-nous éviter de nous rencontrer ? Éviter de nous aimer ?...

Néanmoins, nous regrettons le mal que nous avons causé et nous voulons le réparer.

Iseut se tient aux côtés de Tristan. Elle approuve ses paroles. Elle les prononce avec ses yeux, avec ses lèvres qui frémissent, comme si elle les connaissait par cœur. Dès qu'il se tait, elle ajoute :

— Ne vous méprenez pas, saint homme. C'est le mal que nous déplorons. Pas les sentiments que nous nous portons. Je ne conteste pas ma folie et j'aime toujours Tristan. Je l'aime d'un amour accompli, libéré de la passion... Mais comment faire accepter notre affection, quand toutes les voix du monde nous opposent la loi ? Dieu nous a entendus. Les hommes le peuvent-ils ?... Notre volonté, hélas, ne suffit pas à les convaincre. C'est pourquoi nous sommes venus à vous pour vous supplier d'arranger notre retour.

Ogrin écoute et garde un long silence. Il connaît les êtres. Il connaît leurs limites et il mesure l'immense effort de ces deux âmes en souffrance. Il les contemple avec admiration. S'extraire de la pénombre comme ils l'ont fait, ouvrir les mains et déposer ainsi les armes, est une rude décision.

— Ma fille, mon fils, leur répond-il avec tendresse. Dieu est d'une miséricorde infinie. Il ne désire pas la mort du pécheur. Il ne cherche pas à l'écraser sous sa faute. Il l'écoute, le comprend. Une parole lui suffit, une simple intention et, aussitôt, il accueille celui qui se repent et lui accorde son pardon.

Les hommes sont moins magnanimes, je le sais. Plus portés à s'acharner qu'à acquitter, friands de châtiment... Aussi faut-il avancer parmi eux comme au milieu des loups. Toutes les vérités ne sont pas bonnes à leur dire et, pour effacer la honte, redonner à chacun le respect de soi, il faut parfois s'obliger à mentir.

Puisque vous sollicitez mon conseil, le voici.

Faites savoir au roi, Tristan, que la reine est disposée à rentrer à Tintagel, pour y reprendre la vie commune. C'est vous-même qui la conduirez et vous profiterez de cette occasion solennelle pour vous disculper des accusations qui ont été portées contre vous. Réfutez-les, les armes à la main. Provoquez vos détracteurs. Obligez-les à se révéler. Ne leur laissez pas le choix. S'ils persistent dans leur médisance, qu'ils tirent leur épée et relèvent votre gant ! Poussez votre avantage, Tristan ! Niez ! Niez l'évidence, car il vous faut survivre. Et combattez ! Soyez tranquille, votre réputation est demeurée intacte et nul n'osera vous affronter.

Ensuite, apaisez le roi.

Persuadez-le qu'il a été victime de ses conseillers, et abusé. Montrez-lui qu'il s'est mis dans son tort en vous condamnant, sans vous permettre de prouver votre innocence. Dieu qui veillait a corrigé son erreur en prenant à trois reprises votre défense. Dites-le-lui. En vous sauvant d'un saut où vous deviez vous rompre les os, en vous aidant à délivrer la reine et en vous permettant de tenir dans la forêt.

Si votre oncle se laisse convaincre par vos arguments, offrez-lui alors de se réconcilier aussi avec vous et engagez-vous à le servir, comme vous l'avez servi par le passé, avec désintéressement.

S'il admet la reine mais vous rejette, ne protestez pas. Acceptez sa décision. Exilez-vous en Écosse ou traversez la mer. Patientez ! Ne compromettez rien. Ajoutez sans cesse un jour nouveau au cortège des jours anciens. Faites confiance au temps qui sait fournir des solutions !

Mais si le roi s'entête, s'il projette de répudier la reine, menacez-le de reconduire la fille à Dublin, chez son père qui vous l'avait remise. En Irlande, elle trouvera à régner.

Voilà, seigneur, comment il faut agir. Je le proposerais par un message écrit.

L'ermite a parlé et il se tait.

Tristan consulte Iseut. L'offre n'est pas sans risques.

Mais l'un comme l'autre apprécie l'habileté du compromis et sa finesse.

— Alors, allez-y, maître Ogrin, décide Tristan. Tournez une lettre qui exposera en détail votre proposition. Ajoutez-y pourtant un point, car je reste méfiant. Le roi nous a bannis et pourchassés. Il a promis rançon pour notre capture. Exigez donc qu'il se prononce lui aussi par écrit. Et qu'il fasse suspendre sa réponse à la Croix Rouge, sur la lande, où l'on enterre les défunts. Là-bas, personne ne pourra se dissimuler pour nous capturer.

Frocin l'obscur avait voulu porter la honte sur les amants, en écrivant en lettres de sang sur la fleur de farine. Ogrin le solitaire l'efface, à l'encre du pardon, sur un parchemin de mouton.

Quand il a terminé, l'ermite roule sa missive, la cachette à la cire et la remet à Tristan.

— Voilà ! lui dit-il. Confiez ceci à votre messager.

— Quel messager, vénérable maître ? C'est moi qui porterai ce parchemin. Je partirai ce soir.

— Malheureux ! ne commettez pas cette folie, proteste Ogrin. Si vous êtes pris, mon plan s'effondre et la reine, sans vous, sera incapable de s'imposer. Reprenez vos sens, je vous prie ! Vous devez rester libre. Il faut que votre retour s'effectue au vu, au su de tous. Qu'un contrat clair soit passé entre le roi et vous, afin que personne ne puisse le contester.

Peine perdue ! Iseut le sait bien. Elle ne cherche même pas à soutenir Ogrin. Tristan agira comme il a décidé. Et il rit, ce fou, des craintes de l'ermite.

— Ne vous inquiétez pas, saint homme. Votre plan est parfait et il ira à son terme. J'y veillerai. Nul ne mettra la main sur moi. Je connais la ville et le château. Je saurai parvenir jusqu'au roi, malgré les sentinelles et les patrouilles du guet. Et j'emmène Gouvernal. Il me protégera.

Inutile de discuter à l'infini. Tout est dit !

Au crépuscule, Tristan et Gouvernal enfourchent leurs destriers et quittent l'ermitage. Lorsqu'ils sortent de la forêt, il fait nuit noire. Le ciel est couvert et ils galopent longtemps, évitant les bourgs et les villages.

Ils atteignent les faubourgs de Tintagel aux alentours de minuit. Ils contournent la ville endormie, tirent vers la mer, qu'ils longent en s'engageant sur la côte, à mi-versant. Quand la forteresse surgit de la pénombre, imposante derrière sa ceinture de pierre, Gouvernal et Tristan se séparent. L'un reste avec les chevaux. L'autre poursuit à pied vers le château.

Le vent et l'océan puissant parlent. Tristan n'avait pas entendu leurs voix depuis tant de mois. À mesure qu'il marche, la fête du ressac l'accompagne. Il s'engouffre dans les failles de la roche et fait vibrer la falaise sous ses sabots de monstre ferré.

Tristan l'écoute ruer et s'emplit de sa démesure.

Il parvient bientôt au rempart, le franchit du côté du verger où il a si souvent aimé Iseut. Il pénètre dans la cour silencieuse, se coule dans l'obscurité des murailles et gagne la base du donjon, qu'il escalade, suspendu aux moellons.

Il se hisse jusqu'à la chambre du roi et, là, se rétablit, s'installe dans l'embrasure de la fenêtre puis, discrètement, appelle.

— Majesté, réveillez-vous !... Messire le roi !... Holà, c'est urgent...

Marc s'assoit dans son lit et aperçoit la silhouette qui gesticule sur le couvert du ciel.

— Qui va là ?

— Un courrier pour votre majesté ! Je le dépose sur cette pierre...

— Attends !

— Je ne puis m'attarder. Adieu !

— Quel est ton nom ?

— Tristan, sire. Je suis votre neveu !

— Par tous les saints du paradis ! s'exclame Marc en bondissant de sa couche. Tristan, ne t'en va pas !

Il se précipite à la croisée, mais Tristan, vif comme une araignée, redescend déjà le long de la paroi.

Marc se penche dans le vide, le voit dégringoler tout en souplesse. Il lui serait facile de donner l'alerte. Il n'en fait rien et le regarde disparaître. Il songe aux endormis, entrevus l'été dernier, dans leur loge feuillue, aux signes qu'il leur a laissés : le gant, les anneaux échangés, les épées...

— Enfin, dit-il. À leur tour, ils consentent à parler.

Il découvre le parchemin et le déchiffre avec fébrilité. Il n'en croit pas ses yeux. Aussitôt, il va réveiller son chapelain[1] pour l'informer et prendre son avis sur la manière de répondre.

Tristan est déjà sur la falaise. Il court vers Gouvernal qui attend.

— Le message est délivré. Filons.

1. Prêtre qui officie dans une chapelle privée.

Il enfourche Beau Joueur et s'en va, aux côtés de son maître. D'un même galop, ils accompagnent la nuit jusqu'aux rives du matin.

L'aube pointe quand la forêt est en vue. Elle s'ouvre devant eux et les recouvre. Là, ils reprennent haleine et les chevaux, blancs d'écume, poursuivent au petit trot.

Quand ils arrivent à l'ermitage, Iseut se précipite.

— Vous êtes saufs ! Béni soit Dieu !

Ogrin est soulagé. La première étape de son plan a réussi.

46

REDDITION

Pendant que le chapelain lit la lettre, le roi réfléchit. Épouse et neveu, enfin, se tournent vers lui. Il regrette les tourments qu'il a fait endurer à la reine. Mais avait-il bien le choix, harcelé comme il l'était par ses barons et Frocin l'avorton ? Iseut, certes, a subi un lourd dommage, mais elle a révélé la grandeur de son âme, et sa fierté, et son courage. Il est tout prêt à l'accueillir. Il a hâte de lui rendre sa place tant il l'admire.

Mais comment arbitrer le cas de Tristan ?...

— Il faut réunir votre conseil, suggère le chapelain à la fin de sa lecture. Seul, vous n'avez pas autorité pour trancher. Et pour qu'une décision soit acceptée par tous, elle doit être prise par vos barons.

— Faites réveiller ceux qui dorment au château. Qu'ils me rejoignent immédiatement dans ma chambre.

Une fois les vassaux réunis, le chapelain leur révèle les propositions de Tristan arrangées par Ogrin.

Dès qu'il a terminé, l'unanimité se dégage aussitôt sur la reine.

— Elle doit rentrer, sire ! Saisissez cette opportunité de la réintégrer.

— C'est juste, majesté. Un roi ne peut se concevoir sans reine. La Cornouailles pâtit de son absence. Sans elle, le royaume est orphelin.

— Ceux qui ont dénoncé la tante et le neveu étaient jaloux. Ils n'ont rien pu prouver, malgré leurs manigances.

Le roi se garde bien d'intervenir dans le débat. Il observe chacun et écoute. Il laisse tournoyer la parole de l'un à l'autre et les échanges se nourrir.

Dinas, le sénéchal de Marc, intervient alors.

— Si d'aucun parmi nous conserve encore des doutes, qu'il descende dans la lice et qu'il affronte Tristan. Mais, comprenons-nous bien, s'il n'y a pas de combat, toute accusation disparaît ! Et sans accusation, il ne peut plus demeurer aucun soupçon !

Dinas, fidèle de la reine... Tristan, jadis, fut son écuyer, lorsqu'il était apprenti. Nul n'ose le contredire et ce chapitre est clos.

— Alors, que dois-je répondre ? relance Marc. Car on attend ma décision. J'ai bien entendu votre conseil au sujet de la reine. Mais, Tristan ?...

— Je crois qu'il serait prudent de l'éloigner, propose alors un vieux marquis, d'une voix éraillée. Une année. Voire deux... Le temps que les esprits s'habituent.

Ménagez votre autorité, sire. Vous les avez bannis, mis leurs têtes à prix. Si pour la reine on admettra aisément votre clémence, pour le neveu, elle pourrait passer pour de la faiblesse, voire de l'inconstance...

Marc, silencieux, hoche la tête.

— Impétueux comme il est, il ira guerroyer chez d'autres monarques, approuve un baron. Attendez que la Cornouailles le réclame pour vous réconcilier. Alors, proposez-lui de rentrer et accueillez-le en héros ! Vous profiterez ainsi de sa gloire.

Marc réfléchit et pèse ces arguments de bon sens.

« Tu avais placé ton épée entre vous, songe-t-il. Comment résisteras-tu, si c'est la mer qui vous sépare ? »

Puis il se lève.

— Je m'en rapporte à vous, mes amis, déclare-t-il en mettant fin à l'entrevue. Je vais me conformer à vos conseils.

Se tournant vers le prêtre, il ajoute :

— Ne tardez plus, chapelain. Vous avez suivi nos débats, rédigez dès à présent ma réponse à Tristan. N'oubliez pas d'y porter mes salutations et allez la suspendre à la Croix Rouge, comme exigé. Ce soir, tout doit être terminé.

La nuit est tombée. Tristan est en route. Il se hâte. La réponse du roi attend. Il le sait.

La lande où il galope est couverte de rosée. Elle est pâle sous le ciel et le mince velours de brume qui flotte au ras du sol feutre les sabots de Beau Joueur. Est-ce un esprit transparent qui chevauche ainsi dans la pénombre ou un homme de sang ?

La Croix Rouge est noire. De ses quatre bras tendus,

monte, vers les quatre horizons, une promesse de vie à conquérir. Tristan ne voit que la lettre qui pend. Il la décroche et s'en va.

Maintenant, il arrive à l'ermitage. Il saute de son cheval, remet la missive à Ogrin. Il ne veut pas la lire lui-même. Il veut l'entendre. L'ermite la déroule, la déchiffre...

— Alors ? demande Tristan, impatient.

Ogrin relève la tête.

— Du bon et du moins bon.

— C'est-à-dire ?

— Le roi accepte la reine, mais préconise pour vous... l'exil.

Tristan reçoit le coup. Iseut porte la main à sa poitrine et ferme les yeux.

Désunis !

Tristan, comme ivre, chancelle puis se reprend. La tristesse a refermé ses crocs sur lui. Mais il connaît sa morsure. Depuis le temps qu'elle le suit, il s'en est fait une compagne.

Ainsi, Marc, par sa décision, confirme le défi qu'il leur avait lancé, en les séparant de son épée. Que faire d'autre que plier et s'en remettre au temps, comme l'y encourageait Ogrin ?

« Mais que devient l'amour, sans la présence de l'être qui le nourrit ? se demande-t-il. Aime-t-on plus ardemment quand on est éloignés ? »

De son côté, Iseut songe aussi. À la vie qui l'attend, à la vie qui reprend, comme le vert des bourgeons gonflés par le printemps.

— Le roi propose que la restitution se fasse dans trois jours, au Gué Aventureux.

La voix de l'ermite les tire de leurs pensées.

— Nous y serons ! répondent ensemble les amoureux.

— Alors, il faut vous apprêter, conseille Ogrin à Iseut. Une reine ne peut être rendue vêtue comme vous l'êtes. J'ai conservé un peu de bien, de ma vie ancienne. Je vais l'employer à acquérir de quoi vous redonner votre noble apparence. Je trouverai tissus et fourrures, au Mont-Saint-Michel de la mer, en abondance. Je m'y rends sur l'heure. Si le maître Gouvernal pouvait m'accompagner...

Gouvernal, aussitôt, selle deux chevaux et ils partent.

Iseut et Tristan les regardent s'éloigner. Ils sont seuls. Ils ne le seront plus avant longtemps. Ils le savent. Tous deux sont enfermés dans leur cœur, raides. Iseut, la première, sort de cette torpeur. Elle s'avance vers Tristan qui fixe la forêt. Elle saisit son visage à deux mains, l'attire vers le sien, le contemple longuement, comme si elle voulait en boire tout le chagrin, puis elle prend sa bouche et se soude à lui par un baiser tout ruisselant de larmes et de regrets.

Les feuillages, au-dessus d'eux, bercent l'air du bourdonnement des abeilles et des grillons des clairières. Il fait doux. La hutte confortable d'Ogrin les reçoit. Ils s'allongent sur une épaisse jonchée de millepertuis et ils s'aiment, sans échanger une parole.

Leur étreinte est violente comme un combat. Ils luttent corps à corps. Ils cherchent à retenir le temps qui va. Un air de harpe se glisse entre eux et les entraîne vers la mer, chaude, de leurs premiers emportements.

Passent sur eux les instants éblouis, les mois à virevolter en se jouant du danger. Passent les noires années. Leurs mains se serrent, leurs chairs se tendent. La mer s'est refroidie. Ils sont la coupe qui contenait le vin. Ils se prennent et se déprennent. Il se boivent dans les heures qui coulent. En vain ! La coupe est vide et le goût est perdu.

Le jour s'écarte devant la nuit. Puis un autre jour se lève et une dernière nuit avant le grand lendemain. Les millepertuis sont flétris et le chagrin n'a pas cédé un pouce de terrain.

Face à face, assis, nus, les jambes mélangées, ils se regardent, las d'amour, défaits de tristesse.

Iseut retire une de ses bagues et dit, de sa voix cassée de s'être tue pendant deux jours et presque deux nuits :

— Elle est en jaspe vert. La pierre de la foi, pour que tu saches que je croirai toujours en toi.

Elle la lui passe elle-même au doigt, embrasse sa main et la presse contre ses seins.

— Je n'ai nul besoin de pierre pour savoir que tu ne me trahiras pas. Mais les teintes qui s'y mêlent me rappelleront le mouvement de nos corps quand ils s'aimaient, tes élans de douceur, le chatoiement de tes sourires...

— Lorsque tu seras au loin, si le désir te prend de moi et que tu m'adresses un messager, je ne croirai personne s'il n'est détenteur de cet anneau. Il sera gage de vérité et quand ton envoyé me parlera, c'est ta voix aimée que j'entendrai.

— Et moi, répond Tristan en montrant ses mains vides, quel présent t'offrirai-je ? Je n'ai rien.

— Tu oses dire que tu n'as rien, toi, le maître de la fidélité !... Donne-moi Husdent, ton chien.

Husdent, couché devant la hutte, se dresse quand il entend son nom. Il entre, l'œil curieux, le fouet gai. Il s'approche de la couche des amants, s'assoit, attend.

Tristan se lève et s'approche de lui. Il lui parle avec calme.

— J'étais ton maître, mais je m'en vais. Je te donne à Iseut, ma maîtresse. Dorénavant, c'est elle qui te gouvernera. Laisse-toi conduire par elle, offre-lui ta confiance et sers-la, aussi bien que tu m'as servi.

Husdent incline la tête en écoutant chaque mot, puis bat l'air de la patte. Tristan la saisit dans sa main, flatte l'animal, lui gratte l'arrière des oreilles.

— Bon chien... dit-il. Très bon chien !...

Husdent saute alors sur la couche, s'approche d'Iseut, lui lèche le visage et le cou, puis flaire sur les millepertuis le creux où elle était allongée, et il s'y couche en rond, le museau serré sur la queue.

— Vois, dit Iseut à Tristan, il me garde. Il m'a déjà adoptée.

47

LA SÉPARATION

Ogrin a rapporté des merveilles du Mont-Saint-Michel. Du brocart, de l'écarlate, de la soie d'Amaurie, souple comme la brise de mer sur les bruyères, des fourrures d'hermine et du vair, de la fine toile de Reims, plus immaculée que le lys des jardins.

— C'est pour une femme exceptionnelle ! disait-il en marchandant les prix. Elle est reine en son pays !

Iseut est éblouie par un tel luxe. À tant se nourrir et se vêtir de bêtes, elle en a oublié le quotidien des princes. La noire forêt et la dure existence ont effacé ses souvenirs de la cour. Le pépiement des dames à leurs travaux d'aiguille, l'orgueil des chevaliers dans le galop des joutes, le fracas des lances brisées, la musique joyeuse qui rythme les banquets, les conversations aimables, la vigueur, les rires...

Sa mémoire lui revient devant les vêtements achetés par Ogrin. Elle avait si bien rompu avec son passé, qu'elle prend conscience de la lutte qu'elle a menée, de la solitude qu'elle a subie.

Elle est mélancolique et partagée. Sa joie de quitter la forêt est tempérée par les regrets. D'abord, à cause de l'exil de Tristan. Et puis, elle hésite à se l'avouer... à cause de l'épreuve elle-même. Elle a su l'endurer et elle l'aime comme une œuvre accomplie. Au moment de partir, elle comprend que le Morrois restera toujours dans son cœur. Elle ne veut pas vraiment l'oublier.

Marc, de son côté, n'a pas perdu un instant. Après avoir mis fin à son conseil de barons, il a convoqué son sénéchal, Dinas, pour lui demander de faire savoir à sa cour, ainsi qu'à tous les vassaux du royaume, qu'il se réconcilie avec la reine. Il veut que le retour d'Iseut soit vécu dans la joie et l'honneur. Son épouse rentre au palais. Au sein du couple royal, l'alliance renaît.

La nouvelle suscite partout la joie. Le roi en est surpris. Les visages s'ouvrent et rient. Même parmi les servantes, les aides, les laquais, le soulagement est immédiat. Comme si le soleil du droit réchauffait déjà la Cornouailles.

Au jour convenu, une grande affluence de dames et de seigneurs se presse sur la prairie qui borde le Gué Aventureux. On est arrivé au plus tôt de la matinée. L'aube éclairait à peine quand certains ont quitté leurs demeures. D'autres se sont mis en chemin sans attendre la fin de la nuit. Chacun veut se trouver en bonne place pour être remarqué du roi et ne rien manquer de sa rencontre avec la reine. Comment vont-ils se retrouver ? Échangeront-ils un baiser ?

Des tentes sont montées, des pavillons de soie et de drap... Tout un camp.

Quand Marc se présente, entouré de ses conseillers, de ses beaux capitaines et de tous ses chevaliers, une clameur s'élève, un mouvement anime la foule. On s'approche, on met des noms sur les visages, on commente l'élégance des habits, la noblesse des prestances... Et les cornemuses, les flûtes, les tambourins se mêlent au brouhaha, excitent l'impatience.

Le roi, tête nue, chevelure au vent, a fière allure dans ses vêtements de pourpre. Il sourit, plaisante avec son entourage, répond aux saluts.

Maintenant que l'époux est là, chacun espère l'arrivée de l'épouse.

Elle approche, accompagnée de Tristan. Gouvernal est en retrait, pendant que le blanc Husdent patrouille en avant. Ils suivent la rivière qui descend vers son gué. Encore un méandre à passer. Bientôt, ils apercevront le gué.

C'est alors qu'une rumeur leur parvient. De la musique, des accents de fête. Les amants échangent un regard. Ils comprennent qu'une foule les attend.

Tristan se tient sur ses gardes. Il craint un piège. Sous sa cotte en simple drap de Flandre, rapportée du Mont par Ogrin, il a revêtu son haubert de mailles. Si le roi l'a trompé, si malgré sa parole il cherche à le capturer, il fauchera plus d'une vie avant qu'on ne cueille la sienne.

Iseut est oppressée. Soudain, elle arrête son destrier

et s'appuie sur son arçon. Tristan lui prend les mains, l'encourage d'une douce pression.

— On ne peut plus reculer.

— Ne crains rien, le rassure-t-elle en retenant ses larmes. Je ne flancherai pas. Mais j'appréhende ce qui m'attend. Quel parti le roi prendra-t-il ? Et la cour ? Et les barons ? La haine qu'ils nous ont toujours vouée aura-t-elle disparu avec la mort de Ganelon ? Je ne crains pas le mépris, les sarcasmes, la convoitise... Mais j'ai peur des complots.

Tristan est bouleversé. Il ne sait que répondre.

— C'est pourquoi je ne voudrais pas que tu t'éloignes, quand mon époux m'aura reprise, poursuit-elle. Feins de t'exiler et reste à proximité. Retourne dans la forêt, s'il te plaît. Cache-toi dans la caverne qui nous a abrités pendant notre premier hiver. J'enverrai Périnis, mon page, te donner de mes nouvelles.

— Apaise-toi, s'empresse Tristan. Je serai là, c'est promis ! Terré dans le silence, j'attendrai, prêt à te secourir. Chaque matin, je humerai le vent pour y chercher ton parfum. J'écouterai les oiseaux pour les entendre m'annoncer l'arrivée de Périnis. Et si des insensés s'avisent de te nuire, ils apprendront à leurs dépens que le diable répond aussi au nom de Tristan !

Iseut est soulagée. Son Tristan demeure et veille.

Ils reprennent leur marche et débouchent bientôt en terrain découvert. Ils aperçoivent la borne qui signale le Gué Aventureux et au-delà, comme un parterre de fleurs, la foule qui miroite de couleurs sur le gazon de la prairie.

Soudain, un cri ! Puis le silence absolu, déchiré par une acclamation. On les a vus. Des hourras, des hurlements, et le bourdon des cornemuses, majestueux et plaintif, qui porte la joie jusqu'aux cieux !

Iseut et Tristan se sont immobilisés. Là-bas, un groupe s'est formé et chevauche au petit galop vers eux. Un cavalier se détache, à une portée d'arc de ses suivants. C'est Marc.

Adieu, Tristan. Adieu, Iseut. Leurs destriers se rapprochent, flanc contre flanc, et les amants échangent un dernier baiser.

— Grand merci, mon ami, de m'avoir remise sur cette voie, murmure Iseut, retenant ses lèvres sur celles de Tristan. Prends bien soin de toi.

— De tout cœur, j'espère qu'on te cherchera querelle, pour me donner l'occasion de te prouver ma foi, répond Tristan pour s'attarder dans cet instant.

— Je sais que tu viendras.

— Et toi, dis, viendras-tu, si je t'appelle ?

— Rien ne pourra me retenir. Ni tour, ni muraille, ni aucune prison ne m'empêcheront de déployer mes ailes...

Marc s'est arrêté de l'autre côté de la rivière. Il les regarde, puis il s'engage dans l'eau du gué. Ses gens restent en arrière, sur le pré. Sur la rive des amants, Gouvernal, lui aussi, s'écarte, pendant que Husdent vient s'asseoir, la truffe en éveil, entre les pattes du cheval de sa maîtresse.

Marc. Iseut. Tristan.

Ils sont trois. Un souffle passe sur eux et les rassemble. Un instant, ils sont unis comme les trois personnes de la Trinité sainte. Un couple se sépare, un autre se reforme.

Le roi est grave. Iseut, lumineuse. Tristan, farouche.

Il parle le premier.

— Sire, je vous remets votre épouse. Personne, en possession d'un trésor si précieux, ne l'a jamais restitué !

Il prend la main d'Iseut et l'accompagne pendant que son cheval s'avance vers le roi.

La reine garde les yeux baissés et son visage est coloré par l'émotion. Sur la prairie, derrière le gué, les hommes de l'escorte royale observent la restitution. Parmi eux, Denoalain et Godoïne se réjouissent sans vergogne de la défaite de Tristan.

Marc s'avance, reçoit Iseut.

— Je peux te donner or et argent, propose-t-il à Tristan. Dis-moi de quoi tu as besoin.

— Quand l'essentiel vous fait défaut, Sire, vous ne manquez jamais de rien !

Le roi ne bronche pas.

— Où iras-tu ?

— Devant moi, aider le roi d'Écosse à combattre celui de Galloway !

— Dieu te garde, neveu.

Le roi tourne bride et traverse le gué en conduisant Iseut.

Dinas franchit la rivière à son tour, suivi de quelques Cornouaillais, pour escorter Tristan vers son chemin d'exil.

— Patiente ! recommande-t-il à son ami. Une année est vite passée. Le roi t'aime. Il ne te bannit pas. Il t'invite simplement à prendre de la distance. S'il ne tenait qu'à lui, il te garderait à la cour. Mais il n'est pas libre de son choix.

— Veille sur elle, se contente de répondre Tristan.

— Fais-moi confiance. Je ne vous abandonne pas.

Ils chevauchent sans plus un mot. Iseut, immobile aux côtés de Marc, les convoie du regard, et Husdent, assis, salue en silence son maître qui s'en va.

Tintagel a fait toilette pour recevoir sa reine. Les rues sont jonchées de toutes les fleurs de l'été, les façades tendues de velours et de drap.

La cour, les grands du royaume se rendent à l'église en cortège, emmenés par l'époux et son épouse retrouvée. Iseut vient faire don à la relique de saint Samson d'une chasuble de soie, décorée de lourds motifs brodés aux fils d'or et d'argent. L'évêque la reçoit en présence des abbés et des chanoines de Cornouailles. En échange, il bénit la reine et scelle sa réconciliation avec le roi.

Officiellement réuni, le couple royal quitte l'église pour s'offrir à la joie de la population. Jour de liesse. Le roi affranchit cent serfs, adoube vingt jeunes chevaliers à qui il offre le heaume, le haubert et le cheval avec tout son harnachement.

Les cloches sonnent à toute volée.

Au même instant, Tristan et Gouvernal retrouvent la forêt du Morrois.

48

NOUVELLES TENTATIVES DES BARONS

Une grande année s'écoule. Iseut a retrouvé Périnis, son page, et sa suivante, Brangien. Ses seuls alliés sincères. L'austérité de Tintagel s'est éclaircie de sa présence, mais ni la cour ni les fêtes n'ont renoué avec l'élégante gaieté et l'éclat des jours anciens.

Iseut tient son rang avec courage et résiste aux perfidies de chaque jour : sourires narquois, allusions, railleries... Sur les amants, on compose même des refrains. À ce méchant jeu, les dames ne laissent pas leur part aux chiens. Elles affublent la reine de petits noms : la serve, la forestière, ou encore, en la mêlant à Tristan, les sauvageons...

Iseut ne réplique jamais à l'ironie et conserve son flegme. Ces attaques, au lieu de l'affliger, stimulent ses sentiments et son secret l'aide à tenir. Tristan n'est pas si loin et Périnis fait souvent la navette entre Tintagel et la forêt. Il a pour ordre de taire les soucis, de n'évoquer que la langueur d'amour, la solitude, le temps qui fuit sans annoncer encore la saison du retour.

Le roi n'évoque jamais l'exil de Tristan. Il se tait et laisse passer les mois.

Pourtant, les pires adversaires sont parfois, sans le savoir, les meilleurs alliés de la cause qu'ils combattent.

Un jour de chasse, Marc s'est éloigné de ses veneurs et se retrouve, sans l'avoir cherché, coupé de tous, au milieu d'une garenne. Deux barons l'ont vu s'éloigner. Ils l'ont suivi à distance et le rejoignent dès qu'il est seul. Ce sont deux fourbes notoires : Godoïne et Denoalain. Depuis un an, leur influence n'a cessé de grandir et ils n'ont jamais été aussi puissants.

Tant que Tristan les menaçait, ils se tenaient sur leurs gardes. Le danger pouvait surgir à tout instant de la forêt. Ganelon l'avait appris contre son gré. Mais depuis que l'oncle a exilé le neveu, la voie est libre et ils étalent leurs prétentions, contestent les décisions du roi, intriguent.

Ils ont beau être vassaux, ils possèdent force et richesse. Ils peuvent attaquer la couronne, lui résister. Leur autorité plaît et rassemble des partisans. Les deux barons vindicatifs, traîtres aux lois de l'amour, sont devenus chefs de parti.

Tristan a été écarté pour un an, peut-être deux, sans plus de précision. Depuis son départ, personne n'a plus entendu parler de lui. Est-il mort ? Est-il vif ? Le roi le sait certainement et se tait. Ce calme pourrait bien préparer son retour et les félons ne veulent pas en entendre parler. C'est pourquoi, lorsqu'ils abordent le roi, ils évoquent d'emblée le sujet, avec brutalité.

— Sire ! s'écrie Godoïne. Il reste un fait à éclaircir. Quelle est la nature exacte des sentiments qui lient la tante et le neveu ? Votre indulgence a toujours éludé cette question. Elle étonne et porte préjudice au royaume. Certains de vos vassaux la prennent pour lâcheté et rechignent à obéir à un suzerain qui plie devant sa femme !

Marc subit l'outrage sans un mot, le visage fermé. Il laisse la vipère cracher son venin.

Denoalain le croit ébranlé. Il prend le relais de son compère, jette son fiel à son tour.

— Il est urgent que la reine s'explique devant une cour de justice. Qu'elle apporte la preuve définitive qu'elle n'a jamais été la maîtresse de Tristan. Et qu'elle prête serment sur les reliques des saints ! Faute de quoi, je crains que vous n'ayez à affronter les mécontents !

— Quels mécontents ? s'étonne Marc. Êtes-vous sûrs qu'ils soient si nombreux ? Où sont-ils ? Je les vois, à cette heure, mais ils ne sont que deux !

— Prenez garde, sire ! renchérit Denoalain, piqué au vif. Ne les sous-estimez pas ! Nous parlons en leur nom.

La menace irrite Marc, mais il garde son calme.

— S'il m'en souvient bien, nous avons déjà discuté de ce point, lorsque l'offre fut faite de reprendre la reine. Rappelez-vous, nous avons tenu conseil, en urgence, au milieu de la nuit. Étiez-vous mal éveillés ? Tristan proposait de défendre la réputation de la reine, les armes à la main. Personne alors n'a relevé son gant ! Et que je sache, vous étiez bien présents ! Je pensais – je n'étais pas le seul – que ce chapitre était clos et qu'on ne le rouvrirait plus ! C'est bon ! Nous allons reprendre la discussion au point où nous l'avions quittée. Et, puisque vous nous invitez à juger, nous jugerons !

Godoïne et Denoalain n'ont pas le temps de se réjouir que Marc assène son coup.

— Vous êtes avides de vérité ? Parfait ! Soutenez donc l'accusation ! Mais pour que le débat soit juste, la cause adverse aura aussi son champion. Je vais rapatrier Tristan ! Vous commencerez à vous expliquer avec lui sur le pré. Après quoi, nous terminerons devant la cour, s'il reste encore de quoi débattre...

— C'est une grossière manœuvre ! s'emporte Godoïne. Qu'elle jure d'abord !

— Cela ne m'empêchera pas de rappeler Tristan et il assistera au serment ! tranche Marc. Voici ma proposition. Réfléchissez-y ! Soit vous cessez votre harcèlement et Tristan demeure en exil. Soit vous persistez et vous obtenez votre procès. Mais vous y affronterez ceux que vous diffamez ! Choisissez !

Le roi joue son va-tout. Il sait que s'ils se liguent contre lui avec leurs partisans, il ne sera pas de taille, tout suzerain qu'il est. Ses troupes et celles de ses fidèles ne pourront jamais les contrer. Le bras de Tristan lui manque. En son absence, l'intimidation reste sa meilleure arme.

Godoïne et Denoalain, pris au dépourvu, s'éloignent au milieu de la garenne pour discuter.

— Il faut empêcher le retour de Tristan à tout prix, s'affole Godoïne. Souviens-toi de Ganelon. Si le furieux revient, il nous saignera à blanc !

— Tu as raison, approuve Denoalain. Biaisons. Nous

sommes supérieurs en force, mais Marc est le roi. Sa légitimité en fera hésiter plus d'un. Feignons de renoncer et gagnons du temps.

Les deux félons reviennent auprès du roi, immobile sur son destrier.

— Nous regrettons de vous avoir blessé, sire, et nous sollicitons votre pardon. Nous n'avons pas voulu vous nuire, mais seulement accomplir notre tâche de conseillers soucieux du droit. C'est pourquoi, si vous considérez que ce problème est résolu, nous n'en parlerons plus !

— Taisez-vous, en effet, mes bons maîtres en bravoure, raille Marc.

Il fait demi-tour et continue de parler, en leur montrant le derrière de son cheval.

— Rentrez dans vos châteaux. Puisque vous êtes incapables de lutter, je vous interdis désormais de vous battre.

Godoïne et Denoalain blêmissent. Ils se regardent, hésitent. Le roi leur tourne le dos. Il est seul. Ils sont deux. Personne en vue. Il serait aisé de l'assassiner. Pourtant, il s'abstiennent et Marc s'en va, sans attendre la chasse.

À leur tour, ils regagnent leurs châteaux.

Marc a repoussé une attaque, mais il sait que les barons reviendront à l'assaut. Il ne croit pas en leurs promesses. Ils persisteront à saper son autorité, en s'acharnant sur ses points faibles.

Lorsqu'il parvient à Tintagel, sa colère n'est pas retombée. Il se rend directement dans ses appartements et quand Iseut le voit entrer, seul, sans escorte, furieux, elle craint le pire.

— Il a découvert Tristan !

Elle se précipite au-devant de lui, l'entoure d'attentions, l'aide à enlever son baudrier, lui prend son épée, s'agenouille à ses pieds pour retirer ses bottes...

Marc la relève, la fait s'asseoir.

— Je vous en prie, ma dame, vous n'êtes pas ma servante.

Cette douceur dans sa voix qui contraste avec sa gravité... Iseut ne comprend pas. Se joue-t-il d'elle ? La ménage-t-il, avant de la confondre ? Elle ne sait que penser et se sent soudain faible et petite, devant ce maître de Cornouailles. Elle pâlit, balbutie un mot et s'évanouit.

Marc la recueille dans ses bras.

— Mon amie, qu'avez-vous ?

Il la serre et s'assoit en la tenant sur ses genoux, comme on tient un enfant au sein. Il lui tapote les joues, lui caresse le front, l'embrasse gentiment.

— Ai-je dit un mot ? Ai-je eu un geste qui vous a déplu ?

Iseut revient à elle, sent la force de son époux qui la réconforte.

— Quelle est la cause de ce malaise ?

Iseut hésite, puis confie.

— J'ai peur !

— Peur ? Mais de quoi ? De qui, Dieu du ciel ? De moi ?...

À l'évidence, s'il savait quelque chose à propos de Tristan, il ne se montrerait pas si patient. Iseut comprend qu'elle s'est alarmée inutilement.

— C'est que... vous aviez la mine si sévère lorsque vous êtes arrivé, lui avoue-t-elle. Vous m'avez inquiétée. J'ai pensé que la chasse vous avait contrarié, qu'une bête noire vous avait chargé, que vos veneurs vous avaient mal protégé...

— Mais non, rassurez-vous, lui répond-il en souriant, la chasse n'est pas en cause.

Il referme les bras sur elle et l'enlace longuement en l'embrassant.

— Non, ce n'est pas la chasse qui me soucie. Le sujet est plus sérieux, hélas. Je me suis opposé à deux de mes barons les plus puissants et je les ai chassés. Vous les connaissez bien. Il s'agit de Godoïne et Denoalain. Ils n'apprécient pas mon sens de la conciliation et ils réfutent le pacte que nous avons conclu, moi, vous et Tristan.

Iseut se redresse. Elle est de nouveau maîtresse d'elle-même. Une alerte est passée. Une autre frappe déjà.

— Qu'exigent-ils maintenant ?

Le roi la regarde, hésite.

— Si peu !... ironise-t-il. Un procès en accusation et votre serment sur les reliques !

Iseut se lève, marche dans la chambre en réfléchissant, puis s'arrête.

— J'accepte ! décide-t-elle.

— Que dites-vous ?

— J'accepte de prêter serment. Et le plus tôt sera le mieux. Aujourd'hui même !

Elle sait qu'elle le bouscule.

— Mais c'est trop vite aller, proteste-t-il. Il faut du temps pour réunir la cour de justice...

— Et que croyez-vous, mon roi ? Que j'en ai, moi, du temps ! Je n'accepte plus ni médisance ni soupçon !

Marc est étonné par sa détermination.

— Depuis un an, je suis seule, ici, s'exclame-t-elle, avec fermeté. On le sait. On en profite pour m'accabler. Je suis à la merci de toutes les perfidies, insinuations, quolibets et plaisanteries... Une anthologie de la calomnie ! Qu'on en finisse ! Je n'ai rien commis qui soit indigne d'une femme ! On m'oblige à le jurer ? Je le jurerai ! Sur Dieu et sur les saints !

Seulement, puisque je ne puis compter sur la protection d'aucun parent, puisque vos barons cornouaillais sont retors et menteurs, puisqu'ils font fi des engagements et des promesses, je requiers, lors de ma comparution, la présence d'Arthur, le grand roi légendaire de Bretagne, et des preux qui siègent à sa Table ronde, animée par le mouvement du monde.

Arthur entendra mon serment, prononcera la sentence, et lorsque ce fils d'Homme aura parlé, tous les chiens aboyeurs seront bien forcés de se taire !

Fixez une date, majesté. Annoncez que le procès se tiendra à la Blanche Lande, de l'autre côté du Gué Aventureux où vous m'avez reprise, et que tous, jeunes et vieux, nobles et gueux, sont conviés à venir m'écouter !

Marc est ébahi par la fougue d'Iseut. Il la complimente.

— Vous avez bien parlé, ma reine. Vous prêterez donc serment, à la Blanche Lande, comme vous le demandez. Dans quinze jours, en présence d'Arthur et de ses gens. Et tout le pays en sera informé.

Ils se quittent. Marc donne ses ordres pour la préparation de ce jour. Iseut, de son côté, fait venir Périnis, l'informe de la situation dans ses moindres détails, puis lui confie une double mission.

— Va prévenir Arthur. Explique-lui tout et dis-lui que j'ai absolument besoin de son assistance. Mais avant de te rendre à Carduel, fais un crochet par la forêt du Morrois. Informe Tristan. Qu'il soit là, le jour de mon jugement, déguisé en lépreux et qu'il fasse l'aumône, perché sur la butte du Mal Pas[1] qui commande l'accès à la Blanche Lande. Dis-lui tout cela mot pour mot. Il comprendra.

1. Mauvais passage.

49

LE ROI ARTHUR

Périnis quitte Tintagel dans l'heure. Au cours de l'année qui vient de s'écouler, il a maintes fois couvert le trajet du Morrois, apportant à Gouvernal et Tristan victuailles et vêtements. Il se repère maintenant dans la forêt presque aussi bien que ses habitants.

Tristan l'entend arriver. Il reconnaît sa manière de monter, au pas de son cheval. Aujourd'hui, il paraît plus empressé que d'habitude. Tristan sort de son refuge. Périnis, déjà, met pied à terre et approche en courant. Un événement s'est produit.

— Parle ! lui demande Tristan sans lui laisser le temps de reprendre son souffle.

— La reine a besoin de vous.

— Je viens !

— Non, seigneur ! Laissez-moi vous expliquer.

Il lui raconte le dernier chantage des barons et le défi insensé que la reine a lancé.

— C'est elle qui a fixé le lieu du jugement à la Blanche Lande, insiste Périnis. C'est elle qui exige que vous vous déguisiez en lépreux et que vous vous teniez, pour faire l'aumône, au passage du Mal Pas. Elle a dit que vous comprendriez.

Tristan écoute le page sans l'interrompre et il hoche la tête en souriant. Iseut, sa belle amante, fait front. On l'attaque ? Elle riposte comme une fière combattante. Il entend son appel.

« Elle veut, pense-t-il, que ses accusateurs et ses juges, avant de prendre pied dans la lumière de la Blanche Lande, commencent par se souiller eux-mêmes, en franchissant la boue du Mal Pas. Qu'ils lui ressemblent d'abord, tous ceux qui lui jettent la pierre et qui attendent sa chute ! Que chacun, avant d'examiner sa faute, se souvienne qu'il est un être faillible ! Et c'est à un réprouvé qu'elle demande de rappeler cette vérité ! À un lépreux, un exclu de la société ! »

Voilà comment Tristan comprend quand Iseut lui parle à demi-mot.

— Ne t'attarde plus ici, répond-il à Périnis. Ton message a été délivré et bien reçu. La route est longue jusqu'à Carduel. File, vois Arthur, parle-lui comme tu m'as parlé et quand tu reverras la reine, rassure-la. Je ferai ce qu'elle attend de moi.

Périnis s'en va. Il efface les lieues qui séparent le Morrois de Carduel, le proscrit du grand roi. Lorsqu'il parvient aux abords de la ville, il s'arrête, émerveillé. Touchant presque les nuées, les hauts murs de pierre qui cernent le cœur du royaume d'Arthur sont illuminés comme des vitraux qui réfléchissent le soleil, et les tuiles du palais sont couvertes de lames d'émeraude et de rubis.

« Comment un homme de la terre peut-il régner sur un fragment du ciel ? » se demande Périnis.

Il heurte un portail de bronze décoré d'un grand zodiaque qui veille au mouvement des destins. Un portier se présente.

— Que veux-tu ?

— Voir le roi Arthur, de la part de ma maîtresse, la reine Iseut.

L'homme le fait entrer et le conduit à l'intérieur du château. Arthur est assis à sa Table ronde qui tournoie comme le monde au milieu des étoiles. Ses chevaliers l'entourent.

— Pourquoi nous déranges-tu ? demande le roi à son valet.

— C'est le page d'Iseut de Cornouailles qui demande à entrer.

— Iseut la Blonde ! s'exclame Arthur. D'ici jusqu'à Tolède, il n'y a pas une femme qui la vaille ! Approche, messager !

Périnis pénètre dans la salle et avance dans le silence, sous le regard des preux. Tous sont présents : Yvain, Gauvain, Girflet, Perceval, Lancelot... Et ces guerriers aux mille victoires, compagnons d'Arthur comme les apôtres l'étaient de Jésus, envient Périnis d'être le simple page d'une reine aussi éblouissante.

— Quelque chose alarme ta maîtresse pour qu'elle t'envoie jusqu'à nous, lui dit Arthur. Parle sans crainte.

Et Périnis, comme il l'a fait avec Tristan, raconte de quelle manière les barons ont dénoncé l'accord sur la restitution de la reine et quelle nouvelle attaque ils ont lancée.

— Elle prêtera serment à la Blanche Lande. Elle n'a ni famille, ni ami pour la défendre. Tristan est loin. Elle demande que vous soyez présent comme si vous étiez son parent. Elle sait que si vous reconnaissez son innocence, plus personne, après vous, n'élèvera la voix.

Les chevaliers grondent en écoutant. L'hypocrisie des barons qui reprennent leur parole après l'avoir donnée les révolte et la résistance d'Iseut les émeut.

Dès que Périnis a achevé son récit, Gauvain se lève.

— Ganelon, Godoïne et Denoalain ont détesté la reine, du jour où elle a posé le pied sur le sol de Cornouailles. On dirait qu'ils n'ont incité le roi Marc à l'épouser que pour mieux la tenir à leur merci et la persécuter. Ganelon était le plus pernicieux des trois. Je regrette qu'il ait été tué pour n'avoir pas le plaisir de le pendre moi-même au sommet d'une colline.

— Et moi, poursuit Girflet en rejoignant Gauvain qu'il prend par la main, si je ne transperce pas Godoïne de ma lance de frêne, je fais le vœu de ne plus jamais baiser aucune dame à l'abri des courtines de son lit.

Tous approuvent la franchise de Gauvain et Girflet.

— Comptez sur moi pour m'occuper de Denoalain, s'écrie alors Yvain. J'ai déjà eu maille à partir avec lui. C'est un pervers, un manipulateur habile. Si je le rencontre à nouveau, ayez confiance, je ferai en sorte qu'il me prenne au sérieux !...

Arthur laisse tonner les colères, puis il s'exprime à son tour.

— La reine Iseut est engagée dans un rude combat, nous ne l'ignorons pas. Ses armes sont de tout autre nature que celles des chevaliers, mais elle porte elle aussi, à sa manière, les éperons et l'épée.

Rassure ta maîtresse, Périnis. Promets-lui que nous viendrons. Le monde qui roule, d'un bord à l'autre du bien et du mal, pourrait-il un jour trouver son harmonie, si nous nous dérobons ? Et vous tous, poursuit le roi en s'adressant à ses gens, soyez à mes côtés. Que vos chevaux soient étrillés et luisants ! Que vos armes soient fourbies et vos écus repeints à neuf ! Revêtez vos plus somptueux habits et faites en sorte que votre cœur soit aussi éclatant que votre apparence !

Je vous l'affirme ! Si un seul d'entre nous manque à son devoir de présence à ce procès de juste, il précipite la venue du chaos !

Un souffle puissant passe sur la Table ronde. Arthur a parlé.

Périnis ne veut pas s'attarder. Sept jours se sont déjà écoulés depuis qu'il a quitté Tintagel. Il veut rentrer au plus vite, car sa reine doit s'inquiéter.

Arthur l'oblige à se restaurer, puis le raccompagne jusqu'à la sortie de Carduel. Ils chevauchent seuls, le petit page à côté de la majesté.

Avant de le laisser partir, Arthur lui dit :

— En tant que serviteur de la beauté, tu mériterais d'être adoubé.

— Sire, rougit Périnis, je ne suis même pas écuyer.

— Détrompe-toi. Tu l'es ! De la belle Iseut, engagée

corps et âme dans sa bataille d'amour. Dieu veille sur elle et la conduira loin...

Périnis salue Arthur, puis il s'en va, emportant avec lui le mystère de ces dernières paroles qu'il ressasse en chemin.

50

LE MAL PAS

Le jour n'est pas encore levé. Deux cavaliers approchent de la Blanche Lande. Tristan et Gouvernal. Deux ombres de silence. Ils ont quitté la forêt du Morrois au milieu de la nuit, après une longue journée de préparatifs. Ils arrivent, chargés de tout un attirail. Tristan a conçu un plan qui marquera le jour du jugement. Mais pour l'heure, il obéit aux consignes d'Iseut et il est méconnaissable sous sa défroque de lépreux.

Il s'est badigeonné la face et les mains d'une teinture d'herbe. Sa peau paraît boursouflée et couverte de cloques. Il s'est poissé les cheveux avec de la résine et s'est vêtu à la manière des ladres qui sillonnent les chemins. Il porte une cotte de laine écrue, à même la peau, un long manteau de bure, sombre de crasse, et des bottes trouées. À sa ceinture pendent une crécelle, un hanap[1] de bois pour recueillir les aumônes et un fort bâton de hêtre qui lui sert de béquille.

Il met pied à terre à l'entrée du Mal Pas.

— Descends vers le gué où j'ai rendu Iseut à Marc, ordonne-t-il à Gouvernal. Embusque-toi dans les saules, touffus à cet endroit, et tiens-toi prêt. Recouvre Beau Joueur avec le drap de velours noir, et toi, habille-toi de blanc, ainsi que ton destrier. J'ignore encore les intentions d'Iseut, mais je te rejoindrai, dès qu'elle n'aura plus besoin de moi.

— Sois prudent ! lui répond Gouvernal qui le connaît comme son enfant. Tu ne l'as pas revue depuis un an. N'oublie pas que ses moindres gestes seront épiés et qu'elle t'ignorera sûrement. Ne cherche pas à la provoquer. Domine-toi. Ne prends pas de risques inutiles !

— Ne t'inquiète pas. Va ! dit-il en assénant une tape sur la croupe de son cheval pour éloigner son maître et faire taire ses conseils.

— Emplâtre sur jambe de bois ! murmure le vieil écuyer en s'éloignant. Je suis persuadé que tu agiras selon ta loi !

Sous son masque hideux, il l'a parfaitement lu dans ses yeux.

Une fois seul, Tristan s'installe.

Le Mal Pas est un goulet qui borde un marécage. Le sol y est meuble et instable. On ne s'y aventure pas sans précautions. Le moindre faux pas précipite piétons et cavaliers dans les fondrières boueuses.

---

1. Grand vase à pied et couvercle, dans lequel on buvait au Moyen Âge.

Une butte domine ce passage d'où l'on découvre l'ensemble du marais. Tristan prend position à son sommet. Il s'assoit, plante son bâton et se l'attache autour du cou par une courroie, comme on entrave une vache au pré. Il attend. Le soleil paraît et la brume, aussitôt, recouvre la tourbière comme un frisson à fleur de peau.

Les premiers spectateurs s'annoncent déjà. Tristan entend des bruits de voix, des roulements de charrois. Il y aura affluence et on se bousculera sur la prairie pour apercevoir la reine, pour l'entendre condamnée ou lavée peut-être de tout soupçon.

Alors, dès que les badauds débouchent, Tristan prend son air le plus affligé et commence à jouer. Il agite sa crécelle. Il gémit.

— Ayez pitié d'un malheureux ! Une petite pièce pour assurer votre place au paradis...

Il se lève, tend son hanap, fait mine d'oublier la courroie qui le tient prisonnier, s'étrangle, s'étale, se redresse avec difficulté, en s'aidant de sa béquille.

Certains s'arrêtent, puisent dans leurs bourses, lui jettent une piécette ou un quignon de pain, un morceau de lard, une pomme, du fromage. D'autres se contentent de le plaindre. D'autres encore le toisent avec mépris, crachent sur lui et sa repoussante maladie.

— Vaurien ! Tu as ce que tu mérites ! Pour une minute de plaisir, toute une vie à pourrir ! Dieu t'a bien châtié !

Le temps passe. La foule grossit. Iseut avait exigé que la nouvelle de son jugement fût connue de tous et la population du royaume est bien représentée. Toute la société défile à travers le Mal Pas, devant Tristan qui l'apostrophe. Des paysans venus en famille, des coursiers, des manouvriers, des bateleurs, des pèlerins efflanqués, des étudiants, des moines aux pieds nus, des marchands ambulants.

Des laquais se présentent, menant des attelages. Leurs seigneurs les ont envoyés à l'avance avec des tentes pour être confortablement installés. Le procès de la reine, en effet, ne s'ouvrira que le lendemain et, en attendant, la fête battra son plein. Les chevaliers se défieront, rivaliseront d'orgueil pour s'attirer les faveurs des dames. Quel beau divertissement guerrier cela promet !

Commerçants et artisans, saltimbanques et baladins se frottent les mains. Mauvais garçons aussi, tant il y aura d'étourdis à détrousser et de naïfs à gruger.

Le lépreux, sur sa butte, est à la peine. Il s'égosille en faisant tinter sa cliquette[1].

— Dieu vous rendra merci de vos bontés !

Il contrefait si bien le ladre sans défense qu'il se laisse même rosser par une bande de canailles venue se divertir en massacrant du lépreux. Mais si ceux-là s'avisent de vouloir couper les cordons de sa bourse, sa béquille d'infirme se change vite en gourdin ! Plusieurs gredins s'enfuient ainsi, couverts de sang, contusionnés.

Au fil des heures, le Mal Pas, à force d'être piétiné se transforme en bourbier. On ne peut plus s'y engager sans se tremper les chausses, et les femmes, qui ne veulent pas souiller leurs robes, se troussent jusqu'aux genoux.

Tristan conseille chacun selon sa générosité. Les vani-

1. Crécelle.

teux, les mesquins se retrouvent immanquablement dans la gadoue. Alors, il leur offre ses services.

— Contre un petit sterling, je vous tire de ce pétrin !

Il épate la galerie. Autour de lui, les gens rient. Il aimerait tant qu'Iseut surgisse à cet instant et le voie à l'œuvre dans le rôle qu'elle lui a confié. Il lui mettrait le cœur en joie.

Mais ce n'est pas sa bien-aimée qui se présente, c'est Arthur, resplendissant, avec ses fiers chevaliers et un cortège de dames et d'écuyers. Ce que les échoppes des drapiers et des merciers proposent de plus précieux se trouve sur les épaules du roi et de sa cour.

Arthur s'avance et examine le passage. Aussitôt, la crécelle grince. Tristan se précipite en claudiquant dans le bourbier, à la rencontre du roi. Il le prend à parti.

— Messire Arthur, protecteur des faibles et des opprimés, prends-moi en pitié ! Vois comme tu es vêtu de belle soie de Byzance, puis porte les yeux sur moi ! Sous ta chemise en toile de Reims, je devine ta chair, blanche et replète. La mienne est toute noire et bouffie. La vermine grouille sur mon corps et j'endure de mon vivant la pourriture des morts. Je grelotte quand il fait chaud. Je brûle quand il gèle et je me gratte à m'arracher le cuir, jour et nuit, sans répit...

Fais-moi don de tes guêtres d'écarlate. J'en tirerai bon prix et je pourrai changer ces draps puants qui me collent à la peau !

Arthur ne répond pas. Il observe ce malade à la langue bien pendue et il comprend quelle comédie humaine se joue dans ce Mal Pas.

« Il faut payer de sa personne, songe-t-il, et se salir un peu, pour avoir accès à la lande et au procès. »

Il fait signe à deux pages qui accourent et lui délacent ses guêtres.

— Voilà mon aumône, lépreux ! lui dit Arthur en payant le prix de son passage. Grâce à toi, je vais donc me crotter un peu !...

Prestement, Tristan fait disparaître les guêtres précieuses sous son manteau, puis il répond, baissant la tête avec humilité.

— Qui est propre, ici-bas, majesté ?...

Il indique alors au roi une sente peu fréquentée que son cheval franchit avec aisance. Après quoi, il se tourne vers la suite royale et la rançonne avec la même insouciance.

Arrive Marc, hautain et conquérant, et Tristan accourt pour le taxer. D'une voix rauque, il crie péniblement en soufflant par le nez.

— Pour Dieu, bon roi, un peu de bien !

Sans discuter, Marc retire son chaperon de loutre et le lance au mendiant.

— Tiens, frère ! Protège-toi la tête, lui dit-il. Avec cette fourrure, tu ne sentiras plus ni le vent ni la pluie.

— Bon sire, merci de me mettre à l'abri !

L'aumusse de Marc, pliée avec précaution, rejoint aussitôt les guêtres d'Arthur sous le manteau de Tristan. Les aumônes s'y entassent, sa bourse s'arrondit, ses musettes où il dissimule les dons en nature se remplissent, et sa silhouette est de plus en plus rebondie.

— D'où es-tu, lépreux ? lui demande le roi qui s'intéresse à lui.

— De Carlion, sire, au pays de Galles. Mon père était gallois et je le suis.

— Et depuis combien de temps vis-tu ainsi, coupé du monde ?

— Trois ans, majesté ! Trois ans que je me cache dans la forêt, parmi les bêtes.

Tristan observe Marc avec attention. L'évocation de la forêt, la durée de son exil ne paraissent pas l'alerter. Alors, Tristan décide de s'amuser.

— J'avais une bonne amie, explique-t-il. Je l'aimais tendrement, j'étais aimé avec passion et nous avons partagé des plaisirs qui nous ont ouvert les portes du paradis. Je peux vous le dire, je sais que vous ne le répéterez pas : l'amour nous a fondus ! De nous deux, il a fait un. J'étais elle. Elle était moi. Mais son dernier baiser est le plus âpre à oublier... Son mari, en effet, était lépreux. Je le savais, mais je me suis entêté à l'ignorer.

Marc est mal à l'aise et ce ladre le retient.

— C'était pousser un peu loin le goût du danger ! répond-il pour se dégager.

— J'aime jouer, sire ! Mais je ne regrette rien. Une seule femme la surpassait en beauté.

— Laquelle ?

— La vôtre, majesté !

Marc éclate de rire.

— Tu es plaisant, lépreux. Mais on m'attend !

Il s'engage dans le Mal Pas, qu'il franchit en s'éclaboussant.

De l'autre côté, sur la lande où les chevaliers brisent leurs premières lances, Arthur vient à sa rencontre.

— Et la reine ? lui demande-t-il.

— Elle vient de son côté. C'est Dinas, mon sénéchal, qui la conduit. Elle ne saurait tarder.

— Je me demande comment elle s'y prendra pour

traverser ce bourbier ? fait-il à Marc. Puisqu'elle arrive, attendons ici et nous serons fixés.

Ce n'est pas la reine qui se présente, mais deux chevaliers élégants, vêtus de brocart, d'écarlate et de petit-gris, cheveux soigneusement tirés, tressés en nattes sur les côtés. Deux pimpants barons venus triompher : Godoïne et Denoalain !

Quand Tristan les voit, il refrène sa colère et se ratatine sur lui-même, plus geignard que jamais.

Ils viennent à lui. Il s'approche d'eux, secouant mollement les lames de sa crécelle.

— Il y a grand péril à franchir de ce côté, pleurniche-t-il. De beaux sires comme vous s'y sont enlisés. Ils y ont laissé parures et destriers. Écartez-vous de ce passage et traversez plutôt là-bas, où vous voyez ces joncs ! L'eau stagne un peu en surface, mais le fond est bon. Prenez juste un peu d'élan et passez tout en souplesse.

Les orgueilleux dédaignent ce débris d'homme, comme choqués que Dieu ait donné l'usage de la parole à un tel gueux, puis sans un salut, tournent bride, s'approchent du passage indiqué, accélèrent, mettent leurs montures au galop et les plantent dans la fange, des quatre fers !

Godoïne, interloqué, part en chandelle, le nez dans la crinière de sa bête, et Denoalain, à demi désarçonné, se rattrape à l'encolure de la sienne.

— Trop violent, le galop ! critique Tristan, au sec sur sa butte. Trop violent et bien trop raide !

Il triture sa crécelle, fait sonner son hanap comme une cloche, en le frappant de son bâton, gesticule, ameute les curieux, feint de se désespérer.

— En souplesse. Je l'avais dit, pourtant !

Dans le marécage, les cavaliers pataugent, furieux. Ils tentent de se dépêtrer, mais leurs bêtes sont enfouies jusqu'aux étriers et ils ont beau leur battre la croupe, pester contre elles, s'égosiller, elles s'embourbent bientôt jusqu'aux arçons. Lentement, la boue les absorbe avec des gargouillis et des bruits de succion.

Godoïne et Denoalain prennent peur. Plus ils gigotent, plus ils sombrent. Ils ne sentent pas le fond. Ils sont collés dans la gadoue. Ils puent. La rive est loin. Ils ne pourront jamais l'atteindre !

— Quittez vos manteaux, chers seigneurs. Ils vous coulent ! Et gagnez le bord à la nage. Il n'y a pas d'autre moyen d'éviter la noyade. Un cavalier, tout à l'heure, s'y est mal pris, comme vous. Il est sorti crotté, mais en vie !

Sur la lande, les joutes se sont interrompues et les chevaliers, avec leurs dames, ont accouru. Ils rient. Ils applaudissent cet intermède impromptu !

C'est à cet instant précis qu'Iseut arrive et découvre le tableau. Ses pires ennemis pataugent dans la vase d'un marigot, crachant les gorgées qu'ils avalent, toussant, rotant, ridiculisés par son lépreux bien-aimé, Tristan qui les harcèle sans pitié !

— Qu'on leur tire de la cervoise ! Il n'y a pas meilleur remède contre l'indigestion de vase et d'eau croupie !

Il s'époumone, grimace, prend des mines dégoûtées, se pince le nez et Iseut la Blonde rit en le voyant jouer, rit à en perdre le souffle. Son rire est une source de fraîcheur et les belles personnes qui se sont approchées pour se moquer des bouffons découvrent la reine, en même temps que Tristan qui se tait soudain, ébahi sur son talus.

Elle est là, enfin ! Elle le voit en pleine action, comme il l'avait rêvé. Et dans le grelot de sa joie, il l'entend s'exclamer devant tous, dans leur langage d'amour, étranger au commun :

— Oh, mon si doux ami ! Je suis tellement heureuse de ta folie !

Les larmes lui montent aux yeux, les sanglots dans le cœur. Il voudrait se précipiter, la prendre dans ses bras, la baiser, croquer ses lèvres vermeillettes à la pulpe de cerise. Mais il reste muet et malheureux sous son masque de lépreux.

— Un an que je ne t'ai vue, murmure-t-il sur sa butte. Un an que je t'espère. Te voici, plus belle que jamais et je suis contraint de me taire.

Dinas sent le pouls de l'émotion battre dans le rire de sa reine. Il voit le ladre hésiter en regardant Iseut et il comprend. Ce lépreux-là, ce pitre, ce bateleur insolent, ce maître de cérémonie... c'est Tristan, son ami ! Il a toutes les peines du monde à retenir un cri.

— Ma reine, je vous prie, chuchote-t-il en jetant un clin d'œil à Iseut. Restez prudente !

— Ne vous alarmez pas, Dinas. J'ai eu le temps de mûrir mon projet...

À l'autre extrémité, les barons parviennent sur la rive, dégoulinants, souillés. On les déshabille. Ils sont nus sur le pré. On les bouchonne, on les frictionne en les plaignant, et leur mésaventure se colporte, pendant que les palefreniers s'occupent d'extraire leurs chevaux.

Mais les rescapés du marécage lassent aussi vite qu'ils ont distrait, car le spectacle se déplace. Marc, en effet, interpelle son épouse.

— Nous avons tous franchi ce pas et nous nous

sommes salis ! Rejoignez-nous, ma mie ! lance-t-il au milieu des approbations. Ici, nous sommes tous impatients de vous accueillir !

Iseut est vêtue d'une ample mante en soie de Bagdad, fourrée de blanche hermine, d'une robe de dentelle immaculée, pourvue d'une traîne. Sa chevelure se déploie sur ses épaules, couverte d'un voile d'organdi retenu par un cercle d'or, pourvu d'un rubis qui brille comme un œil sur son front.

« Sortira-t-elle indemne de la boue ? se demande chacun. Que restera-t-il de son éclat quand elle apparaîtra sur la Blanche Lande ? »

Dinas s'inquiète.

— Ne restez pas ici, lui recommande Iseut. Descendez la rivière. En aval, vous trouverez un gué. Franchissez-le et rejoignez-nous ensuite.

Dinas s'apprête à protester.

— Soyez rassuré ! J'ai prévu cela aussi, le tranquillise-t-elle en désignant les fondrières.

Et pendant que Dinas s'éloigne à regret, elle se dirige vers le Mal Pas.

51

CAVALIÈRE ET MONTURE

Quand ils voient la reine approcher, quelques laquais fidèles s'inquiètent.

— On ne va pas rester les bras croisés en attendant qu'elle s'embourbe à son tour ! s'indigne l'un d'eux.

Ils entendent déjà les moqueries et imaginent Iseut dans ses atours souillés, sous les lazzi et les huées.

— Il faut consolider ce sentier !

Ils partent en courant, reviennent avec des planches et des étais, les jettent sur le sol défoncé et confectionnent à la hâte un semblant de passerelle.

Dans l'entourage des deux rois, des voix murmurent, déçues, mais aucune n'ose protester ouvertement et renvoyer les ouvriers.

Pendant ce temps, Iseut est arrivée à l'entrée du Mal

Pas. Comment va-t-elle s'y prendre ? Tout le monde se tait, observe ses gestes, imagine ses pensées. Tristan, sur son terre-plein, est ramassé comme un lynx, prêt à bondir pour lui venir en aide.

Iseut, perplexe, observe le sol détrempé. Elle hésite longuement, simule l'embarras et, balayant les alentours comme à la recherche d'une solution, jette un regard furtif à Tristan :

« Tu es prêt ? C'est à nous ! »

Après quoi, elle met pied à terre et commence par s'occuper de son palefroi. Avec application, elle relève les franges de la housse de selle, les noue sur les arçons, coince les étriers dans la sous-ventrière, retire le mors et le filet, puis fait claquer son fouet avec adresse, en criant :

— Yaaah !

Le cheval bondit. Il survole le marais, éclatant comme l'azur, soulève quelques gerbes de boue en s'éclaboussant à peine les jarrets. Un écuyer le réceptionne à l'arrivée et chacun mesure le savoir-faire de la cavalière.

Sera-t-elle aussi habile que sa bête ?

Sans attendre qu'on la prie, elle clame soudain d'une voix forte, afin que chacun entende bien.

— Hé, toi, lépreux ! Arrive ici !

Son fouet à la main, elle se pose en suzeraine qui se fait obéir. Le ladre, aussitôt, dégringole de sa butte. Les aumônes cachées sous son manteau l'engoncent. Il clopine sur ses deux jambes et sa béquille. On dirait une cruche qui bascule sur un trépied.

— Je ne vais pas me souiller dans ce cloaque ! s'écrie la reine. Tu feras l'âne pour moi et je te monterai !

— Et toi, mon ange adoré, chuchote Tristan, tu me

soulèveras et tu m'emporteras à tire-d'aile jusqu'au septième ciel !

À voix haute, il proteste.

— Noble reine, je n'ose vous toucher ! Regardez-moi. Je suis rongé de galle et d'enflures ! Je suinte de toutes mes tumeurs. Et dans mes viscères, le mal fait bouillir de mauvaises liqueurs !

Il s'agenouille en suppliant.

— Pitié, généreuse majesté ! Je ne veux pas qu'on m'accuse de vous avoir contaminée !

— Rassure-toi, répond Iseut. Si j'avais dû attraper ta maladie, j'en souffrirais depuis longtemps...

Elle le regarde, les yeux soudain voilés, et murmure :

— Le brasier que tu as allumé n'a pas cessé de dévorer mon cœur et mes entrailles.

Puis elle se reprend et s'exclame pour tous :

— J'ai été serrée de près jadis, et bien palpée. J'ai senti sur ma bouche l'haleine d'un lépreux. Il te ressemblait. Le connais-tu ? Il se nommait... Et puis, je perds mon temps. Relève-toi, allons !

Tristan se redresse en gémissant.

— Voyez, je tiens à peine sur mes pauvres jambes. Je suis faible et menu.

— Misérable ! Tu es solide, gronde-t-elle en le tâtant. Et membru ! Assez discuté. Tourne-toi, maintenant.

Tristan s'exécute.

Alors, prestement, Iseut ramasse sa traîne, retrousse sa robe pour se donner de l'aisance et enfourche sa monture. Une fois bien calée contre lui, elle passe son voile autour de son cou, comme elle fixerait des rênes au mors de son palefroi, puis, telle une écuyère, d'une forte pression des cuisses contre les flancs de Tristan, elle fait à nouveau claquer son fouet et s'écrie :

— Yaaah !

La bête de somme s'ébranle avec lourdeur, avance un pied prudent, puis l'autre, franchit un pas, titube un peu... Iseut tient ses jambes croisées par-devant. Tristan sent le creux tiède de ses genoux et le caresse doucement de sa main qui soutient. De l'autre, il s'appuie sur sa béquille.

— Allons ! l'encourage-t-elle en donnant du bassin contre son dos. Du nerf, baudet !

Ils s'avancent en équilibre sur le bourbier. Souvent Tristan s'arrête, se tourne de trois quarts comme pour s'assurer du confort de sa cavalière, cueille son regard, reçoit son souffle parfumé sur le visage.

— Je t'aime.

Elle accentue la pression de son corps sur le sien et lui, d'un coup de reins la recentre et resserre sa main sur ses jambes, en recherchant le contact de sa peau.

Sur la Blanche Lande, autour des rois, tout le monde retient son souffle. Si le pied ripe, s'ils tombent... Beaucoup attendent l'accident avec impatience. On dévêtirait alors la reine comme on a dévêtu les barons. Nue sur le pré à son tour, on la laverait au milieu de la foule et on danserait la farandole...

Au silence, Tristan sent cet espoir et le flatte. Il cabotine pour satisfaire le public. Il fait mine de déraper. Iseut crie, bascule en avant. Ses cheveux tombent sur la face de Tristan, l'aveuglent. Leurs joues se frôlent...

— Mon amour.

Elle lui mordille l'oreille en le serrant de plus près,

pendant que sur la rive, on s'inquiète ou on jubile, en espérant que le prochain faux pas sera le bon.

Tristan reprend sa lente progression. Il marmonne et Iseut, soudée à lui comme un lierre à un pommier, l'entend distinctement.

— Tous ces jours sans toi. Quelle déchirure ! J'endure plus de souffrance que le maître Jésus sur sa croix...

Iseut est émue. Depuis qu'ils sont séparés, elle n'a cessé de rêver à ce corps. Elle le tient maintenant, à la brassée, et sa présence est un supplice. Elle a eu besoin de Tristan et il a accouru à son appel, fidèle à leur serment de la forêt. Mais la folie de son cœur s'est réveillée. Elle se sent prête à renoncer à tout, à s'enfuir à nouveau.

— Oh ! mon bien-aimé. Tu n'aurais jamais dû m'obéir.

A-t-elle parlé ? Tristan a-t-il entendu ?... Elle se ressaisit et fait semblant de s'impatienter.

— Plus vite ! Nous n'arriverons jamais !

Et Tristan, bouleversé, entend son désir et comprend :

— Ralentis ! Prends tout ton temps, mon amour ! Fasse que chacun de tes pas rallonge d'autant le chemin qui reste à parcourir.

Pourtant, malgré prudence et précautions, le Mal Pas finit par se laisser franchir cahin-caha. Tristan, enfin, débouche sur la lande et, là, s'immobilise, indécis, comme reprenant son souffle après un tour de force.

C'est alors qu'Iseut, volontairement, crée un incident. Elle veut mettre pied à terre, mais Tristan lui tient toujours les jambes. Elle perd l'équilibre, feint de se retenir au col de sa monture, mais l'entraîne avec elle, maligne, et part à la renverse. Ils tombent l'un sur l'autre, roulent. Dans leur chute, leurs lèvres se rencontrent, leurs jambes s'emmêlent. Baiser d'adieu, dernière étreinte... Tristan sourit, Iseut pouffe, puis le chasse vivement, car déjà des valets se précipitent avec des bâtons.

— Écarte-toi, canaille !

Tristan se laisse refouler et se recroqueville sous les coups.

Pendant ce temps, la foule des spectateurs, nobles et manants, rit bruyamment et applaudit. Quelle cabriole ! La reine, cul par-dessus tête avec le ladre ! On admire la souplesse de la dame et le clair de ses cuisses, entrevues dans le désordre de la soie. La belle Iseut est aussi tendre en dedans qu'au-dehors !

Les rois s'approchent à la rencontre de l'écuyère qui arrange ses vêtements froissés.

— Malgré votre arrivée un peu rude, vous vous en êtes mieux tirée que nous, la complimente Arthur. Soyez la bienvenue !

Mais elle n'a pas le temps de répondre au salut, que Tristan brise le cercle des valets qui le contiennent et s'avance à son tour, donnant de la crécelle, gobelet en avant.

— Noble dame, pleurniche-t-il. Ayez pitié d'un pauvre infirme...

— Infirme ? Disparais de ma vue, simulateur !

— Je me suis bien éprouvé à faire l'âne pour vous ! proteste Tristan en se frottant le dos. Je suis meurtri d'avoir été chevauché. Et vous m'avez coupé le souffle tant vous m'avez serré... J'ai cru mourir étouffé !

Les souverains et leurs cours s'esclaffent d'un tel culot. Non seulement il est lépreux, mais il est fou !

Il distrait Arthur qui plaide sa cause auprès d'Iseut.

— Allons, laissez-vous attendrir. Il l'a bien mérité !

— Rien ! Il n'aura rien de moi, s'entête la reine. Je lui ai déjà beaucoup donné. Toutes les aumônes qu'il a recueillies, c'est grâce à ma présence ici.

Elle regarde Tristan. Une facétie étincelle dans ses yeux. Puis elle s'adresse à Arthur, rosie par l'excitation.

— Sire, je dis la vérité. J'ai tâté sous sa ceinture. J'ai senti sa bourse rondelette, ses sacs bombés. Il peut partager, allez, avec celui ou celle qui se plaindrait du manque. Avec vos seules guêtres, il peut s'offrir un lit. Avec l'aumusse de mon mari, un mulet, pour n'avoir plus à faire le portefaix. Non, non, croyez-moi. Ce maraud a des réserves !

Les rois s'amusent beaucoup des arguments de la reine et de l'air contrarié du lépreux.

Mais les divertissements ont déjà repris du côté du campement. Les cornemuses appellent à la danse. On s'entraîne au tir à l'arc. On joue aux boules, aux dés, au trictrac. Les saltimbanques rivalisent d'adresse, et émerveillent par leurs tours...

On avance le palefroi d'Iseut, on l'aide à monter et les nobles cavaliers s'éloignent à vive allure.

Le lépreux est déjà oublié.

52

LE SERMENT

Tristan se hâte vers la fête, mais par un autre chemin. Il descend vers le Gué Aventureux. Gouvernal l'attend, vêtu de blanc. Il est méconnaissable. Sa tête coiffée de son heaume est dissimulée sous une guimpe de soie percée de deux trous pour les yeux. Quant aux chevaux, ils sont recouverts eux aussi. L'un de blanc et l'autre, Beau Joueur, de velours noir.

À peine arrivé, Tristan se débarrasse de son déguisement de lépreux et le dissimule avec ses aumônes, dans le tronc creux d'un saule. Puis il s'habille à son tour, comme son écuyer, mais de noir.

Gouvernal le sent ému et énervé. Il aimerait savoir ce qui s'est passé au Mal Pas, mais il se tait. Il n'a pas l'habitude de questionner. De toute façon, son seigneur est là, sain et sauf. Il n'est donc rien arrivé de fâcheux.

— Ne t'inquiète pas, lui dit Tristan qui comprend tous ses silences. Je me suis juste contenté de faire l'âne pour tirer Iseut d'un mauvais pas.

Gouvernal hoche la tête en soupirant sous sa cagoule.

— Tu n'en fais jamais d'autres !

— Tu ne vas pas me croire, reprend Tristan, fier de son coup. Nous avons même pu nous embrasser et tout le monde n'y a vu que du bleu !

Il n'en dira pas plus.

Son visage disparaît sous un voile de serge. Son haubert, ses chausses, sa selle et son écu sont masqués. Il est prêt.

Ensemble, ils bouclent leurs ceintures et fixent leurs baudriers. L'acier poli de leur épée rutile. Ils se saisissent chacun d'une lance et ils s'en vont, noir et blanc, chevauchant d'un même pas.

Ils tournent le dos au gué, traversent une prairie couchée entre deux monts, se laissent guider par les clameurs de la fête, là-bas, qui fait mûrir l'impatience du jugement. Lorsqu'ils surgissent sur la Blanche Lande, jour et nuit assemblés, le tonnerre gronde dans le ciel franc pour annoncer leur arrivée et la lumière se tamise.

Les chevaliers qui joutaient ont senti ce retournement des choses. Ils s'interrompent. Tout se tait : la fête et la vigueur des guerriers. D'où vient ce poids soudain ? Au bout de la lande, ils aperçoivent les nouveaux arrivés qui se laissent regarder.

— Qui sont-ils ces deux-là ? demande Gauvain à Girflet, son compagnon.

Les chevaliers demeurent immobiles comme s'ils narguaient toute la noblesse de Cornouailles et de Bretagne.

— Destrier noir et écu noir, répond Girflet, c'est le Noir de la Montagne. L'autre, le Blanc, ne le quitte jamais. On dit qu'ils sont fées.

— Des fées ! s'exclame Gauvain en se dressant. Eh bien, allons voir de quelle couleur est leur sang !

Il renoue les lacets de son heaume, mais Coris, un autre chevalier de la Table d'Arthur le devance. Il fonce déjà, lance pointée. Au bout du pré, le destrier noir hennit et se cabre. Son chevalier accepte l'engagement et galope au-devant de l'adversaire. Le choc est inouï. Coris, frappé en plein centre de son écu est arraché de ses arçons. Il roule au sol, le bras rompu.

Un long cri monte de la foule, répond à sa douleur. Ce chevalier noir montre une habileté inconnue. Coris ne l'a pas même effleuré et, à sa façon d'esquiver, on a cru un instant qu'il avait disparu.

Coris reste au sol, incapable de se lever. Des valets accourent avec une civière, un chirurgien, pendant que le Noir de la Montagne s'écarte en dédaignant le blessé.

Son compagnon le rejoint et tous deux paradent sur le gazon pour provoquer de nouveaux concurrents.

Dans l'entourage des rois, l'agitation gagne les preux. Humiliés par la défaite cinglante de Coris, ils veulent relever le défi lancé par le Noir et lui faire regretter son mépris. Tous bousculent leurs écuyers, pour être les premiers à terrasser ces insolents.

L'émotion gagne les loges décorées de tentures. Les dames sont excitées par l'énigme de ces deux inconnus. Elles encouragent leurs champions et préparent les faveurs qu'ils viendront faire nouer à la pointe de leurs lances.

Cinglor et Taulas sont prêts. Ils s'engagent dans une charge furieuse. Noir et Blanc les attendent, bien campés sur leurs étriers. Mais pas plus que Coris, leurs deux adversaires ne peuvent les atteindre et, comme lui, ils sont balayés d'entrée.

L'agacement gronde et le mystère grandit. Qui sont ces intrus ? Des esprits ? Ils font corps avec leurs destriers, comme taillés dans un seul bloc de vie. Sont-ils nés ainsi, descendants de la race des centaures disparue depuis l'Antiquité ?

À l'exception de Godoïne et Denoalain, qui restent prudemment à l'abri et de quelques barons, tous les beaux guerriers d'Arthur et de Marc tentent leur chance avec l'espoir de racheter l'honneur des vaincus. Gauvain, Girflet, tant d'autres courageux... Tous, deux par deux, mordent la poussière à tour de rôle.

Les écuyers veulent aussi en découdre. Belle occasion de se faire remarquer, de gagner peut-être leurs éperons de chevalier... Trop jeunes, trop faibles, ils se font briser. L'un d'eux reçoit même la lance du chevalier Blanc en plein cœur. Novice, il n'avait embrassé la carrière des armes que depuis deux ans. Il était forestier jusqu'alors et s'était acheté cheval et équipement, avec la rançon que Marc lui avait remise pour lui avoir révélé la cachette des amants...

Après tant d'échecs, il faut bien se rendre à l'évidence, le Noir de la Montagne et le Blanc sont invincibles.

Alors, Arthur se lève et décrète la fin de l'engagement.

— Vous nous avez fort divertis, seigneurs, et vous sortez sans discussion vainqueurs de ces joutes. Découvrez-vous maintenant et montrez-nous vos vrais visages, pour que nous vous appelions par vos noms. Soyez des nôtres ! Nous fêterons ensemble vos prouesses.

Noir et Blanc demeurent immobiles. Toute l'assemblée se retient, guette leur premier geste. Qui va se démasquer d'abord ? C'est le Noir ! Son destrier avance lentement en piaffant. Mais il ne se dirige pas vers le roi. Il va vers la tribune des dames, presque déserte, car toutes l'ont quittée à mesure que leurs champions étaient vaincus, comme l'exige la règle des tournois. Il n'en reste que deux : Brangien et Iseut.

Une exclamation trouble un instant le silence, puis l'attente reprend et la tension redouble.

La reine regarde le Noir venir à elle. Elle sait qui se cache sous ce vêtement de nuit. Elle porte encore sur ses lèvres le goût de sa bouche de lépreux et, sur ses jambes, la force de sa main qui l'a serrée.

Soudain, le chevalier abaisse sa lance et la dépose sur la balustrade devant Iseut. Il la choisit. Il la désigne au vu de tous, comme la reine du tournoi. Il s'institue son homme lige[1] et réclame son accord.

Iseut accepte. Elle retire le cercle d'or qui entoure son front, défait son voile et le noue au fer. La légèreté de ce tulle ! Un frisson parcourt la hampe de frêne jusqu'à la main du chevalier...

Alors, le Noir redresse sa lance. Il porte haut les couleurs de sa dame et, sans se retourner, il fait reculer son

1. Chevalier entièrement dévoué à une personne ou à une cause.

destrier à petits pas, en conservant le regard de la reine dans le sien.

Quand il a rejoint son compagnon, tous deux font demi-tour, traversent la Blanche Lande en caracolant et disparaissent aussi soudainement qu'ils sont apparus.

Derrière eux, les rois, leurs cours, le peuple avide de merveilleux, se regardent, surpris. Ont-ils été victimes d'une fantasmagorie ? Mais les blessés témoignent qu'ils n'ont pas rêvé.

La fête reprend... On se réunit sous les tentes, autour des feux. On essaie de percer le mystère des deux chevaliers fées, de leur présence sur la lande en cette veille de jugement. D'où viennent-ils ? Qui les a envoyés ? Cet hommage à la reine est-il une mise en garde ? Reviendront-ils demain, à l'heure du serment, veiller à la légalité des débats ? Et la blonde Iseut parviendra-t-elle à se disculper devant les rois et les barons ?...

On dispute à l'infini, on se grise de raisons, on s'illusionne beaucoup. Seuls Marc se doute et Arthur sait.

La journée roule ainsi jusqu'à la nuit et le soleil reste voilé.

Le lendemain, avant l'aube, le tonnerre gronde comme la veille. Une menace tourne dans le ciel.

Dès que le jour pointe, les sentinelles préviennent en soufflant dans leurs cornes et partout on s'éveille.

Le soleil est vite chaud. Il fait lourd et moite. La Blanche Lande se couvre de brumes qui s'élèvent en volutes.

Tous se hâtent, car les premières processions sont signalées. Évêques, abbés, moines, curés, chanoines, arrivent, portant des croix et des bannières, au son des cantiques. Ils apportent les précieux restes des saints dispersés dans les églises du royaume. Le peuple des fidèles se rassemble, psalmodie au passage des convois, se signe, s'agenouille en priant.

Devant la tente des rois, sur l'herbe fleurie, on a étendu un drap de soie et de brocart gris. C'est là que l'on dépose avec soin tout ce que le pays compte de reliquaires : écrins et châsses, coffres de bois précieux, armoires incrustées de pierres, croix d'or et d'argent, pommeaux d'épée...

À mesure que les heures s'écoulent, les ossements des bienheureux et des martyrs s'entassent sur la soie. Chaque relique : phalange, fragment de crâne, orteil, main, ongle, fémur, coude... atteste une vie consacrée à l'amour du prochain, et tous ces vestiges réunis résument l'histoire de la foi des hommes depuis l'enseignement de Jésus.

Celui qui mentirait devant ces débris sacrés serait foudroyé dans la seconde par la colère de Dieu ! Et un serment validé par ces témoins de vérité ne peut plus être remis en question.

Les vassaux cornouaillais se tiennent de part et d'autre du drap. Godoïne et Denoalain, en tant qu'accusateurs, se détachent de leurs pairs. Gauvain, neveu d'Arthur, remis de ses contusions de la veille, monte la garde devant les reliques. En face de lui, les deux rois. Ils ont amené Iseut par la main devant le monceau d'os.

Elle est bien frêle, Iseut la Blonde, face à cet étalage d'autorité et de grandeur.

Arthur prend la parole.

— Cette assemblée est réunie pour juger, dit-il. Elle jugera.

La noble reine Iseut l'a réclamée pour être lavée des infamies dont elle subit depuis trop longtemps la souillure. Nous écouterons sa justification et entendrons son serment. Nous les estimerons recevables ou nous les rejetterons. Dans ce dernier cas, la reine sera reconnue coupable, et son époux, s'il le désire, pourra la répudier. Mais si nous l'innocentons, que chacun se souvienne que je ferai poursuivre et pendre par le cou celui qui par haine ou malfaisance persistera à lui nuire.

Seigneur Marc, vous serez mon bras et mettrez vos barons au pas.

Marc acquiesce et répond brièvement.

— Soyez assuré, puissant Arthur, que la sentence sera appliquée, quelle qu'elle soit, avec la rigueur qui convient.

Après ce préambule, tous s'assoient sur des bancs, disposés pour que chacun voie et entende. Les rois demeurent debout. Ils font avancer la reine sur le drap, au milieu des reliques.

Alors, Arthur, solennel, questionne l'accusée.

— Reine Iseut, jurez-vous que Tristan n'a jamais éprouvé pour vous d'amour honteux ? Jurez-vous qu'il vous a toujours regardée comme l'épouse de son oncle et sa parente ? Enfin, vous-même, jurez-vous n'avoir jamais succombé à la débauche avec lui ?

Arthur se tait. Sa voix a fait vibrer la lumière sur la lande. Iseut a écouté, tête haute, les yeux vers l'horizon où le Noir de la Montagne, hier, a disparu. Elle lève la main droite au-dessus des reliquaires.

— Je jure, dit-elle.

Sa voix tremble un peu, mais porte loin sur la foule des grands et des humbles qui attendent.

— Je jure que de toute ma vie je n'ai serré entre mes cuisses que deux hommes...

Elle s'interrompt à nouveau et se rassemble comme avant de franchir un gué d'eau glacée. Les deux félons jubilent en silence et un murmure d'effroi grelotte dans l'assemblée.

— Deux hommes seulement, reprend la reine. Le roi Marc, mon époux légitime, et le lépreux qui, hier, fut ma bête de somme !

Je le jure devant les reliques des saints qui m'entendent, devant leurs âmes qui nous accompagnent. Je le jure devant Dieu qui m'a toujours guidée dans mon chemin d'amour et de foi. J'exclus de mon serment les deux hommes que j'ai nommés : le lépreux et le roi. Je n'en exclus pas d'autre.

La joie voudrait se libérer pour saluer cet aveu. On murmure partout, chez les vassaux, chez les bourgeois et les manants.

— Elle a juré avec assurance ! Sa parole était franche !

— Qu'attend-on pour la déclarer innocente ?

— Elle a respecté la procédure ! Elle doit être lavée de tout soupçon !

Les deux rois se consultent, puis Arthur s'approche d'Iseut et lui prend la main qui a juré.

— Belle Iseut, nous avons entendu votre serment et nous le validons. Vous êtes blanche comme l'agneau. Et que ceux qui persistent dans l'erreur, s'il en subsiste, sachent qu'ils seront châtiés ! Vous êtes mon amie. Je suis votre obligé et votre époux vous protègera des félons. Mais, si en plus de son bras, vous avez besoin du mien, je viendrai toujours à votre appel, défendre votre bon droit.

Le jugement est rendu sous les acclamations.

Godoïne et Denoalain ne s'attardent pas. Ils décampent sans adresser la parole à personne. Les Cornouaillais, fidèles de Marc, expriment leur soulagement et, un peu partout, on démonte déjà les étals et les tribunes, on plie les bâches et les tentes, on apprête les attelages...

Les deux rois et leurs cours se séparent. Marc rentre à Tintagel et Arthur en Bretagne, à Carduel.

La Blanche Lande se vide peu à peu et retourne à son silence.

53

GODOÏNE ET DENOALAIN

Non, Iseut n'a pas menti ! Tristan et elle s'aiment sans honte et sans esprit de débauche. Ils sont parents, tante et neveu. Ils pourraient être mari et femme. Ils sont amants. Une volonté plus forte qu'eux-mêmes en a décidé.

Iseut n'a pas menti. Elle a préservé un projet. Elle a sauvegardé une vérité d'amour qui réclame de vivre, pour mieux se développer et se transmettre.

Seul Arthur était à même de percer le mystère et d'en apprécier la portée. Il a bien jugé. Chacun espérait cette décision et s'en trouve soulagé. Marc le premier. Il a acquis une autorité qu'il n'avait jamais eue jusque-là.

Les barons sont les seuls perdants. Pourtant, ils ne renoncent pas. Ils demeurent tels qu'en eux-mêmes, des ennemis déclarés de l'amour, plus vindicatifs que jamais.

Après leur départ en catimini de la Blanche Lande, plus personne n'entend parler d'eux. Ils se font oublier, mais entretiennent un discret réseau d'espions qui les informe sur les faits et gestes de la reine. Ils veillent et leur patience finit par être récompensée.

Un jour, un de leurs mouchards leur apporte la nouvelle espérée.

— Tristan est en Cornouailles. Je l'ai vu, leur annonce-t-il. Il rencontre la reine.

L'homme est essoufflé. Il a couru comme s'il était poursuivi par un lion. Pourtant, Godoïne et Denoalain restent impassibles. En effet, Tristan est partout. Tout le monde affirme l'avoir aperçu. Ici, là, ailleurs encore... Il sillonne le pays à la vitesse d'un faucon.

— Nous ne te payons pas pour que tu nous dises ce qui nous arrange ! prévient Godoïne. C'est la vérité que nous voulons. Réfléchis bien, car il pourrait t'en cuire !

— Je vous assure, seigneur. Je l'ai vu comme je vous vois, proteste l'espion. Je venais de croiser le roi qui partait à la chasse avec son équipage. Il réside chez Dinas à l'heure qu'il est, dans ses terres de Lidan. À peine Marc était-il entré dans la forêt que Tristan en est sorti. Je l'ai reconnu à son allure et je l'ai suivi...

— Admettons que c'était lui ! élude Denoalain. Comment sais-tu qu'il rencontre la reine ?

L'homme écarte les bras en s'esclaffant.

— Mais... parce que je les ai vus ! Ensemble !

— Explique-toi ! Où étais-tu ? À ses côtés, couvert d'un voile qui te rendait invisible ? ironise Godoïne.

— Non, seigneur, derrière une tapisserie ! La

chambre de la reine donne sur les champs. Une ouverture étroite est pratiquée dans la muraille, recouverte d'une tenture à l'intérieur. Il m'a suffi d'une baguette d'aubépine pour détourner l'écran et...

Il ricane grassement.

— Admirer le spectacle !...

— C'est-à-dire ?

— Seigneur... Que font un homme et une femme quand ils sont seuls ?

Godoïne et Denoalain se consultent du regard. Ils commencent à penser que leur informateur ne les trompe pas. L'autre en profite.

— Si vous ne me croyez pas, allez vous rendre compte vous-mêmes. La chambre est facile à repérer. Une grosse touffe de glaïeuls pousse à sa hauteur, au bord d'un ruisseau qui coule à proximité. Mais, poursuit-il en faisant tinter les sterlings dans sa bourse, vous aviez promis...

— Nous tiendrons, ne t'inquiète pas. Aussi sûrement que tu es sûr ! Mais nous allons suivre tes conseils et vérifier.

— C'est simple ! Mettez-vous en faction et surveillez les abords du château. Je vous parie que vous n'attendrez pas trois jours avant d'avoir confirmation.

— Alors, tu seras bientôt payé ! répond Godoïne en le congédiant.

Hélas, la canaille a raison ! Iseut, ce même jour, a fait prévenir Tristan par Périnis. Marc doit s'absenter le lendemain. Il va prier à Saint-Lubin. La voie est libre.

Hélas aussi pour les félons ! C'est Godoïne qui va contrôler les dires de l'espion et la chance n'est pas de son côté.

En effet, au moment où il s'approche avec précaution de la demeure de Dinas, Tristan débouche de la lisière de la forêt et le reconnaît.

— On nous a vendus ! s'exclame-t-il en serrant les dents.

Il reste dissimulé.

— Tu t'es bien gardé de te mesurer au Noir de la Montagne, gronde-t-il en l'observant. Tu ne perds rien pour attendre !

Il longe le bois. Il veut tenter de rejoindre un bosquet qui se trouve sur l'itinéraire du félon. Mais alors qu'il s'apprête à s'engager à découvert pour lui régler son compte, il aperçoit Denoalain qui arrive dans sa direction, comme s'il protégeait les arrières de son complice.

— Deux lâches ensemble, le même jour ! jubile Tristan. Quel tableau !

Denoalain se faufile sans quitter Godoïne des yeux. Il ne se doute pas que la mort est embusquée sur son chemin. Quand il la voit, il n'a que le temps de reconnaître son visage. Il veut crier son nom, mais il est déjà décapité.

— À ton tour de comparaître, truand !

Tristan essuie sa lame, puis le saisit par les cheveux et tranche ses deux nattes.

— Cadeau pour Iseut ! lui dit-il en les brandissant devant son visage.

Il les glisse dans ses bottes et sourit en pensant à la langue du dragon. Après quoi, il recouvre le cadavre avec des branches et l'abandonne.

Pendant ce temps, Godoïne a disparu.

Tristan scrute en vain la lande à sa recherche.

— Il est là pourtant, quelque part, tapi... Il mijote un mauvais coup, je le sens...

Mais Iseut l'attend. Il ne s'attarde pas.

Godoïne l'attend aussi, au milieu des glaïeuls. Il a écarté la tenture avec un bâton et voit l'intérieur de la chambre.

Iseut, vêtue d'une robe légère, se fait belle. Brangien la peigne et rassemble ses cheveux en une natte qu'elle tresse avec un ruban bleu. C'est ainsi coiffée que Tristan la préfère. Elles parlent de lui. Il ne va plus tarder. Elles rient.

Godoïne a du mal à suivre leur conversation. La muraille est épaisse, l'air du dehors bruyant. L'eau cascade dans le ruisseau, les tourterelles roucoulent, et les pigeons. Le babillage des champs...

À cet instant la porte s'ouvre et Tristan entre, avec son arc et son carquois. Brangien sourit, le salue, puis se retire pour laisser les amants. Aussitôt après son départ, Iseut se jette dans les bras de Tristan. Elle l'enlace, saisit son visage à deux mains, le couvre de baisers, se blottit. Tristan la soulève dans ses bras et la fait tournoyer jusqu'à l'étourdissement. Elle rit et son rire se mêle au chant d'amour des oiseaux dans les nids.

Collé à la lucarne, Godoïne les voit et les entend.

— Je t'ai apporté un présent.

— Un présent ? Montre vite !

Tristan plonge une main dans sa botte et joue à faire attendre Iseut.

— Ne me dis pas que tu as encore tué un dragon ! le taquine-t-elle.

— Si, justement ! D'une espèce encore plus malfaisante... Une bête intelligente, rusée...

Il sort les nattes.

— Qu'est-ce que c'est ?

— Denoalain... ses cheveux... Je les ai prélevés sur sa tête.

Iseut pâlit.

— Mon Dieu ! Tu l'as...

— Oui.

La mort du baron ne l'attriste pas. Mais sa chevelure, ici... Elle a l'impression de le voir entre eux, encore vivant.

— Ne te tourmente pas. Il a cessé de nuire, la rassure Tristan.

Godoïne a vu le trophée. Il est tellement hébété qu'il ne sait plus s'il doit rester ou s'enfuir. Il regarde les amants qui s'embrassent à quelques pas de lui. Il ne les a jamais tant haïs.

Iseut s'est abandonnée sur l'épaule de Tristan qui la berce. Ils se balancent d'un pied sur l'autre. Ils dansent serrés, en écoutant leurs battements de cœur se mêler. Soudain, Iseut découvre la tapisserie écartée, l'ouverture, et derrière, la face sinistre qui les épie. Elle se retient de crier et continue de s'offrir à la douceur, en amoureuse. Elle passe ses bras autour du cou de Tristan, fait mine de lui embrasser l'oreille et lui chuchote :

— Ne fais semblant de rien. Godoïne est là. De l'autre côté du mur. Il nous surveille.

Tristan se raidit. Elle le retient.

— Non ! Ne brusque rien ! Écoute-moi et laisse-toi guider.

Elle a son idée. Elle l'entraîne lentement à l'opposé de la tapisserie et, là, s'écarte de lui en lui disant avec tendresse :

— Tu es mon arc bien-aimé. Je suis ta cible et tu m'as transpercée.

Elle s'échappe en riant et se place juste devant l'ouverture.

Tristan a compris son jeu. Il prend son arc, encoche une flèche et répond sur le même ton plaisant.

— Je suis tout disposé à te percer encore, ma mie...

Il arme son tir. Iseut ouvre les bras.

— Je suis à toi, mon amour...

Elle se détourne brusquement et crie :

— Tue !

Godoïne ne voit rien venir. La flèche fuse, lui transperce l'œil et traverse son crâne comme une pomme blette. Il tombe mort, la tête dans les glaïeuls.

— Amen ! dit Tristan. La vérité l'a aveuglé. Il ne pouvait pas la comprendre.

Après Ganelon tué dans la forêt et Denoalain, Godoïne disparaît à son tour. Les trois félons, le forestier qui avait dénoncé les amants, Frocin, tous sont morts. Les obstacles qui, depuis des années, contrariaient l'amour d'Iseut et de Tristan sont enfin balayés.

— Viens.

Iseut prend Tristan par la main et l'entraîne sur sa couche.

Ils s'allongent, écoutent le bruissement de la paix qui gagne le manoir de Dinas et s'aiment en silence.

54

L'EXIL

La paix ne dure pas plus de deux jours. Le lendemain, en effet, les jardiniers découvrent le cadavre de Godoïne au bord du ruisseau et, quelques heures plus tard, un chien dégage Denoalain de son linceul de branchages.

Deux grands vassaux tués sur les terres de Dinas, alors que le roi, hébergé sous son toit, vient juste de s'absenter ! L'événement est considérable. Il pourrait mettre en péril l'équilibre du royaume.

Tout désigne Tristan. La haine des barons à son égard, les conditions de leur mort, l'audace même de ces assassinats. À l'évidence, ce panache insolent, c'est sa signature ! Sans compter la ressemblance entre le meurtre de Denoalain et celui de Godoïne, tous deux décapités, et la flèche dans la cervelle de Godoïne, à la pointe ébarbée comme les flèches de Tristan...

— Qu'est-ce qui nous prouve, après tout, qu'il n'agit pas en sous-main pour le roi ? tonne un cousin de Godoïne. Et que Marc ne s'est éloigné que pour lui laisser le champ libre ?...

— Ces disparitions arrangent trop les affaires de Marc, pour êtres dues au hasard ! acquiesce un seigneur du même clan. L'oncle et le neveu sont de mèche.

Marc apprend la nouvelle à son retour de Saint-Lubin. Il réagit avec vigueur. Il ne laissera pas ses adversaires saisir ce prétexte pour l'affaiblir. Il veut apaiser l'agitation au plus vite et refroidir les esprits. À peine arrivé, il se rend chez la reine.

— Ma dame, lui dit-il, j'ai fait confiance à mon neveu. Je lui ai accordé mon pardon et offert un exil auquel je m'apprêtais à mettre fin. Il m'a trahi. Il n'a jamais quitté le royaume comme il s'y était engagé. Aujourd'hui, il nous met au bord de la guerre et vous êtes sa complice ! Le temps de la conciliation est désormais terminé. Dans l'heure, j'aurai lancé à ses trousses piétons, cavaliers, sergents et archers, avec ordre de le tuer !

Le roi garde tout son sang-froid et parle sans élever la voix.

— Quant à vous, dame Iseut, poursuit-il, vous resterez dorénavant dans votre chambre, consignée et plus étroitement surveillée que dans une cage. Des serviteurs de confiance viendront se mettre à votre service pour assister votre suivante et votre page !

Il quitte son épouse avant de l'entendre se disculper par de nouveaux mensonges.

Iseut a reçu le coup sans vaciller. Elle est blême. Elle n'a jamais connu le roi aussi impassible et froid. Elle craint pour Tristan. Déjà, elle pense aux soudards à ses trousses. Elle connaît leurs visages de haine, leurs poignes sadiques. Ils l'ont saisie nue dans son lit. Elle sait leur cruauté de fauves en liberté, leur gourmandise de violence et de sang.

— Il faut qu'il fuie la Cornouailles !

Le cri a jailli d'elle. Hagarde, immobile, elle en mesure soudain la portée.

Tant que Tristan vivait caché dans le voisinage, elle s'était accommodée de ses visites incertaines. Elle avait même appris à les savourer. La recherche d'une occasion, l'espoir d'une rencontre, son attente, avaient nourri son amour et affûté son désir. Lorsque Tristan arrivait, elle s'interdisait tout empressement. Elle le tenait à distance pour retarder encore le moment de s'offrir et mieux jouir de céder... Ils passaient des heures délicates, à explorer leurs trésors de passion, à se redécouvrir. Ils se grisaient de vertige, au risque d'être découverts, étourdis par leur imprudence, plus incandescents de la proximité du danger. Et chacune de leurs unions était une première fois.

« S'il part au loin ? songe-t-elle. Peut-être à jamais... Qu'adviendra-t-il ? De notre amour et de nous-mêmes ?... »

Pourtant, comment lui demander de rester ? Comment accepter d'entendre chaque jour le récit des battues ? Regarder impuissante l'étau se resserrer, jusqu'à l'instant inéluctable ?...

Son cœur sanglote et son corps se rebelle.

Elle appelle Périnis pendant qu'elle est encore libre de ses mouvements et le charge d'alerter Tristan au plus vite.

— Il faut qu'il parte, tu m'entends. Insiste bien. Il n'y a pas d'autre solution. Il refusera. Il se révoltera. Dis que c'est moi qui le lui ordonne. Je ne veux plus le voir. Répète-lui cela, mot pour mot. S'il m'aime, il doit m'obéir. Je lui commande de s'exiler. De commettre cette suprême folie pour moi. Qu'il ait le courage de l'ajouter à toutes celles qu'il m'a déjà offertes ! Jure-moi que tu lui rapporteras cela ! Et que j'espère ardemment le jour où nous nous reverrons ! Et que je l'attends...

— Je vous le jure, ma reine. Je lui dirai vos mots et aussi votre regard, votre voix quand vous parliez.

Périnis s'en va et quitte le château de Dinas sans être inquiété.

Tristan se révolte. Il veut combattre, offrir sa vie à l'amour, et c'est seulement lorsqu'il entend l'ordre d'Iseut, plus terrible qu'une sentence de mort, qu'il renonce à protester.

— Alors, répond-il, puisqu'il m'est interdit de mourir pour elle, dis-lui Périnis, que je vais vivre. Je suis son chevalier obéissant et je ne combattrai pas sa volonté. Je me résous, par amour, à me couper de ma source d'amour.

Il est ébranlé. Il perd pied un instant. Il fixe le vide et Périnis se sent impuissant à lui redonner confiance.

— Avant de rentrer, répète-moi encore une fois ses paroles. Je veux les graver en moi. Chaque fois que je les réciterai, elles feront apparaître Iseut à mes côtés.

Et Périnis, docile, répète.

— Je veux qu'il parte, tu m'entends. Je ne veux plus le voir. S'il m'aime, il doit m'obéir. Je lui commande de s'exiler. De commettre cette suprême folie pour moi. Et que j'espère ardemment le jour où nous nous reverrons ! Et que je l'attends...

Chaque mot est une flèche. Tristan se laisse transpercer et se transperce à son tour en répétant.

— Je veux qu'il parte... Je ne veux plus le voir... Cette suprême folie... Je l'attends...

À mesure qu'il parle, il songe.

« En partant, je cesse de l'exposer. Je la protège. »

Il fait tourner à son doigt l'anneau de jaspe vert qu'Iseut lui a donné.

— Grâce à toi, je l'aimerai malgré l'absence...

Les pensées appellent les pensées.

— J'accepte... comme une occasion de t'aimer autrement. Nos adversaires sont éliminés... Un autre se présente, plus redoutable. L'oubli... Je vaincrai !

Lorsqu'il sort de sa méditation, Périnis n'est plus là, mais Gouvernal a pris le relais.

— Ne tardons plus, lui conseille-t-il. Bientôt, la campagne sera quadrillée. Les soldats de Marc seront partout. Fuyons pendant qu'il est temps. Lidan est à peine à deux lieues de la mer. Nous y serons avant que l'alerte soit donnée.

— De quel côté aller ? demande Tristan. Le monde est vaste.

— Rentrons à la maison ! Cinq années ont passé depuis que nous avons quitté ton ancien royaume de Lohonois. Le seigneur Roald qui t'a confié à moi sera heureux de te revoir.

— Cinq années ? Pas plus ? Tu m'aurais dit qu'une

vie s'est écoulée, deux, ou trois... Je te croirais. Mais cinq ans !...

Pourtant, certains mots ont le pouvoir de ressusciter la vie. Roald, Lohonois et la petite Bretagne... Son passé se défroisse dans son cœur. Les gens qui l'ont aimé sont là-bas. Ils l'attendent. Ses aventures ont traversé la mer. Ils seront enchantés de les entendre de sa bouche et il leur parlera d'Iseut la Blonde, son tendre amour. Ils ne pourront que l'approuver.

— Tu as raison, Gouvernal. Retournons en Lohonois.

Ils quittent la forêt et atteignent un port, bien avant la tombée du jour. Les ordres de Marc ne sont pas encore parvenus dans ces confins et puis Tristan est toujours aimé du peuple cornouaillais, et soutenu. Ils trouvent sans difficulté une embarcation qui accepte de les faire traverser, eux et leurs destriers.

Ils passent ainsi la nuit au large, loin des rabatteurs, portés par une brise légère qui prend son temps. La mer est calme et le ciel clair. Ils atteignent les côtes d'Armorique en quelques jours.

Pourtant, à leur approche, ni Gouvernal ni Tristan ne se réjouissent. Le rivage où ils accostent est désert. Ils ne décèlent pas la moindre activité à l'entour, pas le moindre mouvement. Un sombre pressentiment les saisit et leur inquiétude se confirme dès qu'ils ont débarqué. Ils ne reconnaissent rien. Le pays sent la mort, la friche. La terre n'est plus cultivée. Les villages sont en ruines. La lèpre de la guerre a frappé.

Dans un hameau, une masure paraît encore habitée. Ils s'approchent, appellent, et un homme finit par se montrer sur le seuil, avec crainte. Livide, le visage creusé, maigre à effrayer le plus endurci. Lorsqu'il découvre ces deux cavaliers devant sa porte, il a un geste de résignation. Il croit qu'il va mourir et il accepte d'avance. Il a vu tant de guerriers comme eux sillonner la contrée, traquer la vie pour égorger, violer, massacrer à plaisir. Il est étonné de ne pas les entendre ricaner.

— Je suis Tristan de Lohonois, fils de votre roi Roald. Je suis parti il y a cinq ans et le royaume était prospère. Je reviens et la mort a tout emporté. Explique-moi ce qui s'est passé. Indique-moi où trouver mon père.

En l'écoutant, l'homme le regarde d'un air effaré, puis il tombe à genoux et se met à pleurer.

— Seigneur Tristan, comme vous nous avez manqué !

Tristan, ému, met pied à terre, va vers lui, le relève.

— Parle, je t'en prie. Ne retiens pas l'horreur. Ne cache rien. Mon père...

— Il n'est plus... Et c'est de là que viennent tous nos malheurs. Son fils aîné ne savait pas régner. Trop faible... Lorsque le comte de Nantes a fondu sur notre petit royaume, il n'était pas de taille à lui résister.

— Le comte de Nantes ?

— Riol, un chevalier de Morgan que vous avez tué.

L'homme parle longtemps. Tristan apprend que le vieux Hoël, duc légitime d'Armorique, a repris sa couronne après le décès de l'usurpateur Morgan. Riol, peu après, a voulu épouser la fille de Hoël. Mais il s'est fait éconduire, sous prétexte qu'il était d'un rang inférieur. Alors, Riol a montré qu'il possédait la force et il a mis le duché, et les royaumes voisins, en coupe réglée.

— Votre famille a été massacrée, seigneur Tristan. Et le vieux duc a perdu ses terres et ses châteaux. Il y a peu, il résistait encore, assiégé dans sa ville de Carhaix qui est peut-être tombée depuis.

— Maudite soit cette cité de Nantes ! gronde Tristan. Elle ne m'a donné que du malheur. Après Morgan, Riol prend la relève !...

La mort serre ses poings. Que lui reste-t-il ? Sa bien-aimée est au loin, les siens ont disparu... Il est seul. Son vieux maître est le dernier témoin de son enfance.

— Allons à Carhaix, Gouvernal ! Allons prêter main-forte au duc !

55

KAHERDIN

Ils chevauchent pendant des jours dans la petite Bretagne dévastée, franchissent la montagne d'Arrée et parviennent en vue de Carhaix. La ville est toujours debout et les assiégeants, qui ont tout conquis, prennent leur temps devant ce fruit qui tombera tôt ou tard. Ils ont disséminé leur camp dans la plaine et, chaque jour, ils viennent défier les assiégés. Ils réclament des adversaires pour jouter, ils provoquent. Dans Carhaix, plus d'un chevalier voudrait en découdre. Kaherdin, le fils du duc, en premier. Mais Hoël connaît les ruses de Riol et ne veut pas risquer la perte de ses meilleurs défenseurs.

Lorsqu'ils approchent de l'enceinte, Tristan et Gouvernal sont pris à parti par les hommes du comte.

— Hoël ! vocifère l'un d'eux. Ouvre tes portes ! Une armée de secours vient te prêter main-forte !

Les rires indisposent Tristan. Il fait demi-tour, se porte en direction des Nantais et les défie en cabrant Beau Joueur. Le signal est reçu. En face, deux chevaliers s'élancent.

— Gouvernal ! appelle Tristan. Apporte-moi ta lance !

L'écuyer le rejoint et lui remet son arme.

— Reste sur tes gardes. On ne sait jamais.

Tristan s'éloigne tranquillement, les pieds serrés dans ses étriers, épieux dressés. Ses adversaires ont déjà abaissé les leurs et fondent sur leur cible, facile à terrasser. Soudain, Tristan fait un crochet et brise leur élan, puis avant qu'ils n'aient le temps de se remettre en ligne, il jette Beau Joueur à plein galop, les prend à contre-pied et les renverse d'un coup. La lance droite a traversé l'écu du premier et trouvé son cœur sous le haubert, la gauche a crevé la ventaille et ouvert le cou de son compagnon. Ils ont vécu !

Des cris de joie montent des remparts de Carhaix où le duc et les siens ont assisté à la manœuvre.

Devant leurs tentes, Riol et ses hommes ne sont pas encore revenus de leur surprise que Tristan a déjà rejoint Gouvernal. Ils se présentent à la porte de la ville.

— Vous avez entendu les Nantais ? crie Tristan aux hommes sur le chemin de ronde. Nous sommes votre armée de secours et nous venons à votre aide.

La porte s'ouvre sous les hourras.

À peine entrés, le duc arrive à leur rencontre avec son fils et les chevaliers qui ont admiré Tristan en connaisseurs.

— Soyez les bienvenus, sires ! Qui êtes-vous ? C'est le ciel qui vous envoie.

— Tristan de Lohonois et son maître Gouvernal ! répond simplement Tristan.

Le duc est stupéfait. Il regarde Tristan, muet d'étonnement, avant de s'exclamer :

— Le fils de Rivalin !

Il est ému. Les yeux mi-clos, il considère Tristan et c'est un autre qu'il retrouve.

— J'étais dans l'échauffourée avec ton père, le jour où il a reçu sa mauvaise blessure. Je t'ai observé tout à l'heure. Je ne savais pas encore qui tu étais, mais pendant un instant, j'ai cru voir apparaître Rivalin. Tu as sa manière de se tenir en selle.

Tristan apprécie de ne pas être un inconnu.

— Nous arrivons de Cornouailles, poursuit-il et, dès que nous avons constaté l'état de notre terre bretonne, nous sommes venus nous joindre à vous.

La nouvelle que deux braves sont arrivés se répand.

— Le plus jeune est le fils de Rivalin, l'ancien roi de Lohonois ! Le fameux Tristan, meurtrier de Morgan !

L'espoir, soudain, entre dans Carhaix, repousse la famine qui guette et redonne de la vigueur aux assiégés.

Tristan s'entretient déjà, en chef de guerre, avec le duc et Kaherdin. Ils font le point sur l'état des défenses de la ville, l'armement, les effectifs de la garnison, l'organisation des rondes, des tours de garde... Les deux jeunes chevaliers se plaisent d'emblée.

Kaherdin possède la fougue et la détermination de Tristan. Il est en désaccord avec son père sur la stratégie à employer. Partisan de coups de force calculés, quand Hoël choisit de temporiser. Tristan est l'homme qui leur manquait. Sa réputation et le sang de Rivalin qui parle en lui convaincront peut-être le duc de s'engager dans une défense plus volontaire.

Du côté des ennemis, la simple arrivée de Tristan précipite les événements. Riol se trouve devant les murs. Il interpelle la garnison. Il réclame un duel dans l'honneur, avec l'homme qui vient d'entrer. Il a reçu la mort de ses deux chevaliers comme une défaite personnelle et il demande réparation.

En vérité, il sait à quel point un seul guerrier peut faire basculer les chances de l'emporter. Il ne veut pas courir ce risque.

— Prends garde, Tristan ! l'avertit Hoël. Il est brave et rusé.

— Moi aussi, seigneur !

Il se fait ouvrir la porte et franchit, au trot, l'enceinte de la ville.

Riol, aussitôt, le nargue.

— Tu as défait deux de mes plus courageux barons, chevalier. J'en suis navré pour toi. Tu m'obliges à te montrer que toute audace a ses limites !

Son cheval piaffe et fait des cercles sur le pré. Beau Joueur reste droit, les naseaux à peine frémissants, prêt à bondir à la première impulsion.

Le silence de Tristan agace Riol.

— Qui es-tu ? Dis-moi ton nom, afin que mon palefrenier aille annoncer ta défaite à ta veuve ou à ta mère !

Même vanité que Morgan, même brutalité. Tristan pense au chagrin de Blanchefleur, quand elle apprit la mort de Rivalin. Vingt-trois ans ont passé.

— Tu me connaîtras mieux quand je t'aurai vaincu,

répond Tristan en maîtrisant sa colère. Pour l'instant, je ne suis qu'une ombre parmi les ombres.

— Et moi, la nuit qui les efface !

Les cavaliers se ruent l'un contre l'autre. Tristan pense à sa charge contre Morholt. Il tient son épieu bien ferme contre son flanc. Il imagine qu'un roc se dirige vers lui, qu'il doit le traverser, et il accumule dans son bras la force qui renverse les montagnes.

Le choc secoue la plaine et les chevaux hennissent de douleur en trébuchant. En même temps qu'il dévie la lance de Riol, Tristan le désarçonne et pulvérise son écu.

L'émoi est immense du côté des Nantais. Leur chef mord la poussière pour la première fois. Une troupe se porte aussitôt à son secours.

Des remparts, on suit la manœuvre de l'ennemi et Kaherdin ameute ses lieutenants.

— Il faut couvrir Tristan !

Gouvernal les accompagne.

Pendant ce temps, le duel se poursuit. Tristan a quitté Beau Joueur, car Riol est à terre, mais apte à combattre, et il veut l'affronter à égalité.

Il tire son épée, assène un premier coup fracassant. Riol pare. L'acier gémit. Encore contusionné, le comte est moins rapide que Tristan, qui lui écrase le heaume sur la ventaille alors qu'il s'apprête à frapper. Sa vue se brouille et la nuit dont il menaçait son adversaire s'avance vers lui. Il titube.

Tristan le travaille avec finesse, en prenant soin de l'épargner. Un comte vivant et prisonnier rapporte davantage qu'un comte décédé. Alors que ses barons arrivent, il lui cabosse hardiment le heaume en espérant le faire céder.

— Par les dents Dieu ! finit par supplier Riol, à bout. Cesse de marteler comme si j'étais une enclume ! Je te jure ma soumission !

— Je l'accepte !

Tristan s'arrête de cogner et reçoit l'épée que son vaincu, l'esprit enfumé, lui remet.

Les Nantais, abasourdis, assistent à la reddition de leur chef. Mais les hommes de Hoël sont là, face à eux, pour une fois à découvert, et les portes de Carhaix sont demeurées béantes derrière eux. C'est le moment ou jamais ! Entrer en force et une fois dans la place... Ils hésitent un instant, trop longtemps : Tristan a percé leurs intentions. Il se saisit de Riol, malgré son serment, et le menace de sa lame.

— Ne tentez rien de déraisonnable ! leur conseille-t-il C'est la vie du comte que vous jouez !

Kaherdin et Gouvernal se précipitent pour protéger Tristan et l'otage, pendant que le reste des Bretons tient les Nantais en respect et assure le repli.

— Nous vous ferons connaître le montant de la rançon ! les avertit Tristan pendant que les portes se referment.

Riol a bien perdu de sa superbe et Hoël ne cache pas sa satisfaction.

— Après avoir battu l'enclume, plaisante Tristan, battons maintenant le fer pendant qu'il est chaud. Négocions.

— Avant toute discussion sur mon prix, chevalier,

l'interrompt Riol, tu m'avais promis de me révéler ton nom quand tu m'aurais vaincu. Tiens ta promesse !

— Je suis Tristan de Lohonois, fils du roi Rivalin, neveu de Marc le Cornouaillais.

Riol hoche la tête avec un rictus d'amertume.

— Ainsi c'est toi !... fait-il en le dévisageant. Quelle occasion manquée !

Il se tait et s'enferme dans le dépit.

On l'emmène dans le château ducal alors que la rue s'enthousiasme de sa capture, puis on entame les palabres.

La partie est délicate. Le coup d'éclat de Tristan ne peut à lui seul mettre fin à la guerre. Les Nantais demeurent supérieurs en nombre et rien ne dit que la détention du chef ne satisfait pas quelque ambitieux baron trop heureux que le pouvoir soit à présent vacant. La prudence s'impose donc et les Bretons misent sur l'intimidation.

— Des vivres ! exige Hoël. Un chariot de blé et un de vin, avant la fin de la journée. Et chaque samedi à midi, un convoi de nourriture : orge, seigle, froment, lentilles et pois, viande et poisson séchés, bière et vin, volailles, œufs et fromages. Que tes hommes prélèvent sur leur part ! Faute de quoi, le pire de nos cachots te servira d'hôtellerie et tu n'auras pour te nourrir qu'une écuelle de haricots et une cruche d'eau de nos puits ! C'est ainsi ! Nous verrons comment répondent tes gens. Leur conduite nous dira à quel prix ils t'estiment !...

Kaherdin monte au rempart. Une escouade de Nantais attend sous les murs. Il leur annonce les conditions pour assurer une captivité honorable à Riol. La troupe s'éloigne. La journée passe et, un peu avant le soir, deux chariots se présentent : un de blé, l'autre de vin, comme exigé. Riol dormira donc dans un lit, boira du vin, mais connaîtra les haricots néanmoins, car les assiégés n'ont plus rien d'autre à se mettre sous la dent.

— C'est un signe encourageant ! se réjouit Kaherdin.

— Pas si sûr ! répond Tristan avec méfiance. Peut-être qu'ils cherchent à endormir notre vigilance. À leur place, je profiterais du convoi pour investir Carhaix.

Il se tait et réfléchit.

— Non, il ne faut pas leur faire confiance ! reprend-il. Mais il ne faut pas non plus qu'ils se doutent que nous les suspectons. Nous devrons les neutraliser rapidement. Quand les chariots seront devant les portes.

— Ton idée ?

— Si je montais cette embuscade, j'enverrais des hommes décidés en avant-garde, camouflés dans les chariots. Je posterais mes chevaliers en retrait et le gros de ma troupe, en appui, prêt à déferler sur la ville.

Donc, nous devons nous débarrasser des premiers, prendre à revers les seconds, où se trouvent les plus aguerris, et les frapper avec assez de force pour dissuader l'arrière-garde d'entrer dans la mêlée.

— Oui, mais où s'embusquer ? objecte Kaherdin. En plein midi, au beau milieu des champs !

Tristan continue de réfléchir, logique, puis répond en souriant :

— Puisque nous ne pouvons nous cacher sur la terre, cachons-nous en dessous... Creusons !

L'idée est folle, mais elle plaît à Kaherdin. Il voit aussitôt comment la concrétiser.

— Tu as raison ! Ils n'auront jamais l'idée de nous attendre là. Mobilisons nos forces, passons nos nuits à creuser des caches ! Nous transporterons la terre remuée dans des paniers, à l'intérieur de la ville. Avant l'aube, nous dissimulerons les trous sous des planches recouvertes de gazon, en attendant la nuit suivante.

Le plan entre aussitôt en action. On recrute les hommes. Ceux-ci creuseront, ceux-là déblaieront, pendant que d'autres évacueront la terre. On forme des équipes, on définit la durée des services, les relais, on nomme des responsables. Depuis le début de la guerre, Carhaix n'avait pas connu une telle fièvre. La liberté attend, qui sait... La ville a hérité d'un miracle qui se nomme Tristan.

Et les nuits se succèdent. Pendant que le Nantais dort sur ses deux oreilles, le Breton s'active sous la terre.

En surface, le jour, les soldats s'entraînent, répètent l'embuscade sous les ordres de Kaherdin et de Tristan. Chevaliers et écuyers seront cachés dans les abris, pendant que les civils les plus déterminés attendront, massés derrière la porte. Ils se précipiteront dès son ouverture, assommant les convoyeurs et capturant ceux qui sont dans les chariots, avant qu'ils aient le temps d'en sortir. Leurs armes ? Rudimentaires ! Couteaux, masses, cognées, fourches, faux...

Le signal de la ruée viendra du rempart. Quand le convoi, immobilisé devant la porte, demandera à entrer, le garde en faction soufflera dans sa corne. Alors, on ouvrira et... que Dieu donne l'avantage aux Bretons !

Samedi matin, avant le lever du jour, les gens d'armes s'enfouissent. De l'aube jusqu'à midi, une longue attente commence dans le noir et le silence. Enfin, la terre parle. Un frémissement se transforme en grondement étouffé. Les chariots arrivent. Les enterrés les entendent passer, puis s'éloigner. Peu après, un martèlement sourd prend le relais. Les cavaliers ! Dans la nuit, on ne peut s'empêcher de chuchoter. Joie et fureur.

— Tristan avait raison ! Ces Nantais sont des fourbes !

L'attente dure encore, interminable, et, enfin, la sonnerie ! Puissante, déchirée. Le corneur souffle à s'éclater le cou. Il faut que le signal parvienne sous la terre.

Alors, les portes de Carhaix s'entrebâillent et des hurlements fusent. Un essaim d'enragés s'élance, paralyse l'escorte, tire des charrettes ceux qui croyaient les piéger, aussitôt molestés et ligotés.

Au même instant, un séisme fend la plaine, des gouffres s'ouvrent d'où surgissent des diables de l'enfer.

Des chevaliers, hébétés, sont jetés au sol sans avoir pu tirer leur épée. Certains préfèrent vivre et se rendent sans lutter. La plupart résistent et la bataille s'engage.

La mêlée est violente. Tristan et Kaherdin se démènent, encouragent les leurs. Autour d'eux, on ne compte plus les blessés, les faces déchirées et les corps mutilés. Le sang nantais coule en abondance et détrempe le sol.

Les Bretons prennent le dessus et la réserve qui attendait pour fondre sur la ville sent poindre la débandade. Les piétons fuient comme des mulots devant l'épervier et leurs sergents ont beau s'égosiller, la furie bretonne fait le vide devant elle.

Là-bas, les tentes sont désertées et, ici, quelques chevaliers demeurent aux prises avec les démons. Leur résistance s'épuise. Bientôt, ils reconnaissent leur défaite et se rendent.

Sur les remparts de Carhaix, sévèrement encadré par un boucher et un forgeron, Riol, aux côtés du duc Hoël, assiste à la déroute de son armée. Il capitule sans condition. Il restitue ses conquêtes et se voit confisquer Nantes. Dorénavant, Hoël règne sur toute l'Armorique.

56

YSEUT AUX BLANCHES MAINS

Le siège est levé. Carhaix libéré laisse éclater sa joie. Le camp des Nantais est envahi et les vivres qu'il contenait, volés aux campagnes qui devaient nourrir l'occupant, sont repris et partagés. La fête est modeste, mais vraie. L'air est léger. Partout dans la ville, les gens parlent, sourient... Le nom de Tristan revient souvent dans les conversations. La guerre a changé d'aspect dès qu'il est arrivé. Il est l'homme de la victoire, le libérateur.

Les hommages ne s'arrêtent pas à lui, et Kaherdin, le fils du vieux duc, n'est pas oublié. Chacun l'a vu à l'œuvre dans l'organisation de la contre-attaque et sa bravoure a fait merveille. Il s'est battu comme un lion aux côtés de Tristan. Il avait toujours vécu jusque-là en fils obéissant, dans l'ombre de son père. Il s'est révélé grâce à Tristan et, pour ne rien gâter, aucun des deux ne jalouse l'autre. Ils s'apprécient et sont devenus d'inséparables amis.

Pourtant, il n'est pas de compagnie, aussi agréable soit-elle, qui ne doive se quitter. Riol vaincu, Tristan retrouve la pleine jouissance de son royaume de Lohonois et envisage de regagner ses terres.

— Reste encore un peu, lui demande Kaherdin. Je comprends que tu sois pressé de retrouver les tiens, mais laisse-nous davantage profiter de ta présence. Ici, chacun voudrait t'approcher, te remercier.

Les siens ! Le mot est amer. Personne, en Lohonois, n'attend Tristan. Personne ne s'impatiente de son retour...

Au plus fort des réjouissances, de l'amitié, sa solitude lui remonte au cœur, et l'absence d'Iseut, atténuée par l'urgence de l'action, lui revient, plus déchirante. Iseut... La guerre l'a fait passer au second plan. Il s'en veut.

« Bien-aimée... Que fais-tu maintenant ? À cet instant précis ? Je suis à tes côtés. Et toi, avec qui te trouves-tu ? »

L'amitié n'est pas le seul mobile de Kaherdin. Il caresse une idée qu'il aimerait transformer en projet.

— Jouissons de la paix, insiste Kaherdin. Prenons le temps de faire plus ample connaissance. Je n'ai même pas eu l'occasion de te présenter ma sœur.

Tristan sourit, d'un air absent, et se laisse entraîner vers la grande salle du château d'où proviennent des airs de gaillarde, rythmés par des vièles et des bombardes. Une foule bigarrée se bouscule dans la pièce. Dames et chevaliers, vilains, artisans, bourgeois... La cour de Carhaix n'est pas aussi brillante que celle de Tintagel, mais tous ici se côtoient sans façon, dansent, prennent plaisir à se mêler. On sent une franche vigueur, une joie simple.

— Tiens, la voici, là-bas, qui virevolte ! s'exclame Kaherdin. Elle est espiègle. Elle rit comme une enfant.

La sœur aperçoit son frère qui lui fait signe.

— Viens !

Elle quitte ses partenaires et arrive dans un tourbillon, échauffée par la danse, essoufflée. Des mèches brunes sont collées sur son visage coloré. Elle les écarte en rajustant à deux mains sa chevelure éparse. Elle sait bien pourquoi son frère l'a appelée et elle se tient, les yeux écarquillés et gais, comme si elle lui disait :

— Alors, vas-y ! Qu'est-ce que tu attends ?

Kaherdin la contemple en souriant.

— Tristan, voici ma petite préférée. Ma sœur Yseut !

Elle esquisse une révérence, en s'appliquant, car elle n'a pas l'habitude, et craint soudain d'avoir commis une maladresse. Le beau vainqueur, en effet, ne dit rien. Il la regarde comme s'il ne la voyait pas.

— Tristan, s'inquiète Kaherdin. Quelque chose ne va pas ?

— Non... Non, ce n'est rien ! balbutie Tristan. C'est votre nom, damoiselle. Il évoque... Une mouette au ras des flots... Un flocon d'écume en liberté sur l'océan... Vous... vous m'aviez transporté sur le rivage.

Yseut l'écoute, charmée par le son de sa voix. Il s'exprime comme un trouvère. Jamais aucun homme ne lui avait parlé de cette manière.

Kaherdin se réjouit. Encouragé par la galanterie de Tristan, il insiste.

— Il faut que je t'avertisse, même si elle s'en défend.

Ma sœur a toutes les qualités ! Elle sait filer, coudre, tisser. Les tapisseries qui ornent nos murs, c'est son œuvre ! Mais elle sait aussi faire le pain, accommoder les viandes, cultiver le jardin... C'est bien simple, elle embellit tout ce qu'elle touche. Elle a des mains habiles, regarde-les. Et blanches. On dirait des mains de fée.

Son frère est incorrigible. Il ne peut s'empêcher de la vanter. Yseut patiente sous les compliments.

— Alors, il faudrait l'appeler Yseut aux Blanches Mains, reprend Tristan.

— Oui, tu as raison ! s'exclame Kaherdin. Yseut aux Blanches Mains. Ce nom lui convient à merveille ! Toi aussi, tu as la manière pour embellir.

Yseut a rougi. Mais Tristan n'a rien vu et Kaherdin non plus, car il les entraîne où l'on s'amuse.

Les musiciens entament un nouvel air et les danseurs arrivent en formant une chaîne. Ils invitent les chevaliers. « Entrez dans la danse ! » Kaherdin convainc Tristan, et Yseut les emmène. Une ronde se forme. On doit claquer des pieds en cadence, en moulinant des bras. Certains chantent sur la musique, d'autres marquent la mesure en criant « Oh ! », « Ah ! » Puis la ronde se défait, appelle les danseurs à former des couples. Kaherdin pousse Tristan vers Yseut. Tristan se laisse faire.

— Je vous préviens. Je ne suis pas très adroit !...

Il a appris ces figures, jadis, mais ne les a pas pratiquées depuis longtemps. Yseut le guide en riant. Elle est souple comme un lierre. Tellement vive. Il se laisse conduire et la mémoire, peu à peu, lui revient, grâce à la fermeté des mains et des bras d'Yseut serrés sur les siens. Ils se quittent, s'éloignent, se mêlent à d'autres couples... « Où est-elle ? Je l'ai perdue... Ah, elle est là ! »

Branle, tourdion, pastourelle, dérobée, passepied... Les musiciens, infatigables, enchaînent des suites, et leurs instruments, chauffés, ne demandent qu'à jouer. Après la guerre et les privations, chacun est avide de rires et de réjouissances.

Dans ce brouillard de bonne humeur et de musique, les bombardes, parfois, s'effacent devant les vièles. Tristan les écoute et se laisse emporter. Il abandonne son corps aux blanches mains d'Yseut, pendant que ses pensées sont attirées vers le soleil d'Iseut. Elle l'a déjà rejointe. Ils sont sur un rivage de Cornouailles et tous deux montent Beau Joueur. Elle l'entoure de ses bras en riant du harpeur irlandais.

« Depuis que nous nous sommes quittés, Marc a-t-il renoncé à me poursuivre ? A-t-il organisé de nouvelles fêtes à Tintagel ? Et toi, mon amante, as-tu pris le deuil de ton amant ? Non, pas le deuil... comment pourrais-tu le justifier ? Mais... as-tu repris ta place, dans les festivités, aux côtés de ton époux ? Tu t'amuses, tu joues de la harpe, sans doute. Selon le mode de tristesse. Oui ! Tu ne peux pas en préférer un autre... Tu danses aussi. Je te vois... Nous sommes séparés par la mer et pourtant nous dansons, chacun sur son rivage. Toi avec Marc. Moi avec... toi ! »

Son esprit s'est si bien détaché, que son corps, malgré les efforts d'Yseut pour le guider, part à la dérive. Tristan trébuche en se marchant sur les pieds et s'étale sur le sol dallé.

Yseut éclate d'un rire tonitruant qui interrompt musiciens et danseurs.

— La danse a réussi où Riol et ses Nantais avaient échoué ! s'exclame-t-elle avec malice, en se penchant vers lui.

Elle tend la main pour l'aider à se relever, et lui l'accepte comme s'il était infirme ou estropié.

Autour d'eux, on rit beaucoup. D'une joie franche, sans raillerie ni sarcasme, et Tristan, une fois debout se moque de lui-même :

— Je vous l'avais dit. Je suis très maladroit !...

Sa remarque plaît et soudain les Bretons, voyant la fille de leur duc tenir si joyeusement ce chevalier par la main, les applaudissent spontanément.

Tristan est troublé. On les approuve d'être ensemble. On les pousse l'un vers l'autre. On consent.

Il la regarde. Elle est émue, mais ne baisse pas les yeux. Elle halète doucement, lèvres entrouvertes. Elle est toute échauffée de danse et de plaisir. Sa transpiration humecte son cou et la naissance de ses seins. Sa chevelure désordonnée souligne la volonté de son visage et la santé de son teint. Elle éclate de vigueur.

« Si différente, songe Tristan, et pourtant si semblable... »

Il lui lâche la main, frotte la poussière de son habit, puis la musique reprend et appelle à poursuivre.

Tristan sait que son royaume l'attend. Pourtant, il aimerait accepter l'invitation à séjourner de Kaherdin.

Une fois de plus, il a recours à son maître.

— Gouvernal, tu m'as tout appris, tu m'as protégé. Tu as été mon écuyer, mon compagnon du pire, mon père de remplacement. Accepte aujourd'hui d'être mon sénéchal. Rentre le premier en Lohonois. Rassure le peuple. Dis-lui que nous avons chassé l'envahisseur et que la paix est rétablie. Je te suivrai sous peu.

— Ne t'engage pas ainsi ! lui répond Gouvernal qui connaît son seigneur. Je n'ai pas besoin d'une promesse de retour pour faire revivre ton royaume en attendant que tu viennes t'asseoir sur ton trône. Je partirai demain, heureux que tu me confies cette mission.

57

TRISTAN ET YSEUT

— Comment croire au hasard ? Je quitte Iseut, je la laisse derrière moi et... je la retrouve devant ! Est-ce un nouvel obstacle que Dieu m'impose ? Après avoir longtemps favorisé notre amour, a-t-il décidé de m'éprouver ?... Suis-je capable de résister à cette tentation ? Puis-je aimer Iseut à travers Yseut ?... Et jusqu'où ?

Tristan accepte ce duel. Le plus périlleux qu'il ait jamais affronté. Tout velours au-dehors, tout poison au-dedans. Être aimable, attirer à soi, s'offrir à l'affection en se gardant d'aimer, car le cœur est déjà plein d'une autre. Prononcer le nom de celle qui est présente, pour susciter le visage de l'absente. Parler à celle qui écoute, en s'adressant à celle qui ne peut plus entendre.

Sourire, plaisanter, se confier, en espérant recueillir les confidences de la voix qui se tait.

Tristan aime séduire. Il aime aimer.

Alors, il reprend sa harpe et part à la conquête de son illusion.

Dès le premier accord, on l'écoute, on s'étonne et tout s'arrête autour de lui, emprisonné dans les filets de sa magie. Il est plus redoutable encore avec cette arme qu'avec son épieu et sa lame d'acier.

Plus un seul repas à la cour du duc ne se déroule sans la harpe de Tristan et quand il entame un air, chacun, dans les communs, les dépendances du château, se donne le mot, et tous se hâtent, cuisiniers, palefreniers, valets, chambrières, servantes pour voyager avec les maîtres du logis, dans les rêves de ce chevalier hors du commun.

Il compose ainsi, spécialement pour la cour de Carhaix, des rondeaux, des pastourelles, des lais. Sa voix ne chante pas. Elle caresse les mots, les encourage, et c'est le poème qui s'offre de lui-même aux auditeurs.

Belle dame, qui tant valez, que tant j'adore,
Je vous donnerai tout ce que je puis donner.
Mes plus hautes pensées, et mon cœur, et mon corps.
Ni soleil en été, ni lune tôt levée
N'ont d'éclat comparable à votre grand beauté.
Belle dame, qui tant valez, que tant j'adore,
Je vous serai loyal jusqu'au jour de ma mort.

Sa harpe vibre encore d'avoir accompagné cette chanson d'amour, qu'Yseut, déjà, a jailli de son banc pour se précipiter au-devant de Tristan.

— Messire, apprenez-moi ! Je veux savoir chanter, jouer comme vous.

Elle sourit. Elle est franche et décidée. Elle attend, sûre d'elle, dans sa robe de velours ocre. Elle n'imagine pas que Tristan puisse refuser. Elle ne doute pas de pouvoir bientôt jouer et charmer, comme lui, ceux qui se presseront pour l'écouter. Elle connaît d'avance sa réponse et elle est prête.

Le repas est terminé. Les convives se retirent.

— Alors... pourquoi attendre... propose Tristan, pris au dépourvu. Commençons dès maintenant.

Kaherdin, qui a suivi le manège de sa sœur, les observe de loin, puis s'éloigne avec un sourire satisfait.

Yseut s'installe et Tristan lui place la harpe entre les bras. Il l'entoure des siens, positionne ses mains sur les cordes, lui fait dérouler quelques notes, reprend l'instrument, lui indique un accord, puis lui confie la harpe à nouveau, l'aide à bien sentir une posture pour que la musique vibre en elle et qu'un jour les élans de son cœur inspirent ses mélodies.

Elle écoute avec intérêt, avide de savoir. Ses mains sont deux ailes diaphanes et son toucher est aérien.

Tristan répond à son désir d'apprendre en se donnant à satiété. Il n'enseigne jamais mieux que lorsque son élève s'ouvre à lui, sans retenue.

La leçon dure ainsi jusqu'au soir. La grande salle du château est déserte depuis longtemps. Le monde s'est effacé. Ils sont seuls. La griserie de l'apprentissage les échauffe. Les cheveux d'Yseut exhalent une odeur de foin sec et sa peau des effluves de lait frais.

Lorsqu'on apporte des chandelles dans la pièce, ils

prennent conscience qu'il est tard et le maître libère son élève.

Il est joyeux, car elle est appliquée. Elle est habile et comprend vite. Elle acquiert rapidement les doigtés. Penché sur elle, il a songé à Iseut, à leurs premiers tête-à-tête en Irlande, à la harpe posée entre eux comme un pont.

— Elle est plus délurée que tu ne l'étais. Elle est drôle, toujours prête à rire. Mais elle n'a pas ton mystère...

Tristan s'attarde. Il range l'instrument dans sa housse. Il l'a saisi à l'endroit où Iseut avait appliqué son oreille pour écouter les vibrations du bois. Il rêve en caressant le saule de la console.

— Quand tu jouais, tu avais le pouvoir d'animer les choses autour de toi. Ta musique donnait la vie... Et la première fois que nos mains ont couru ensemble sur les cordes, elles nous ont déroulé un chemin d'harmonie.

Tristan égrène les mesures d'une mélodie inventée par Iseut et la magie opère. Iseut apparaît. Elle se tient là, devant lui, faiblement éclairée par la lumière hésitante des chandelles. Souvenir vivant. Elle le regarde. Comme elle a changé ! Elle ne sourit pas et son visage est fermé. Ses lèvres remuent. Elle va parler. Non... sa bouche se défait, son visage se brouille, sa silhouette se désagrège et se fond dans la pénombre.

— Attends ! Ne t'en va pas !

Tristan n'a pu la retenir... Il la rappelle en rejouant son air. Il la supplie. La musique pleure... Mais la porte du rêve qui s'était ouverte s'est refermée.

— Pourquoi cette indifférence ? Je ne connais pas ce

visage, tu ne me l'avais jamais montré. Tu arrives, tu te tais et aussitôt tu disparais... Pourquoi ? Est-ce ton dernier adieu, dis ? Tu m'as regardé comme un étranger. Est-ce que tu m'as déjà oublié ? Est-ce pour cette raison que tu as traversé la nuit ?... Pour me faire tes adieux ? *« Maintenant que tu es au loin Tristan de Lohonois, mon époux m'a reprise. Il est plein de sollicitude. Adieu ! Ton départ l'a rendu prévenant et il est libre de m'aimer enfin. Tu me harcelais tant que je n'ai cessé de l'ignorer, de le tromper avec mépris... Un trésor de paix attendait à mes côtés, le confort et la sécurité... Tu étais l'obstacle qui m'empêchait d'en profiter. Par bonheur, cet obstacle est levé. Mes yeux se sont enfin ouverts et ma folie m'est apparue. Comment ai-je pu préférer l'aventure et le désordre, pauvre insensée ? Comment ai-je pu te suivre et gâcher mes plus belles années ?... Merci de t'être enfui, Tristan de Lohonois. Tu m'as libérée, tu m'as rendue à la vie. Ne reviens plus jamais ! »*

Tristan suffoque, épuisé par ses pensées. Il dépose sa harpe, s'éloigne, puis revient vers elle, comme le fer attiré par l'aimant.

— Non ! C'est impossible, ce n'est pas toi qui parles ainsi ! C'est le chagrin, c'est le manque de moi... Tu n'es pas venue me dire adieu. Ton visage tremblait de tristesse et de désarroi, pas d'indifférence et de dédain... *« Je suis seule, Tristan. La Cornouailles a perdu son soleil, le ciel est bas et je grelotte. »* Voilà le vrai message que tu venais m'apporter, n'est-ce pas ? *« La présence de Marc m'est un supplice quotidien. Le jour, je fais la reine avec le roi et la nuit, l'amour dans son lit... Je n'ai pas d'autre choix. Je ne sais quel royaume t'a accueilli, mais je suis sûre que tu y es déjà fêté et reconnu. On t'admire, on veut te retenir... Profites-en, mon bel amour. Vis ta vie et oublie que nous nous sommes aimés. »*

Tristan se tait, rasséréné. Il noue le cordon de la housse qui emprisonne sa harpe. Mais qui peut aussi facilement emprisonner les pensées ? Une fois que leur folle sarabande est lancée, elles se nourrissent d'elles-mêmes, s'enivrent, et plus rien ne peut les arrêter. Tristan voit Iseut aux côtés du roi. Le jour, la nuit. Ils s'aiment. Cette vision s'accroche à son esprit.

— Qui me dit après tout que tu n'y prends pas plaisir ? Que tu ne m'encourages pas à t'oublier, parce que tu m'as déjà toi-même chassé ?... Pourquoi n'avoues-tu pas que tu ne m'aimes plus ? Allons, réponds... Tu ne dis rien ? Répète après moi, je vais t'aider : *« Je ne t'aime plus, Tristan. »* À toi ! *« Je ne t'aime plus, Tristan. Ne languis pas de moi. Je ne le mérite pas. Tu es parti, moi aussi ! Nous avons vécu un amour impossible. Il ne pouvait pas durer plus qu'un rêve. Nous nous sommes éveillés et le passé s'est refermé sur lui. Jette-le à la mer comme je l'ai jeté ! »*

Voilà ! C'est mieux ainsi. Je comprends maintenant que tu me pousses dans les bras de...

— À qui parles-tu, Tristan ? Est-ce m'a sœur qui t'a irrité ?

Kaherdin à la voix fraîche vient d'entrer. Il plaisante.

— Est-elle assez assidue, au moins ? Elle est vive, tu sais. Trop enthousiaste, parfois. Elle ne tient pas en place.

— Non, pas du tout... Elle s'est montrée très attentive, au contraire. Elle est douée. Elle vient seulement de partir et nous avons travaillé sans nous interrompre, depuis l'après-dîner.

— Alors, tu es un magicien et tu l'as certainement… ensorcelée !

Kaherdin rit en le prenant par les épaules.

— Je voulais te faire part d'un projet et ce n'est pas au harpeur que je m'adresse, mais au chevalier.

— Je t'écoute.

— Je n'ai aucune confiance en Riol. Il est fourbe. Capable de te jurer fidélité tout en complotant contre toi. Il faut le surveiller, lui et le reste de ses rescapés. Ils n'ont pas accepté leur défaite et je ne crois pas à leur allégeance. Ils vont se faire oublier un temps, reprendre du poil de la bête et, sans crier gare, ils redresseront la tête. Lorsque ce jour viendra, je veux que nous soyons prêts à les écraser sans pitié.

— Je crois comprendre, mais continue.

— Le duché est vaste et nous devons dès maintenant organiser sa défense. Entraîner nos chevaliers, aguerrir nos soldats, visiter nos vassaux, inspecter l'état de leurs châteaux… Une rude tâche !

— Et je suppose que tu viens me demander mon bras.

— Oh ! bien plus que ton bras, Tristan. Toi tout entier ! Ta bravoure qui sait réchauffer les tièdes, ta science du combat… ta générosité. Bref, aide-moi !

Tristan feint d'être embarrassé.

— C'est que… mes leçons de harpe pourraient en souffrir !

— Tu sauras bien amadouer ma sœur ! Là-dessus, je n'ai pas d'inquiétude.

— Puisque tu m'en donnes la permission… Trêve de plaisanterie, j'accepte !

Autant que l'amour, Tristan aime la guerre. Le soir

même, il élabore avec Kaherdin les grandes lignes de leur programme et, dès le lendemain, tous deux entament sa mise en œuvre.

La cour du château de Carhaix devient un lieu d'exercices. Chacun vient s'y entraîner. Aux soldats de métier, Tristan adjoint une milice de réserve, formée de civils triés sur le volet. Nombreux se portent volontaires, car après le siège, les hommes désirent apprendre à se battre, surtout sous les ordres d'un grand capitaine.

Quant aux chevaliers et aux gens d'armes, chaque quinzaine, Tristan les regroupe dans la campagne pour tournoyer. Il leur enseigne des tactiques, leur fait monter des stratagèmes, tendre des embuscades, et tous, peu à peu, se perfectionnent dans l'art de la guerre et pensent en véritables combattants.

Pendant tout ce temps, la harpe ne sort plus de sa housse et Yseut enrage d'être délaissée. Elle est éprise de Tristan. Il lui a révélé qu'en elle des musiques demandent à se libérer. Il a commencé à lui indiquer le moyen de les faire chanter, et, aussitôt, il s'est interrompu. Dévoiler un trésor, refermer le coffre et garder la clé ! Comment accepter !... Yseut ne s'est jamais soumise. Elle est furieuse et elle fait front.

Un matin que Tristan dirige un entraînement, elle le rejoint et se plante devant lui, un robuste bâton d'épine à la main.

— Moi aussi, je veux me battre ! lui lance-t-elle. Apprenez-moi !

Tristan ne l'a pas vue arriver et manque la bousculer.

— Mais... damoiselle...

— Yseut ! corrige-t-elle.

La musique du nom efface la surprise de Tristan. Il la découvre. Sauvage, belle !

— Yseut, reprend-il en se forçant, les dames ne portent pas l'épée. C'est un loisir plus dangereux que les travaux d'aiguille.

— C'est pourquoi je me suis armée d'un bâton ! Si vous ne voulez pas croiser le fer avec moi, croisez au moins le bois !

Elle est campée devant lui et n'en démordra pas.

— Croix de bois, croix de fer ! ajoute-t-elle en le narguant. Ne vous dérobez pas, chevalier ! Enseignez-moi ce nouvel instrument, puisque l'autre est muet. Allons, en garde !

Sans attendre sa réponse, elle lève son bâton à deux mains et frappe de toutes ses forces. Tristan a juste le temps de s'écarter.

— Hé là ! On ne frappe pas un adversaire désarmé, damois...

Yseut ne plaisante pas et Tristan n'a d'autre solution que d'esquiver. Il rit, proteste, feinte, s'échappe, mais Yseut le poursuit sans se laisser impressionner.

Dans la cour, l'entraînement s'interrompt. Chacun observe le duel, réjoui, crie et encourage l'escrimeuse.

— Kaherdin, si tu es un ami, lance-moi une arme ! Ce combat est trop inégal... Je vais me faire rosser !

Tristan fait le pitre et, pendant qu'il amuse la galerie, il laisse Yseut s'approcher pour qu'elle le touche.

— Aïe ! hurle-t-il en se massant l'épaule. Je crois qu'elle m'a cassé la clavicule... Retenez un peu vos coups !

Son cri distrait Yseut. Il en profite, saisit le bâton, tire et désarme sa furie.

— Oh ! s'exclame-t-elle, vexée.

Mais, loin de s'avouer battue, elle continue le combat à mains nues. Elle s'élance vers Tristan, se jette sur lui, referme ses bras autour de son cou et l'embrasse sur la bouche avec passion.

Tristan n'a pas le temps de l'éviter. Il la prend de plein fouet. Le corps nerveux d'Yseut s'agrippe au sien, l'empêche de protester.

D'abord, il reste sans bouger, consentant. Il savoure le miel de sa surprise, puis à son tour, enserre son vainqueur et répond à son baiser.

C'est un tonnerre d'applaudissements et de clameurs. Tous les hommes frappent leur écu du plat de leur épée. Le vacarme résonne et fait vibrer les murs du château.

Yseut, échevelée, reprend son souffle et contemple Tristan. Il sait ce qu'elle attend.

— Puisque vous êtes si décidée, concède-t-il, dès demain nous reprendrons la harpe.

58

LE MARIAGE DE TRISTAN

— Non, je ne l'aime pas. Je n'ai fait que répondre à son baiser. Je n'ai donné que mes lèvres. Rien de moi.

Sur sa couche, Tristan ne parvient pas à dormir. Yseut l'indomptable est entrée en lui. Elle étreint ses pensées comme elle étreignait son corps. Elle est feu et glace. Une vigueur farouche piaffe en elle depuis l'enfance et Tristan a ouvert la porte de son enclos. Son baiser le hante, se prolonge à l'infini et lorsque son souvenir s'estompe, c'est lui qui le ranime.

La reine Iseut, silencieuse, arrive dans son corps de brume. Elle se penche sur son amant.

— Tu vois comme il est difficile de résister !

— N'exige pas l'impossible.

— Je n'exige rien. Je t'approuve...

Elle s'efface. Yseut reprend sa place et reste nichée en lui jusqu'au sommeil.

Le lendemain, Tristan se rend dans la salle pour donner sa leçon. Yseut l'attend. Il la reconnaît à peine tant elle paraît sage et réfléchie. Vêtue d'une simple robe de laine bleu ciel, recouverte d'une tunique fauve avec un empiècement de soie blanche, ses cheveux sont tirés, tressés et joliment enroulés sur les tempes.

Ses yeux s'éclairent lorsqu'elle le voit. Son sourire s'empresse de lui chuchoter que sa furie d'hier n'est qu'endormie, malgré les apparences, et le baiser qu'elle a reçu, encore tout vif.

Elle s'installe sur un banc, l'invite à s'asseoir à côté d'elle, et la harpe les rapproche bientôt, en tissant autour d'eux une toile de cristal.

Tristan improvise une simple mélodie. Yseut la répète. Elle est facile à apprendre. Le maître l'a dépouillée à l'extrême pour que l'élève éprouve au plus vite le plaisir du son qui naît des doigts et se prolonge dans l'être.

La musique attire les curieux. La mère de la jeune fille et son frère Kaherdin, des suivantes, des valets qui oublient leur tâche en traversant la pièce et s'arrêtent.

Yseut s'applique. Tristan l'interrompt parfois, corrige la position de ses mains, si blanches et tendres, qui le bastonnaient hier si violemment. Un frisson passe, se glisse entre les cordes, installe ses demi-tons sur la table d'harmonie...

Yseut, inlassable, reprend la mélodie et commence à

jouer en interprétant. Alors, Tristan l'accompagne et chante un poème qu'il a écrit :

J'aime du fond du cœur et sans pensée vilaine.
Son corps est gracieux, ses baisers sont de laine.
Elle a ravi mon cœur, elle est ma suzeraine.
Un jour passé loin d'elle et je suis dans la peine.

Le beau visage d'Yseut s'illumine comme si un trait de soleil s'était posé sur lui. Elle voudrait tant lever les yeux sur Tristan, le regarder se déclarer si franchement. Mais elle craint de perdre le rythme et de rompre l'enchantement.

Le chanteur, lui, ne voit rien. Il n'entend que la musique et l'encourage de sa voix. Il vit son poème en songe. Il y retrouve son Iseut. C'est elle qui joue, troublée par cette chanson qu'elle ne connaissait pas. Elle est émue. Tristan le sent à son jeu, si fluide d'ordinaire et, là, hésitant comme celui d'une débutante...

Chanson, envole-toi, et dis-lui que je l'aime.
Ne flâne pas en route et n'accroît pas ma peine.

Quand il sort de son rêve, Iseut se tient là, assise avec Yseut. Blonde et Blanche tiennent la harpe. Leurs deux visages se confondent. Elles semblent se sourire comme si elles se connaissaient, puis Iseut se fond dans Yseut et disparaît.

— Le ciel se couvre dès que vous vous taisez, murmure Yseut sous le charme. L'ombre gagne. Je sens le frais.

Tristan répond toujours quand la douceur l'appelle.

— Rassurez-vous, dit-il, je connais un moyen de chasser les nuages.

Il reprend l'instrument, improvise un nouveau thème, aussi pur, qu'Yseut s'empresse de reproduire et de jouer.

C'est une jeune dame, douce et fort plaisante,
Belle et courtoise, rieuse et avenante.
Elle a mis dans mon cœur une si folle rage
Que je laisserais tout pour devenir son page.

Les jours se suivent ainsi. Tristan fait alterner les exercices militaires avec ses cours. Il joue de l'épée et de la harpe, fascine, rassemble, se donne sans compter, invite à l'ardeur des deux côtés, virtuose de l'audace et de l'émotion.

Il s'impose avec tant de maîtrise qu'à la cour du duc Hoël aucun de ceux qu'il entraîne ne conçoit plus la vie sans lui.

Désormais, la reine Iseut se fait rare. Elle délaisse les leçons de musique et espace ses visites à Tristan. Il la cherche la nuit et se lamente.

— Iseut, je ne te vois plus. Tu t'es figée. Les images de toi que j'ai gardées sont froides. Hier, mon corps bruissait quand je pensais à toi. Aujourd'hui, il se tait. Plus de rencontres, plus de baisers, plus de chair douce à caresser et à aimer... Quel ruisseau coule encore quand la source est tarie ? J'ai beau prêter l'oreille, je n'entends plus ton pas sur le gazon du verger. Je ne t'aperçois plus que dans l'eau grise de mes rêves et ton visage est déformé. Quand je prononce ton nom à haute voix, c'est un autre qui apparaît et qui répond...

Iseut, ma bien-aimée, je ne veux pas te perdre. Je veux t'entretenir en moi, vivante, vibrante. Oui, je l'avoue ! J'ai cru qu'un nom pareil au tien m'aiderait. Oui, j'ai cru à la harpe ! Et je me suis trompé. Je me suis fourvoyé dans un marécage. Le sol se dérobe sous mes pieds. Je sombre...

Mais il suffit qu'Yseut se montre, simple et avenante, pour que ses tourments s'apaisent.

— Tristan, lui dit un jour Kaherdin, ma sœur est follement amoureuse de toi. Et que je sache, elle ne t'est pas indifférente. Qu'attends-tu ? Tu es libre. Déclare-toi, demande sa main. Mon père ne voit que des avantages à marier Armorique et Lohonois. Te donner sa fille, c'est une façon de te remercier de ce que tu as fait pour son duché. Mais à trop tarder, tu vas finir par l'offenser.

Tristan écoute son ami en souriant. Mais, au fond de lui, il est consterné. Depuis longtemps, il redoute cette offre. Il y a pensé plus d'une fois, en l'éludant. Il sait qu'en acceptant d'enseigner la harpe à Yseut, il s'est tendu un piège. Il le sait depuis le premier instant et n'a pas cessé de s'enferrer.

— Laisse-moi réfléchir ! répond-il à Kaherdin.

— Ne nous fais pas trop languir. Décide-toi vite.

Devant le poison qu'il s'est servi, Tristan sait qu'il ne peut plus reculer.

— Je boirai cette coupe, comme j'ai bu la première, murmure-t-il une fois que son ami l'a quitté. Le mal est fait et, quelle que soit ma décision, je l'accrois. Si je refuse ce mariage par fidélité à mon amour, je déçois Yseut. Si je l'accepte, je trompe ma bien-aimée. Je deviens un félon, pire que tous les Ganelon du monde !

Que vaut-il mieux ? Trahir mes serments, ma foi passée, mépriser l'enthousiasme qui nous a portés, Iseut et moi, ou trahir une attente que j'ai encouragée parce que je n'avais pas le courage de déplaire ? Tout m'est insupportable ! Comment aimer d'un côté et de l'autre ? Iseut, viens à mon aide...

Et de son appel, monte la pâle vision d'Iseut et de Marc, assis côté à côte sur leurs trônes de Cornouailles. Iseut sourit faiblement et Tristan comprend.

— Merci, répond-il en lui rendant son sourire. Merci de me montrer la voie. Je vais me marier à mon tour. Je vais te ressembler. Emprisonné par une épouse comme tu l'es par un époux, je vivrai ce que tu vis, chaque jour, chaque nuit. Je saurai comment tu m'aimes et je saurai, comme toi, entretenir notre amour.

La décision de Tristan ne surprend personne. Tout au plus, c'est le temps qu'il a mis à se déclarer qui étonne. Depuis qu'on les savait épris, ces deux-là ! Carhaix se réjouit de voir ce grand vainqueur enfin terrassé et se prépare à festoyer.

Les réjouissances qui avaient célébré la fin de la guerre étaient restées modestes. Le duché avait été saigné à blanc par les bandes de soudards. Depuis que la paix est rétablie, l'abondance est revenue et Hoël veut profiter du mariage de sa fille pour affirmer sa puissance. Armorique et Lohonois sont désormais alliés. La prospérité sera durable et ceux qui s'aviseraient de la compromettre n'ont qu'à bien se tenir !

Tous les vassaux du duc sont présents à la cérémonie, avec leurs troupes entraînées et, après l'échange de serment des mariés, des joutes sont organisées, des concours de javelot, de lutte, des lancers de roseaux...

Les chevaliers ont à cœur de prouver à Tristan comment leurs hommes se sont aguerris, grâce à ses conseils. Ils lui rejouent la scène de son combat avec Riol, l'embuscade aux chariots devant les remparts, avec les diables noirs qui surgissent de la terre et la panique des Nantais.

La plaine de Carhaix est bariolée de tentes et le banquet se tient en plein air, car la ville est trop à l'étroit dans ses murs, pour accueillir tous les convives. Il y en a tant. Nobles et roturiers, et le peuple, aux mêmes tables, pour même nourriture et même plaisir.

On mange et on joue. On danse et on chante partout. Chacun réclame les jeunes mariés, veut les approcher, les toucher. Ils sont beaux !

Pendant l'après-midi, au cours d'un entremets de chansons, une voix s'élève. Elle suscite rires et joie. Vite reprise, elle roule comme une vague.

— Le bâton ! Le bâton !

Le duel d'Yseut contre Tristan est devenu célèbre. On le réclame aux amoureux qui sont bien obligés de céder. Quelqu'un jette un gourdin à Yseut et elle se prête au jeu en riant, embarrassée par la traîne de sa robe, poursuit Tristan qui se laisse rattraper et corriger, mais tendrement.

— Aïe ! Aïe ! Ma dame, vous allez m'abîmer !

Les spectateurs applaudissent, joyeux de cette complicité et continuent de réclamer.

— Le baiser ! Le baiser !

Alors, Yseut cesse de feindre. Elle se jette contre son époux, de toute sa force comme au premier jour. Corps à corps, ils s'embrassent sans façon et leur baiser dure aussi longtemps que les acclamations.

La journée passe, secouée par le plaisir et la folie. Avant la nuit, les domestiques organisent la chambre nuptiale, renouvellent la jonchée de fleurs des prés, arrangent les oreillers, ouvrent la couche.

Les mariés arrivent, tout chauds de joie et de boisson. Les femmes dévêtent Yseut de sa robe immaculée, la glissent entre les draps de soie et la confient à son époux. Tristan se déshabille à son tour. Elle l'attend. Sa tunique est difficile à quitter. Les manches sont ajustées et les poignets serrés. En tirant, un objet se détache et roule sur les dalles en tintant. Tristan le ramasse... Jaspe vert, symbole de foi ! L'anneau d'Iseut !

Sa tendre amie est là et se rappelle à lui. Tristan souffle les chandelles et se fige dans le noir.

« Je ne peux pas... Il ne faut pas... Si je cède au plaisir, je suis perdu. Je me détruis, je meurs, je ne suis plus qu'un homme ordinaire... Mentir, je vais mentir. Tromper... Ce mensonge-là est plus léger. Les femmes qui m'approchent sont toutes vouées au chagrin... Écartez-vous de Tristan ! Son sourire est poison. Il sème des désastres... »

— Tristan, chuchote Yseut... je brûle et je grelotte... venez...

Elle entend son souffle dans l'obscurité. Elle croit qu'il joue et retarde à plaisir l'instant de la rejoindre. Tristan grelotte aussi, glacé par une sueur de panique.

« Elle m'en voudra, elle me détestera... J'accepte sa haine par avance... Iseut, mon chèvrefeuille, nous avons flâné dans les prairies du ciel, chevauché d'étoile en étoile, ouvert les portes au Soleil et nous l'avons accompagné dans sa course autour de la Terre... Iseut, tu resteras la seule femme de Tristan... Et même si tu m'as oublié, même si tu as cédé au plaisir dans les bras de ton mari, je continuerai de résister en t'attendant... L'histoire de ma lutte finira bien par te parvenir. Tu éprouveras du remords et tu me reviendras... »

— Tristan, mon époux... assez joué... je vous en prie...

Il arrive. Son pas est lourd. Il écrase les fleurs de la jonchée. Il entre dans son lit de noces comme en un lit de tortures.

Il s'est à peine coulé entre les draps qu'Yseut se plaque contre lui et pèse de tout son corps sur le sien. Sa peau crépite comme un feu de bruyère. Ses muscles sont fermes et souples. Elle le serre en nouant ses bras autour de ses reins, puis lui saisit la tête à pleines mains et noie sa bouche sous une averse d'étincelles. Yseut la batailleuse, Yseut la sauvage a conquis son beau Tristan et elle se livre au pillage.

Elle s'assoit sur son ventre, redresse son buste contre le sien, bascule, et Tristan se laisse tomber sur elle, toujours enchaîné par les lèvres.

Mais la victime est trop consentante et Yseut, si avide, croit que cette docilité fait partie du jeu de Tristan. Il va s'enflammer à son tour et bientôt l'entraîner dans un tourbillon d'étreintes et de caresses...

Pourtant, il continue de se laisser conduire comme un enfant. Son corps est tiède, abandonné et agité de spasmes comme s'il souffrait. Elle s'alarme.

— Tristan, qu'avez-vous ?... Vous avez mal... C'est moi qui vous ai blessé ?...

— Non, pas vous... n'ayez pas d'inquiétude.

— Qui alors ?

— Je ne sais si je dois vous l'avouer. C'est un secret difficile à révéler pour un homme. Il me brise.

— Je suis votre épouse devant Dieu, Tristan. Si vous voulez me confier un peu de ce fardeau, je serai heureuse de vous aider à le porter.

— Il est si lourd.

— Je vous aime.

Tristan hésite et soupire en s'allongeant sur le dos.

— C'est une blessure ancienne, commence-t-il. Je chassais le cerf dans une île de la mer et une bête a surgi, inconnue, gracieuse comme une licorne de légende, mais puissante... Elle m'a chargé et m'a percé le flanc droit de sa corne incandescente, puis elle a disparu. Je suis resté longtemps à l'écart de la vie, comme si l'animal m'avait transporté dans son domaine. Lorsque je suis revenu à moi, ma peau était calcinée et insensible où elle avait frappé... Mais son feu se réveille de loin en loin... c'est une mer de souffrance qui bat mon corps et le vide... Pardonnez-moi... c'est l'émotion, le plus souvent, qui ravive la brûlure.

Yseut écoute. Son souffle est saccadé. Son désir s'apaise.

— Ne vous tourmentez pas, murmure-t-elle. Cette blessure finira bien par guérir. Je suis là. Je vous aiderai à l'adoucir. Vous retrouverez votre vigueur. Je suis impatiente de vous, mais je saurai vous attendre.

Elle glisse un bras sous ses épaules, l'attire à elle, appuie sa tête contre ses seins et doucement le console, en s'appliquant à désarmer son propre corps qui proteste et qui geint.

59

LA DÉTRESSE DE LA REINE ISEUT

En fuyant la Cornouailles, Tristan a offert un ultime présent à son oncle : le prestige et la paix. L'autorité du roi, en effet, n'a jamais été aussi respectée. Les barons rebelles, privés de leurs derniers meneurs, sont tous rentrés dans le rang. Marc est libéré de leurs mauvaises querelles et de leurs complots incessants. Il a désormais les coudées franches pour régner.

Quant à Iseut, Marc l'a retenue prisonnière comme il l'avait promis, tant que Tristan pouvait encore errer dans le royaume. Mais dès qu'il a été certain de l'exil de son neveu, il a levé la détention de son épouse. À quoi bon l'affliger...

Elle donne satisfaction au roi, accomplissant ses tâches de reine, sans jamais se faire prier. Elle paraît à ses côtés, dans les fêtes et les cérémonies, écoute la messe avec lui, tient son rang parmi les dames de la cour, en supportant bavardages et sous-entendus. Elle assume sa tâche d'épouse aussi, avec abnégation, mais Marc sait bien que, s'il jouit de son corps, il ne possèdera jamais son cœur.

La reine recherche la solitude. Elle ne trouve le repos qu'avec Brangien, sa suivante irlandaise et son chien. Husdent la suit partout, pas à pas. Elle marche, il marche. Elle s'arrête, il s'assoit. Elle s'assoit, il se couche à ses pieds.

Parfois, emmitouflée dans sa cape, elle va sur la falaise. Elle contemple la mer au large, où elle a tant aimé Tristan, et, au-delà, dans l'invisible lointain, elle cherche la verte Irlande de son enfance. Elle descend dans le verger, s'installe sur la banquette de la fontaine et parle avec les ombres.

— Voilà ton maître qui arrive, Husdent. Regarde comme il resplendit. Il court sous la lune. Une rosée humecte son front. Il m'aperçoit. Il est léger et vole en effleurant le gazon... Il rit, il va crier mon nom... Taistoi ! Ne dis rien, amour ! Mon mari s'est caché dans le pin. Il nous espionne. Jouons la comédie...

Husdent se dresse, scrute le silence du verger et entend arriver Tristan dans le chagrin d'Iseut.

— Maîtresse, ma gentille reine, ne parlez pas ainsi, la gronde Brangien. Vous m'effrayez. Vous entretenez votre peine.

— Depuis le premier jour, mon bien-aimé m'apprend à goûter les couleurs de la vie. Hier les plus chatoyantes. Aujourd'hui les plus austères et désolantes. Il est vivant dans toutes ces nuances. Je les accueille et c'est lui que je savoure.

Dans sa chambre, elle passe des heures à la fenêtre. Elle regarde s'écouler le ruisseau, espère un message de copeaux qui ne vient pas, et elle chante. Des lais d'amour, les plus tristes qu'elle connaisse. La mort d'un amant. La détresse de son amie à qui l'époux a fait manger le cœur. Cette horreur la berce et l'épouvante. Si Marc venait à capturer Tristan !... Iseut tire de sa harpe des sons désespérés.

— Où se trouve-t-il à l'heure qu'il est ? Il est parti depuis tant de mois ! Au début, on l'a dit au service du roi de Frise, ensuite on l'a vu en Espagne... J'ai l'impression que mon mari sait et qu'il me cache la vérité.

La vérité, hélas, arrive. C'est Cariado qui l'apporte, l'ancien ami de Tristan qui partageait son lit. Le roi l'a bien récompensé de lui avoir révélé où conduisaient les pas dans la neige. Sa trahison l'a ennobli. Il est marquis, possède terres et châteaux, et se flatte d'être le confident de Marc.

Il s'annonce chez la reine, qui est bien forcée de le recevoir. Elle est en train de fredonner une complainte au moment où il entre et elle ne se hâte pas de terminer. Nul n'est autorisé à interrompre la harpe quand elle parle, alors Iseut la laisse dérouler son chant jusqu'au silence. Puis, elle se tourne vers son visiteur.

Depuis qu'il est riche et puissant, il porte des tenues élégantes, mais son goût pour le raffinement met surtout en valeur son arrogance et sa sottise. Il veut faire de l'esprit.

— Noble reine, s'exclame-t-il, ce chant, on dirait

celui de la chouette effraie au crépuscule. Il vous glace le sang et vous donne le frisson.

— Il faut croire que vous aimez frissonner, marquis, puisque vous demeurez ici. Vous semblez bien connaître l'effraie. Êtes-vous de ses parents ? J'observe, à écouter votre voix, une ressemblance avec le cri du chat-huant.

Cariado sourit. La reine est sur la défensive. Sa visite l'importune et il s'en réjouit. Elle est belle. Plus que jamais. Sa tristesse l'a mûrie. Elle a perdu sa légèreté de petite fille.

— Je voulais seulement dire que ce chant vous va bien. Vous l'interprétez avec finesse et sentiment. On dirait qu'il vous est familier. La mort a-t-elle frappé récemment autour de vous pour que l'effraie appelle au deuil ?

— La mort frappe à tout instant, seigneur. Amitiés, fidélité, serments... tout meurt. Personne n'est épargné. Même les messagers du malheur qui se croient à l'abri... Quelle nouvelle m'apportez-vous ? Pénible, certainement, pour que vous vous déplaciez !

Cariado est surpris par l'attaque et hésite. La reine a percé ses intentions.

— Pénible, elle l'est en effet, répond-il. Une nef a abordé au port. Des Norvégiens qui font voile vers les îles du nord de l'Écosse. Ils ont caboté le long des côtes de France et de petite Bretagne et ils ont apporté des nouvelles de Tristan. Notre héros poursuit une brillante carrière et il enchaîne exploit sur exploit. Il a récemment conquis toute une famille, celle du duc d'Armorique. Le père, le fils, et la fille surtout, qu'il a prise dans ses filets de séducteur. Ils étaient, paraît-il, si ardemment épris, qu'il a fallu les marier de toute urgence. Cérémonie solennelle ! Tous les comtes et les marquis bretons assistaient à l'événement. Ils peuvent en témoigner.

Iseut a beau s'attendre au pire, elle ferme les yeux et chancelle. Tristan marié ! Comme elle...

Elle se maîtrise avec difficulté et fait face à Cariado, qui dissimule mal sa joie.

— Et qu'espérez-vous que cette nouvelle changera ? Si Tristan s'est désavoué, je n'ai rien renié. N'escomptez tirer aucun profit de sa défaillance. Je suis toujours liée.

Elle paraît calme, presque sereine. Sa voix ne porte aucune trace d'émotion et le regard qu'elle pose sur Cariado la grandit. Elle le domine.

« Cette manière de se rendre inaccessible, songe-t-il... N'est-ce pas plutôt la peur du danger qui la fait se dresser ? On proteste souvent pour mieux se protéger... »

Il s'adoucit et poursuit à voix haute :

— Laissez-moi croire à mes chances, noble Iseut. Les circonstances varient parfois, et même les falaises finissent par reculer...

— Après combien de tempêtes et combien d'ouragans ?

— Qu'importe ! J'attendrai que le temps change...

— Munissez-vous de patience, alors ! Et dès aujourd'hui, commencez à en faire provision.

Cariado salue la reine et se retire. Mais une fois à la porte, il se ravise. Comme tous les beaux parleurs, il a besoin d'arracher le dernier mot.

— J'allais oublier ! Un détail avant de vous quitter.

Vous l'apprécierez comme personne, à sa juste valeur. Le nom de l'épouse... Yseut ! Étrange, non ? Lui aussi pourra jurer qu'il n'a aimé qu'une seule femme !

— Sortez !

Iseut reste immobile, livide, incapable d'ordonner la révolte de ses pensées. Elle voudrait s'abandonner, mais son corps est si raide qu'il ne peut plus fléchir. Elle voudrait sangloter, mais son cœur est si froid que ses pleurs sont gelés.

— Ce n'est pas lui. Il n'a pas pu. C'est un mensonge de Cariado. Tristan, où sont nos heures d'amour, nos attentes, la noire forêt où nous avons lutté, notre fureur à nous unir et à nous échanger ?... Tout ce que tu m'as donné de toi, je l'ai gardé. Je n'ai rien abîmé, je l'ai mêlé à mon sang. Et toi, tout ce que je t'ai confié, dis ?... Tout le tiède et le clair, mes frissons, mes étonnements d'enfant, mes vertiges... Qu'en as-tu fait ? L'as-tu perdu vraiment ?... Était-ce si peu ? Je croyais que c'était élixir de moi... Est-ce dans ta nature, mon pauvre amour, de gaspiller ce que tu as gagné ?

L'émotion, doucement, s'échauffe. Les premières larmes coulent.

— Tu as pensé que je t'avais abandonné ? Avoue-le-moi sans crainte. Que je n'avais pas eu la force de résister à mon époux ? Que je lui avais cédé par commodité ? Tu as cru que je t'avais trahi, n'est-ce pas ? D'autant plus que c'est moi qui t'ai supplié de t'enfuir. Tu en as sûrement déduit que j'avais ourdi une machination contre toi, complice du roi... Et tu en as aimé une autre par dépit, pour te venger. Comme tu as dû me détester, me haïr !...

Iseut fait quelques pas en direction de la fenêtre, voit le ruisseau, et sa misère se dénoue. Elle pleure à gros sanglots.

— Je t'avais demandé de m'oublier, c'est vrai... Et tu m'as obéi. J'ai couru le risque de te perdre... Je t'ai perdu et je suis veuve de toi.

Brangien, qui a vu Cariado se pavaner, n'est pas surprise par le tableau qu'elle découvre en entrant dans la chambre. Iseut est prostrée sur le banc, dans l'embrasure de la fenêtre. Elle soubresaute et regarde fixement devant elle. Husdent est couché sur ses pieds, silencieux, enfermé dans le même chagrin.

— Brangien, dit-elle d'une voix absente, je suis une misérable. Va chercher le bourreau. Qu'il vienne avec les verges pour me fouetter jusqu'au sang. Je veux ressentir dans mon corps tout le mal que j'ai fait à Tristan.

60

MOLDAGOG LE GÉANT

Qui peut deviner la torture de Tristan et la contrariété d'Yseut aux Blanches Mains ? On les voit chaque jour, aller et venir, affairés, débordant de vigueur et enjoués, avec un mot aimable pour chacun. Tout au plus, on pourrait noter qu'Yseut est moins empressée auprès de son chevalier qu'elle ne l'était avant le mariage. Certains pensent que l'influence de Tristan se fait déjà sentir et qu'il a dompté son bel animal.

Du reste, il s'emploie maintenant davantage à l'épée qu'à la harpe. Carhaix a retrouvé son rayonnement de capitale et il importe d'asseoir son autorité à travers l'Armorique. Souvent, en compagnie de Kaherdin, Tristan s'en va à la tête d'une escouade visiter les bourgs et les villages. Ils se montrent, ils se font craindre ou rassurent. Ils s'absentent plusieurs jours, parfois une semaine, reviennent quelque temps à demeure, puis repartent.

Pour tous, Tristan est infatigable. Il ne tient pas en place. Lui seul sait qu'il fuit la tentation d'Yseut. Il craint trop, un jour, de n'avoir plus la force de résister à sa beauté. Quant à Yseut, elle croit que c'est la maladie de son époux qui l'éloigne, la peur d'affronter son impuissance. Elle le plaint, mais souffre amèrement de sa demande d'amour insatisfaite. Elle n'est plus demoiselle. Elle n'est pas encore femme.

Un jour que les hommes sont allés se divertir à la chasse avec veneurs et chiens, le duc, qui fait partie de l'équipée, s'écarte de la traque et entraîne Tristan avec lui. Ils s'éloignent des rabatteurs par un chemin qui s'enfonce dans une partie plus dense de la forêt.

— Je veux te montrer un domaine que tu dois absolument connaître, confie le vieux chef à son gendre.

Ils chevauchent longtemps. Ils ne perçoivent plus les échos de la chasse. La forêt est épaisse et leur renvoie le pas, le souffle des chevaux. Hoël ouvre la marche et se tait.

Sans que rien ne l'ait annoncé, la végétation s'éclaircit brutalement et ils s'immobilisent. Devant eux, une prairie descend vers une rivière au cours paisible. Sur l'autre rive, la forêt reprend.

— Voilà, nous sommes arrivés ! dit Hoël. C'est à cette frontière que je voulais te conduire. Le duché s'arrête ici. Au-delà, habite Moldagog le géant et nul ne peut poser le pied sur sa terre.

Tristan contemple les lieux, fasciné par la forêt. Les

arbres y sont immenses, majestueux. Il n'en a jamais vu de semblables et des mots lui viennent à l'esprit : Indes, Arabie... Des mots qui saisissent l'âme, où l'on entend battre le cœur du monde, au tout premier commencement de la vie.

— J'ai guerroyé contre ce géant, jadis, confie Hoël. J'étais jeune. Il voulait annexer le duché et faire de nous ses valets. J'ai résisté ; il le fallait. Ce combat était lourd d'enjeux : le retour des âges sombres. Toute l'Armorique était menacée et, si elle se laissait absorber, Dieu seul sait jusqu'où la vague allait déferler.

Après des années de lutte, Moldagog ne m'avait pas vaincu. Il a dû reconnaître que la force des géants était sur le déclin et qu'il ne pouvait plus être un maître absolu. La sagesse commandait que, pour survivre, chacun demeurât chez soi en respectant son voisin.

Nous avons donc conclu un traité, lui et moi. Il stipule qu'aucun de nous ne doit franchir la frontière, sous peine de rallumer les vieilles nostalgies qui appelleraient à nouveau les regrets, le malheur... Depuis lors, le pacte a toujours été respecté.

Tristan écoute parler Hoël et réfléchit. Ce domaine l'attire. La forêt fredonne en lui un air ancien et familier. Il pense au sauvage Morrois, à Iseut la Blonde, à l'âpre vie qu'ils ont menée, à celle qu'ils auraient eue s'ils s'étaient réfugiés ici. Personne n'aurait pu les atteindre et rien ne pourrait plus les séparer.

« Il me faut cette forêt ! songe-t-il. C'est là que je vais la retrouver ! »

Les géants ne l'ont jamais fait reculer et il commence à calculer.

— La rivière n'est paisible qu'en apparence, poursuit

Hoël. Des courants la sillonnent, des tourbillons imprévisibles. Elle est le seul point de communication avec le duché. Les autres façades du territoire donnent sur la mer et sont protégées par une barrière d'écueils infranchissable.

Je voulais que tu connaisses cet endroit chargé de mémoire.

Quand ils regagnent Carhaix, par d'autres sentiers, ils retrouvent au château leurs compagnons de chasse, rentrés depuis des heures, et le gibier qui les attend.

Ce soir-là, Tristan reste silencieux. Il mûrit son projet et, dès le lendemain, sans rien confier à personne, pas même à Kaherdin, il revêt son haubert, ses chausses de mailles, lace son heaume et s'en va, armé et taciturne, comme s'il partait vers une guerre d'où il ne reviendrait pas.

Il va combattre le géant. Il veut le dépouiller.

Il traverse la forêt sans la voir. Il descend la prairie vers la rivière, longe la berge, à la recherche d'un passage. Beau Joueur sent la traîtrise de l'eau et bronche. Mais Tristan l'éperonne et il se jette dans l'onde. La rivière, furieuse, se déchaîne contre eux. Elle les avale. Ils sombrent. Beau Joueur heurte le fond, se débat et prend appui sur le lit rocheux. Tristan est agrippé à son cou et suffoque. Des tourbillons tentent de lui faire lâcher prise. L'animal sent l'embarras de son chevalier, comprend qu'il doit lutter pour deux et résiste. Il souffle avec puissance, soulève un flux d'écume qui contrarie les courants, gagne du terrain, retrouve pied enfin et nage vers la rive interdite où il dépose son maître en s'ébrouant.

Tristan descend de son cheval, le soulage de sa selle et le laisse pâturer l'herbe croquante qui pousse ici. Pendant ce temps, il recouvre ses esprits et observe les lieux.

Là-bas, l'Armorique lui semble lointaine et grise, comme s'il venait de débarquer sur une île et qu'il regardait le continent à travers une brume sur la mer. De ce côté, la terre est grasse et fertile. La végétation foisonne et une clarté reposante se dégage du bois, malgré sa densité.

Tristan fait quelques pas. La fatigue de sa traversée a déjà disparu. Il s'approche d'un arbre au feuillage luisant, pose sa main sur le tronc. L'écorce est souple et tiède. Elle frémit comme une peau humaine au toucher. Il lève les yeux vers l'entrelacs de branches, il sent filtrer une douceur. Il est troublé, mais ne s'attarde pas. Le sujet voisin, épineux, à la tige plus frêle et élancée, l'attire. Il n'en est encore qu'à quelques mètres qu'il l'entend soupirer. Plus loin, c'est un cœur qui bat lorsqu'il applique son oreille contre un tronc rugueux, puis des pleurs ici, et, là encore, des chuchotements qui passent d'arbre en arbre disséminés par les ramures.

— Vivants ! s'émerveille Tristan. Vous êtes tous vivants ! C'est vous qui m'avez attiré là !

Un souffle les traverse, comme la dernière vague d'une marée. Ils acquiescent.

— Comment un tel domaine peut-il appartenir à un géant ?

Il veut connaître la réponse. Il veut savoir pourquoi les arbres l'ont appelé. Pourquoi hier, en les voyant, le souvenir d'Iseut s'est imposé à lui, comme si elle l'attendait ici !...

Il harnache Beau Joueur, monte en selle et aussitôt sonne de sa trompe. Un long mot porté se propage à perte de souffle. Il bouscule le calme, questionne le silence, et Tristan sonne, sonne à tous les horizons jusqu'à ce qu'un ouragan se lève enfin et secoue la forêt. C'est une voix !

— Qui a violé ma terre ?

Le sol tremble. Quelqu'un vient. Le géant !... Tristan met Beau Joueur au pas et avance vers lui, prudent. Leur rencontre se fait à terrain découvert, dans une vaste clairière.

D'abord, Tristan ne voit rien. Il sent sa formidable présence. Il est là, tout proche. Il cherche un monstre à apparence humaine et n'aperçoit que des herbes, des tiges, de l'écorce, des feuillages.

C'est Moldagog qui se dévoile en parlant.

— J'ai conclu un pacte avec le duc et je dois te tuer !

Alors, Tristan le découvre. À peine visible, il se détache de l'arrière-plan de la forêt avec laquelle il se confond. Il a l'aspect d'un arbre, rêche, couvert de lichens et de mousse. Son corps, malgré sa taille, paraît flexible. Sa tête, à peine dégagée de son cou, comme une boursouflure des épaules, ressemble à celle d'un vieux saule, couverte de nœuds et d'entailles. Il répand, quand il remue et quand il parle, une puissante odeur de sciure et de résine.

Soudain, une ombre recouvre Tristan. Moldagog attaque. Il lève un énorme gourdin de fer au bout de son long bras ligneux et Tristan a juste le temps d'éperonner Beau Joueur pour esquiver le coup. Puis il saute à terre, plus libre de ses mouvements, et chasse son destrier vers la clairière.

La massue a ouvert un gouffre dans le sol ; Moldagog rit de l'effroi de Tristan.

— Que crains-tu, chevalier ? Tu as ton écu pour te protéger de mon gourdin ! Moi, regarde, je n'ai rien !... Que ma peau d'arbre contre ton épée d'acier !

Son rire couche les herbes.

— Je n'ai rien contre toi, géant ! C'est ta forêt qui m'intéresse. Je la veux !

Moldagog frappe à nouveau. Il est vif. Tristan parvient à se garer, mais tout juste. La masse le frôle et son souffle le renverse. Le monstre rit aux éclats et lève déjà son arme redoutable.

— Où as-tu entendu qu'un père pouvait abandonner ses enfants, moucheron ?

Le gourdin tombe encore, s'enfouit dans le sol, et Tristan détale, harcelé par le géant qui s'amuse.

— Ils n'ont aucun avenir avec toi, le provoque-t-il en s'enfuyant. Ils ne demandent qu'à vivre et tu les laisses végéter !

Tristan s'échappe vers la forêt pour se mettre à couvert et gêner Moldagog dans ses frappes. Il veut se débarrasser de cette massue infernale. Pour cela, une solution : trancher la main qui la tient ! C'est possible, mais à une condition. Frapper juste après le géant, avant qu'il relève le bras. Il faut que les deux attaques soient simultanées et que Tristan s'écarte tout en cognant. Périlleux ! Pour avoir des chances de réussir, il faut agacer l'adversaire et lui faire perdre ses moyens.

— Tu es un mauvais père, Moldagog, reprend Tristan. Tes enfants se sont plaints à moi, tout à l'heure. Tu les étouffes et tu les brimes. Tu les empêches de se développer.

Le géant cesse de rire et éructe. La forêt sent sa colère et mugit.

— Écoute-les ! Ils m'approuvent !

Le gourdin siffle. La clairière est labourée. Tristan s'épuise à courir, mais ne renonce pas.

— Avec moi, ils seront plus heureux. Ils pourront laisser parler leur cœur. Je saurai les comprendre...

Les coups pleuvent, à tort et à travers, massacrent des arbres qui s'écroulent en gémissant.

— Tu les fais pleurer ! Moi, je les aimerai.

La maladresse du géant accroît sa fureur. Tristan le sent. Alors, il joue son va-tout et charge. Moldagog tarde à réagir. Son coup porte trop loin et Tristan, qui arrive sur lui, abat son épée à pleine force. Trop tard ! Le monstre relève déjà son bras. La lame manque le poignet, mais emportée par l'élan, atteint la jambe et tranche net la cheville. Déséquilibré, Moldagog chancelle et s'affale dans un fracas de branches cassées, en soulevant une nuée de terre et de feuillage.

Tristan s'avance, l'épée à la main et ironise.

— Tu avais raison ! Ta peau d'arbre ne peut rien contre l'acier. Si tu portais comme moi des guêtres de mailles, tu aurais toujours tes deux pieds.

Moldagog, vaincu, écoute Tristan triompher. Il est amer.

— J'ignore d'où tu viens, chevalier. Tu ne ressembles pas aux autres hommes. Je les ai toujours écrasés, sauf Hoël l'Armoricain. Mais le pacte que nous avons passé sonnait mon glas. Je le comprends aujourd'hui.

Des brindilles, de l'humus, des éclats de roche brisée obstruent les crevasses de son vieux visage d'écorce. Ses petits yeux, enfoncés au creux des orbites grises, implorent Tristan.

— Ne me tue pas, chevalier. Tu as dû remporter de nombreuses victoires et ma mort n'ajoutera rien à ta gloire. Les géants disparaissent, les uns après les autres... Notre race est proche de sa fin. Je suis un de ses derniers représentants. Ne hâte pas mon départ. Sois grand !... Laisse-moi aller lentement jusqu'à mon terme. Dorénavant, la terre est devenue le jardin des hommes et l'on perdra bientôt le souvenir des géants...

La solitude de Moldagog étreint le cœur de Tristan. Il connaît ce désarroi de l'âme lorsqu'il faut se résoudre à partir.

— Écoute, mon frère, lui répondit-il. Je n'en veux pas à ta vie. C'est ta forêt qui m'intéresse. J'ai un projet d'amour et tes arbres vont m'aider à le concrétiser. Je vais en prélever, mais je ne leur ferai aucun mal. Regarde de quelle manière je m'y prendrai.

Il quitte le géant et taille un billot dans un tronc que Moldagog a déraciné en combattant. Dans ce bloc, tout chaud de sève vivante, il façonne un pied. Le bois se prête au travail de Tristan, sans une plainte. Puis l'artisan taille un tenon qu'il plante dans la jambe de son blessé, sur lequel il ajuste le nouveau membre.

— Voilà comment je pratique, Moldagog, lui dit-il. Maintenant, lève-toi. Tu peux marcher !

Le géant obéit. Il se dresse, fait quelques pas, essaie son pied neuf, qui plie avec la même souplesse que l'ancien, puis il s'arrête et considère Tristan avec reconnaissance.

— Je ne sais même pas qui tu es pour te remercier.

— Je m'appelle Tristan de Lohonois. Je suis le gendre de Hoël.

— Tristan... répète Moldagog.

Il fait tourner ce nom magique comme un diamant dans la lumière.

— Tristan, reprend-il, si maintenant les hommes te ressemblent, le monde n'a plus besoin des géants. La relève est bien assurée. Viens. Je vais te faire visiter ma propriété. Mes biens t'appartiennent dorénavant. Je te les offre, en échange de la vie que tu m'accordes.

Moldagog demeure dans un château au bord de la mer. Des nains travaillent à son service. Chacun est maître dans son art et tous les métiers sont représentés : maçons, ébénistes, imagiers[1], peintres, joailliers, tapissiers... Ils ont construit eux-mêmes le palais de Moldagog et toutes les richesses qu'il renferme sont des pièces uniques.

Les caves s'enfoncent dans les entrailles de la terre. C'est là que les artisans extraient les minerais et les pierres précieuses qu'ils transforment ensuite, et leurs forges utilisent le feu des volcans.

— Tout cela est à toi, Tristan. Et les nains t'obéiront.

Une montagne occupe le centre du territoire. Une vaste grotte y est creusée et s'ouvre sur un versant.

— Un géant venu d'Afrique a posé cette voûte, explique Moldagog. Et j'ai vécu là, naguère, en attendant que mon château soit achevé. Cette grotte, comme le reste, est ta propriété.

L'entrée surplombe le moutonnement de la forêt. La

1. Nom donné aux sculpteurs.

paix des arbres roule sur la pente et remplit la caverne de chauds effluves. Au loin, on distingue la lumière qui miroite sur la mer d'étain.

— Je comprends que tu aies choisi cet endroit, dit Tristan. C'est là que je veux m'installer, moi aussi. Mais je ne puis rester plus longtemps. Je reviendrai demain.

Moldagog reconduit Tristan. Il lui ouvre un passage à travers les arbres. À la clairière, ils retrouvent Beau Joueur, puis ils continuent à cheminer jusqu'à la rivière. L'eau bouillonne, impétueuse. Elle roule des galets qui s'entrechoquent avec fureur. Moldagog rassure Tristan.

— Ne te laisse pas abuser, lui dit-il. C'est une illusion. Il suffit que tu entres dans l'eau pour qu'elle s'apaise.

Tristan franchit le gué et regagne Carhaix.

61

LA SALLE AUX IMAGES

— Qu'est-ce qui ne va pas, Tristan ?

Yseut a pris la main de son époux. Depuis qu'ils sont couchés, il repose, immobile, sans parvenir à trouver le sommeil. Sa respiration est irrégulière. Il soupire. Parfois il geint.

— Vous souffrez ?... Votre blessure au flanc qui vous tourmente encore ?...

Tristan ne répond pas. L'obscurité feutre la voix d'Yseut.

— N'y pensez pas. Soyez patient... Votre anxiété est mauvaise. Elle ne fait qu'accroître votre mal. Apaisez-vous...

Yseut ne bouge pas non plus. Elle garde la main de Tristan dans la sienne, en évitant que leurs jambes ne se touchent. Elle parle avec douceur et la nuit occupe le vide entre ses mots. Tristan écoute ce murmure qui l'enveloppe avec la légèreté d'un tulle.

— Je ne vous réclame rien... Je vous accueillerai lorsque vous serez prêt... J'ai promis de ne pas divulguer votre secret et je tiendrai ma promesse.

Elle soupire à son tour, alourdie elle-même par le silence, par ses efforts pour contenir son désir. Si elle se laissait aller, elle ferait feu de tout son corps.

Tristan sent son trouble. La pénombre de la chambre est ponctuée par leurs deux souffles qui s'évitent. Il hésite.

« Parler... songe-t-il. Avouer la vérité... Je la lui dois. M'alléger de mes mensonges et supporter son mépris... Qu'elle cesse de me plaindre ! C'est elle qui est victime et moi qui la persécute... Qu'elle me haïsse ! Je ne mérite rien d'autre... »

Il répond à la pression de sa main, attend un signe à fleur de peau...

« Oui, mais comment l'empêcher de souffrir à son tour ?... Elle ne mérite aucun reproche et, si je parle, je l'accable... je la déshonore. Et j'expose Iseut à sa rancune... Non ! Même s'il m'en coûte, je ne peux rien lui révéler. »

— Ne vous enfermez pas, l'encourage-t-elle. Allons... confiez-vous.

— Non... ce n'est pas le mal que vous croyez, répond-il enfin. C'est... un sanglier ! Un animal monstrueux, aux soies affûtées comme des fers de flèche, hargneux, la gueule toute blanche d'écume. Je l'ai débusqué ce matin. Je l'ai blessé à deux reprises, mais il m'a échappé. Je me suis épuisé à le poursuivre en suivant sa piste de sang. J'ai battu la forêt tout le jour, en vain ! Il n'a cessé de me tromper. Il me narguait. Je sais que c'est moi qu'il cherchait. Moi, Tristan ! Ce fauve, c'est un défi intime ! Il me le faut à tout prix et je ne connaîtrai pas le repos avant de l'avoir terrassé... C'est pourquoi je repars dès demain à sa recherche, pendant que sa trace est fraîche. Si l'on vous demande où je suis, ne dites rien. Je serais la risée de tous si on savait.

Yseut, déçue, écoute cette confession inattendue.

— La risée ? reprend-elle avec aigreur. Vous craignez d'être la risée ?... Si c'est là toute votre inquiétude, comptez sur ma discrétion, seigneur. Avant de vous connaître je ne savais pas tenir ma langue, mais depuis que nous sommes mariés, vous m'avez bien appris à me taire...

Elle lâche sa main et part de son côté, seule dans sa nuit, à la recherche du sommeil.

Le lendemain, Tristan quitte Carhaix à l'aube, comme un fuyard. Il n'a qu'une hâte, franchir la rivière et s'enfermer dans le domaine de Moldagog.

Il retrouve le géant, heureux de son retour. Il lui confie son projet.

— Une famille m'habite, Moldagog. Je l'ai ramenée de Cornouailles. Elle vit dans mon cœur, enfermée, et pleure sa liberté. Je vais lui donner naissance, ici, et l'installer dans la caverne. C'est pourquoi je vais avoir besoin de bûcherons, de menuisiers, d'ébénistes, de sculpteurs, de peintres...

— Tu les as déjà ! l'interrompt Moldagog. Je t'aiderai. Mes biens t'appartiennent et mes nains sont à ta disposition. Regarde, ils sont là, à tes ordres. Tu n'as qu'à demander !

Une foule est apparue pendant que le géant parlait. Vifs, joyeux, les nains attendent les ordres de leur nouveau maître, en bavardant.

— Je veux que vous transmettiez la vie à mes rêves ! commence Tristan.

Les conversations se taisent aussitôt. Les nains, séduits par cette voix qui leur propose un défi, l'écoutent avec une telle intensité que le silence sculpte le vide autour des paroles de Tristan.

Il commence une histoire déchirante, celle d'un amour nouveau, inconnu depuis Adam. Il raconte le frisson du plaisir, la puissance de la haine qui traque les amants, leur vertige, leur splendeur, leur feu de transparence, l'opacité qui veut les étouffer...

Des ombres naissent de son récit. Des silhouettes l'environnent, flottent dans l'air invisible, l'illuminent, l'assombrissent. Les nains les perçoivent. Ils sont habitués à écouter vibrer la terre. Ils l'entendent quand Tristan parle. Comme elle, il sait montrer les choses dans leur beauté première.

— Vous connaissez maintenant les êtres que je vous demande de représenter, leur dit-il à la fin. Vous travaillerez et je vous soutiendrai. Mais chacun d'entre vous ne réalisera qu'une portion de l'ensemble. Quand tout sera achevé, c'est moi qui procéderai au montage des éléments. Allez !

Aussitôt, les nains se mettent à l'ouvrage, ouvrant leur chantier dans la forêt ou installant leurs ateliers à proximité de la grotte.

Le domaine ne tarde pas à résonner du bruit des

cognées et des scies, du fracas des arbres qui tombent, de l'aubier qui éclate, des troncs qui se fendent.

Tristan accompagne les plantes dans cette épreuve. Il les rassure, leur explique que la vie ne s'interrompt pas et que grâce à la force de ses rêves, grâce au génie des nains, elle va se prolonger en des êtres nouveaux et continuer de briller.

Les arbres écoutent, confiants. Cette voix les trouble et les apaise. Ils offrent leur chair avec joie.

Dès que les troncs sont débités, les menuisiers posent un plancher sur le sol de la caverne et les ébénistes habillent les murs de panneaux aux essences variées, dont les teintes en se mêlant façonnent des paysages.

Les imagiers choisissent le bois des statues. Tristan attribue à chacun son fragment et ils entament leur travail. Les forgerons aussi sont à l'œuvre, les joailliers à leurs creusets, les tisserands devant leurs métiers et les peintres broient les couleurs qui apporteront à un visage sa carnation, à une peau sa lumière...

Tristan ne les quitte pas, disponible à ceux qui souhaitent des précisions : tel aspect d'un caractère, telle expression d'un regard... Inlassablement, il reprend son récit en ajoutant de nouveaux épisodes, ressuscite les personnages, fait vivre les sentiments, jusqu'à ce que l'artiste, imprégné de l'amour de Tristan découvre lui-même son interprétation.

Le chantier se poursuit ainsi pendant des jours et des nuits.

Au cours de cette période, de loin en loin, Tristan revient à Carhaix, brièvement, l'air affairé, entretient dans l'esprit d'Yseut la fable de sa chasse fantastique, puis repart se plonger dans son rêve qui prend corps.

Un jour, enfin, la création est achevée. Tristan remercie les nains, qui regagnent le château, et reste seul avec Moldagog dans la grotte, au milieu des fragments inertes sur le plancher. Alors, avec l'aide du géant, il commence l'assemblage et le miracle espéré opère : les statues prennent vie, leurs yeux s'ouvrent, l'illusion est parfaite.

Iseut trône en majesté, au centre de la caverne, éblouissante. C'est elle, toute vibrante, avec cette douceur qui tourne tantôt à la joie, tantôt à la mélancolie. Elle est vêtue d'une robe de brocart où les nains, en entrecroisant les fils d'or et d'argent, ont représenté des scènes de sa vie avec Tristan : le voyage sur la mer, le rendez-vous à la fontaine, la hutte de feuillage où Marc les a trouvés endormis, le serment devant les rois, la mort des félons... Elle est coiffée d'une couronne de feuilles d'or, tellement fines qu'elles se balancent d'elles-mêmes, comme si Iseut remuait la tête. Elle porte dans sa main gauche un sceptre de diamant terminé par des fleurs dont les pétales ont été découpés dans l'améthyste, l'émeraude, le rubis, la perle et le lapis-lazuli. De sa main droite, elle tend un anneau de jaspe vert où sont gravés, en lettres minuscules, ses derniers mots à Tristan, en lui offrant ce souvenir : *Je croirai toujours en toi*. Il suffit d'effleurer la bague pour que la voix d'Iseut parfaitement imitée prononce la phrase. C'est un prodige de l'art incomparable des nains.

Un être immonde est affalé aux pieds de la reine. Elle l'écrase sous son talon. C'est Frocin à la face de cauchemar. Si Iseut ne le terrassait pas, on pourrait craindre qu'il se redresse, haineux, et se venge, tant sa férocité est rendue avec vérité.

À la droite d'Iseut, Husdent est assis, coulé dans un bloc d'or blanc. À sa gauche, Brangien porte la coupe de vin herbé, taillée dans une agate et ciselée d'un subtil entrelacs de pervenches et de pavots.

Moldagog fait partie du tableau. Façonné dans un tronc brut, saisissant. Un authentique jumeau ! Il se tient derrière les deux femmes et les protège, armé de son gourdin de fer. Un autre gardien est en faction à l'entrée. Un lion de cuivre, gueule ouverte, dont la queue semble fouetter un dernier personnage au regard faux, resté à l'écart comme s'il attendait son heure : le traître Cariado !

Tristan s'approche de la statue d'Iseut, touche l'anneau et entend la voix de sa bien-aimée. En même temps, une odeur de chèvrefeuille se répand et se mêle aux fragrances des bois qui décorent la grotte. Un flacon de cristal est dissimulé dans le sein gauche des deux femmes. Relié à des tubulures qui aboutissent, l'une dans la bouche, l'autre à la base de la nuque, il contient une réserve d'huiles essentielles aux arômes favoris des dames. Grâce à ce cœur de parfum, on a l'impression qu'elles vont et viennent dans la caverne, simplement, en marquant leur passage.

Bouleversé par la ressemblance, Tristan prend la main d'Iseut dans les siennes et l'embrasse avec effusion.

— Je savais que je finirais par te retrouver, lui dit-il. Comme le temps m'a duré... Mais rassure-toi, notre calvaire est terminé. Nous ne serons plus jamais séparés maintenant.

Il la contemple. Elle a toujours son regard de velours.

Un sourire passe dans ses yeux, discret, comme un geste d'amoureux.

— Je te présente ma reine bien-aimée, Moldagog. Elle a quitté sa Cornouailles, car elle n'en pouvait plus de vivre loin de moi. Elle a traversé la mer à ma recherche et m'a trouvé, ici, au milieu de ton jardin.

Moldagog est embarrassé. Il n'est pas sûr de comprendre. Le langage de Tristan est trop subtil pour lui. Joue-t-il à croire que ces statues sont vivantes ou le croit-il réellement ?

— Mais pourquoi t'es-tu encombrée de celui-là ? reproche soudain Tristan à l'image d'Iseut, en désignant Cariado. Pourquoi est-il ici à nous épier ? Tu n'es pas lasse des espions ? Tu ne pouvais pas l'abandonner où il était ?

Iseut se tait, comme ennuyée de la mauvaise humeur de son amant. Alors, il se tourne vers Brangien.

— Que s'est-il passé entre eux ? lui demande-t-il. Il a profité de mon absence, n'est-ce pas ? La place était libre, la forteresse facile à prendre... Et puis, la reine pleurait. Il est venu la consoler... Regarde-moi dans les yeux, Brangien, quand je te parle. Ta maîtresse lui a-t-elle laissé espérer qu'il avait des chances ? Oui ou non, lui a-t-elle fait des promesses ?

Brangien reste de bois... Alors, il s'en prend à la statue de Cariado.

— Tu mets les femmes dans l'embarras et tu les abandonnes ! Sors de ton silence, séducteur ! Va au secours de tes conquêtes !

Il le gifle.

— Relève ce défi, maintenant ! s'exclame-t-il en

tirant son épée. Défends-toi ! Si tu remportes ce duel, je t'abandonne tous mes droits sur la reine !

Cariado, tête de côté, regard en coin, ne cille pas.

— Chevalier de pacotille ! lâche Tristan avec mépris. Poltron !

Il rengaine son épée et se précipite à nouveau près d'Iseut, plus pressant que jamais.

— Tu lui as cédé ?... Il t'a divertie n'est-ce pas. Il est très habile à ce jeu... C'est un enjôleur. Je suis sûr qu'il t'a fait rire... et que tu t'es laissé charmer. Il vient de te prouver sa bassesse, tu ne peux pas le préférer à moi ! Dis... les yeux dans les yeux, au nom de toutes nos épreuves partagées... est-ce que tu l'aimes ?

La couronne d'Iseut frémit légèrement et les feuilles d'or s'entrechoquent avec un tintement rafraîchissant.

— J'ai mal entendu. Répète, Iseut, je t'en prie...

Il lui prend la main, avec empressement. Aussitôt, le mécanisme de l'anneau se déclenche et la statue répond.

— *Je croirai toujours en toi !...*

La voix fait sursauter Tristan. Il prend conscience de son délire, de la présence éberluée de Moldagog. Il se ressaisit.

— Moldagog, merci de m'avoir aidé, lui dit-il. Je suis heureux que tu connaisses ma bien-aimée. Maintenant, il faut que je rentre dans le monde. Je reviendrai. En attendant, veille jalousement sur mon secret.

Il s'arrache à son rêve et s'en va, éprouvé par cette rencontre avec Iseut.

62

L'EAU HARDIE

Tristan et Kaherdin sont conviés à une fête organisée par un vassal du duc. Yseut les accompagne et chevauche entre eux deux. Les hommes parlent gaiement, se réjouissent à l'avance du plaisir qu'ils vont prendre. Des chasses sont prévues, des joutes et des banquets où l'on dansera. Tristan vient avec sa harpe, car on compte sur sa musique et ses chansons.

La joie n'invite pas à la prudence. Les chevaux vont à leur gré, mollement tenus. Soudain, le palefroi d'Yseut se dresse violemment. La cavalière, surprise, bascule en arrière. Elle a peur d'être projetée sous la bête. Elle se rattrape à la bride et évite la chute de justesse. Mais, violemment bousculée, elle reste un instant, jambes écartées, incapable de les refermer sur le ventre de l'animal pour le maîtriser, à sa merci. Le palefroi hennit, bave sur le mors, et retombe lourdement dans une ornière d'eau boueuse qui éclabousse les cuisses d'Yseut en souillant sa chemise.

Saisie, la dame crie, puis resserre les jambes. La bête se calme, apaisée, aussi soudainement qu'elle s'est cabrée. Aux prises avec leurs propres destriers énervés par le palefroi, les hommes n'ont pas eu le temps d'intervenir. La frayeur est passée. Yseut, essoufflée, retrouve ses esprits et, peu à peu, Tristan et Kaherdin reprennent leur discussion.

Yseut ne les écoute pas. Elle songe à sa mésaventure. L'eau était tiède et son vêtement colle à sa peau. Elle se revoit désemparée, entend son cri et rit d'être toujours mouillée.

Sur le coup, les deux amis n'y prêtent pas attention. Ils croient qu'elle participe à la conversation. Puis, comme elle continue alors que leurs propos ne prêtent pas à la drôlerie, Kaherdin s'étonne.

— Qu'est-ce que tu as ?... J'ai dit quelque chose ?...

— Euh ! non... Rien !... répond Yseut en pouffant.

Kaherdin croit qu'elle ment. Un mot a dû lui échapper, un geste, une intonation, et elle se moque de lui, comme une petite sœur de son frère.

— Yseut, je t'en prie !

Rien à faire ! Ses efforts pour se contenir, l'air grognon de Kaherdin, la font glousser de plus belle au lieu de la calmer. Elle est bientôt prise d'une violente crise. Elle tressaute sur sa selle, pleure, se tient le ventre en gémissant, à tel point que Kaherdin, exaspéré, s'éloigne avec Tristan, surpris lui aussi par le comportement de son épouse.

Lorsqu'ils arrivent au château du baron, Yseut est épuisée. Son fou rire a cessé plusieurs fois, puis repris, de plus en plus frénétique. La jeune femme n'en peut plus et lorsqu'elle met pied à terre, Kaherdin, furieux, s'approche d'elle.

— Yseut, j'en ai assez ! Qu'est-ce qui t'a pris ? Parle, à la fin ! Qu'est-ce que j'ai fait ? Qu'est-ce que j'ai dit ?...

— Rien du tout, idiot ! répond Yseut en étouffant son rire qui revient. Ce n'est pas toi... C'est l'eau !...

— L'eau ? Quelle eau ?

— L'eau, tout à l'heure... quand mon cheval s'est cabré... Très hardie, cette eau... beaucoup plus que mon mari ! Elle m'a chatouillée à un endroit où... il n'a jamais osé... porter la main.

Interrompue par les hoquets, elle a prononcé ces derniers mots en se tenant à l'arçon de sa selle, le visage enfoui dans la crinière de son palefroi.

Kaherdin est stupéfait.

— Qu'est-ce que tu dis, Yseut ? Regarde-moi, reprend-il en la tournant vers lui. Il ne t'a jamais touchée ?

— Jamais !

— Et tu es...

— Toujours vierge, oui !

Yseut ne rit plus. Son frère est pâle de colère.

— Explique-toi ! Il ne dort pas dans le même lit que toi ? Nu à tes côtés ?

— Si, bien sûr.

— Et il ne t'a jamais embrassée, jamais caressée ?...

— Si, quelquefois...

— Alors ?

— Il souffre d'une blessure qui l'empêche d'être mon mari. Du moins, c'est ce qu'il prétend.

— Mensonge ! Je n'y crois pas.

Il lui désigne Tristan qui plaisante avec des chevaliers venus le saluer.

— Blessé, lui ? Regarde-le !... Tu vois un homme blessé ?

Yseut ne répond pas.

— Mais toi, au moins, poursuit Kaherdin, est-ce que tu l'aimes comme il veut ? Est-ce que tu fais tout ce qu'il faut pour être aimée ?

— Ne m'oblige pas à entrer dans les détails. Je l'aime, crois-moi, et...

Elle soupire en détournant les yeux, avant d'ajouter :

— Je ne puis rien te dire de plus...

Kaherdin n'a plus le cœur à se divertir. Mais ils sont arrivés, on les a vus, et ils ne peuvent infliger à leur hôte l'affront de repartir aussitôt. Ils restent donc et la fête se déroule. Ils tiennent leur rang, comme des acteurs leur rôle, en cachant leur souci. Tristan, comme d'habitude en société, brille et se fait admirer.

Le voyage de retour est sombre. Kaherdin se tait, car il ne veut pas faire subir à sa sœur l'explication qu'il va réclamer à son beau-frère.

Dès leur arrivée à Carhaix, Yseut les quitte, épuisée par cette tension, et Kaherdin se précipite vers Tristan.

— Vas-y ! explose-t-il. Je t'écoute !

— Quoi, tu m'écoutes ?

— Ma sœur, je veux savoir ! Vous êtes mariés depuis près d'un an et depuis près d'un an tu la bafoues ! Qu'est-ce qui ne va pas ? Elle n'est pas assez convenable pour le beau Tristan ? Pas assez désirable ? C'est ma famille peut-être ? Pas assez noble ! Ton sang est trop pur pour se mélanger au nôtre ? C'est cela qui te répugne ?... Par les dents Dieu, parle !

Tristan hésite, cherche un instant des arguments pour répondre à la furie, puis renonce à se justifier.

— Tu veux la vérité ?... La voici ! Éliminons d'abord tout malentendu. Ta famille n'est pas en cause. Et ta sœur non plus. Ni l'une ni l'autre ne méritent de reproches.

— Au fait ! l'interrompt Kaherdin. La vérité ! Là !

— J'aime une autre femme !

— Tu aimes une autre femme ?

Kaherdin reçoit cet aveu comme s'il en était la première victime.

— Tu aimes une autre femme ? répète-t-il. Qui ? Son nom ? Depuis quand ?...

Soudain, il se précipite sur Tristan, lui décoche un coup de poing, le manque, s'élance à nouveau sur lui, le ceinture. Tristan l'empoigne à son tour et résiste en reculant.

— Kaherdin ! s'écrie-t-il. Tu m'as demandé la vérité...

Les deux hommes se sont immobilisés, corps à corps, et Kaherdin cherche à ployer Tristan pour le jeter à terre.

— Écoute-la jusqu'au bout... Attends !

Tristan est plus vigoureux. Kaherdin cède peu à peu.

— Ne brise rien, je t'en prie... Nous sommes amis.... Si tu exiges réparation, je paierai... Mais écoute-moi d'abord !

Kaherdin repousse Tristan avec violence et s'écarte.

— Vas-y ! gronde-t-il en soufflant de fureur.

— J'aime une autre femme, reprend Tristan. Oui. Depuis longtemps. Ta sœur est belle, vive comme un ruisseau. Mais celle dont je parle est une étoile du firmament.

— Une étoile du firmament ! s'esclaffe Kaherdin avec mépris. C'est la vérité que je veux ! Nue, sans fioritures ! Réponds d'abord : cette étoile... vous êtes mariés ?

— Non ! Liés !

— Liés !

Kaherdin ne comprend pas.

— Tu as bien dit : liés ? demande-t-il, interloqué. Tu épouses ma sœur devant Dieu et tu ne peux pas l'aimer parce que tu es *lié* à une autre !

— Liés, en effet, répète Tristan. Par un sentiment plus élevé qu'un sacrement. Liés par l'esprit d'amour !

— L'esprit ! ironise Kaherdin. Tu appelles ça, l'esprit !... Tu ne peux décidément pas t'empêcher d'éblouir quand tu parles . !... Dis-moi, ton esprit, tu te contentes de l'admirer à distance depuis la terre ou tu couches de temps en temps avec lui ?

Tristan essuie les sarcasmes sans broncher.

— Explique-moi ! Ma sœur, pourquoi l'as-tu épousée, puisque tu es tellement... lié ? Pourquoi l'as-tu laissée t'aimer, sans jamais la détromper ?

— Parce qu'elle m'a consolé, répond Tristan. Je venais de quitter ma bien-aimée. J'étais en exil quand je suis arrivé à Carhaix. La fraîcheur d'Yseut, sa beauté, la douceur de son nom ont apaisé mon chagrin. Grâce à elle, j'ai pensé pouvoir oublier celle que j'avais dû abandonner, refaire ma vie... J'ai cru l'aimer. Sincèrement cru. Mais je me suis trompé. Quand j'ai pris conscience de mon erreur, le mal était fait et je ne pouvais plus reculer.

Kaherdin l'écoute et résiste.

— Je ne te crois pas. Tu joues ! Tu me joues la scène des aveux, comme tu as joué à ma sœur la scène de l'amoureux. Tu es habile, tu sais plaire. Cette femme si belle, cette étoile, existe-t-elle seulement ailleurs que dans ton... esprit ?

— Oui, elle existe, Kaherdin. Bel et bien. Je peux même te la présenter, répond Tristan un peu vivement.

— Me la présenter ? Parce qu'elle est là ? Il y a un instant tu te prétendais en exil, loin d'elle, et maintenant, tu me proposes de me la présenter ! Tu mens avec une telle facilité que tu te prends dans tes propres filets. Tais-toi ! Je ne veux plus t'entendre. Tu as souillé l'honneur de ma sœur et tu ne peux plus t'expliquer que sur le pré.

Kaherdin tire son épée.

— Maintenant !

— Entendu, Kaherdin, nous nous battrons, puisque tu le souhaites. Mais rengaine ta lame et laisse-moi d'abord te conduire jusqu'à mon amie. Quand tu l'auras vue, tu décideras.

« Stratagème ? Faux-fuyant ? » se demande Kaherdin.

— Au nom de notre amitié, accompagne-moi seulement, insiste Tristan qui le voit méfiant.

— Soit ! répond Kaherdin en remettant son épée au fourreau, suivons le menteur jusqu'à la porte de sa maison ! Mais ne crois pas t'en tirer à si bon compte.

Tristan, peiné, hoche la tête.

Ils quittent la ville sans se parler, s'engagent dans la forêt et, lorsqu'ils arrivent en vue de la rivière, Kaherdin, qui connaît les lieux, s'arrête, hors de lui, et prend Tristan à partie.

— Je me doutais que tu m'attirais dans un piège ! Tu sais qui habite de l'autre côté ? Je ne ferai pas un pas de plus.

— Je t'en prie, Kaherdin, accorde-moi une dernière fois ta confiance. Jusqu'à la rive. Ensuite, tu décideras si tu traverses ou non.

Kaherdin se laisse encore fléchir. Tristan part en avant et il le suit en se tenant sur ses gardes.

Une fois au bord de l'eau, Tristan sonne de la trompe. Un fracas répond dans la forêt. Le géant arrive en hurlant, armé de son gourdin de fer.

— Rassure-toi, Moldagog, c'est moi ! lui crie Tristan. Je viens avec un ami.

— Ah ! maître... se radoucit le géant.

Kaherdin n'en revient pas de voir le monstre soudain aussi affable qu'un valet. Mais déjà, Tristan s'engage dans le courant impétueux qui se calme aussitôt.

— Si tu choisis de m'accompagner, ne tarde plus. Le passage va se refermer.

Kaherdin hésite, puis emboîte le pas à Tristan qui l'attend sur l'autre rive. La rivière bouillonne à nouveau, blanche d'écume et de tourbillons.

— Voici Kaherdin, Moldagog. Le fils de Hoël l'Armoricain, mon ami. Conduis-nous où tu sais.

Kaherdin reste froid et distant. Tristan l'informe néanmoins. Il lui raconte son duel contre le géant, la blessure, les soins et la reconnaissance du blessé.

Kaherdin écoute mal. Le géant, la forêt l'oppressent.

Il se retourne sans arrêt, perçoit des présences qui l'observent, le flairent comme pour l'autoriser à passer. Il craint une manipulation de Tristan et sa colère, qui avait fléchi, recommence à le raidir. Dans quel piège est-il en train de s'enfermer ?

À proximité de la grotte, ils quittent leurs destriers et montent vers le rocher. Ce lieu paraît plus paisible. Les gardiens sont-ils rassurés sur les intentions de l'étranger ? Moldagog, d'ailleurs, a disparu.

À mesure qu'ils s'approchent de la caverne, un flot de douceur les enveloppe. Kaherdin se laisse porter malgré lui. Tristan le devance, ouvre la palissade qui protège l'entrée et lui fait signe de se hâter. Une lueur dorée l'éclaire. Il paraît métamorphosé. Kaherdin le rejoint et reste figé, incapable de franchir le seuil, saisi par la beauté.

Deux femmes les accueillent, deux soleils. L'une, couronnée d'or, une reine. Tristan se dirige vers elle. Elle lui sourit, lui tend la main. L'autre, fraîche comme une rose offerte à la pluie. Elle regarde Kaherdin sans un mot, mais ses yeux l'appellent. Sa chevelure de feu, soignée, rehausse l'éclat de son teint de lait. Elle tient une coupe. Un breuvage de bienvenue qu'elle lui a préparé. Comment savait-elle qu'il viendrait ? Kaherdin se décide à pénétrer dans la grotte, mais s'arrête aussitôt, effrayé. Un lion étincelant défend le passage et Moldagog aussi est là, derrière les dames. Par où est-il entré ? Pourtant, malgré leurs airs féroces, les monstres paraissent bienveillants et Kaherdin s'avance.

La salle, tapissée de lambris sculptés, feutre les sons. Tristan converse avec sa belle. Ses mots sont de velours. Une brume de parfum baigne ce palais : cèdre, jasmin, figue, pomme, poivre... et des courants de chèvrefeuille et de rose, glacés, qui brassent les nuances et tirent le frisson.

— *Je croirai toujours en toi.*

Une source chante.

— Liés par l'esprit d'amour...

Kaherdin se souvient des paroles de Tristan. Il ne mentait donc pas.

— Qui est-elle ? lui demande-t-il en désignant Brangien.

— La confidente de ma dame. Son amie comme tu es le mien. Elle répond au nom de Brangien.

Kaherdin la contemple longuement. Il ressent à la fois une grande paix, comme si un vieux chagrin se consolait, et un grand désordre qui fait trembler ses lèvres.

— Je ne vous ai jamais vue, damoiselle. J'en suis certain. Mais je suis tout aussi certain de vous reconnaître. Comme si je vous avais perdue, je ne sais plus où, ni quand, et que je vous retrouve enfin.

Brangien, pudique, l'écoute en retenant son souffle.

— Et vous ?... Vous souvenez-vous de moi ? poursuit Kaherdin. Oui, je le vois... Votre silence parle si votre bouche reste scellée. Osez, belle dame. Osez me dire, je vous prie, ce que je brûle déjà d'entendre... En quels lieux nous sommes-nous rencontrés ?

Ses yeux se posent sur la coupe.

— Vous m'avez préparé ce vin, parce que vous saviez que j'étais en chemin, n'est-ce pas ? Le vin parfume les bouches et les cœurs. Partageons-le.

Il veut saisir le calice et pousse un hurlement d'horreur.

— Une image !... C'est une image !

Il regarde la statue de Brangien, celle d'Iseut, de Moldagog...

— Tout est faux ! s'écrie-t-il. Tu t'es joué de moi ! De ma sœur !...

— Et les battements de ton cœur ? Ton trouble devant Brangien ? Illusion, aussi ? Dis ?... Si c'est un mensonge, ce n'est pas moi qui mens !

Tristan s'est animé. Kaherdin s'emporte à nouveau.

— Où sommes-nous ? grince-t-il en désignant la grotte.

— Au cœur de mes souvenirs !

— Ah ! encore tes mots !... proteste-t-il. Cette femme, qui est-elle vraiment ?

— Je te l'ai dit. Elle s'appelle Brangien.

— Et celle-là ?

— C'est ma bien-aimée, reine de Cornouailles. Iseut la Blonde...

En entendant ce nom, pareil à celui de sa sœur, Kaherdin sourcille. Une lueur voudrait percer en lui, mais il résiste.

— Comment peux-tu en parler comme si elles étaient vivantes ?

— Parce qu'elles le sont !

Kaherdin voudrait le croire. L'assurance de Tristan use sa rancœur. Une force bat à l'intérieur de lui, l'exhorte à céder...

Il s'approche de Brangien, la contemple longuement et entend un murmure d'une étrange douceur s'élever des lointains les plus obscurs de son être :

— *Je m'étais assoupie et quand je me suis éveillée, je t'ai cherché...*

Il frissonne. Il veut retenir cette voix qui se tait déjà. Il la cherche sur le visage de Brangien. Il pleure.

— Je veux voir le modèle, gronde-t-il en maîtrisant son émotion. Le voir de mes yeux, lui parler, le toucher...

Il fait volte-face vers Tristan.

— Tu entends ! Emmène-moi en Cornouailles. Brangien m'attend...

Tristan découvre son visage mouillé de larmes. Il se tait. Les deux hommes se regardent. Pas un bruissement, pas un geste. Le silence de la Salle aux Images parle pour eux. Ils l'écoutent. Deux parfums discrets les enveloppent. L'un de chèvrefeuille et l'autre de rose...

63

KAHERDIN ET BRANGIEN

Ils abordent la Cornouailles par le sud, afin d'éviter Tintagel. Tristan se méfie. Sur quel appui peut-il encore compter dans le royaume ? Il ne voit que Dinas. Le seul à l'avoir défendu quand ses ennemis l'accablaient.

Il fait amarrer la nef dans une anse dissimulée par un cap rocheux et débarque avec Kaherdin, leurs écuyers et quelques pages. Lidan est proche de la côte. Tristan y emmène sa petite troupe au galop.

Il se tait, impatient. Il se tait depuis que, sur la mer, il a aperçu les falaises de Cornouailles. Il s'isole dans le silence. Il cherche Iseut, la voit partout. Dans l'odeur de la terre et le vol des oiseaux. Dans le chatoiement de la bruyère sur la lande, l'obstination du vent. Iseut est infinie. Chaque parcelle du pays a reçu un fragment de sa grâce pour la chanter à tout instant.

À Lidan, il laisse les valets dans la cité et part au manoir avec Kaherdin. Il connaît bien les lieux. Ils parviennent dans la chambre de Dinas, sans rencontrer personne.

— Dinas, c'est moi ! s'écrie-t-il en entrant.

Dinas n'a pas le temps de répondre qu'il est déjà saisi aux épaules et secoué.

— Tristan ! Je suis heureux de te revoir.

Sa joie est sincère et, à son tour, il serre Tristan dans ses bras.

— Où est-elle ? Je veux la rencontrer, Dinas. Je n'en puis plus.

Tristan a changé depuis un an. Le feu de l'absence l'a consumé. Son visage s'est émacié et une brume s'est posée sur ses yeux. Il souffre. Il porte sa solitude sur lui. Dinas en est ému.

— Je veux que Kaherdin, mon frère d'Armorique la connaisse, découvre aussi quelle femme est Brangien.

— Tu peux compter sur mon aide, Tristan, comme toujours. Mais à Tintagel, où elle se trouve, la reine est difficile à approcher, tant elle est entourée. Des suivantes, des chambrières, des servantes de toute sorte...

— Et des galants !

— Et des galants, c'est vrai. Sans compter le roi, son mari...

— Aucun mari ne l'aimera comme je l'aime, répond Tristan, l'air absent. Trouve un moyen pour lui parler. Dis-lui que tu m'as vu, que je brûle d'elle. Et que si elle brûle pareillement de moi, elle persuade le roi d'organiser une grande chasse à la Blanche Lande où toute la cour se transportera. Près du Gué Aventureux, un gros buisson d'aubépine se trouve sur la rive. Elle y recevra un signe de moi.

Il retire son anneau de jaspe vert et le lui tend.

— Donne-lui cette bague. Elle te croira.

Devant l'urgence de la demande, Dinas prend la route sur-le-champ. Lorsqu'il revient le lendemain, il annonce à Tristan que Marc, afin de plaire à son épouse, a déjà donné des ordres pour que la cour se prépare à partir.

L'aubépine est touffue. Tristan et Kaherdin s'y sont aménagé une cachette confortable. Ils voient le gué sans être vus et nul ne peut soupçonner leur présence.

Ils sont à peine installés que les premiers chariots arrivent, chargés de victuailles et de boissons. Les cuisiniers les suivent avec leurs aides et les batteries de poêles et de chaudrons. Puis ce sont les chefs de meute en habits, les rabatteurs et leurs chiens, et derrière eux les palefreniers, qui accompagnent les bêtes de somme et les chevaux de chasse. Enfin, la garde-robe royale aux riches parures, jalousement protégée, précède le roi sur un destrier andalou, entouré de sénéchaux, de barons et de sergents qui portent les oriflammes aux couleurs du royaume.

Kaherdin, ébahi, regarde défiler la riche noblesse de Cornouailles et pense à sa petite Bretagne.

Quand la puissance est passée, vient le tour de la beauté. Le cortège de la reine s'avance après celui du roi. Ouvert par les chambrières et les lavandières qui emmènent la garde-robe d'Iseut et des dames de la cour. Des demoiselles, filles de comtes, sur des chars décorés de rubans, chantent rondeaux et pastourelles. De jeunes hommes élégants les écoutent et se perdent en compliments.

Les dames forment l'escorte de la reine. Toutes parées de soie, de velours, d'hermine et de brocart, sur des palefrois aux harnais étincelants. Des chevaliers les escortent, distingués. Ils leur tiennent conversation. Et le babillage des voix, les rires gracieux, les chansons qui se mêlent au pas joyeux des chevaux, composent un brouhaha délicat et plaisant.

— Et la reine, Tristan, où est-elle ? réclame Kaherdin qui n'a jamais vu un tel étalage de luxe et de distinction. Et Brangien ?

— Patiente. Quand elles paraîtront, tu les reconnaîtras !

En effet, une lumière dorée, pareille à celle qui éclairait la Salle aux Images, illumine maintenant le cortège. Iseut approche, escortée par Husdent, le braque au poil blanc. À ses côtés chevauche Brangien.

Kaherdin est ébloui.

La reine paraît absente, étrangère à sa suite, indifférente à la richesse, à la gaieté. Elle voit qu'on approche du gué. Elle cherche l'aubépine. Elle l'aperçoit. C'est là que Tristan lui a promis un signe. Mais lequel ? Dinas ne l'a pas précisé. Elle craint que son bien-aimé ne commette une nouvelle imprudence. Ses mains sont moites sur la bride. Ses pieds tremblent dans les étriers. Elle s'apprête à aborder la berge pour s'engager dans la rivière. Il n'y a rien. Elle est déçue. Quand soudain elle voit et elle étouffe un cri. Il est là !

Elle immobilise son palefroi et simule une indisposition, réclamant de l'aide pour descendre. Elle insiste pour s'asseoir à même l'herbe du pré.

— Là ! À l'ombre de cette aubépine...

Elle ne se doute pas que Tristan se trouve si près qu'il l'entend respirer. Elle ne voit que le message qu'il lui a laissé et elle étale sa robe pour le toucher.

C'est un bâton de noisetier, planté dans le sol. Il est fendu sur une partie de sa longueur et dans la fente est coincé un rameau de chèvrefeuille qui s'enroule délicatement autour du fût pour le rejoindre dans la terre.

— Tristan-fantaisie ! Tristan-passion ! Il n'y a que toi, mon amour, pour me parler ainsi !

Iseut retient des larmes de joie. Du bout des doigts, elle effleure les deux branches enlacées.

— Jamais l'un sans l'autre, dit-elle comme si elle lisait un billet.

Tristan l'entend et se retient pour ne pas jaillir du buisson et l'embrasser.

Brangien rejoint Iseut. Elle sent son émotion, puis découvre le noisetier et comprend tout.

— Voulez-vous que je fasse prévenir le roi de votre malaise ?

— Oui, Brangien. Fais-lui savoir que je suis souffrante et que je ne pourrai le recevoir pour la nuit. Demande aussi que ma tente soit montée à l'écart du bruit. Je veux pouvoir me reposer.

— J'envoie Périnis !

Brangien se lève déjà. Son parfum de rose se glisse au creux de l'épine. Kaherdin le cueille d'un soupir. Il admire la grâce de la suivante, sa fraîcheur, la bonté de sa voix si empressée de servir.

— Reste ! Ne t'en va pas !

Heureusement, Tristan le surveillait et l'a empêché de crier.

Husdent a suivi sa maîtresse. Allongé contre elle, il a perçu un mouvement à l'intérieur du buisson. Sa truffe frémit et sa queue bat doucement. Iseut s'étonne de le voir si content.

« Quelqu'un est caché là », songe-t-elle en scrutant le feuillage.

Et soudain, elle comprend.

— Mon Dieu, Tristan !... Husdent va trahir sa présence.

Vite, elle se relève, entraîne son chien et, avant de s'en aller, s'adresse aux oiseaux qui chantent dans l'aubépine.

— Faites-moi plaisir, beaux amis. Venez me rejoindre à la Blanche Lande et bercez-moi toute la nuit de vos doux chants.

Sa voie est enrouée par l'émotion.

La demande d'Iseut a été agréée. Son pavillon est planté à côté de la forêt, à l'écart du camp, du tumulte des bivouacs.

Avant d'aller se coucher, le roi vient aux nouvelles. Iseut reconnaît le pas de son andalou et dépêche Brangien à sa rencontre.

— Elle est encore bien faible, sire, mais elle se remet, l'informe la suivante. Le sommeil lui fera le plus grand bien.

— Mais elle était si enthousiaste à l'idée de venir... se désole Marc. C'est elle qui a voulu... J'ai accédé à toutes ses exigences.

— Sans doute, sire, et elle riait comme une enfant.

Mais elle n'était pas revenue en ces lieux depuis le jour de son serment. Franchir le gué l'a troublée.

Le roi est ennuyé de savoir Iseut souffrante. Mais il n'insiste pas et retourne auprès des chevaliers de sa maison, qui dorment avec lui.

Dissimulés à la lisière de la forêt, Tristan et Kaherdin le regardent s'éloigner. Au cours de la journée, ils sont allés chercher leurs gens pour qu'ils montent la garde aux environs pendant la nuit.

Lorsque tout est tranquille, les deux hommes sortent du bois, se glissent jusqu'à la tente et franchissent la portière de soie.

— Tristan !

Iseut guettait son arrivée. Elle court, saute dans ses bras, s'enroule autour de lui.

— Tristan !

Elle plonge sur sa bouche, couvre son visage de baisers, le serre à l'étouffer.

— Tristan !

Elle pose son nom partout sur lui, comme pour lui redonner vie.

— Tristan... Tristan...

Il se laisse entraîner vers ce jour qui se lève, caresse Iseut comme il chauffe sa harpe avant de commencer à en jouer.

— Je ne voyais plus ton visage... j'avais perdu ton corps... oublié son goût de frais...

C'est le mode de tristesse qui s'impose sous ses mains.

— J'ai tant douté... Pardon, mon amour... Je t'ai fait du mal. Pardon.

— Ne dis rien... ne parle plus...

Lèvres contre lèvres, Iseut l'oblige à se taire.

La musique de leurs corps mousse doucement. Leurs peaux tremblent. Une première mélodie fredonne en eux. Leur fleur de chair s'épanouit, annonce le mode d'amour qui entame en jubilant ses premiers airs.

Pendant ce temps, Kaherdin s'est approché de Brangien. Elle le regarde et, comme lui quand il a découvert son image dans la grotte de Tristan, elle hésite en le voyant, troublée par la ressemblance de cet homme avec une ombre qui hante sa mémoire.

— Je crois que je vous connais, seigneur. Mais je ne vous ai jamais vu. Qui êtes-vous ?

— Je me nomme Kaherdin de Carhaix. Tristan est mon ami.

Ce nom ne lui rappelle rien, mais son souvenir crie en elle, de peur qu'elle se détourne.

— Les rêves nous transportent parfois, reprend Kaherdin. Qui sait si au cours d'un de nos voyages, nous ne nous sommes pas rencontrés, car je vous connais aussi.

Il prend sa main. Brangien, émue, ne se refuse pas.

— Vous m'avez appelé, sans doute, et je vous ai entendue. Sinon, pourquoi serais-je venu ?

Elle l'écoute. Elle espère qu'il ne se taira pas. Il contemple sa main, retient son envie de la porter à ses lèvres. Elle le voit hésiter, l'encourage d'un mouvement léger qu'elle dissimule dans un soupir, et Kaherdin, aussitôt, embrasse le bout de ses doigts, puis sa paume, puis l'attire contre lui et l'engloutit.

À quelques pas, sous la riche tente de soie brodée, les deux soleils de Cornouailles qui se sont retrouvés flambent dans la nuit. Leur éclat illumine Brangien et

Kaherdin, les invite par son ardeur, à pousser à leur tour les portes du jardin.

Brangien se laisse conduire, offre ses lèvres à Kaherdin, se pose dans le velours de ses caresses, sans contrarier aucun de ses élans. Elle est sûre de l'avoir déjà rencontré et de l'aimer depuis l'aurore du monde. Elle veut l'aimer encore, empressée autant que lui. L'accueillir, oui. Dans son lit comme il l'espère, oui. Elle ne sait pas encore de quelle manière ils se sont égarés, mais elle l'a retrouvé et ne le perdra plus. Pourtant, elle est inquiète. Depuis sa nuit dans le lit du roi pour sauver sa maîtresse, elle appréhende l'amour. L'amertume laissée par ce mensonge n'a jamais disparu. Elle hésite. Elle craint d'être à nouveau déçue, mais en même temps tremble de rebuter Kaherdin.

Une pensée lui traverse l'esprit : Iseut, précisément, qu'elle a si bien tirée d'affaire, possède un coussin dont elle ne se sépare jamais. Elle l'a elle-même confectionné, en y introduisant un mélange d'herbes de sa composition.

— Il est magique, lui a-t-elle confié. Quand je suis épuisée de penser à Tristan, je le place sous ma tête et je m'endors paisiblement.

Elle ne s'en sépare jamais.

Brangien, alors, s'abandonne au désir de son amant et, dans la lueur tamisée des chandelles, pendant qu'elle se dévêt, subtilise le coussin sur le lit d'Iseut, puis vient se couler sous les draps, aux côtés de Kaherdin qui l'attend. Elle s'offre à lui de toute son impatience, lui rend caresses et baisers. Elle l'enlace, son corps est un délice mais, refermant ses bras autour de lui, elle saisit le coussin et le glisse adroitement sous sa nuque.

Kaherdin s'émerveille de la vaillance amoureuse de son amie et sombre dans le sommeil en souriant.

Soulagée, Brangien sourit, elle aussi. Dans la douce pénombre, elle contemple son ami. Elle passe un doigt léger sur son front, son nez, ses lèvres et son menton. Elle suit le tracé de ses traits comme si elle inventait son visage. Elle le modèle à la façon d'un potier, lisse les arcades au-dessus des yeux, s'attarde sur le relief des pommettes, creuse les joues, amincit le cou. Puis à la fin, en artiste, elle dépose sa signature sur son œuvre, un baiser de rosée sur les paupières et sur les lèvres, puis s'endort à son tour, blottie contre son flanc.

64

LA COLÈRE DE BRANGIEN

— Kaherdin est un bon chevalier, Brangien. Franc, plein d'attentions, courageux. Tristan m'a raconté leur combat pour libérer l'Armorique envahie par les Nantais. Cette lutte les a rendus inséparables. Tu connais Tristan, ses qualités. Crois-tu qu'il pourrait se lier avec moins vaillant que lui ? Kaherdin est le fils du duc de petite Bretagne. Un jour, il remplacera son père. Il t'aime. Toi aussi. Qu'attends-tu pour laisser parler ta nature ? Tu t'es toujours donnée sans réserves pour les autres. J'en sais quelque chose. Alors... c'est le moment où jamais. Pense à toi et donne-toi tout entière !

Iseut s'efforce de convaincre Brangien. Deux nuits déjà qu'ils se retrouvent tous les quatre sous sa tente. Et par deux fois, Brangien a évité de s'unir à Kaherdin.

Le prétexte de l'indisposition de la reine ne pourra plus durer longtemps. Ils quitteront bientôt la tranquillité de la Blanche Lande.

— S'aimer dans l'amour, Brangien ! Je veux que tu connaisses un tel bonheur !

Brangien sourit. Les encouragements de sa maîtresse apaisent son appréhension.

— Ce soir, promets-moi d'accepter ! De toute façon, ajoute-t-elle en riant, je te confisque mon coussin ! Maintenant, faisons-nous belles !...

Au crépuscule, le chant du rossignol entrouvre la porte aux amants.

Tristan retrouve Iseut. Deux eaux de vie se rencontrent et se mêlent. Ils ont tant d'ombres à éclaircir, tant de maux à guérir. Ils vont se quitter bientôt, c'est écrit, et de nouveau affronter leurs songes... Iseut glisse au doigt de Tristan l'anneau de jaspe vert.

— Ne l'oublie pas. J'ai peur que tu t'égares sans ce guide.

— Jamais l'un sans l'autre, chuchote Tristan...

Chèvrefeuille et noisetier, ils s'enlacent et retrempent leurs promesses au feu de leurs noces de douceur.

Brangien regarde Kaherdin, droite, dans sa robe de soie blanche qu'Iseut lui a donnée. Ses cheveux, en une seule natte sur le côté, sont tressés avec des pâquerettes. Pas un mot d'invitation, pas un mot de bienvenue. L'immobilité et le silence sont des appels plus fervents. Kaherdin les entend et leur répond en se taisant. Il s'approche. Il n'ose toucher. Mais leurs souffles se mélangent déjà, la chaleur de leurs corps les enveloppe dans un même cocon. Ensemble, ils ouvrent leurs bras, les referment. En eux, la fraîcheur de la menthe, la légèreté de la neige, l'attente de la terre chauffée par le soleil d'été.

Deux nuits qu'elle se prépare en l'écoutant respirer, serrée contre lui. Deux nuits qu'il l'aime dans ses rêves. Leurs chairs sont accordées et ils s'offrent l'apaisement que leurs cœurs réclamaient.

Le jour se lève. Les amants se défont.

Il faut partir, accepter de mourir pour s'émerveiller de renaître. Les âmes pleurent. Tristan et Kaherdin quittent leurs amies et gagnent la forêt pour retrouver leurs destriers et leurs gens qui attendent avec les équipements.

Malgré l'heure matinale, Cariado, avec un groupe d'écuyers, patrouille dans le canton. Il ne croit pas à l'empêchement d'Iseut. Il la fréquente trop assidûment pour savoir qu'elle n'est pas femme à se laisser vaincre par des nausées. Non ! Elle cache un secret. Il rêve de le découvrir.

Les cavaliers approchent du bivouac des Bretons et sentent une odeur de fumée. Un camp ?

— Oh là ! s'écrie Cariado, le nez dans la brise. La forêt abrite des mystères. Nous n'allons pas tarder à les percer. Taïaut !

Ils s'élancent.

Les serviteurs de Tristan et Kaherdin entendent la galopade. On vient ! Et leurs seigneurs qui ne sont pas rentrés ! Tant pis ! Il ne faut pas qu'on les prenne. En hâte, ils rassemblent les heaumes et les hauberts, tout le barda de leurs guerriers, puis ils enfourchent les montures et déguerpissent.

Mais Cariado arrive. Il voit les destriers, les écus...

— Des chevaliers ! J'en étais sûr ! Ils sont à nous.

Il les défie.

— Au nom de la reine, battez-vous !

Les fuyards n'écoutent rien et éperonnent comme s'ils avaient le diable aux trousses.

— Défendez au moins son honneur, si vous n'en avez pas !

Parle au vent ! Les écuyers et les valets n'ont pas de fierté à défendre. Ils ont la chance avec eux. Ils la saisissent et disparaissent dans la forêt. Les poursuivants s'arrêtent.

— Qui sont-ils ? peste Cariado. L'un des écus était doré de frais et portait des motifs de feuilles. Ce ne sont pas des Cornouaillais !

La reine lui préfère donc un étranger. Un poltron qui plus est.

— Il s'en est fallu d'un rien ! Maintenant, ils vont se méfier !

Furieux de son échec, il tourne bride. Il lui faut une victoire, même facile. La reine et Brangien ! Leur tente se trouve sur son chemin.

Pendant ce temps, Tristan et Kaherdin, qui ignorent tout des événements, se dirigent vers leur lieu de rendez-vous. Quand ils y parviennent, le feu brûle encore, mais la place est déserte.

Cariado se présente à la tente de la reine, bouscule Périnis qui s'interpose, et entre. Décoiffées, en chemise, les deux femmes sont prises au dépourvu. Il ne s'est pas trompé. Elles ont passé la nuit avec des hommes.

— J'ai bien failli capturer les oiseaux au nid ! lance-t-il, l'œil narquois. Se sont-ils économisés au cours de la nuit pour être si vifs ou est-ce dans vos bras qu'ils ont puisé leur vigueur ? Je les ai sommés de se battre pour votre honneur, noble reine, et ils ont détalé comme des lièvres devant les chiens.

Cariado est sûr de lui, grossier, mais Iseut lui fait face, sans se laisser impressionner.

— Je n'ai besoin de personne pour défendre mon nom, Cariado ! réplique Iseut. Et pour ce qui est de l'honneur, j'ignorais que cette plante poussait dans votre jardin et que vous la cultiviez !

Cariado ricane. La reine est en difficulté.

— Je vois surtout qu'après avoir longtemps consommé du coq, noble dame, votre régime a changé. Vous vous êtes mise au ... capon ! Quant à toi, Brangien, il est bien dans ta nature de pauvre de t'accommoder des rogatons de ta maîtresse !

Brangien est irlandaise. Elle sait prendre les coups. Elle sait aussi les rendre.

— Vous avez beau vous moquer, seigneur, dans le pays où je suis née, nous n'avons jamais vu un lion décamper devant un bouc !

Cariado grimace sous l'insulte.

— J'ai vu leurs armes. Ils sont étrangers. Ce n'est que partie remise. Je n'ai pas dit mon dernier mot !

Il a vidé son fiel et il s'en va.

Brangien est pâle. Cariado s'éloigne. Elle le regarde sans le voir. Elle n'entend que ses mots dont les échos roulent en elle avec une force qui enfle. « J'ai vu leurs armes. Ils sont étrangers. » Kaherdin et Tristan se sont donc enfuis devant ce fanfaron !... Son doux amant, son chevalier, si courageux aux dires de sa maîtresse, n'est qu'un lâche ! Il a quitté sa couche, comme un détrousseur une fois son larcin commis, et il s'est défilé, sans égards pour son amie. Il l'a abandonnée, seule, à la vulgarité de Cariado.

Elle voudrait arracher son cœur qui a battu pour un pleutre, lacérer sa peau qui a frissonné sous ses caresses. Elle se tait, essoufflée de misère. Tout à l'heure, quand elle s'est éveillée, courbatue de tendresse, elle aimait cette lourdeur. Maintenant, son corps crie et se rebelle. Une fois de plus, elle s'est laissé duper par sa maîtresse qui ne recherchait qu'une partenaire à sa débauche.

— Comment ai-je pu être aussi aveugle ! gronde-t-elle.

Elle est livide. Ses yeux immenses sont creusés par la haine.

— Pourrie jusqu'à l'os ! crache-t-elle à l'intention d'Iseut. Maudit soit le jour où j'ai quitté l'Irlande ! Maudite, ta mère qui m'a attachée à toi !

Sa poitrine est dure. Sa colère l'oppresse. Elle tremble.

— Quelle femme es-tu donc, Iseut, pour mépriser ainsi ceux qui t'aiment ? Je t'ai servie. J'ai couvert tes mensonges. J'ai été complice de tes rendez-vous, de tes coucheries !... Et que m'as-tu offert en échange, à moi qui ne t'ai jamais rien réclamé ? Ton mari, qui m'a violée dans ton lit ! Et des assassins qui ont eu, plus que toi, pitié de ma vie !

Brangien, hagarde, libérée des convenances, ne se retient plus.

— Honte... J'ai eu honte. Pour moi, pour toi. Si grande honte que j'ai prié Dieu pour qu'il m'aide à te pardonner. Et je t'ai pardonnée, j'ai enfoui ma rancune... Mais le vice te colle à la peau, Iseut la Blonde, et tu ne peux t'empêcher de souiller. Aujourd'hui, tu me jettes dans les bras d'un médiocre et tu appelles cela : « s'aimer dans l'amour ! » Tu me fais miroiter qu'il est duc d'Armorique et moi, peut-être un jour, sa duchesse ! Et je te crois ! Et je te cède !...

Tu prétends m'exhorter à penser à moi ? À qui penses-tu, reine de Cornouailles ? À toi ! Seulement à toi !

Iseut ploie sous le déluge. Son amie l'épouvante.

— Brangien, je t'en supplie, ne crois pas Cariado. Il ment comme il respire.

— J'en connais d'autres !

— Il est jaloux, tu ne vois pas ! De moi, de toi ! Il ne supporte pas que je lui résiste. Il est méchant par dépit. Ne tombe pas dans ce piège ! Il se frottera les mains de nous savoir fâchées. Oh ! ne lui donne pas ce plaisir.

Brangien ne se laisse pas attendrir. Au contraire, l'embarras de sa maîtresse la réjouit. Elle est grisée de la sentir à sa merci.

— Je vais parler au roi. Je vais lui raconter de quelle manière tu t'es parjurée ! Il t'aime trop. Il est trop faible avec toi. Je vais lui conseiller de te surveiller de près.

— Oh, Brangien, je te demande pardon à genoux, pour tout le mal que je t'ai fait. Mais je t'en conjure, reprends-toi, ne détruis rien. Kaherdin est un vrai trésor, la lumière de ta vie. Ne l'éteins pas, continue de l'aimer. Il te mérite, et vous allez si bien ensemble...

Iseut sanglote, mais elle comprend qu'il est inutile d'insister. Brangien demeure fermée.

— Fais ce que tu voudras... renonce-t-elle, brisée. Souviens-toi simplement que ceux qui ont cherché à me nuire en ont toujours pâti.

Brangien ne revient pas sur sa décision. Dès que Marc rentre de la forêt avec ses veneurs, elle demande à le voir en privé. Il la reçoit sur-le-champ, tant il craint pour la santé de son épouse.

— Sire, lui confie Brangien, j'ai du souci pour la reine.

— Son malaise qui l'importune encore ? Elle ne se guérit pas ?

— Non sire, soyez sans inquiétude. La reine s'est un peu écoutée et son indisposition s'est révélée bénigne. Il y a plus fâcheux, en revanche, et c'est pourquoi je me résous à vous parler aujourd'hui, en toute loyauté.

— Tu m'inquiètes ! répond le roi, aussitôt sur ses gardes.

— C'est... son cœur.

— Tristan est-il revenu dans le royaume ?

Brangien hésite. Un gouffre vient de s'ouvrir sous ses pieds. Si elle compromet Iseut, elle se brouille avec elle, Tristan disparaît de sa vie et elle perd Kaherdin à jamais... Elle l'aime... Malgré sa colère, il ne l'a pas quittée. Il habite chacune de ses pensées. Un autre nom en revanche, hurle en elle. Celui d'un être détesté, odieux : Cariado !

— Non, pas Tristan, sire, reprend-elle, émue. Depuis qu'il est parti, la reine ne pense plus à lui. C'est une autre menace qui pèse. Chaque jour, elle harcèle et gagne du terrain. Votre épouse ne sait comment s'en protéger.

— Qui est-ce ?

— Cariado !

— Le comte Cariado ? s'étonne le roi.

— Parfaitement, sire !

Marc est ébranlé par cette révélation.

« Ainsi, Cariado profite de ma confiance, songe-t-il. Il aurait écarté Tristan pour mieux prendre sa place... »

— Il est très séducteur, insiste Brangien qui voit le roi embarrassé. Beau, il le sait, et puissant. Il joue habilement de votre amitié... Je redoute que la reine finisse bientôt par succomber. Veillez sur elle, sire. Assistez-la, c'est urgent.

Marc réfléchit un instant, puis prend sa décision.

— Personne ne sera plus vigilante que toi, Brangien. Tu la connais mieux que quiconque, tu es proche d'elle. Tu vois tout, tu sais tout. Monte la garde, je te donne carte blanche, et informe-moi régulièrement. Je n'interviendrai que s'il faut éloigner Cariado. Accomplis cette mission !

Le lendemain, le roi décide que la chasse ne le distrait plus. La cour regagne Tintagel.

65

RÉCONCILIATION

Tristan se déguise en infirme.

Il prépare un mélange de sang, de terre et de résine, puis applique cet enduit avec soin, sur son visage, ses mains, ses jambes. En séchant, sa peau se boursoufle, comme si elle était couverte de furoncles. Il se fabrique une bosse avec de l'herbe, qu'il bourre sous sa cotte, se couvre un œil d'un bandeau crasseux, déchire ses braies, souille sa pelisse, puis s'exerce à marcher courbé, les jambes torses... Il est méconnaissable, pitoyable à souhait.

Il part à Tintagel, muni d'un gobelet en loupe d'érable, cadeau d'Iseut aux premiers temps de leur amour. En mendiant de-ci de-là, il espère bien glaner des renseignements sur la reine et Brangien. Peut-être même les approcher.

Il a pris sa décision, la veille au soir, en découvrant que la Blanche Lande était déserte. Ils arrivaient, Kaherdin et lui, pour passer une nouvelle nuit auprès de leurs amies et sont restés atterrés devant le camp vide. La prise en chasse de leurs écuyers ne leur laissait rien présager de bon. Mais cette précipitation leur a soudain fait craindre pour leurs dames.

Tristan est prêt maintenant.

— Si j'ai besoin de toi, dit-il à Kaherdin avant de le quitter, je t'enverrai chercher par Périnis, le page d'Iseut. En attendant, ne bouge pas. Restez tous ici. Personne ne vous découvrira.

— Tristan, attends ! le retient Kaherdin. Quoi qu'il arrive, merci !

— Merci de quoi ? s'étonne Tristan.

— Merci pour Brangien ! De m'avoir permis de la rencontrer. Grâce à elle, ma vie a changé. J'existe maintenant. Si elle acceptait de me suivre, je l'enlèverais. Je l'emmènerais avec moi à Carhaix.

Puis il se tait. Ce qu'il veut dire à présent lui coûte.

— Tristan... je ne pouvais pas supposer la beauté d'Iseut, votre amour... Je comprends. Je n'ose imaginer le jour où ma sœur apprendra la vérité... Elle va souffrir, abominablement... Comment l'aider ? Comment lui expliquer ? Elle t'aime, et la paix, si elle la trouve, ne naîtra pas des mots. Je crains de ne pas savoir la consoler... Mais sache que je ne t'en tiens pas rigueur, mon frère !...

Ils s'étreignent. Tristan est ému. Il ne répond pas. Il salue d'un geste et s'en va.

Tintagel au bout du chemin !

L'endurance de la lande, courbée par des siècles de vent. Le ciel gris et la mer qui se fondent. Joyau sombre au bord de la falaise, Tintagel semble défier l'horizon.

Un gueux s'est installé au pied de ses murailles. Il exhibe ses ulcères et gémit pour apitoyer ceux qui entrent et sortent du château. À en juger par la quantité de chariots qui viennent de la ville et les équipages de nobles qui affluent, une fête se prépare.

Les soldats du poste de garde tolèrent la présence du mendiant et parlent sans se méfier de lui. Il apprend ainsi que le couple royal va se rendre à l'église, dimanche, pour entendre la messe, et qu'un grand banquet suivra, avec des jeux, des divertissements.

— Voilà mon occasion ! se réjouit Tristan.

Malheureusement, l'événement est attendu par tous, nécessiteux compris et, le jour de la sortie, une multitude d'indigents, tous plus mutilés et bancals les uns que les autres, se mêlent aux curieux. La concurrence est rude.

— La charité ! Reine des reines, pitié !

Dix bouches édentées, vingt, trente, réclament en même temps. Un chœur de plaintes s'élève en contrepoint aux acclamations. Impossible d'être remarqué !

— La peste soit des pauvres ! fulmine Tristan.

Iseut passe devant lui, rayonnante sur son palefroi, mais lointaine, il le voit, et triste. Son regard figé crie sa solitude.

— Bien-aimée, à quoi penses-tu ? murmure-t-il en la dévisageant. Tu cherches la Blanche Lande ? Tu appelles la nuit ? Je suis là, je t'entends...

À sa gauche, le roi, et, juste derrière elle, c'est étrange, Brangien qui d'ordinaire se mêle au gros des suivantes et des chambellans. Pourquoi cette promotion soudaine ?

Mais la reine s'éloigne et Tristan n'a pas pu attirer son attention.

Il s'extrait en hâte de la masse des badauds, bouscule, reçoit des coups, puis se met à courir en oubliant qu'il est infirme et boiteux. Il atteint les faubourgs de la ville avant les cavaliers, emprunte des venelles et parvient dans la rue qui conduit à l'église. C'est la cohue ! Impossible de se frayer un passage ! Et les clameurs, à l'autre bout, qui annoncent l'arrivée du cortège !

Tristan remonte la foule vers le parvis. Il veut s'y trouver quand Iseut descendra de sa monture. Mais comment se glisser au premier rang et lui parler ? Deux mots seulement, en tête à tête.

Soudain, il prend conscience de son gobelet, inutile dans sa main. Il ramasse un caillou, le place à l'intérieur et le secoue comme un grelot, à la manière d'un lépreux qui s'annonce, en s'exclamant :

— La charité bonnes gens ! Pour un pauvre ladre abandonné de tous !

Horreur ! Dégoût ! La ruse réussit. La foule s'ouvre devant Tristan. Iseut est là, tout près. Encore un pas. Il supplie.

— Douce reine... Lumière de Cornouailles...

Cette voix de misère perce le brouillard des ovations et Iseut, enfin, l'entend. Elle tourne la tête, voit l'être répugnant, réprime son écœurement.

— Une simple aumône pour mon petit gobelet... insiste-t-il en secouant son hanap.

Et soudain, elle reconnaît son cadeau. Tristan, ici ! Malgré le danger, sous ces hardes infâmes !... Ses yeux se mouillent. Elle retient ses larmes, retire l'anneau qu'elle porte au doigt pour le lui jeter, quand une voix fuse à ses côtés, sévère. Celle de Brangien !

— Vous êtes bien généreuse avec ce mendigot ! C'est un trésor que vous lui donnez là !

Elle aussi a reconnu Tristan.

— Sire ! dit-elle au roi, si vous n'y prenez garde, votre épouse aura tôt fait de dilapider les trésors de la couronne !

Et aussitôt, elle s'en prend aux gardes, donne ses ordres devant Marc, amusé, qui approuve.

— Sergents ! Depuis quand laissez-vous les malades frayer avec les gens sains ? Chassez ce gueux hors de la ville ! Renvoyez-le sur les chemins !

Les amants n'ont que le temps d'échanger un regard. Oh ! la détresse de Tristan. Oh ! le désappointement d'Iseut...

— Je ne suis plus libre de rien ! hurlent ses yeux.

Les gardes bousculent Tristan. Coups de pied, coups de pique, horions. On les approuve et ils frappent sans ménagement. Tristan trébuche, tombe, se relève, marche en titubant, s'écroule encore, roule, poussé par les hampes des épieux.

Autour de lui, la foule l'insulte et rit.

— Lépreux de malheur ! Débauché ! Rossez-le !

Quelques-uns suivent les sergents, prêtent leur concours en se défoulant.

Tristan est jeté aux portes de la ville, exténué et rompu. Il se laisse glisser dans un fossé et tente de recouvrer ses esprits. Il revoit Brangien. Elle triomphait.

Pourquoi les a-t-elle trahis ? Et le désarroi d'Iseut... Après trois nuits de délices, leur bonheur leur est repris. Faudra-t-il sans cesse qu'ils se retrouvent pour se perdre ?

Ses forces le quittent. Il n'a plus envie de lutter. Il rêve d'un lieu retiré pour se laisser mourir. Il se souvient d'un ancien manoir à l'écart du château, aujourd'hui désaffecté. Il s'y traîne, se faufile sous un escalier de pierre à demi écroulé, s'y pelotonne et s'endort.

Pendant ce temps, là-bas, dans le monde, plaisirs et distractions...

Le jour passe. La nuit tombe. La marée apporte un crachin sombre et pénétrant. Il fait froid.

Dans sa loge, le gardien de la demeure envoie sa femme chercher du bois pour le feu. Elle maugrée. Elle se méfie de la nuit où les esprits vont en liberté. Pour s'épargner un long chemin jusqu'au bûcher, elle se rend sous l'escalier. Elle y sait des restes de madriers et de vieilles poutres. Elle se glisse dans la soupente, tâtonne. Elle sent un paquet mou. Il fait noir, mais sa lanterne éclaire juste assez pour distinguer une forme qui lui glace les os.

— Le diable !

Tant de témoignages circulent sur Lucifer, sur ses visites chez les hommes pour faire son marché d'âmes. Elle rentre en courant, alerte son époux.

— Il couche cette nuit à Tintagel ! hurle-t-elle épouvantée.

— Qui « Il » ?

— Le Malin, qui veux-tu !

Le portier est un fort caractère. Il hausse les épaules en s'esclaffant.

— S'il n'a plus que nous à se mettre sous la dent, le mal aura bientôt déserté la terre !

Il sort à son tour et va à la rencontre de ce démon. Il trouve le vagabond, l'assoit, le secoue en le harcelant de questions. Qui es-tu ? Que fais-tu là ? Comment ? Pourquoi ?...

Tristan cligne des yeux dans la lumière de la chandelle qui l'éblouit. Il se croit mort. Il comparait devant le Juge suprême et décline son identité en balbutiant :

— Je suis Tristan...

— Tristan !... Le vainqueur de Morholt !

Le portier voit qu'il va s'évanouir. Il le retient.

— Oh, seigneur Tristan ! Vous avez sauvé ma fille et mon garçon !

Il l'extirpe du réduit, le charge sur ses épaules et l'emporte dans sa loge.

— Ton démon est un chevalier de Dieu, bonne femme ! se moque-t-il en entrant. Apporte de l'eau chaude !

Il le lave, le soigne, le restaure : pain, vin et affection, puis décide d'alerter la reine.

— Seigneur, il faut qu'on sache que vous êtes là !

Tristan n'a pas le temps de le dissuader qu'il est déjà parti.

Il a toutes ses entrées dans le château. Les gardes le laissent passer et il parvient sans difficulté jusqu'à Périnis qui l'introduit auprès d'Iseut.

— Noble reine, j'ai recueilli votre neveu Tristan ! lui annonce-t-il. Je l'ai réconforté et couché dans mon lit.

Il repose, mais il ne veut plus vivre. Je crains bien qu'il n'en profite pour passer de ce sommeil dans l'autre.

Iseut reste immobile, sans un mot. Le portier croit qu'elle n'a pas compris et s'apprête à répéter. Mais il se ravise, car une plainte fait gémir le silence.

— Tu entends, Brangien ? Il trépasse.

Le beau visage de la reine est gris.

— Si quelqu'un doit être puni, ce n'est pas lui.

Brangien se tait. Périnis comprend qu'il faut les laisser et sort avec le portier, qu'il accompagne au chevet de Tristan.

— Sa mort ne me tirera pas un sanglot ! siffle Brangien dès que les hommes sont partis. Il est coupable autant que toi. Vous vous êtes entendus comme larrons pour m'humilier par deux fois.

— Alors, va le trouver, Brangien. Dis-le-lui. Qu'il sache au moins pourquoi il meurt !

Et Iseut, opiniâtrement, répète ce qu'elle a déjà dit. Toute la nuit, comme un saint homme devant la face de Dieu, elle harcèle Brangien. Et toute la nuit, Brangien résiste, murée dans une haine dont elle ne connaît plus les raisons.

Pourquoi à l'aube finit-elle par céder ? Pourquoi accepte-t-elle soudain tout ce qu'elle a refusé ? Parce que les anges s'en sont mêlés ? Parce que leurs ailes de lumière, comme chaque matin, ont balayé la nuit ?...

Lorsque le jour se lève, Brangien, exténuée de résister, autant qu'Iseut de combattre, retrouve sa voix légère de papillon irlandais.

— Je m'en vais, maîtresse, auprès de Tristan, lui parler, l'entendre...

Elle n'est pas encore convaincue, mais Iseut perçoit

en elle comme une poussée de sève qui fait fondre la neige.

Tristan dort. Brangien le reconnaît à peine. Il est couvert de blessures, pâle.

— Seigneur, souffle-t-elle en se penchant sur lui. C'est moi... Brangien...

Ce nom produit l'effet d'un alcool. Tristan ouvre les yeux, découvre Brangien, esquisse un sourire.

La jeune femme sent qu'elle se laisse attendrir. Elle se raidit. Elle est venue pour savoir.

— Pourquoi avez-vous fui devant Cariado ? demande-t-elle. Pourquoi m'avoir donnée à Kaherdin, s'il est si lâche !

La voix de Brangien vient de loin. Tristan fait un effort pour comprendre.

— Fui ? répond-il. Mais nous n'avons pas fui !

Puis, d'un souffle plus assuré :

— Ce sont nos écuyers qui ont été pourchassés.

Soudain, il entrevoit la cause de sa rancœur. Il s'accoude avec peine.

— Cariado est allé vous voir, n'est-ce pas ? Vous l'avez cru...

— Il nous a déshonorées.

Tristan s'assoit et se cale contre le mur. Il voit que la haine de Brangien repose sur un malentendu. Les forces lui reviennent.

— Brangien, poursuit-il en se ménageant, crois-tu que si Cariado m'avait provoqué, il aurait pu, sur ses deux jambes, aller vous insulter ?

Brangien, gênée, ne sait que répondre. Elle n'a jamais vu Kaherdin au combat, mais elle connaît la valeur de

Tristan. Peu à peu, elle prend conscience qu'elle a prêté crédit aux paroles d'un hâbleur. Une méprise ! Le flot de haine qui l'a balayée était le fruit d'une méprise ! Iseut avait raison.

— Mon Dieu ! s'écrie-t-elle en se mordant la main.

Elle est effarée. Elle a détesté sa reine, l'a dénoncée au roi...

— Kaherdin est un grand chevalier... Brillant, courageux. Il t'aime d'amour.

Tristan a prononcé le mot qu'elle redoutait. Elle éclate en sanglots, tombe à genoux et s'enfouit la tête dans la paillasse du blessé.

— Oh pardon !

Brangien ploie.

Tristan la laisse s'épuiser, puis la console, une main sur ses cheveux.

— Kaherdin m'a confié un message pour toi. Il m'a dit : « Grâce à Brangien, ma vie a changé. J'existe maintenant. Si elle acceptait de me suivre, je l'enlèverais. Je l'emmènerais avec moi à Carhaix. »

Brangien se laisse envelopper, secouée de joie et de remords à la fois.

Jour après jour, Tristan se remet, hébergé en secret par le portier. Iseut lui rend visite aussi souvent qu'elle peut. Il refait ses forces avec elle, comme jadis en Irlande, et fait durer sa convalescence.

Un jour, elle lui apprend que des joutes vont rassembler de nombreux chevaliers sur la lande.

— Alors, il faut prévenir Kaherdin, dit-il aussitôt. Envoie Périnis. Qu'il lui recommande de venir armé, avec son équipement de chevalier. Personne ne le connaît. Il combattra pour Brangien, sa dame, et lui prouvera sa bravoure.

Au jour dit, la lande étincelle, toute parée d'orgueil et de fierté. Les preux s'exhibent et font assaut de témérité. Au milieu des combats, deux cavaliers s'invitent, impromptu. L'un arbore un écu aux armes inconnues. L'autre, son servant, de guingois sur sa selle, mal assuré, tête basse, porte les lances.

Cariado le premier les aperçoit.

— Couleurs dorées de frais et motifs de feuilles ! Je savais bien que l'on se retrouverait. Il est pour moi ! s'exclame-t-il.

La proie est facile et Cariado s'empresse, sans se douter que la lance de Kaherdin est taillée dans un bois dur, d'une espèce rare : un arbre d'amour. Il n'a pas le temps de s'en apercevoir. Elle lui transperce le cœur et il s'écroule sur la lande sans connaître le nom de son vainqueur.

L'ami du roi est couché sur le gazon. Son regard fixe le ciel où crient les goélands.

— Il faut venger cette mort ! s'exclame un baron.

Un parti de chevaliers s'approche déjà. Tristan se redresse, métamorphosé soudain, et s'apprête.

— Un épieu dans chaque main, Kaherdin ! La tactique a réussi contre les Nantais. Pourquoi pas contre les Cornouaillais ?

Ils s'élancent en même temps, surprennent par leur audace et renversent quatre assaillants d'un coup. Ils tournent bride, fondent à nouveau sur leurs adversaires décontenancés, en désarçonnent quatre autres, puis s'éloignent pour défier à distance le reste de la troupe.

Leurs destriers se cabrent et quelqu'un crie.

— Les chevaliers fées ! Ils sont revenus !

L'ardeur des Cornouaillais mollit. Aucun n'a oublié la moisson de blessés versée sur la Blanche Lande.

Dans la tribune des dames, Brangien tremble pour son amant. Il tient en respect les meilleurs guerriers du royaume. Il est beau. Comment a-t-elle pu croire à sa lâcheté ? Iseut la tranquillise en lui pressant la main.

Pendant cet instant de flottement, Tristan a extrait de ses fontes un voile blanc. Celui que la reine a noué à sa lance lorsqu'il était chevalier fée. Il l'attache à nouveau et lève bien haut la hampe pour se faire reconnaître.

— Regardez ! C'est Tristan !

Tristan et Kaherdin se satisfont de cette démonstration. Ils rompent l'engagement et filent au grand galop. Lorsque les Cornouaillais se décident à leur donner la chasse, ils ont une belle avance. Leurs écuyers les ont rejoints et ils s'enfoncent à travers le pays, vers le sud, où leur nef les attend.

Pendant qu'ils s'éloignent, la lande de Tintagel se vide. Le nouveau coup d'éclat de Tristan relance rumeurs et suppositions et toute la cour s'interroge sur son mystérieux compagnon.

— Quel chevalier ! Qui se ressemble s'assemble !

Brangien écoute les conversations et dissimule sa fierté. Kaherdin n'a pas encore quitté la Cornouailles qu'elle brûle déjà de son retour.

66

DÉCHIRURES

Dans son manoir de Carhaix, Yseut la jeune épouse aux blanches mains, attend Tristan. Depuis des semaines, il est parti vers la mer, sans dire où il allait. Kaherdin l'accompagnait et sa colère était tombée. L'amitié entre eux avait repris, plus forte, et Yseut s'était sentie doublement délaissée par ce revirement de son frère. Il n'était plus question de comptes à rendre à la famille, d'honneur bafoué à rétablir. Ils étaient impatients de s'en aller et furtifs.

Yseut aime Tristan et n'a pas renoncé à être aimée, mais le temps s'écoule et l'amertume jette des cendres sur son feu.

Un jour, les deux hommes rentrent et Yseut comprend dès qu'elle les aperçoit. Nulle joie, nul empressement à la retrouver après leur longue absence. Ils sont préoccupés, l'un et l'autre, et lointains. De leur périple, ils ne confient rien. Une voix puissante les appelait de Cornouailles. Ils lui ont répondu. Cette voix, malgré leur retour, ne s'est pas tue. Au contraire, elle clame, plus puissante que jamais. Yseut l'entend, le soir même, dans la blessure qui tourmente son mari, dès qu'il se met au lit.

Elle se retient de crier à Tristan :

— Comment s'appelle-t-elle ? Dites-moi... Quel est son nom ?

Elle se contient, Yseut la brave au courage de granit. Elle réprime le désir qui hante son ventre et se change en souffrance. Elle se tait et reste en éveil, chaque nuit, à l'écoute de Tristan, en espérant qu'il se confie.

Tristan et Kaherdin séjournent quelque temps au pays. Sombres et pensifs, ils vaquent à leurs occupations de seigneurs, s'adonnent à la chasse et aux joutes. Bientôt, la Bretagne armoricaine ne suffit plus à tromper leur mélancolie. Ils tournoient en Poitou, en Touraine, en France, en Artois... Ils sont connus et redoutés partout.

On les croit frères. Ils ne démentent pas. Ils sont unis par une quête plus forte que les liens du sang. Ils ont laissé un pur bonheur, là-bas, sur la lande cornouaillaise. Maintenant leur certitude se brouille. Ils veulent la retenir en combattant et les chevaliers qu'ils affrontent se changent en guerriers défenseurs du temps qui s'écoule et de l'absence. Mais ils ont beau les désarçonner, les culbuter à tour de bras, le véritable ennemi s'esquive toujours, insaisissable. Les victoires qu'ils rapportent à Carhaix les laissent insatisfaits. Ils se consolent chez Moldagog qui les accueille dans son domaine. Ils y passent des heures dans les parfums de la Salle aux Images...

Kaherdin y retrempe son ardeur. Il veut lancer un raid sur Tintagel, enlever Brangien, la ramener en Armorique, l'épouser. Rien ne s'y oppose. Elle s'est réconciliée, elle l'aime plus que jamais et ils sont libres tous les deux.

— Franchissons la mer, Tristan !

Tristan ne répond pas. Il sait que son amour à lui est sans issue. Retourner en Cornouailles pour s'enfuir encore ? S'unir dans la fièvre, se séparer, désespérer toujours plus fort ?... À quoi bon ! Les statues sont plus reposantes.

Il caresse l'effigie d'Iseut, l'embrasse, dialogue avec elle, rejoue les heures bénies de leur amour. Ils boivent à nouveau le vin herbé, ils s'aiment sous la lune du verger, ils entendent crépiter le bûcher de l'horreur, s'enfuient, luttent pelotonnés contre l'exil, défricheurs d'amour, grisés par la beauté des terres qui se découvrent...

Tristan s'abandonne au charme de la déraison et, peu à peu, se laisse glisser vers la folie.

À Tintagel, une colombe est entrée un matin par la fenêtre de la reine et s'est posée sur l'épaule de Brangien.

— C'est Kaherdin qui me l'envoie, maîtresse. Je le sais bien, puisque c'est moi qu'elle a choisie.

Iseut est heureuse de la voir si bien remise de ses tourments. Elle est redevenue l'amie à qui elle peut se confier. Depuis le départ de leurs chevaliers, Brangien fredonne à toute heure. L'amour a semé des mélodies dans son cœur. En chantant, elle s'adresse à son bien-aimé et lui sourit. Souvent, elle se tient devant la croisée, d'où elle regarde la mer. Un jour, une voile apparaîtra. Elle reconnaîtra la nef. Kaherdin en débarquera et l'emportera dans ses bras. Il l'a assuré à Tristan et c'est la vérité, car sa façon de combattre n'est pas celle d'un homme qui ment.

Iseut accepte cette fraîcheur qui laisse intact son chagrin. Tristan est revenu. Leur passion enfouie a jailli, violente d'avoir désespéré, éperdue d'avoir imaginé le pire. Tristan est reparti et son amour se rebelle de se murer tout vif dans le silence. Mais elle est reine. Elle se soumet comme n'importe lequel de ses sujets, mais va plus loin. Elle veut montrer l'exemple et ajoute un supplice à sa peine. Elle endosse à même sa peau nue, une chemise de crin, un horrible cilice[1]. Elle s'impose cette contrainte pour penser à Tristan, comme Brangien aidée de sa colombe rêve à Kaherdin.

Un jour, un trouvère s'arrête à la cour. Sa voix est mélodieuse. Il chante en s'accompagnant d'une vièle à arc. Iseut lui demande de chanter pour elle, en privé. Alors, bercée par ses chants, elle parle au musicien de son vielleur adoré, lui raconte le plus lumineux de leur passion et lui révèle le supplice qu'elle endure.

— Compose des couplets, ami ! lui demande-t-elle. Fredonne-les de par le monde. Dans les îles et sur le continent. Je suis sûre que l'un d'eux parviendra à Tristan.

---

1. Chemise d'étoffe rugueuse ou ceinture de crin, portée à même la peau pour s'infliger une mortification.

67

LA FOLIE DE TRISTAN

Le vielleur a donné sa parole et ses couplets s'en vont par les îles et sur le continent. Un jour, ils arrivent à Carhaix et Tristan les entend. Il reconnaît Iseut dans la dame au cilice. Elle est toujours éperdue, autant que lui. Mais elle a choisi d'éteindre son corps en l'étouffant sous le feu épouvantable de la démangeaison. Cette décision le bouleverse. Là-bas, Iseut s'abîme. Ici, il sombre dans ses délires. Il ne voulait plus traverser la mer. Mais comment peut-il savoir et demeurer inerte ? Que sa folie, au moins, lui donne la force d'aller la dissuader de se détruire !

Il mûrit vite un plan pour la rejoindre et part une nuit, seul, en cachette de Kaherdin. Yseut la mal aimée ne dort pas. Elle le sent quitter leur couche. Elle comprend que ce nouveau départ va encore les éloigner et que la distance entre eux sera bientôt infranchissable.

Il rejoint la côte d'une traite et trouve à s'embarquer à bord d'un bateau marchand. Il atteint la Cornouailles en deux nuits et un jour.

Tristan débarque au petit matin à proximité de Tintagel. Sur le rivage, il croise un pêcheur, vêtu d'une longue tunique velue, empestant le sel et le poisson. Il la lui échange contre sa cotte, puis s'isole dans un vallon où il prépare son déguisement. En prévision, il a apporté avec lui une herbe dont il se frotte le visage. Son suc noircit la peau en la poissant. Il est méconnaissable, mâchuré comme un diable. Avec son couteau, il se rase la tête, laisse quelques touffes hirsutes, se barbouille encore le crâne, puis s'attache autour du cou une forte branche de bois mort qu'il trouve dans une haie.

Le fou Tristan est prêt. Il se dirige vers le château, comme un égaré qui cherche son chemin.

Dès que les gens l'aperçoivent, errant, son entrave battant ses genoux, invectivant les oiseaux et les nuages, ils savent à qui ils ont affaire. Les fous sont rares. De vraies bénédictions ! Ils portent bonheur à condition de les toucher. Celui-là semble farouche. Ils n'osent l'approcher de trop près. Alors, ils le tâtent à distance, avec des perches ou des cailloux.

Tristan reçoit les coups, pousse des cris d'égorgé, bondit comme un chevreau pour se protéger, rit et ramasse les pierres avec empressement, comme des aumônes inestimables.

— Merci, bons sires et nobles dames ! Que Jean, le saint patron des solstices veille sur vous !

Il parvient ainsi au poste de garde du château, suivi

par un cortège de braillards qui s'en donnent à cœur joie.

— Où vas-tu, fou ? l'arrête un sergent. Par ici, on entre chez le roi !

— Justement, il m'attend ! Je suis son frère. Il m'a envoyé à sa place à l'enterrement de l'abbé du mont Saint-Michel qui épousait une grosse abbesse. Tous les évêques et les curés de Cornouailles, d'Irlande et de Bretagne étaient conviés et se mariaient avec lui ! Maintenant, laisse-moi entrer pour que je sorte ! Le roi est à table à l'heure qu'il est et il m'attend pour dormir.

— Tu es vraiment très fou ! répond le soldat hilare. Mais entre donc. Je crois que tu plairas au roi.

En effet, quand Marc le voit se présenter dans son accoutrement, puant la marée, avec sa face de damné échappé des enfers, il s'exclame :

— Ah ! voici un vrai gaillard. Approche et viens nous entretenir du monde !

Tristan s'empresse, se prend habilement les pieds dans son piquet, roule sur les dalles et termine sa course à plat ventre, devant la table maîtresse, aux pieds du roi et de la reine.

Marc, ses chevaliers et leurs dames, les sénéchaux de table, les valets, éclatent de rire. Vraiment, ce fou annonce un joyeux divertissement. La reine ne sourit même pas.

— Parle-nous de toi, fou, lui demande Marc. Qui es-tu ? Comment es-tu arrivé jusqu'à nous ?

— Comme tous les animaux du monde, sire, je suis né dans l'eau. Mon père était un morse et ma mère une baleine. Elle m'a posé sur un flocon d'écume dès qu'elle m'a vu, pour se débarrasser de moi, et les courants m'ont emporté. Je dormais. Je ne peux pas dire par où je suis passé, ni où je suis arrivé. Mais à mon réveil, une tigresse m'avait recueilli et m'allaitait à la mamelle !...

À quatre pattes, il s'approche d'une servante qui porte des écuelles de sauce, il agrippe sa robe en grognant et saute à sa poitrine pour la téter. La femme hurle, horrifiée, asperge le fou et s'enfuit au milieu des moqueries.

— J'ai aussi une sœur, poursuit Tristan en se léchant. Nous sommes jumeaux. Elle possède une queue d'écailles, comme moi. C'est une sirène !... Si tu la veux, je te la prête. Essaie-la ! Elle aime très bien les rois... Mais en échange, prête-moi ta femme !

— Hé là ! s'offusque Marc en riant. Une reine contre un poisson ? Comme tu y vas !

— Un poisson qui sera épris de toi, j'insiste ! Est-ce que ta femme t'aime encore tant que ça, d'abord ?...

Et comme l'humeur change soudain, Tristan passe d'un chevalier à l'autre, en questionnant :

— Et toi, ta femme ? Tu parierais qu'elle ne t'a jamais trompé ?

Puis il revient vers son oncle et le tire par la main.

— Allez, laisse-toi faire... Ma sœur nous attend sous la falaise. Viens !...

Marc résiste.

— Attends un peu ! Commençons par nous mettre d'accord. Admettons que je te prête la reine, dit-il en observant les réactions d'Iseut, qu'est-ce que tu en feras ?

Tristan porte les mains à son cœur et tombe à la renverse.

— Ah ! je meurs...

Raide comme une pierre ! On croit qu'il s'est évanoui et, quand on s'approche de lui, il se relève en bondissant.

— Je l'emmènerais au septième ciel ! J'y possède un palais de verre, dissimulé dans les nuées et invisible de la terre. C'est là-bas que j'ai laissé ma raison. Le soleil est mon valet de chambre. Il m'éveille le matin, et le soir, avant de me quitter, m'apporte la lune sur un plateau. Tu ne me crois pas, roi ? Regarde, voici la clé de mon palais. Il farfouille sous sa tunique, prend un air désappointé et se met à pleurer.

Je l'ai perdue !...

Puis il trouve la branche autour de son cou et la brandit en s'exclamant :

— Que je suis fou ! La voici...

Profitant des rires, Tristan s'approche d'Iseut, essaie de lui arracher un regard. S'il pouvait seulement croiser ses yeux ! Mais elle reste distante, obstinément, étrangère à toutes ses pitreries.

— Regarde, seigneur, comme ta reine me bat froid, reprend Tristan. Elle ne veut pas de moi ! C'est injuste. Je l'aime tant ! C'est à cause d'elle que j'ai sombré dans la folie. Jadis, j'étais harpeur, et je jouais sous le nom de Tantris. Je lui ai enseigné mon art quand elle était fille chez son père, en Irlande. Mais elle m'a oublié. Regarde comme elle me dédaigne !

Iseut, enfin, sort de sa réserve et tourne la tête vers le fou. Tristan se tait. Elle va parler. Tous attendent.

— Tantris était un menteur et un lâche. Sa folie n'est que le retour des tourments qu'il a infligés à autrui.

— Oui mais, enchaîne le fou, Tantris était un nom d'emprunt. En réalité, je m'appelais Tristan.

Et sans se préoccuper des murmures qui courent de table en table, il se met à marcher en se dandinant d'une jambe sur l'autre, à la manière d'un pantin.

— Tan-Tris, Tris-Tan, Tan-Tris, Tris-Tan !...

De la ritournelle, il passe au chant et fredonne :

Belle dame, qui tant valez, que tant j'adore,
Je vous donnerai tout ce que je puis donner.
Mes plus hautes pensées, et mon cœur, et mon corps.
Ni soleil en été, ni lune tôt levée
N'ont d'éclat comparable à votre grand beauté.
Belle dame, qui tant valez, que tant j'adore,
Je vous serai loyal jusqu'au jour de ma mort.

Les convives applaudissent, mais Iseut se lève, pâle de colère.

— Tais-toi, bouffon ! Tu es ivre.

— Oui, belle reine, ivre de vous ! Car souvenez-vous bien, nous avons bu ensemble, un vin que nous boirons encore !

C'est trop ! Iseut veut quitter la table, mais Marc la retient.

— Allons, mon amie, ce ne sont que des folies ! Ne les prenez pas au sérieux. Ce fou me divertit. Restez. C'est moi, votre mari, qui le demande !

Et pendant qu'Iseut se soumet, Tristan crie de toutes ses pensées, à se fendre le cœur :

« Iseut, c'est moi ! Jusqu'où refuseras-tu de m'entendre ? Éveille-toi ! Ne me laisse pas dévoiler un à un, tous nos secrets... »

Marc, déjà, revient au fou.

— Mais dis-moi, j'y songe. Si tu es bien Tristan, la reine est ta tante.

— Parfaitement ! Ma tante et... mon amie !

— Ton amie ? Raconte-nous !

— C'est très simple. Écoute ! D'abord, j'ai tué Morholt. Mais lui m'a blessé. Alors, elle m'a soigné et puis je l'ai aimée ! Voilà ! Mais comme tu étais un pauvre célibataire, tu m'as demandé d'aller te chercher ce trésor. Et moi, obéissant, j'ai traversé la mer. Je t'ai rapporté l'or que tu voulais. Mais le coffre contenait un écrin, avec un diamant caché. Tu n'en savais rien. Je l'ai trouvé et... je l'ai mangé ! Hi !

Il fait mine de s'étrangler en avalant, puis s'échappe dans une pirouette, bondit sur une table, aboie, se laisse tomber sur les genoux d'une baronne, roule par terre avec elle et se redresse en hurlant comme s'il s'était brûlé.

— Te souviens-tu de ce diamant, roi de Cornouailles ? Non, bien sûr, puisque c'est moi qui l'ai ! Et vous, reine, ma tante, mon amie ?... Et toi, Frocin, descendu sous la terre tout blanchi de farine ? Et toi, Dieu du ciel qui m'a sauvé de la chapelle ? Morrois où il fait bon dormir sous tes feuillages ?... Répondez, vous tous, à ce pauvre Tristan qui cherche en vain à retrouver sa raison...

Tristan se tait, immobile devant Iseut, comme un dévot devant la statue de son dieu. Il attend. Mais le signe qu'il espère ne vient pas. Alors, doucement, il se met à pleurer de chagrin vrai et ses larmes font courir dans l'assemblée un frisson d'émotion. Tristan le sent. Il veut garder le public à sa main et aussitôt renverse la situation. Il insulte un serviteur, effraie une comtesse en grimaçant, la menace de son bâton, puis retourne le coup contre lui, se frappe la tête et ramène les rires.

Marc n'a rien perdu de son manège.

« Ce fou amuse, mais il est un peu trop bien renseigné », songe-t-il.

Il n'a pas pu déceler la moindre complicité entre la reine et lui, mais pour mettre un terme à ses confidences, il se lève et s'adresse à ses barons :

— Seigneurs, si nous allions chasser ?

— Bonne idée ! s'écrie Tristan.

Il brandit son piquet comme s'il chevauchait, lance en avant, puis d'une galipette, il disparaît sous une table où il s'endort en ronflant.

Le roi quitte la salle avec ses gens.

La reine retourne dans sa chambre, accompagnée de sa suivante.

À peine Brangien a-t-elle refermé la porte qu'Iseut se laisse tomber sur un siège. Certaine que personne ne l'observera plus à la dérobée, elle se laisse aller.

— Je n'en puis plus, Brangien ! Attends que le roi soit parti avec ses veneurs et ramène-le.

Peu après, Brangien revient avec Tristan. Il entre. Elle verrouille la porte. Iseut court vers lui et le serre dans ses bras.

— Tais-toi ! Ne dis rien ! Je ne veux plus entendre un seul mot de folie !

Son pendentif de bois les gêne.

— Retire ce collier, allons, et cette pelisse dégoûtante. Tu empestes le poisson !

Elle l'aide à se défaire, le reprend contre elle, puis l'écarte, le regarde en soupirant, puis l'étreint encore.

— Comment as-tu pu t'enlaidir de la sorte ! se désole-t-elle devant l'état de son visage.

Elle passe ses doigts sur ses joues, sur son crâne pelé où pendent quelques mèches.

— Tes beaux cheveux !...

— Ils repousseront, répond Tristan, ce n'est que l'apparence.

Ils s'enlacent longuement, écoutent la houle de leurs corps qui respirent.

— Ainsi, noble dame, plaisante doucement Tristan, vous avez fini par retrouver la mémoire ?...

— Je ne l'ai jamais perdue, que crois-tu ? Je te reconnaîtrai toujours, quels que soient tes masques. Je ne te regarde pas avec mes yeux.

— Ton jeu d'indifférente était parfait. Je m'y suis laissé prendre. Un instant, j'ai cru que tu m'avais oublié.

— Fou !

Il l'embrasse.

— Fou, oui, de toi !

Elle lui rend son baiser.

— Une chanson d'amour a soufflé sur toute l'Armorique, apportée par le vent. Elle chantait une dame...

Il s'interrompt soudain. Ses mains sentent, à travers le tissu de la robe, l'horrible chemise de crin.

— Je suis venu te retirer cette horreur !

Iseut ferme les yeux, au bord de la défaillance. Les caresses accroissent la démangeaison et Tristan prend conscience qu'il aggrave son supplice.

— Enlève ça ! Enlève vite !... Brangien, viens m'aider.

Ils délacent le bustier, ôtent les manches, descendent

le plastron jusqu'à la taille, défont l'abominable camisole, et Iseut, sans résister, se laisse arracher à sa prison de souffrance.

Tristan la regarde, les larmes aux yeux. Sa poitrine couverte de rougeurs fait pitié. L'air frais sur sa peau nue semble l'apaiser, mais Tristan n'ose plus la toucher.

— Brangien, apporte-moi un baume adoucissant.

Patiemment, il la masse. Ses mains calment le feu de l'épiderme.

— Une fois n'est pas coutume, murmure-t-il. C'est mon tour de te soigner.

Iseut soupire.

— Je ne veux pas guérir...

— Que dis-tu ?

— Je ne veux pas guérir... À quoi bon consoler, quand le mal ne peut qu'empirer ? Dès le retour du roi, tu vas t'enfuir à nouveau. Tu reviendras un jour – quand ? – sous un masque différent, pour repartir encore et à jamais ainsi... Nous aurons beau nous retrouver, nous resterons toujours des égarés.

Elle s'interrompt un instant, comme si elle reprenait pied, hésite, puis reprend :

— Il faut nous séparer !... Accepter de ne plus nous revoir, pour ne plus souffrir de l'attente. Mettre un terme au désespoir, en cessant d'espérer... Tu as pris une épouse en Armorique. Elle a besoin de toi. Donne-lui l'amour qu'elle mérite.

Tristan, atterré, l'écoute sans protester. À mesure qu'elle parle, des pensées bataillent en lui.

— Est-ce que tu tiens à ton trône, reine de Cornouailles ? lui demande-t-il à brûle-pourpoint.

— Pourquoi cette question ?

— Réponds !

— Tu es mon seul royaume. Je ne porterai jamais que ta couronne ! Est-ce que tu en doutes ?

— Non, mais je voulais que tu le dises !

Puis il s'adresse à Brangien.

— Kaherdin ne t'a pas oubliée. Tous les jours, il parle de toi. Il est impatient de venir te chercher.

— Alors, assurez-le que je l'attends pareillement, répond Brangien bouleversée. Que chaque matin je regarde la mer en cherchant la voile de sa nef ! Que chaque soir au couchant je confie son nom à l'horizon !...

— Patiente ! Je te promets que nous viendrons bientôt. Et, au lieu d'une dame, nous en enlèverons deux !

Iseut entend et se tait.

Il s'approche d'elle. Avec précaution, il la prend dans ses bras.

— C'est ma manière à moi de ne plus t'attendre et de ne plus désespérer, lui dit-il. T'installer pour toujours à mes côtés. Hier, nous avons accepté le dénuement dans la forêt du Morrois. Aujourd'hui, j'ai retrouvé ma terre d'Armorique et je suis roi de Lohonois.

Iseut se laisse aller contre lui. Sa peau sent bon le cerfeuil et le calendula. Le baume fait son effet. Elle ferme les yeux. Elle ne veut songer ni au passé ni au futur. Elle n'entend que le présent et elle se laisse aimer.

68

TRISTAN LE NAIN

— Attendons la nouvelle lune, Kaherdin. Nous ne serons pas gênés par la clarté du ciel. Nous arriverons à la nuit tombée et nous pénétrerons dans le château par la poterne du verger. Pendant que tu monteras la garde dans la cour, j'escaladerai la muraille, je l'ai déjà fait, jusqu'à la chambre de la reine. Espérons qu'elle ne dormira pas chez le roi. Je redescendrai avec Iseut et Brangien, puis nous repartirons aussitôt. À l'aube, nous serons loin.

— Et lorsque nous atteindrons l'Armorique ?...

Tristan comprend la question de Kaherdin.

— À l'arrivée, si tu veux bien, elles s'installeront dans mon château de Lohonois. Elles se connaissent et elles s'aiment. Laissons-les ensemble le temps que tu prépares tes noces. Ensuite...

Il se tait et songe. Comment vivra-t-il ensuite ?... Sa bien-aimée en Lohonois et son épouse à Carhaix ? Il sait mener un tournoi, organiser un plan d'action. Il sait affronter un adversaire cuirassé. Toutes ses victoires, il les a conquises à la pointe de l'épée. Mais la vie sans armes, comment l'affrontera-t-il ? Les jours qui suivent les jours ? La paix, le repos et le crachin parfois, qui s'installe dès l'aurore et pèse sur les heures jusqu'au soir ?...

— Ensuite... je vais commencer par prévenir Gouvernal, reprend-il. Et préparer le séjour de nos dames. Allons-y tous les deux !

Ils s'en vont.

Le vieux maître est heureux de retrouver son cher Tristan.

— Tu m'as manqué, petit ! lui dit-il. Cela ne m'a pas empêché de bien te préparer la place. Ton royaume se relève de la misère. J'ai hâte que tu reviennes t'y installer.

Tristan ne reste que quelques jours et donne ses ordres pour l'arrivée d'Iseut et de Brangien. Il parcourt la campagne, reprend contact avec son pays, s'arrête dans les bourgs et les villages. Partout, la terre porte fruit et cette image de la prospérité le prend au dépourvu. Mais il ne s'attarde guère. Il veut se consacrer à l'expédition en Cornouailles et il repart avec Kaherdin.

À quelques lieues de la côte, un imposant chevalier les aborde. Une force de la nature ! Il est revêtu d'un haubert étincelant et coiffé d'un heaume doré. Sur son destrier à la robe gris pommelé, il est majestueux. Il les interpelle.

— Je cherche Tristan l'Amoureux ! Indiquez-moi, seigneurs, où je puis le rencontrer.

Sa voix contraste avec son apparence. Elle est aiguë, presque fluette.

— Que lui veux-tu ? demande Tristan, surpris.

— Il sait aimer et je ne sais pas.

— Tu veux qu'il t'apprenne ?

— Non ! Qu'il m'aide ! J'avais une amie et je n'ai pu la défendre. Un monstre me l'a enlevée et l'a emmenée dans son château où elle subit tous ses caprices. Seul Tristan l'Amoureux est capable de m'aider à la reprendre. Où est-il ? Comptez-vous me répondre ? Le temps presse !

— Il se trouve devant toi, chevalier. Il te parle, mais il ne sait pas qui tu es !

— Je m'appelle Tristan le Nain ! répond l'homme. Alors, si tu es l'Amoureux, acceptes-tu ?

Tristan et Kaherdin échangent un regard. La Cornouailles les appelle...

— Il me faudrait davantage de détails ! reprend Tristan. Ce monstre d'abord, qui est-il ? Où se trouve-t-il ?

— Il est violent et féroce. L'enfant d'une lionne et d'un sanglier. Un pur sauvage ! Il s'appelle Estout l'Orgueilleux du Château Fier. Il retient ma bien-aimée dans sa demeure, aux frontières de l'Armorique, avec ses six frères, tous farouches. Ils se relaient pour la surveiller. Seul, je suis impuissant. Avec toi, je peux la libérer. Tu as vaincu Morholt.

Tristan écoute et hésite. S'il accepte, il faudra repousser leur départ d'une lunaison. Pourtant, combattre encore le tente. Lever haut les couleurs de l'amour, même pour un autre, retarder l'avènement de la paix, accroître sa renommée...

— Vas-tu faire mentir ton nom ? s'impatiente le Nain.

La Cornouailles attendra bien...

— Nous te suivons ! décide Tristan.

Ils s'en vont vers le sud et, en quelques jours, atteignent le domaine de l'Orgueilleux. Son Château Fier se dresse au sommet d'un mont. Pendant qu'ils observent ses abords, deux frères d'Estout rentrent d'un tournoi. Armés, ils portent encore sur eux les clameurs et la poussière de la bataille. Ils ont vaincu et leur victoire transparaît dans leur allure.

Les deux Tristan veulent en découdre sans attendre. Ils les abordent au galop, lances baissées, et les autres répondent, trop sûrs de leur valeur, ignorant qui les affrontent. Ils se font désarçonner. Les duels se poursuivent à terre, rapidement conclus. Le Nain se bat vaillamment et les deux frères sont terrassés.

Le bruit se répand que le nom d'Estout est terni. Il parvient au château et la riposte est immédiate. Le pont-levis s'abaisse. Cinq chevaliers viennent venger l'affront. En face d'eux, les deux Tristan et Kaherdin. Malgré la cruauté de l'Orgueilleux, les chances sont égales. Tristan, à lui seul, en a exterminé de plus terribles que tous ceux-là réunis !

La lutte dure tout le jour, sauvage et incertaine. D'un côté, la lourdeur et la barbarie. De l'autre, l'élégance.

Hélas ! lorsque le soir descend, la victoire est amère. Certes, les cadavres d'Estout et de ses frères jonchent la plaine, et cet orgueil-là ne se relèvera pas, mais Tristan le Nain est mort. Son cœur n'aura pas grandi et son amie est veuve avant d'avoir été aimée.

Entre tous, seul Kaherdin s'en tire sans dommage, car Tristan de Lohonois, Tristan l'Amoureux, est blessé. L'épée de l'Orgueilleux l'a touché aux reins, gravement, et son tranchant, comme jadis la lame de Morholt, était empoisonné. Tristan le sait. Il reconnaît la même brûlure dans son corps.

— Ne tardons pas ! dit-il à Kaherdin. Reconduis-moi en Lohonois. C'est sur cette terre que...

Sa phrase s'achève dans un spasme. La douleur est trop vive.

La chevauchée du retour est un calvaire.

Chaque jour, la douleur empire. Il faudrait des soins et de l'immobilité, car l'agitation favorise la diffusion du venin.

Lorsqu'ils arrivent en Lohonois, la plaie est noire. On bat le rappel des meilleurs médecins et guérisseurs. Ils s'empressent avec leurs herbes, leurs onguents, leurs essences. Ils ralentissent l'infection, mais leur science reste impuissante à la vaincre.

À Carhaix, Yseut aux Blanches Mains a appris la nouvelle. Elle n'hésite pas un instant. Elle prépare ses bagages pour se rendre en Lohonois.

— Ma place est aux côtés de mon époux, annonce-t-elle. Il a besoin de moi. Je veux le soigner, le veiller !

Sa voie est tracée. Un espoir fou la mène. Celui de conquérir Tristan à jamais ! En affrontant le mal de sa blessure nouvelle, elle rêve de remonter jusqu'à l'ancienne qui paralyse son amour d'homme. Lutter contre elle, enfin ! Face à face ! S'imposer par son abnégation et extirper de Tristan tous les poisons ! Ceux du corps, ceux du cœur ! Et si ses reins sont abîmés, elle s'offrira comme filtre de son sang !

Quand elle pénètre dans la chambre, Gouvernal et Kaherdin se trouvent au chevet de Tristan, démunis comme des hommes devant la maladie. L'odeur est suffocante, mais ils s'en accommodent.

Tristan est allongé sur le ventre. Iseut s'approche, écarte les draps. Un cataplasme d'argile est posé sur la plaie, mais tout autour, la peau est violacée et tendue. Elle rabat le drap avec précaution et se penche vers son blessé.

— Je suis là, mon ami. Je vais m'occuper de vous, vous dorloter un peu.

Tristan est à la peine et la vue de son épouse le réjouit. Sa grâce, sa voix franche et décidée émoussent les crocs du fauve qui le dévore. Il sourit.

— Kaherdin, commande-t-elle à son frère, fais-moi livrer de l'eau bouillie, des bassins, des compresses. Et de quoi faire des fumigations. Comment pouvez-vous supporter une telle puanteur ?

Le frère aîné se sent gauche devant la détermination de sa sœur.

— Laissez-moi avec lui, maintenant, dit-elle en poussant les deux hommes vers la porte. Vous m'embarrassez.

Tristan est moite de sueur. Yseut l'éponge, caresse sa tête où les cheveux commencent à repousser.

— Qu'avez-vous fait de votre belle chevelure ? déplore-t-elle. Vous êtes coiffé à la manière des fous qui hantent les chemins.

Tristan ne répond pas et ferme les yeux. Yseut connaît ses silences et soupire.

Dès qu'on lui apporte de l'eau, elle lui lave le corps, lui rafraîchit le visage, le parfume et fait brûler des feuilles de sauge, dans une cassolette d'argent. La fumée purifie l'atmosphère et trompe la pestilence.

Elle ne quitte plus son mari, de jour comme de nuit. Elle n'accepte que les guérisseurs autour de lui. Elle prend leurs ordres, change les emplâtres, applique les pommades, prépare infusions et décoctions, aide Tristan à les absorber. Quand elle l'entend se plaindre, elle accourt, le caresse. Ses Blanches Mains effleurent sa peau marbrée par le poison.

— Tristan, chuchote-t-elle tout près de son oreille, résistez au mal. On dirait que vous vous abandonnez à lui. Vous ne voulez plus combattre ? Qu'est-ce qui vous en empêche ? Dites-le-moi, allons. Si vous manquez de forces, je vous donnerai les miennes et nous vaincrons.

Tristan se laisse capter par cette voix pleine de compassion, qui semble capable de tout entendre, de tout comprendre. Un instant, il hésite, la main sur son secret. Puis il se ravise et se tait.

Yseut a perçu son trouble et le sent se replier. Elle recommencera. Elle l'accouchera de sa peine. Elle peut. Elle l'aime.

La présence de l'épouse fait diversion quelques jours, mais, malgré ses efforts, le poison reprend sa progression.

Tristan comprend qu'il est perdu s'il continue d'attendre. Il doit sortir de son silence pour affronter l'adversaire, faire venir Iseut et assumer les conséquences de cet aveu. Faute de quoi, il mourra.

— Appelez Kaherdin, demande-t-il à son épouse.

Il arrive rapidement.

— J'ai à lui parler en privé, mon amie. Laissez-nous, je vous prie, réclame Tristan.

Yseut obéit sans un mot. Elle est froissée. Sa patience, son désintéressement ne lui ont rien octroyé. Son mari continue de se défier. Pourra-t-elle jamais atteindre son cœur ?

En tirant la porte, elle les voit tous les deux, unis dans une même complicité. Ils attendent qu'elle sorte. Qu'ont-ils donc à se confier ? Elle veut savoir pourquoi ils la rejettent. Elle se rend dans la pièce voisine de la chambre et se colle contre le mur mitoyen. De l'autre côté, Tristan parle, adossé à la paroi. Sa voix est faible, mais elle l'entend.

— Notre projet va servir, Kaherdin, mais pour une autre cause et tu le conduiras seul. Fais-toi passer pour un marchand. Charge la nef d'étoffes, de vaisselle de Tours, de vin de Poitou, et traverse la mer. Tu as tes chances. Personne ne te connaît à Tintagel. Ceux qui t'ont vu de près l'ont payé de leur vie. Tu approcheras facilement la reine. Explique-lui comment je meurs de poison. Elle m'a sauvé deux fois, par science et par amour. Elle peut me sauver encore.

Tristan grimace. Sa position avive sa douleur.

— Kaherdin, reprend-il, je ne te l'ai jamais dit... Lorsque je ramenais Iseut d'Irlande vers mon oncle Marc, nous avons bu, elle et moi, sur la mer, un vin d'herbes qui nous a envoûtés. Ses effets ne devaient durer que trois ans. Mais une fois parvenu à son terme, l'amour s'était libéré de la contrainte du philtre et avait engendré sa propre magie. Brangien connaît ce secret. Tu le partageras avec elle. Elle t'en révélera davantage...

Il retire son alliance de jaspe vert.

— Confie cet anneau à Iseut. C'est un signe entre nous. Elle comprendra. Va, maintenant, et hâte-toi !

— Je te ramènerai Iseut, mon frère, répond Kaherdin, touché par sa confiance. Je t'en donne ma parole. Et avec elle, Brangien. Jusque-là, résiste, chevalier ! Tiens l'ennemi en respect.

— Un dernier mot encore... Malgré ta volonté, il se peut néanmoins que tu échoues. Avertis-moi avant de toucher terre. Hisse une voile noire... Mais si tu ramènes en Armorique une cargaison d'amour, arbore une voile blanche, éclatante... Ainsi, je saurai.

Kaherdin promet, embrasse Tristan et court préparer sa nef.

Dans la chambre voisine, Yseut s'est laissée glisser contre la muraille. Assise sur le sol de pierre, elle pleure. Tout est brouillé en elle. Elle songe à ses mois de patience, à sa lutte opiniâtre pour contenir son désir, à ses précautions de femme pour ne pas brusquer son époux. Qu'a-t-elle perçu en échange de cet infini respect ? Un salaire d'indifférence et de mépris ! Mensonges, fuites, absences... jusqu'à la trahison de son cher Kaherdin. Et au milieu de ce désordre, un nom pareil au sien fait alterner la lumière et les ténèbres. Iseut !... Elle a manqué s'évanouir de joie quand elle l'a entendu. Un bref instant, elle a cru que Tristan parlait d'elle...

Yseut, la bonne épouse au cœur aimable, pleure en épuisant sa source de larmes. Elle se lave à l'eau de chagrin, elle étrille son âme et la décape de tous ses résidus : espérances, illusions, vertiges... Peu à peu, la douleur s'estompe et s'éloigne. Elle découvre son cœur, neuf et disponible à des sentiments inconnus.

— Puisque Tristan est inaccessible par l'amour, murmure-t-elle, je l'atteindrai par la haine !

69

LE RETOUR D'ISEUT

Tous les soirs, comme elle l'avait confié à Tristan, Brangien se tient sur la falaise, face au couchant. Elle prononce le nom de Kaherdin. Selon les anciennes croyances, le soleil, la nuit, parcourt l'envers du monde où se trouvent les semences des vies à venir, les destinées, les rêves qui mûrissent... À chacune de ses visites, il les réchauffe et les chasse vers leur aube.

— Emporte-moi dans les songes de celui que j'attends, murmure Brangien. Hâte sa venue !

Elle joint les mains sur sa prière et oscille doucement sous la poussée du vent, en fermant les yeux.

Lorsqu'elle les rouvre, un soir, pareil aux autres soirs, elle aperçoit une voile.

— C'est lui ! s'écrie-t-elle.

La nef est encore loin, à peine visible. Pourtant Brangien sait, et les pans de sa robe claquent aussitôt comme un fanion, en réponse au signe, là-bas, sur les flots.

Elle attend, droite sur la falaise. Elle attire le navire à elle, de toutes ses pensées. C'est lui, oui ! Bien lui ! Il avance dans le sillage du crépuscule qui favorise son arrivée et, quand il met en panne à distance de la côte, l'obscurité le dissimule.

Pendant que les matelots mouillent une barque, Brangien s'empresse sur le sentier qui descend au rivage. La lueur sombre de la mer lui éclaire le versant. Lorsqu'elle arrive, le canot accoste déjà. Un homme saute à terre. Cette silhouette, cette souplesse... C'est Kaherdin ! Elle court à sa rencontre et se jette dans ses bras.

— Je savais que tu viendrais, je savais, je savais !...

En l'embrassant, elle sent sa réserve et, soudain, prend conscience qu'il est seul.

— Et Tristan ? demande-t-elle, inquiète.

Il se tait et la regarde en la tenant enlacée. Il hésite à l'attrister.

— Il va mourir !... lui confie-t-il enfin. Il faut que la reine vienne. Elle seule peut encore le sauver.

— Mon Dieu !

Et il lui livre, par bribes, leur projet, élaboré puis différé, le combat, la blessure, puis le retour en Lohonois...

Brangien écoute et en même temps réfléchit à la meilleure façon de prévenir Iseut. Il faut gagner du temps.

— Viens avec moi, dit-elle à Kaherdin. Je vais pénétrer seule dans le château, c'est plus prudent. Tu m'attendras dans le verger et je viendrai t'y retrouver, avec les consignes de ma maîtresse.

Ils remontent le raidillon, gagnent les remparts et franchissent la poterne. Avant de laisser Brangien s'éloigner, Kaherdin lui confie l'anneau de jaspe.

— Remets-le à Iseut, de la part de Tristan.

Il l'embrasse encore.

— Je ne repartirai pas sans toi, lui souffle-t-il.

— Et moi, je ne te quitterais pas si je n'étais pas sûre de revenir.

Elle s'échappe avec la grâce d'un chevreuil et disparaît. Elle traverse la cour, pénètre dans la bâtisse et retrouve Iseut dans ses appartements, anxieuse de son absence.

— Tristan a besoin de vous, maîtresse ! lâche-t-elle, essoufflée par l'émotion. Adossée contre la porte, elle lui raconte l'arrivée de la nef de Kaherdin et le malheur.

— Il a joint cet anneau au message.

Iseut le reçoit dans sa paume. Son cœur trébuche. Elle est sombre.

— Kaherdin n'avait pas besoin de preuve pour authentifier sa parole, murmure-t-elle en regardant le bijou. C'est un appel de détresse... Tristan est à bout.

Elle referme sa main, serre le poing contre sa poitrine en respirant profondément.

— Nous partons, Brangien ! décide-t-elle. Prépare des vêtements chauds, les nuits sont fraîches sur la mer.

Pendant que sa suivante s'exécute, elle rassemble ses drogues contre le poison : poudre, extraits, teintures... Lorsqu'elles sont prêtes, elles se couchent, toutes vêtues, en attendant que le château soit endormi. Alors, dissimulées sous leurs chaperons, emmitouflées dans la pénombre, elles se glissent au-dehors jusqu'au verger, franchissent le rempart en compagnie de Kaherdin et descendent vers la mer.

Le canot les accueille, les emporte. Elles montent à bord de la nef. Les matelots lèvent l'ancre, libèrent la voile, qui se remplit lentement et fait grincer la coque.

La Cornouailles sombre paisiblement dans la nuit.

Sous la dunette[1], les deux femmes dans leurs pelisses de fourrure, se blottissent l'une contre l'autre, à l'abri du vent. Bientôt, Brangien s'endort. Iseut veille. Elle pense à Tristan, là-bas. Elle voit son corps gagné par l'infection, ses abcès. Elle sent ses spasmes. Elle entend ses délires. Par deux fois, sa science s'est infiltrée en lui pour combattre ce mal. Par deux fois, elle l'a arraché à son emprise. Mais aujourd'hui, elle tremble. Dans ce nouvel assaut, elle perçoit une volonté obscure, une obstination à frapper pour abattre. Elle se tourne vers la lumière de Dieu et prie.

— Seigneur, vous connaissez toutes les causes et nous les ignorons. Nous sommes vos ouvriers et nous obéissons. Aidez-nous. Éloignez le désespoir. Éloignez la révolte. Donnez-nous les armes de la patience. Donnez-nous la force d'accomplir notre mission d'humains. Nous l'avons acceptée, mais nous avons perdu la mémoire de cet engagement. Faites souffler vos vents d'amour. Au plus noir de la lutte, faites luire votre lueur.

Elle s'endort peu avant l'aube et se réveille peu après. Le soleil perce les nuées. Le temps est doux. La mer bien formée éclabousse l'étrave. Iseut est engourdie.

1. Superstructure, placée à l'arrière d'un navire, s'étendant, en largeur, d'un bord à l'autre.

Elle s'étire en prenant garde de ne pas réveiller Brangien. Ses membres sont douloureux et le mouvement des flots lui rappelle cet autre matin sur la mer, entre Irlande et Cornouailles, après sa première nuit d'amour. Six ans se sont écoulés. Six ans de ferveur et d'illumination. Elle a aimé à se déchirer le souffle, à se briser l'âme et le corps.

« Puissent les vents hâter la traversée, songe-t-elle en regardant le gréement. Puissé-je arriver à temps pour le sauver et demeurer enfin à ses côtés. »

En prenant sa décision de répondre à l'appel de Tristan, elle savait que plus jamais elle ne regagnerait la Cornouailles.

Les vents entendent la reine. Ils se renforcent. La voile se gonfle et tire sur les haubans. Les vagues se creusent. Confiante dans la bonne allure de la nef, Iseut se lève. Elle rejoint Kaherdin qui a veillé toute la nuit auprès du pilote.

— Si ce temps se maintient, lui dit-il, avant ce soir nous verrons l'Armorique.

Pendant des heures, les vents ne faiblissent pas. Iseut se réjouit et prépare Brangien.

— J'aurai besoin de ton aide, lui annonce-t-elle. L'épreuve sera rude, car la mort est en lui. Tu ne le reconnaîtras pas. Son corps est défait, la pestilence de sa chambre, intenable, mais je veux que tu résistes.

Brangien écoute et promet. Oui, elle accompagnera sa maîtresse dans ce combat pour la vie !

Vers le milieu de l'après-midi, la terre apparaît au loin. Mince ourlet bleu sur l'horizon gris.

— Dieu soit loué ! s'écrie Brangien en serrant les mains d'Iseut.

Dieu veille en effet. Le Dieu âpre qui exige. À l'arrière, venant de Cornouailles, les vents de noroît accumulent des nuées. Un grain s'avance. Un ogre. Dès les premières rafales, la furie se déchaîne. La nef se dresse, son mât de beaupré[1] pointe vers le ciel. Un matelot est balayé. Des boulines[2] se rompent, mais les hommes, de justesse, amènent la voile au péril de leur vie. La pluie s'en mêle et les archers de la grêle jettent leurs volées blanches. La nuit s'abat sur l'eau en ouvrant des ravins.

Le pilote, attaché au timon de tribord, ne dirige plus rien. C'est l'ouragan qui mène. Il a saisi les fuyards dans sa main et va les emporter au cœur de l'océan.

Kaherdin a réussi à entraîner les femmes à l'arrière. Iseut, trempée jusqu'aux os, grelotte. Une voix lui parvient, malgré le fracas des flots.

— Ne crains rien, lui dit-elle. Voici venir la délivrance. Tu ne pouvais pas sauver Tristan. Je t'emmène le rejoindre, sur l'autre rive où il t'attend déjà...

En Armorique, Tristan a demandé que des guetteurs se relaient sur la côte. Lorsqu'ils viennent lui rendre compte, Yseut les intercepte.

— Toujours rien, noble dame, aucune voile en vue. Aux dires de marchands qui l'ont évitée, une tempête a sévi au large, il y a dix jours, mais elle n'a pas atteint notre rivage.

— Allez informer votre seigneur. Dites-lui bien tout ce que vous m'apprenez.

L'usure de l'angoisse, savamment distillée par son épouse, s'ajoute à la torture du poison.

---

1. Mât placé à l'avant d'un navire.
2. Cordages.

— Kaherdin a-t-il réussi sa mission ? se tourmente Tristan. A-t-il pu quitter la Cornouailles ? Iseut vient-elle ? Et cette tempête ?... Je veux voir la mer !

Il s'écroule, épuisé par la tension, rassemble ses forces et crie à nouveau.

— Je veux voir la mer !

La mer est vide. Yseut accepte.

On le charge sur un brancard, on le transporte sur la dune. Chaque pas de ses porteurs lui tire un gémissement. On le dépose sur un tertre au milieu des bruyères. On le redresse. De cet observatoire, il surplombe l'eau, comme s'il flottait sur un radeau. Il se revoit, blessé par Morholt, embarquer à la grâce de Dieu. Il ne le savait pas encore. L'infini l'attendait.

— Viens ! murmure-t-il au visage d'Iseut qu'il voit miroiter sur les flots. Aborde ma rive comme naguère j'ai abordé la tienne. Je ne puis plus m'approcher de toi...

Il réclame sa harpe. On la lui donne. Il est incapable d'en jouer. La musique l'a quitté.

Une ombre se dresse à ses pieds et tamise la lumière. Il reconnaît cette imposante silhouette. L'homme a le crâne béant, sa face est couverte de sang séché et son front maculé de cervelle. C'est Morholt.

— Je suis venu te chercher, chevalier.

Tristan soupire et s'endort. On le ramène à sa chambre avec le vent du soir.

70

LA LIBERTÉ D'AMOUR

La tempête est passée. Hurlements, furie, ravages, elle a tout emporté. Elle est partie dresser d'autres montagnes dans les plaines de l'océan.

Sur la nef, matelots et passagers l'écoutent s'éloigner. Elle les a tenus longtemps. Elle pouvait les fracasser. Pourquoi les a-t-elle épargnés ? Chacun sort de son hébétude, exténué. Le pont est jonché de débris. Seul le grand mât reste debout comme un exemple à suivre.

Le vent demeure soutenu, mais la mer s'est aplanie.

— Hissez la voile ! crie Kaherdin, dans ses mains en porte-voix.

Ses ordres secouent l'accablement. Quelqu'un pense encore, sur cet esquif, et les hommes, réchauffés par cette voix humaine, entendent son appel à la vie. Ils se relèvent un à un et retrouvent leurs gestes de marins. Ils rafistolent, raboutent, consolident et, lorsque Kaherdin les voit réparer la vieille voile endommagée par la tourmente, il les arrête :

— Non, pas celle-là ! commande-t-il. La blanche qui se trouve dans la cale !

Ils ont perdu leur route, mais il faut crier victoire avant d'avoir gagné ! L'attirer à force d'enthousiasme !

Bientôt, la voile se déploie.

À l'arrière, Iseut l'écoute applaudir. Elle la regarde chercher le vent, le contenir, comme un parchemin apprêté pour recevoir la nouvelle page de son amour avec Tristan.

Le pilote a calculé leur position sur le soleil. La nef cingle maintenant à bonne vitesse vers l'Armorique. Le jour passe et la nuit. Un autre jour se lève et le soleil n'a pas encore atteint son zénith qu'une terre apparaît enfin. La terre attendue !

Iseut retient sa joie. Elle regarde approcher cette côte tant désirée. Si semblable à celles de Cornouailles et d'Irlande ! Elle distingue sa falaise échancrée, la roche grise teintée de reflets roses et sa couverture au frais gazon ponctuée de bruyères et d'ajoncs.

Le ciel est clair. Aucune tempête ne pourra plus les arrêter et la voile chante haut leur arrivée.

Hélas ! la mer immense se souvient. Aux premières heures de leur amour, elle leur avait offert le calme et le silence pour qu'ils se découvrent l'un à l'autre, dans toute leur majesté. Avant de les confier pour toujours à leur liberté d'amour, elle se fige à nouveau et se tait pour les laisser se contempler à distance et méditer.

Le vent tombe brutalement, comme aspiré par un

gouffre. La voile pend. La nef glisse sur son erre, puis s'immobilise à quelques encablures[1] de la côte.

Effarée, Iseut regarde la chance se détourner pour la seconde fois. Autour d'elle, les matelots s'activent, orientent la vergue à la recherche d'une brise, d'un soupir. Rien ! Ils maudissent le ciel. Ils maudissent la tempête qui a fracassé le canot et les empêche de gagner le rivage à la rame.

Iseut fixe cette côte qui se refuse à elle.

— Que votre volonté soit faite ! murmure-t-elle, vaincue.

Les heures succèdent aux heures. Immobiles, vides. Pas même un oiseau dans l'air pour hâter la venue du vent. Personne ne parle. Chacun ressent le désespoir de la reine et l'accompagne. À quelques pas d'Iseut, Kaherdin et Brangien, côte à côte, impuissants, et gênés d'être réunis.

La tension est si lourde qu'elle gronde sous le silence, roule hors de la nef et déferle avec fureur vers la terre.

Au même instant, dans son château, Tristan est saisi de convulsions. Il s'arc-boute. Le mal sait que cette forteresse va tomber et multiplie les assauts.

Le fougueux chevalier se prépare à rendre son épée et son âme d'amoureux. Il rassemble ses lambeaux de force, s'accoude avec peine pour recevoir l'ennemi dès qu'il paraîtra. Il écoute tonitruer ses clameurs et, soudain, son visage s'éclaire. Une voix nouvelle est entrée, sereine, et cherche à s'imposer sous les cacophonies du poison. Il croit la reconnaître.

1. Une encablure = environ deux cents mètres.

— Écoutez, mon amie... dit-il à son épouse. Cette rumeur... c'est le vent ! Il se lève...

Il balbutie de douleur et d'émotion.

Sur la nef, en effet, la voile a frémi. Chacun l'a vue et chacun s'est interdit de crier, de remuer, pour ne pas l'effrayer.

Sur la nef, la voile a frissonné et, doucement, s'est mise à onduler. Elle a battu sur le mât en hésitant, comme un jeune oiseau qui apprend à voler. Puis, elle s'est tendue en claquant pour éveiller le navire. Elle a hésité, pris la mesure de la distance qui la séparait de la côte et enfin, s'est laissé emplir par les rugissements du vent nouveau.

Au sommet de la falaise, Yseut la mal aimée regarde la nef approcher. Elle entend le cri d'amour de la voile et son éclat l'éblouit.

— Iseut !

Ce nom durcit son ventre et le déchire. Elle serre les dents, chancelle, mais sa haine la soutient.

— Trop tard, reine de Cornouailles ! Tu navigues sur ta mer d'illusions et moi, j'ai les deux pieds sur la terre ferme ! Tu as beau te hâter, Dieu a fait son choix. C'est lui qui a déchaîné la tourmente et retenu le vent. Il vous rappelle sa loi que vous n'avez jamais entendue.

Elle quitte la falaise et se dépêche de rentrer. Ivre de haine, elle prend sa décision. Elle a cessé d'être femme. Elle n'est même plus humaine. Yseut aux Blanches Mains est morte ! Une autre est née : Yseut aux Bras de tempête !

Lorsqu'elle arrive dans la chambre, Tristan marmonne dans son délire.

— Père... je ne vous ai jamais vu... Ni vous non plus, mère...

Les ombres de Rivalin et de Blanchefleur l'accompagnent. Il lève les yeux vers eux et voit son épouse à son chevet.

— Alors ?... demande-t-il.

— La nef de Kaherdin est annoncée, répond Yseut.

— Et la voile, balbutie Tristan... Sa couleur ?...

Yseut feint l'abattement.

— Noire, mon ami !

Au poison d'Estout l'Orgueilleux, elle ajoute le poison de la haine. Dernière touche !

Tristan ferme les yeux. Il geint. Il est seul et il a froid. Pour la première fois de sa vie, il affronte la peur. Il cherche de l'aide. Personne. Son épouse s'est retirée dans la pénombre de la pièce. Elle l'observe de loin. Son mensonge produit déjà ses effets... La souffrance redouble et, devant le mal qui broie son époux, sa haine fond, les regrets commencent à monter...

Tristan sombre. Ses pensées se brouillent. Il est halluciné par ses songes.

— Iseut... je t'aime... tu n'as pas pu venir... pas voulu... pourquoi m'as-tu abandonné ?...

Rivalin et Blanchefleur se rapprochent et lui prennent la main. Morholt aussi est venu, mais son visage est pacifié. Il lui sourit avec amitié. Ganelon, Denoalain et Godoïne arrivent et viennent se ranger à côté du lit. Ils lui rendent hommage, étincelants dans leurs hauberts d'argent. Et Frocin-le-petit entre à son tour. Il a perdu son visage répugnant. Il lui dévoile sa vraie face de bonté et lui jette des poignées de fleur de farine qui se changent en paillettes d'argent en atteignant sa couche.

Tous ceux qui l'ont tourmenté sont présents. Leurs masques sont tombés. Compagnons de passage, ils attendent, comme des acteurs dans la coulisse, la sortie de leur frère pour le complimenter. Tristan s'éclaire et se laisse envahir par la paix qu'ils apportent.

— Iseut... je suis venu ouvrir des chemins neufs, pour explorer l'amour... Tu m'attendais, pareille... Nous nous sommes cherchés... trouvés... perdus... pour nous aimer et nous aimer encore...

La forêt du Morrois s'est invitée aussi à cette fête du retour. Elle installe son présent dans la chambre : une clairière de paradis. Dans une hutte de lumière, Tristan et Iseut sont allongés. Ils reposent. Un roi se tient à leurs pieds. Est-ce Marc ? Est-ce Arthur ? Il songe.

« Votre tâche était rude. Vous n'avez pas manqué de courage et vous l'avez bien accomplie. »

— Iseut... Hâte-toi, bien-aimée... mais lentement... Je veux me désaltérer encore de mon désir de toi... Je ne laisserai aucun vin dans la coupe...

Tristan s'abandonne, ferme les yeux et sourit. La noire nuit l'envahit. Il n'a plus peur. Il n'a plus froid. Tous ses amis montent la garde autour de lui. Il est en paix et il franchit le seuil de sa vie.

Devant lui, immobile, la mer immense et un rivage de sable blond. Léchée par le ressac, une barque, semblable à celle qui l'a emmené en Irlande. Sa voile, immaculée, attend le vent. À bord, sa harpe en bois de saule. Il la saisit, caresse les cordes et, aussitôt, un zéphyr se lève, si doux. Quelques mesures, puis il la repose et patiente. Sur le banc de nage, deux coussins de soie rouge sont posés. Il manque encore un passager.

Au port, la nef vient d'accoster. Kaherdin saute à terre. Il aide Iseut à franchir le plat bord, puis Brangien. Iseut n'attend pas. Elle s'élance déjà sur le chemin qui monte vers la ville. C'est alors que les cloches se mettent à sonner. Toutes les chapelles et toutes les églises annoncent la nouvelle. Iseut comprend, mais elle veut confirmation d'une voix pour être sûre. Elle demande à un homme :

— Pour qui ce glas ?

— Pour notre roi, belle dame ! Le bon Tristan de Lohonois. Il vient de nous quitter !

Son cœur s'effondre. Trop tard ! Elle arrive trop tard ! Elle reprend sa course. Sa pelisse se détache, glisse sur le sol. Sa robe bat ses jambes, forme un tourbillon dans son sillage. Ses beaux cheveux dénoués flottent comme des rubans. Des ailes la portent. Un vol de cygnes blancs venus des îles du soleil. Elle plane.

Chacun s'arrête en la voyant. Malgré son désespoir, elle rayonne.

— Qui est-elle ? Une déesse ? Un esprit de la mer ?

— Non, c'est l'amie de Tristan ! Iseut de Cornouailles !

Dans le château, le corps de Tristan repose à même le sol de sa chambre, sur un drap de soie tissé de six couleurs, selon la coutume des rois de Lohonois.

Iseut la Blonde apporte la lumière en entrant. Elle est en larmes et essoufflée. Elle aperçoit l'épouse en retrait, mais elle ne voit que Tristan. Elle s'agenouille à côté de lui et pleure en se taisant.

Les mains de son ami sont jointes sur sa poitrine. Fraîches et encore souples. Iseut les prend dans les siennes et les réchauffe, les embrasse, les applique contre ses joues, leur rappelle la douceur de son visage.

— Je suis venue dès que j'ai su, chuchote-t-elle. Mais la mer nous a brisés.

Le froid se referme sur Tristan. Avant qu'il ne soit trop tard, Iseut lui décroise les mains, doigt par doigt, glisse à l'annulaire de la main gauche l'anneau de jaspe vert, puis la repose et la remplace par sa main droite.

— Voilà ! lui dit-elle. Serre-moi bien maintenant, comme j'aimais tant que tu me serres.

Elle se rapproche de lui, se penche sur son visage, cherche la trace d'un dernier mot, d'un dernier signe, mais n'en trouve aucun.

— Cet adieu, mon amour, je le veux, lui souffle-t-elle en souriant. Jamais je ne pourrai vivre sans lui, sans entendre encore une fois ta bouche le murmurer sur la mienne. Je vais aller le chercher où tu l'as emporté.

Elle s'allonge contre son flanc, passe son bras libre sous sa nuque, tourne délicatement sa tête vers elle, puis, tenant sa main serrée contre ses seins, elle lui dit :

— Ce poison que je n'ai pas pu chasser de toi, il va m'aider à te rejoindre. Confie-le-moi, mon amour, et vois comme j'en fais bon usage.

Elle pose ses lèvres sur les siennes et, longuement, lui offre le baiser qu'il aimait. Le poison, de l'un se communique à l'autre, et gagne Iseut, comme il a gagné Tristan. Elle est vite exaucée.

Une mer les a séparés, une autre les réunit.

— Je t'attendais ! lui dit Tristan en la retrouvant.

— N'attends plus ! Partons !

Leurs deux mains toujours serrées, ils s'installent à bord de la barque. Tristan prend sa harpe et joue. Le vent se lève. Lentement, l'embarcation se détache du rivage et s'éloigne vers le large, poussée par leur chant et leur sourire.

ÉPILOGUE

Tristan et Iseut sont allongés sous la terre, lèvres à lèvres, corps à corps, dans la position que la vie leur a donnée en les quittant.

Yseut aux Blanches Mains a choisi l'emplacement sur la lande. Face à la Cornouailles et à l'Irlande. Là où elle se tenait quand elle a vu la nef drapée de blanc. La haine alors la commandait. Mais elle a cessé d'obéir en découvrant quel amour unissait la reine de Cornouailles et Tristan. Malgré la violence de son désir, jamais elle n'aurait pu aimer avec un tel éclat. Elle ne s'est égarée qu'un instant et lorsqu'elle s'est éveillée de son délire, la mort était passée. Aujourd'hui, elle pleure. Sur Tristan, sur elle-même, sur l'effroyable tâche que le destin lui a assignée. Elle n'est pas mauvaise, non. Mais existe-t-il un seul être sur la terre pour comprendre son chagrin et la plaindre ?

Kaherdin a traversé la mer pour avertir le roi de Cornouailles. Marc a longuement écouté le messager. Il était triste et apaisé. Il a approuvé l'union avec Brangien et a remis deux arbres à Kaherdin, juste avant son départ. Un noisetier et un chèvrefeuille. Il a dit :

— Plantez-les sur leur tombe, duc d'Armorique ! C'est une parcelle de leur royaume. Un ferment d'amour.

Kaherdin se souvient du message de Tristan à Iseut, planté devant l'aubépine du Gué Aventureux :

« Jamais l'un sans l'autre. »

Marc ne l'ignorait donc pas. Que savait-il encore qu'il n'a jamais révélé ?

Gouvernal, le bon maître, le fidèle, s'est recueilli sur la tombe des amants. Il les pleure comme s'il pleurait ses enfants. Il leur a donné le plus vert de ses forces. Il les a protégés et soutenus sans relâche au cœur de toutes les tourmentes qu'ils ont traversées. Après avoir servi à la table de ces affamés d'amour, il ne peut être que le sénéchal de Dieu. Il s'en va, loin des hommes. Il se retire dans une forêt d'Armorique pour y finir ses jours, comme Ogrin l'ermite, dans le Morrois.

Sur le tertre de gazon, chèvrefeuille et noisetier se sont enlacés.

« Jamais l'un sans l'autre. »

Ils ont poussé. Ils sont immenses, inséparables.

Tristan et Iseut n'ont jamais quitté l'Armorique et leurs deux arbres ont offert leurs graines à tous les vents. Ils ont essaimé à travers les siècles qui passaient.

Chèvrefeuille et noisetier, les amants sont toujours

vivants sur la côte de Bretagne. Ils contemplent la mer. Visibles une fois par an, les nuits de la Saint-Jean d'été. Seuls ceux qui s'aiment peuvent les approcher et les entendre se murmurer :

— Jamais l'un sans l'autre, pour l'éternité.

Table des matières

Remerciements

Je ne peux pas regarder ce livre achevé sans penser à celles qui m'ont aidé à l'écrire : Françoise Cassabois, mon épouse, Charlotte Ruffault et Cécile Térouanne, mes éditrices. Elles m'ont toutes trois permis, chacune à leur façon, de travailler sereinement. Elles m'ont sans cesse accompagné et éclairé de leurs avis, en découvrant mon récit chapitre après chapitre, comme un feuilleton.

Sans leur intérêt constant, sans leur soutien et leurs encouragements, je n'aurais pas mené mon ouvrage à son terme.

Je n'oublie pas non plus Violaine Alfaric, factrice de harpes gaéliques, qui m'a reçu dans son atelier et m'a présenté des harpes en chantier. En écoutant la musique résonner dans le bois de l'instrument, j'ai compris comment Iseut la Blonde était tombée amoureuse du beau Tristan.

Merci enfin à Béatrice Lecomte qui a scrupuleusement relu mon manuscrit en venant à ma rescousse, chaque fois que mon sens de la grammaire, de la syntaxe ou de la ponctuation était défaillant.

Composition JOUVE - 62300 Lens
N° 1015306s
Impression réalisée sur CAMERON par
BRODARD ET TAUPIN
La Flèche
en février 2006

Dépôt légal imprimeur : 33385 – Éditeur : 67929
20-16-0984-3/01 – ISBN : 2-01-200984-0
Loi n° 49-956 du 16 juillet 1949 sur les publications destinées à la jeunesse.
Dépôt légal : février 2006.